Elisabeth Leiss
Sprachphilosophie
De Gruyter Studium

Elisabeth Leiss

Sprachphilosophie

———

2., aktualisierte Auflage

DE GRUYTER

ISBN 978-3-11-028023-4
e-ISBN 978-3-11-028246-7

Library of Congress Cataloging-in-Publication Data
A CIP catalog record for this book has been applied for at the Library of Congress

Bibliografische Information der Deutschen Nationalbibliothek
Die Deutsche Nationalbibliothek verzeichnet diese Publikation in der Deutschen Nationalbibliografie; detaillierte bibliografische Daten sind im Internet über http://dnb.dnb.de abrufbar.

© 2012 Walter de Gruyter GmbH & Co. KG, Berlin/Boston

Satz: Meta Systems GmbH, Wustermark
Druck und Bindung: Hubert & Co. GmbH & Co. KG, Göttingen
∞ Printed on acid-free paper
Printed in Germany

www.degruyter.com

Vorwort

Die vorliegende Einführung in die Sprachphilosophie geht auf zwei gleichna-
mige Vorlesungen an den Universitäten Bamberg und München in den Jahren
1996 und 2006 zurück. Zentrales Anliegen dieser Vorlesungen war es, den
Zuhörern einen Zugang zu sprachphilosophischen Texten in Form eines ersten
praktikablen Kategorisierungssystems zu ermöglichen.

Ziel dieser Einführung ist es, die an sprachphilosophischen, philosophischen und sprachtheoretischen Texten Interessierten in die Lage zu versetzen,
einen ihnen neuen philosophischen Text in Bezug auf seine grundlegende
Axiomatik einordnen zu können. Ausgangspunkt des hier vorgeschlagenen Ori-
entierungssystems sind die bekannten Modellierungen des Verhältnisses zwischen Sprache, Denken und Wirklichkeit. Ein solcher Kompass durch die ver-
wirrenden Texte der philosophischen, sprachphilosophischen und zum Teil
sprachwissenschaftlichen Literatur ist notwendig, da die postulierten Relationen zwischen sprachlichen Repräsentationen, mentalen Repräsentationen und
der Welt in den verschiedenen Texten nicht mit gleicher Transparenz kenntlich
gemacht werden. Viele Autoren sind sich der von ihnen bevorzugten Axiomatik
auch nicht immer zuverlässig bewusst. Dennoch bestimmen die verschiedenen, jeweils vorausgesetzten Konfigurationen zwischen Welt, Kognition und
Sprache entscheidend die Denkwege, die überhaupt eingeschlagen werden
können.

Ein weiteres Anliegen ist es zu zeigen, dass die hier vorgestellten sprachphilosophischen Axiomatiken entscheidend unser Verhalten im Alltag beeinflussen. Philosophische Axiome popularisieren sich, ohne dass diese Texte
jemals als Lektüre aktiv rezipiert worden wären. Sie imprägnieren den Alltag
und prägen unser Verhalten in einem Ausmaß, das uns selten bewusst wird.
So kann jemand Kantianer sein, ohne jemals eine Zeile Kant gelesen zu haben.
Der vorliegende Text soll also in einem gewissen Sinn auch eine Art Selbstdiag-
nose der vertretenen, zum größten Teil unbewussten philosophischen Überzeugungen und der daraus resultierenden Alltagshaltungen ermöglichen. Aus diesem Grund wendet sich dieses Buch nicht nur an Studierende der Philosophie
und der Linguistik, sondern an alle, die sich für das Wirkungspotential von
sprachphilosophischen Axiomatiken interessieren.

Die Reaktionen von Studierenden und von Kollegen haben mich ermutigt,
das Vorlesungsmanuskript in Buchform zu bringen. Explizit danken möchte
ich Shin Tanaka von der Universität Chiba (Japan), der die gesamte Vorlesung
an der Universität München mitgehört und mich mit seinen Kommentaren
dazu ermutigt hat, die Vorlesung einem weiteren Kreis von Lesern zugänglich
zu machen. Besonderer Dank geht auch an Ina Emmel von der Universität

Florianopolis/Brasilien, die es mir ermöglicht hat, in ihrem einsamen, zwischen Urwald und Atlantik gelegenen Strandhaus an der Praia de Solidão an dem Manuskript unter optimalen Bedingungen zu arbeiten und so die Ruhe für die erste Ausarbeitung einer Buchform zu finden. Danken möchte ich auch Wolfram Hinzen (Universität Durham), der das Manuskript gelesen und mit mir diskutiert hat. Ihm ist auch der Begriff der „Uncartesianischen Linguistik" für unser gemeinsames Forschungsprojekt zu einem neuen Typ einer Universalgrammatik zu verdanken. Simone Falk hat das Manuskript unter großem Termindruck korrekturgelesen.

Das Buch ist die Antwort auf die Frage von Werner Abraham, die er mir 1986 bei einer Tagung in Nizza gestellt hat: „Was hat Sie zur Linguistik gebracht?".

Vorwort zur zweiten Auflage

Bei der zweiten Auflage handelt es sich um eine durchgesehene und verbesserte sowie geringfügig erweiterte Fassung. Ich danke vor allem Jyh-Cherng Jang sowie Till Kinzel (2009) für Hinweise auf Tippfehler und kleinere Versehen.

Inhalt

1 Einleitung

I Sprachphilosophie und Linguistik: Abwertung und Aufwertung von Sprache

Mit Sprache haben sich Philosophen schon immer beschäftigt, doch im zwanzigsten Jahrhundert wird das Thema der Sprache zu einer Obsession der Philosophen. Sie wird zu ihrem einzigen Gegenstand, zumindest zu ihrem einzigen aktuellen Gegenstand, bei dem noch ‚auf eigene Kosten‘ nachgedacht wird. Der Rest ist Geschichte der Philosophie einschließlich der Exegese und Kommentierung der ‚großen Heiligen‘ der Philosophie.

Man hat dieses gesteigerte Interesse an der Sprache als „linguistic turn" bezeichnet. Die „linguistische Wende" hat der Sprache jedoch nicht gut getan. Die Sprache ist zwar der meist geliebte Gegenstand der Philosophen. Doch diese behaupten, ihre Geliebte sei unvollkommen, ja krank und müsste unbedingt therapiert werden. Die Philosophen verwenden im zwanzigsten Jahrhundert zunehmend ein Vokabular, das besser in den medizinischen Bereich passen würde. Ein unbeteiligter Beobachter dieser Intensivstation der Philosophie wüsste jedoch nicht zu sagen, wer hier eigentlich einen am Leben erhalten soll. Therapiert hier wirklich die Philosophie die Sprache, oder soll nicht vielmehr die Sprache die Philosophie am Leben erhalten?

Die Philosophie hängt am Tropf der Sprache. Aus der Perspektive der Linguistik stellt sich die Abhängigkeit als durchaus einseitig dar. Es ist die Philosophie, welche die Transfusionen erhält, und nicht die Sprache. In die Klagen über die Unvollkommenheit oder den Verfall der Sprache wollten ernsthafte Sprachwissenschaftler daher nie einstimmen. Wer sich im Detail und ausgiebig mit Sprache beschäftigt, ist gewissermaßen fasziniert von der Leistungsfähigkeit und Komplexität von Sprache.

Die Geschichte der Linguistik ist im Grunde die Geschichte der zunehmenden Einsicht in das reiche Funktionspotential von Sprache. Die Geschichte der Sprachphilosophie stellt dagegen die Geschichte der zunehmenden Abwertung von Sprache dar.

Der Begriff des „linguistic turn" suggeriert zunächst etwas anderes. Da die Beschäftigung mit Sprache zum Mittelpunkt der Philosophie wird, ist es naheliegend anzunehmen, die Sprache werde als Gegenstand aufgewertet. Doch genau das Gegenteil ist der Fall. Der sogenannte „linguistic turn" war nichts anderes als der vorläufige Höhepunkt einer Entwicklung, die sich als kontinuierlicher Abwertungsprozess von Sprache begreifen lässt.

Die Gewaltattacke auf die Sprache muss vor allem den Historiographen der Linguistik als absurd und unerträglich erscheinen. Gerade sie zeichnen ja die Entwicklung der Sprachwissenschaft nach, die in der Tendenz die Geschichte der zunehmenden Faszination durch die Sprache ist. So verwundert es nicht, dass bedeutende Historiographen der Linguistik wie Auroux/Kouloughli (1995) und Auroux/Deschamps/Kouloughli (1996:357–358) die Sprachphilosophen in ihre Grenzen weisen wollen: Die Sprachphilosophie solle durch eine Philosophie der Linguistik ersetzt werden. Sie wäre für die Axiomatik der Linguistik zuständig. Dabei sollten keine philosophischen Theorien über die Sprache entworfen werden. Vielmehr hätte eine Philosophie der Linguistik die Aufgabe, die Entwicklung der linguistischen Forschung zu begleiten und zu unterstützen.

Es ist tatsächlich Zeit für einen „linguistic RETURN" im doppelten Sinn des Wortes: Erforderlich ist ein Schlagabtausch mit den Vertretern des „linguistic turn"; erforderlich ist auch die Rückkehr zur Linguistik, d.h. zu einer auf fundiertem Wissen basierenden Beschäftigung mit Sprache. Dabei geht es nicht um eine Abwertung der Philosophie. Im Zentrum des hier versuchten „linguistic return" steht vielmehr die These, dass die Abwertung der Sprache immer mit einer Abwertung der Philosophie verbunden war und ist. Gegenwärtig schlägt die Avantgarde der Philosophie konsequenterweise vor, sich selbst abzuschaffen.

Der parallele Abwertungsprozess von Philosophie und Sprache soll hier nachgezeichnet werden. Dass sich dabei eine Skizze der Sprachphilosophie mit abzeichnet, ist ein ursprünglich unbeabsichtigter Nebeneffekt.

II Ordnungsprinzip für eine Philosophie der Sprache

Die Hauptabsicht dieser Einführung in die Sprachphilosophie besteht in der Aufdeckung eines Ordnungsprinzips für die vielen gleichzeitigen und ungleichzeitigen Entwürfe zu einer Philosophie der Sprache. Bisher wurde die Unübersichtlichkeit dieses Gebiets regelmäßig beklagt. Anschließend wurde dann als unvermeidliche Konsequenz dieser Unübersichtlichkeit lediglich ein Ausschnitt der Sprachphilosophie vorgestellt, der entweder in der Präsentation bestimmter ausgewählter Themen (Kutschera 1975), ausgewählter Schulen oder Autoren (Hennigfeld 1982, Borsche 1996) bestand, in Extremform auch bloß in der Darstellung der eigenen Schule (die Analytische Philosophie).

Das hier vorgestellte Ordnungsprinzip verfolgt dagegen das Ziel, eine Form von Transparenz zu schaffen, die es ermöglichen soll, künftig prinzipiell jeden Autor, der sich zu sprachphilosophischen Themen äußert, zuordnen zu können. Auch hier werden sprachphilosophische Autoren vorgestellt, jedoch nur in exemplarischer Absicht. Es wird keine Helden- und Mythenbildung um bestimmte Autoren (wie z. B. Wittgenstein oder Peirce) betrieben. Vielmehr werden die Prinzipien, auf denen ihr Denken – bewusst oder unbewusst – beruht, freigelegt.

Im Mittelpunkt jeder philosophischen Auseinandersetzung mit Sprache steht der Begriff der Repräsentation. Sprachliche Zeichen stehen, im Gegensatz zu Gegenständen, nicht für sich selbst, sondern für etwas anderes. Sie repräsentieren nicht sich selbst, sie verweisen auf etwas anderes. Zeichen zeigen auf etwas. Das gilt für sprachliche Zeichen ebenso wie für alle anderen Zeichen.

Kontrovers ist, was Sprache repräsentiert. Die bislang gegebenen Antworten auf diese Frage lassen sich klassifizieren und als Basis für einen systematischen Abriss von sprachphilosophischen Grundpositionen verwenden:
1. Sprache repräsentiert die Welt.
2. Sprache repräsentiert nicht die Welt, sondern unsere Gedanken über die Welt.
3. Sprache repräsentiert unsere Gedanken (über die Welt) schlecht.
4. Sprache repräsentiert nicht nur schlecht; sie repräsentiert nichts.

Diese vier sprachphilosophischen Positionen lassen sich mit der folgenden linguistischen Position konfrontieren:
5. Sprache macht Repräsentationen höherer Ordnung erst möglich.

Der Aufbau dieser Einführung in die Sprachphilosophie spiegelt in 5 Hauptkapiteln die 5 Positionen wider. Eingerahmt sind diese 5 Kapitel durch eine Einleitung und eine Zusammenfassung. Jedes der 5 zentralen Kapitel ist in 2 Unterkapitel unterteilt; im ersten Unterkapitel wird die Entstehung und die axiomatische Basis der jeweiligen sprachphilosophischen Position dargestellt; im zweiten Unterkapitel werden anschließend Erweiterungen und Modifikationen dieser Position sowie Gegenentwürfe dazu vorgestellt. Alle 10 Gliederungspunkte weisen dabei dieselbe Struktur auf:
A   Darstellung der sprachphilosophischen Position, was die Thematik „Sprache und Repräsentation" betrifft; Nennung der Hauptvertreter dieser Position und Zuordnung zu einer Epoche, in der diese Position dominiert.
B   Vorstellung eines exemplarischen Autors, der diese Position vertritt.
C   Kommentierung eines Textes.
D   Darstellung der gleichzeitig existierenden, aber weniger einflussreichen Gegenpositionen.
E   Zuordnung dieser Gegenpositionen zu Epochen, in denen sie erfolgreicher waren.
F   Literaturhinweise zu den behandelten thematischen Schwerpunkten.

Kapitel 2 stellt die Position vor, wonach die Sprache die Welt repräsentiert. Sprachliche Zeichen bilden danach die Welt ab. Sie sind der Ausdruck unserer Erkenntnis der Welt. Sprache ist somit primär ein Erkenntnisinstrument und noch nicht prioritär ein Kommunikationsmittel. Als Hauptvertreter dieser Position steht Aristoteles im Mittelpunkt (2.I). Die aristotelische Position wird weiter ausgebaut im Mittelalter durch die scholastische Grammatiktheorie. Den Höhepunkt bildet die spekulative Grammatik der Modisten (2.II). Aristoteles und die Modisten setzen eine allen Menschen gemeinsame Welt voraus. Welt, Vernunft und Sprache bilden keine Gegensätze. Sie weisen alle dieselben Strukturprinzipien auf. Sprache spiegelt in einem Ausschnitt das Denken wider. Das Denken bezieht sich auf einen Ausschnitt der Welt, den es im doppelten Sinn des Wortes reflektiert. Dieser Widerspiegelungs- und Selektionsprozess lässt sich mit dem Kürzel Welt ≈ Vernunft ≈ Sprache zusammenfassen. Kommunikation besteht im Austausch von Erkenntnissen.

Zentralen Stellenwert hat im Zusammenhang mit den ‚Repräsentationspflichten' der Sprache die Frage nach der Natürlichkeit des sprachlichen Zeichens. Wenn Sprache das Denken widerspiegelt, und Denken wiederum eine allen Menschen gemeinsame Welt reflektiert, dann muss die Sprache aller Menschen einen gemeinsamen Kern aufweisen. Dabei ist es ganz gleich, welche Einzelsprache sie sprechen, ob Griechisch oder eine „barbarische Sprache". Die gemeinsame, universale Basis der Sprache ist nichtarbiträr, d.h. nichtzufällig und nicht willkürlich; sie lässt sich von der Natur der Welt ableiten.

Die Gegenposition wurde schon in der Antike vertreten, und zwar im bekannten Kratylos-Dialog von Platon. Dieser Text wird vorgestellt und kommentiert. Kratylos ist der Vertreter der Position der natürlichen Richtigkeit der Sprache. Hermogenes vertritt die Gegenposition. Zwar gibt Platon keinen Hinweis darauf, welche Position er vertritt, doch ist die Zuordnung der Positionen zu den Beteiligten am Dialog aufschlussreich genug. Hermogenes ist als Philosoph nicht bekannt. Er ist der ungebildete Teilnehmer am Dialog. Dagegen ist Kratylos der Lehrer von Platon und somit schon deshalb mit mehr Autorität ausgestattet. Die Position von Sokrates wurde in der Forschungsliteratur unterschiedlich ausgelegt. Für sie gilt, was für Platon bereits gesagt wurde: Sokrates lässt sich nicht eindeutig auslegen, umso weniger, als er nichts von dem, was er sagt, ernst zu nehmen scheint.

Bis ins Mittelalter bleibt die Position von Aristoteles dominant. Exemplarisch vorgestellt wird die Spekulative Grammatik von Thomas von Erfurt. Die Grammatiktheorie des Mittelalters bildet den Höhepunkt der Auffassung, dass Sprache die Welt repräsentiere, und zwar auf nichtarbiträre Art und Weise. Sie wird seit dem 14. Jahrhundert zunehmend kritisiert. Die Renaissance-Philosophie macht diese Position lächerlich – wie lächerlich, wird deutlich, wenn man sich die Bedeutung von ‚spekulativ' heute vergegenwärtigt. „Spekulative Philosophie", die sich ursprünglich mit dem Spiegelungsverhältnis von Welt, Denken und Sprache beschäftigt hat, gilt heute als unseriös, wenn nicht unmöglich. Sie wird mit dem Etikett des „naiven Realismus" auf dem Marktplatz der Intellektuellen an den Pranger gestellt. Und dennoch sind alle, die niemals das Verhältnis zwischen Sprache, Denken und Welt problematisiert haben, von Geburt an naive Realisten. Zum Abschluss (2.II) wird auf die „unzeitgemäßen Realisten" der Neuzeit hingewiesen. Dazu gehören Giambattista Vico, Johann Georg Hamann, Gottfried Herder, Wilhelm von Humboldt, die englischen Empiristen in einem eingeschränkten, noch zu definierenden Maß, sowie im 20. Jahrhundert Charles Sanders Peirce und Ludwig Wittgenstein. Sie alle argumentieren aus der Defensive. Sie können die Auffassung, dass Sprache die Welt repräsentiert, nicht mehr axiomatisch voraussetzen. Sie müssen eine zunehmend aufwendigere Argumentation gegen die Einschränkung dieser Axiomatik entwickeln.

Kapitel 3 stellt die erste Phase der Beschränkung der Leistungsfähigkeit von Sprache vor. Seit der frühen Neuzeit wird zunehmend behauptet, dass die Sprache nicht imstande sei, die Welt zu repräsentieren. Sprachliche Zeichen werden als arbiträr charakterisiert. Seit der babylonischen Sprachverwirrung sei das so, heißt es. Die Sprache, welche die Menschen sprechen, ist nach dieser Auffassung nicht natürlich. Das Verhältnis von Form und Inhalt gilt als arbiträr. Es beruht auf Konvention, d.h. auf Vereinbarung. Unter Inhalt wird nicht mehr die außersprachliche Welt verstanden. Sprache repräsentiert nun die Gedanken der Menschen. Menschen verständigen sich nicht mehr über die Welt, wenn sie sprechen. Sie teilen sich vielmehr gegenseitig ihre Gedanken mit. Damit wird Sprache zum Instrument des Ausdrucks von Gedanken. Sprache ist kein Erkenntnisinstrument mehr, sondern ein Kommunikationsinstrument. Dass die Hauptfunktion von Sprache Kommunikation sei, gilt heute unhinterfragt als Selbstverständlichkeit. Selbstverständlich wird sie im 18. Jahrhundert. Es ist das Zeitalter der Konversation. Bald erscheinen die ersten Konversationslexika. Solche Enzyklopädien haben nicht mehr die Funktion, als „Real-Enzyklopädien" Wissen über die Welt bereitzustellen. Vielmehr sollen sie Konversationsstoff liefern.

Von der Welt ist die Sprache von nun ab abgeschnitten: Struktur der Welt und Struktur der Sprache sind nicht mehr homolog. Zwischen Welt und Sprache besteht eine unüberwindliche Barriere, die Barriere der Arbitrarität der Beziehung zwischen Ausdruck und Inhalt. Doch wie steht es mit der menschlichen Vernunft? Auf welcher Seite der Barriere steht sie? Da die Sprache als Instrument betrachtet wird, das die Gedanken nur in ein anderes Medium transponiert und damit materialisiert, wird wie selbstverständlich eine Homologie zwischen Denken und Sprache postuliert.

Wieder entstehen „Allgemeine Grammatiken", doch sie sind völlig anders konzipiert als die allgemeinen Spekulativen Grammatiken des Mittelalters. Die bekannteste dieser Grammatiken, die „Grammatik von Port-Royal" aus dem 17. Jahrhundert, wird genauer vorgestellt und in den Kontext weiterer Grammatiken, die in dieser Tradition stehen, eingeordnet. Diese Tradition wird heute als rationalistische Tradition bezeichnet.

Bald kommt es zu einem Widerstand gegen diese Position. Dieser Widerstand bleibt jedoch vom Zeitgeist imprägniert. In Frage gestellt wird nicht mehr die Willkürlichkeit der Beziehung zwischen Sprache und Welt. Der Widerstand betrifft vielmehr die Zuordnung der menschlichen Vernunft zur Seite der Sprache.

Prinzipiell ist ja auch eine andere Zuordnung möglich: Die Strukturen des Denkens können ja auch als homolog mit den Strukturen der Welt (anstatt mit den Strukturen der Sprache) aufgefasst werden. Das ist die Position der Empiristen, z.B. von George Berkeley, John Locke und David Hume. Die Frage, wo der Platz der Vernunft ist, nachdem sich Sprache und Welt getrennt haben, erhält in der Neuzeit zwei Antworten, die sich folgendermaßen skizzieren lassen (vgl. Abb. 1 und 2): [„≈" meint ‚entspricht/ist homolog zu'; „≠" meint ‚entspricht nicht/ist nicht homolog zu'].

WELT	≠	VERNUNFT		
		VERNUNFT	≈	SPRACHE

Abb. 1: Rationalistische Position: Sprache repräsentiert Gedanken

WELT	≈	VERNUNFT		
		VERNUNFT	≠	SPRACHE

Abb. 2: Empiristische Gegenposition

Die Antwort auf die empiristische Gegnerschaft gibt Immanuel Kant. Sie wird im Kapitel 3.II dargestellt. Kants Antwort läuft auf eine radikale Zuspitzung der Position, dass Sprache unsere Gedanken repräsentiert, zu. In Gegnerschaft zu Hume behauptet er die Nichthomologie von Welt und Vernunft. Die Welt bzw. das ‚Ding an sich' wird durch eine undurchdringliche Mauer von der menschlichen Vernunft geradezu hermetisch abgeschlossen. Die Kategorien, mit denen das menschliche Denken operiert, sind angeboren und haben nichts mit der Welt an sich gemeinsam. Während die Empiristen die Vernunft sozusagen noch zur nichtarbiträren und nicht auf Konvention beruhenden Seite der Natur hinüberziehen wollten, kommt es durch Kant zu einer vollständigen Arbitrarisierung der Beziehungen zwischen Welt, Vernunft und Sprache. Kant sperrt die menschliche Vernunft explizit in ein kategoriales Gefängnis und wirft den Schlüssel dazu weg: Welt ist ungleich der Vernunft bzw. ungleich der Kognition. Über das Verhältnis von Sprache und Denken äußert er sich kaum. Es dürfte ihm in der alten rationalistischen Tradition als unproblematisch erschienen sein.

Als stärkste Gegner Kants werden seine Zeitgenossen Johann Georg Hamann und Johann Gottfried Herder vorgestellt. Herder schreibt eine Antwort auf Kants „Kritik der reinen Vernunft": die „Metakritik der reinen Vernunft", die im Kern schon Hamann entworfen hatte. Doch die Zeit ist für solche Opposition nicht günstig. Der hoch angesehene Herder blamiert sich öffentlich so sehr, dass er bis zu seinem Tod seinen alten Ruf nicht mehr zurückerlangen wird. Kant hat argumentativ die Tore geschlossen. Nur wer argumentativ ebenso schlüssig argumentieren könnte wie er, könnte die Vernunft aus ihrem kategorialen Gefängnis befreien. Doch das geschieht zunächst nicht. Stattdessen wird das Verhältnis von Vernunft und Sprache reflektiert, das Kant offen gelassen hat.

Kapitel 4 handelt davon, dass nun auch das Verhältnis von Vernunft und Sprache problematisch wird. Man bezweifelt die Homologie von Denkstrukturen und Sprachstrukturen. Sprache repräsentiere zwar unsere Gedanken, aber sie repräsentiere sie schlecht. Dieser Verdacht wurde seit Beginn der Neuzeit schon sporadisch geäußert. Schon Dante wollte die Sprache vervollkommnen. Mit anderen Worten: Sie war ihm nicht vollkommen genug. Seither war man immer wieder auf der „Suche nach der Vollkommenheit der Sprache". Umberto Eco hat diese Sehnsucht nach einer vollkommenen Sprache, die seit der Renaissance immer mehr zunimmt, nachgezeichnet. Künstliche Sprachen wurden entwickelt, die die natürlichen übertreffen sollen. Doch erst zu Beginn des 20. Jahrhunderts wird diese Auffassung zur dominanten Position der Sprachphilosophie.

Als exemplarischer Vertreter für die These, dass die Sprache unsere Gedanken schlecht repräsentiere, wird Rudolf Carnap als Vertreter des „Wiener Kreises" vorgestellt. Sprache ist für ihn ein mangelhaftes Instrument zum Ausdruck der Gedanken, das verbessert werden muss. Er will eine „logische Syntax der Sprache entwickeln", die garantieren soll, dass die logischen Strukturen sich wieder in Übereinstimmung mit den (neuen) grammatischen Strukturen befinden. Philosophie wird zur Sprachkritik. Sie hat eine therapeutische Aufgabe.

Carnap steht am Anfang einer Richtung, die als *ideal language philosophy* bezeichnet wird. Die ideale, erst noch zu entwickelnde Sprache soll das behauptete gestörte Verhältnis zwischen Vernunft und Sprache überbrücken helfen. Zuerst wird also die Homologie zwischen Denkstrukturen und sprachlichen Strukturen für aufgehoben erklärt. Anschließend wird ein Konstrukt versprochen, das die Übereinstimmung sekundär garantieren soll[1]:

WELT | VERNUNFT ||| SPRACHE

Ideale Sprache

Abb. 3: Funktion „idealer Sprache"

Die natürliche Sprache wird als Zerrspiegel vernünftigen Denkens abgelehnt. Die ,logische Syntax', die Carnap entwickeln will, beansprucht die Ersetzung des Zerrspiegels der natürlichen Sprache durch einen besseren Spiegel. Damit ist die Hoffnung verbunden, wieder einen unverzerrten Zugang zur Welt zu bekommen: Möglicherweise wird das Denken ja einzig durch die Sprache verhext.

Die Gegenbewegung zur Philosophie der idealen Sprache stellt die *ordinary language philosophy* dar, die seit 1940 in Oxford entwickelt wird. Auch Ludwig Wittgenstein betrachtet die Idee einer idealen Sprache als verfehlt. Wittgensteins Position wird exemplarisch in Opposition zur ,ideal language philosophy' vorgestellt. Anschließend werden sehr auffällige Parallelen zur Philosophie von Charles Sanders Peirce aufgezeigt. Peirce ist der große Antipode zu Kant, der Ende des 19. Jahrhunderts und zu Beginn des 20. Jahrhunderts erneut eine Widerspiegelungstheorie ausarbeitet, die ein homologes Verhältnis zwischen Welt, Vernunft und Sprache evident zu machen versucht. Es wird versucht, den naiven Realismus durch einen Realismus auf höchstem argumentativem Niveau zu ersetzen. Ludwig Wittgensteins „Tractatus logico-philosophicus" ist sicher die schönere und poetischere Fassung dieser Theorie des Realismus.[2]

In Kapitel 4.II wird gezeigt, dass trotz dieser Interventionen durch Peirce und Wittgenstein das sprachkritische Programm der analytischen Sprachphilosophie weiter verfolgt, ja geradezu zugespitzt wird. Richard Rorty vereinigt in

---

1 Die vertikalen Striche symbolisieren die Art der Barrieren zwischen Welt, Vernunft und Sprache. ,|||' symbolisiert, dass die Barriere als unüberwindlich modelliert wird; ,|' symbolisiert, dass die Barriere potentiell überwindbar ist.
2 Wittgenstein spricht in einem Tagebucheintrag vom 26.5.1930 sogar von „Kitsch" in Bezug auf den *Tractatus*; Kitsch sei durch die Auffüllung von Lücken entstanden, die er in seinem eigenen Stil durchgeführt habe (Wittgenstein 1997, Teil 1:29).

einem Sammelband die klassischen Texte der sprachkritischen Philosophie, die er als „linguistic philosophy" bezeichnet. Der Band erscheint 1967 unter dem inzwischen berühmten Titel „The linguistic turn". In seinem Vorwort bezeichnet er die „linguistic philosophy" als die wichtigste philosophische Revolution aller Zeiten. Von Parmenides bis Carnap seien jetzt alle in die philosophische Defensive gedrängt worden. Auch Carnap wird kritisiert, weil seine Philosophie nicht frei von unzulässigen Vorannahmen (nicht ‚präsuppositionslos') gewesen sei.

Als Gegner dieser Richtung lassen sich die Fortsetzer der alten rationalistischen Tradition bezeichnen. Als Fortsetzer des rationalistischen „Projekts der Moderne", das eine Homologie zwischen Vernunft und Sprache weiter aufrechterhalten will, wird das „Oberhaupt dieser Position", Jürgen Habermas, mit seiner „Theorie des kommunikativen Handelns" vorgestellt. Rorty und Habermas sind bis heute Diskussionsgegner geblieben. Habermas bezieht sich auf Peirce und Kant. Das realistische Programm von Peirce wird allerdings auf Kantsche Dimensionen zurückgestutzt. Mit Kant nimmt Habermas eine unüberwindliche Barriere zwischen Welt und Vernunft/Sprache an. Habermas beginnt nun aber, im Unterschied zu Kant, das Verhältnis zwischen Vernunft und Sprache explizit auszuformulieren. Die Argumentation bezieht er von Peirce, ohne dessen radikale zeichentheoretische Überwindung des Grabens zwischen Welt und Sprache zu akzeptieren. Für Habermas ist Sprache weiterhin kein Erkenntnisinstrument, sondern ein Kommunikationsmittel. Dieses Kommunikationsmittel ermöglicht es den Menschen, unter idealen Bedingungen in einem vernünftigen und herrschaftsfreien Diskurs, in dem nur der Zwang des besten Arguments herrschen darf, zu historisch vorläufigen „Wahrheiten" zu gelangen. Die universale, allen Menschen gemeinsame Basis der Vernunft ist dabei in der Sprache selbst angelegt. Die Grundstrukturen sprachlichen Handelns bilden die Basis der menschlichen Vernunft. Die Aufwertung der Sprache übernimmt Habermas von Peirce; er übernimmt dessen Argumente, um dann aber schließlich doch beim rationalistischen Programm Halt zu machen.

Das fünfte Kapitel handelt vom Scheitern von Rortys Programm des „linguistic turn", d.h. vom Scheitern der Analytischen Philosophie (ordinary language philosophy + ideal language philosophy). In diesem Kapitel wird auch transparent, warum das Programm von Habermas als hybrides Kompromissprogramm langfristig zum Scheitern verurteilt sein muss.

In seinem Nachwort zu einer späteren Auflage des Sammelbands „The linguistic turn" gibt Rorty zu, dass er den Mund zu voll genommen habe. Er spricht von einem lokalen Sturm in einem akademischen Wasserglas. Er habe die Welt seiner begrenzten philosophischen Abteilung zu wichtig genommen. Keine Weltrevolution der Philosophie hat demnach stattgefunden. Eine lokale philosophische Schule habe geirrt.

In einer geradezu manischen Übertreibung dieser Bescheidenheitsgeste behauptet er nun, nicht seine lokale philosophische Schule sei gescheitert, sondern die gesamte Philosophie. Er plädiert für die Abschaffung der Philosophie, die für ihn ohnehin bis dahin nur Sprachphilosophie war.

Es gibt keine Repräsentationen, so seine These. Sprache repräsentiere nichts. Die Relation Sprache – Welt sei vollständig uninteressant. Wenn Menschen sich gegenseitig ihre Überzeugungen und Gedanken mitteilen, dann könnten diese vielleicht wahr oder falsch sein – auf jeden Fall aber repräsentieren sie nichts. Wozu verwenden die Menschen dann überhaupt noch Sätze, warum kommunizieren sie dann noch, wenn es nichts gibt, worüber sie sprechen könnten? Sätze werden nach Rorty lediglich verwendet, um sozial erfolgreich zu sein. Sätze sind Ketten von Geräuschen, die uns helfen, unsere Ziele durchzusetzen. Im Grunde formuliert Rorty nur die letzte Konsequenz, die die Reduktion der Sprache auf ein bloßes Kommunikationsmittel nach sich zieht.

Sollte Rorty Recht behalten, dann wäre die Welt um eine Absurdität reicher: Sprachliche Zeichen wären dann ein extremer Ausnahmefall von Zeichen. Das zentrale und definierende Merkmal jedes Zeichens ist ja, dass es repräsentiert, d.h. dass es für etwas anderes steht, dass es somit außerhalb von sich selbst verweist.

Rorty folgt seiner eigenen Aussage zufolge vor allem Davidson und Quine. „We Davidsonians" bezeichnet er diese avantgardistische Gruppe, was darauf hinweist, dass es sich wiederum um einen lokal beschränkten Irrtum handeln dürfte. Zunächst aber schafft Rorty die Philosophie ab. Im Grunde gebe es ja nichts abzuschaffen, behauptet er; und damit hat er – aus seiner Perspektive betrachtet – durchaus Recht.

Die Philosophie hat jeden Gegenstand verloren. Sprachkritik kann sie nicht mehr sein. Denn eine Sprache, die nichts repräsentiert, kann man und braucht man nicht zu therapieren. Man verwendet sie einfach als „sozialen Ellenbogen" – mit wieviel Verantwortungsgefühl, bleibt Privatsache.

Damit hat Philosophie ihre letzte Daseinsberechtigung verloren. Schon Carnap hat sich gefragt, was bleibt den Philosophen eigentlich zu tun? Seit die Vernunft durch Kant in ihr kategoriales Gefängnis eingemauert worden war, wird die Welt der privilegierte Gegenstand der Naturwissenschaften, die unbekümmert von der Axiomatik der Philosophen, erfolgreich auf der Basis des ‚naiven Realismus' operierten – und zwar unkontrolliert durch ethische und ästhetische Kriterien. Diese wurden auf der anderen Seite der Barriere in einem unverbindlichen, von der Welt abgeschnittenen Konversationsspiel ausdiskutiert. Auch Habermas rät zu einem solchen Konversationsspiel, das zwar auf höchstem Niveau, aber faktisch völlig unverbindlich geführt wird.

Mit der Einschränkung der Repräsentationsfähigkeit des Zeichensystems Sprache hat die Philosophie sich zunehmend selbst in immer kleinere Reservate zurückgezogen, bis Rorty ihr auch diese noch unter den Füßen wegzieht. Ein Überblick soll zeigen, in welchen Etappen es zu einer zunehmenden Einschränkung des Aufgabenbereichs der Philosophie kommt[3]:

I. WELT ≈ VERNUNFT ≈ SPRACHE
    Sprache repräsentiert die Welt. Die Philosophie konnte noch Naturphilosophie sein; es gibt keine Ausgrenzung von den empirischen und den theoretischen Wissenschaften.

II. WELT ||| VERNUNFT ≈ SPRACHE
    Es besteht eine Barriere zwischen Welt und Vernunft. Die Welt ist nicht mehr erkennbar. Die Praxis der Naturphilosophie wird aufgegeben. Die Philosophie bleibt die Königin der theoretischen Disziplinen.

III. WELT ≈ VERNUNFT | SPRACHE
    Die Barriere wird nicht zwischen Welt und Vernunft angesetzt, sondern zwischen Vernunft und Sprache angesetzt. Die Philosophie wird zur Sprachphilosophie. Sie setzt die Hoffnung auf die Sprachkritik. Sie soll die Barriere zwischen Vernunft und Sprache überwinden helfen. Nicht wenige verbinden damit implizit die Hoffnung, dass mit Hilfe einer idealen Sprache der Durchbruch zur Welt gelingt. Die Sprache ist sozusagen an allem schuld.

IV. WELT ||| VERNUNFT ||| SPRACHE
    Sprache gilt als abgetrennt von Vernunft und Welt. Damit ist sie kein Repräsentationssystem mehr. Da die Analytische Philosophie ihr Programm einer idealen Sprache nicht hat einlösen können, bleibt ihr nichts mehr zu tun. Die Philosophen sind arbeitslos. Einige wenige Privilegierte wie z.B. Rorty verdienen noch an der „Abschaffung der Philosophie".

Der „linguistic return", der im sechsten Kapitel vorgetragen wird, fasst die Dogmen der antirealistischen Position nochmals zusammen und versucht aufzuzeigen, unter welchen historischen Bedingungen diese Dogmen entstanden sind. Sie zeigt die Interessenorientiertheit dieser Dogmen auf. Herausgearbeitet werden sollen auch unterdrückte Argumente und Positionen, die sich alle als semiotische, d.h. zeichentheoretische Argumente klassifizieren lassen. Die Sprache wird als Zeichensystem vorgestellt, das, wie alle anderen Zeichensysteme auch, primär repräsentiert. Sie wird als besonders effizientes Zeichensystem vorgestellt, das prinzipiell alles repräsentieren kann: die Welt, die Gedanken und schließlich sich selbst. Die Sprache ist das einzige Zeichensystem, das sich selbst zum Gegenstand machen kann, so dass sie selbst ein Gegenstand

---

3 Das Zeichen ≈ symbolisiert eine Homologierelation; ||| symbolisiert eine unaufhebbare Barriere; | symbolisiert eine aufhebbare Barriere.

werden kann. Das sind die metasprachlichen Kapazitäten von Sprache. Damit wird durch die Sprache selbst die Barriere zwischen realen Gegenständen und Zeichensystemen überwunden.

Die linguistische, durchaus vernichtende Kritik an der gegenwärtigen Basis der Philosophie hat die paradoxe Konsequenz, dass die Philosophen wieder Philosophie betreiben dürfen – und zwar in der ganzen Breite des Fachs, so wie das Peirce schon durchgespielt hat, indem er über Mineralien ebenso intensiv nachgedacht hat wie über metasprachliche Notationssysteme. Die Welt besteht vollständig aus Zeichen, wie spätestens die Entdeckung des genetischen Codes vielen anschaulich gemacht hat. Die Welt besteht aus Zeichen, weil Zeichen nichts anderes sind als Gegenstände, die auf andere Gegenstände aufmerksam machen und verweisen und sie somit miteinander in Beziehung setzen. Die Welt ist ein umfassendes Repräsentationssystem, und die Sprache ist der Schlüssel zu dieser Welt. Sie ist der „Instinkt des Menschen" – seine Orientierung und Erkenntnislandkarte. Die Abwertung von Sprache und die damit verbundene Abschaffung der Philosophie kommen einer Amputation des Menschen von der Welt gleich. Das abschließende Kapitel stellt daher die Möglichkeit einer Reetablierung des „na(t)iven Realismus" in Aussicht.

III Kommentierte Literaturhinweise

Einführungen und Überblicksdarstellungen zur Sprachphilosophie:

Borsche, Tilman (Ed.) (1996): *Klassiker der Sprachphilosophie. Von Platon bis Noam Chomsky.* München: Beck.
    Enthält Einzelbeiträge unterschiedlicher Qualität, die entweder einen Sprachphilosophen oder (seltener) eine spezifische sprachphilosophische Position vorstellen. Die verschiedenen Artikel wurden in der Regel von anerkannten Spezialisten verfasst. Einen roten Faden, der die einzelnen Beiträge zusammenhält, gibt es nicht. Behandelt werden: Platon, Aristoteles, die Stoa, Augustinus, die Spekulative Grammatik, Nikolaus von Kues, Thomas Hobbes, John Locke, Leibniz, Vico, Condillac, Hamann, Herder, Kant, Hegel, W. v. Humboldt, Nietzsche, Peirce, Frege, Cassirer, Wittgenstein, Heidegger, die Sprachanalytische Philosophie, die Strukturale Sprachwissenschaft.

Braun, Edmund (Ed.) (1996): *Der Paradigmenwechsel in der Sprachphilosophie. Studien und Texte.* Darmstadt: Wissenschaftliche Buchgesellschaft.
    In einer 65-seitigen Einleitung wird die Sprachphilosophie von der Antike bis zur Gegenwart vorgestellt. Das Buch ist in erster Linie ein Reader mit repräsentativen Textbeispielen von Parmenides, Platon, Aristoteles, Locke, Leibniz, Isokrates, Cicero, Böhme, Vico, Hamann, Herder, Humboldt, Bühler, Peirce, Frege, Carnap, Wittgenstein, Austin, Searle, Hönigswald, Cassirer, Litt, Heidegger, Gadamer, Lipps, Rorty, Lorenz, Habermas und Apel.

Coseriu, Eugenio (1969–1972): *Die Geschichte der Sprachphilosophie von der Antike bis zur Gegenwart. Eine Übersicht.* Vorlesung gehalten im Wintersemester 1968/69 an der

Universität Tübingen. Teil I: Von der Antike bis Leibniz. Teil II: Von Leibniz bis Rousseau. 1. Auflage, Tübingen: Narr 1969 und1972.
Gilt immer noch als die beste sprachwissenschaftliche Einführung in die Sprachphilosophie. Inzwischen ist posthum die bereits zu Lebzeiten von Coseriu angekündigte Neuauflage erschienen, die jedoch Coserius Erstauflage in den für unseren Zusammenhang relevanten Gesichtspunkten nicht ersetzen kann. Das Verdienst der noch von Coseriu bearbeiteten Auflage ist es, dass er die Verbindungen zwischen den Erkenntnissen der Linguistik und den antiken Vorläufern herausgearbeitet hat (z.b. beim semiotischen Dreieck). Der Bearbeiter der 2. Auflage nimmt davon wieder vieles zurück, so als hätte Coseriu die moderne Linguistik in die Schriften von Aristoteles zurückprojiziert.

Coseriu, Eugenio (1969–1972/2003): *Die Geschichte der Sprachphilosophie von den Anfängen bis Rousseau*. Neu bearbeitete und erweiterte Auflage von Jörn Albrecht. Tübingen: Francke 2003 (UTB; 2266).

Coseriu, Eugenio (2004): *Der Physei-Thesei-Streit. Sechs Beiträge zur Geschichte der Sprachphilosophie*. Hrsg. von Reinhard Meisterfeld. Tübingen: Narr.
Edition von sechs Artikeln von Coseriu, u.a. über die These der Arbitrarität der sprachlichen Zeichen, über die Begriffe der Bedeutung und der Bezeichnung bei Aristoteles sowie über den Physei-Thesei-Streit.

Lepore, Ernest / Smith, Barry C. (eds.) (2006): *The Oxford handbook of philosophy of language*. Oxford: Clarendon Press.
In der Einleitung wird darauf hingewiesen, dass der Einstieg in die Sprachphilosophie immer schwieriger wird, da eine umfassende Einführung fehlt. Auch dieses Handbuch stellt keine solche Einführung dar. Stattdessen wurde der Weg gewählt, die grundlegenden Debatten, die in der Sprachphilosophie geführt werden, vorzustellen. Dazu wurden herausragende 40 Vertreter ihres Fachs aufgefordert, Artikel zu verfassen. Das führt dazu, dass das Werk verstorbener Sprachphilosophen fast vollständig ausgeschlossen bleibt. Lediglich Frege und Wittgenstein werden behandelt. Der Name von Peirce erscheint nicht einmal im Register des Handbuchs. Von Davidson (2003 verstorben) wird allerdings eine Arbeit abgedruckt, die den Band als 41. Beitrag abschließt, wobei die ungerade Zahl (41) darauf hinweist, dass es sich um eine späte Entscheidung der Herausgeber gehandelt haben muss. Deutlich ist die Hinwendung zur Linguistik. Die Herausgeber zitieren in der Einleitung eine mündliche Mitteilung von Barbara Partee, wonach Philosophen keine interessanten Ergebnisse mehr vorlegen können, solange ihnen ausreichende Kenntnisse in der Syntax fehlen. Das Handbuch ist dem Andenken Donald Davidson gewidmet, der seinerseits starke Affinitäten zur Linguistik hatte und der umgekehrt von Seiten der formalen Semantik stark rezipiert wird.

Dascal, Marcelo / Gerhardus, Dietfried / Lorenz, Kuno / Meggle, Georg (Eds.) (1992–1996): *Sprachphilosophie*. 2 Bde. Berlin, New York: de Gruyter 1992 u. 1996 (Handbücher zur Sprach- und Kommunikationswissenschaft; 7.1, 7.2).
Die insgesamt 2088 S. des Handbuchs sind durch ein Sachregister (am Ende von Bd. 2) erschlossen. Der erste Band enthält Übersichtsartikel zur Geschichte der Sprachphilosophie, Kurzcharakterisierungen der wichtigsten Autoren sowie eine Vorstellung der bekanntesten sprachphilosophischen Positionen. Im zweiten Band geht es um sprachphilosophische Kontroversen. Anschließend wird in die zentralen Begriffe der Sprachphilosophie eingeführt. Am Schluss werden die interdisziplinären Aspekte besprochen. Das Literaturverzeichnis umfasst allein über 260 Seiten. Das Handbuch eignet sich nicht, um

einen Überblick zu gewinnen. Wer sich jedoch in ein bestimmtes Gebiet einarbeiten will, erhält durch die entsprechenden Übersichtsartikel einen guten Einstieg.

Kutschera, Franz von (1975): *Sprachphilosophie*.
2., völlig neu bearbeitete und erweiterte Auflage. München: Fink (UTB; 80).
Der Schwerpunkt liegt auf der Analytischen Philosophie, dort wiederum auf den Bedeutungstheorien. Ein inzwischen überarbeitungsbedürftiges, einstiges Standardwerk zur Sprachphilosophie.

Wellmer, Alfred (2004): *Sprachphilosophie. Eine Vorlesung*. Hrsg. von Thomas Hoffmann, Juliane Rebentisch und Ruth Sonderegger. Frankfurt am Main: Suhrkamp (Suhrkamp Taschenbuch Wissenschaft; 1692).
Behandelt werden die Arbeiten von Wittgenstein, Davidson, Heidegger und Gadamer. Auch hier liegt keine umfassende Einführung in die Sprachphilosophie vor. Im Mittelpunkt stehen philosophische Ansätze, die den Aspekt der Intersubjektivität und damit den sozialen Aspekt des Verstehens von Sprache hervorgehoben haben. Denken ist danach nur im sozialen Format, das durch die Sprache bereitgestellt wird, möglich.

Nef, Fréderic (1993): *Le langage: une approche philosophique*. Paris: Bordas.
Umfasst den Zeitraum von der Antike bis zum 20. Jahrhundert. Die Geschichte der Sprachphilosophie wird aus einem nominalistischen Blickwinkel dargestellt. Als Einführung zu knapp, um ein Verständnis der wichtigsten Fragestellungen zu vermitteln.

Oelmüller, Willi / Dölle-Oelmüller, Ruth / Steenblock, Volker (1991): *Diskurs Sprache*.
Philosophische Arbeitsbücher, 8. Auflage, Paderborn u.a.: Schöningh (UTB; 1615).
Es handelt sich um einen Reader mit ausgewählten Texten von der Antike bis Umberto Eco, dem eine Einleitung vorangestellt ist. Das Buch ist somit vergleichbar mit Braun 1996. Im Unterschied zu Braun sind die Einleitung und die Texte so angelegt, dass sie auch in der gymnasialen Oberstufe behandelt werden können.

Trabant, Jürgen (2003/2006): *Europäisches Sprachdenken. Von Platon bis Wittgenstein*.
München: Beck 2006 [zuerst erschienen 2003 unter dem Titel Mithridates im Paradies. Kleine Geschichte des Sprachdenkens].
Leitmotiv dieser Geschichte der Reflexion über Sprache in Europa ist der Gegensatz zwischen der Wertschätzung/Ablehnung einer Vielzahl von einzelsprachlichen Ausprägungen der menschlichen Sprache versus der Wertschätzung/Ablehnung einer einzigen weltumgreifenden Sprache. Dies wird an einer Reihe von Autoren durchgespielt Die Sympathie von Trabant gilt der Ausprägung sprachlicher Vielfalt. Eine Einführung in die Grundlagen sprachphilosophischen Denkens ist es nicht.

Trabant, Jürgen (Ed.) (1995): *Sprache denken. Positionen aktueller Sprachphilosophie*.
Frankfurt am Main: Fischer (Fischer TB; 12777).
Zusammenstellung von sehr heterogenen Artikeln, die zum Teil zusammenhangslos nebeneinander stehen. Empfehlenswert sind besonders drei der darin abgedruckten Artikel:

Auroux, Sylvain / Kouloughli, Djamel: Für eine ‚richtige‘ Philosophie der Linguistik. 29–51.
Franzen, Winfried: Die Sprache und das Denken. Zum Stand der Diskussion über den ‚linguistischen Relativismus‘. 249–268.
Niemitz, Carsten: Evolution und Sprache. 298–327.

Zusammenfassend lässt sich sagen, dass es zwei überarbeitungsbedürftige Standardwerke zur Sprachphilosophie gibt (Coseriu, Kutschera) und zwei Reader (Oelmüller u.a., Braun), deren Einleitungen nicht ausreichen, um einen Gesamteindruck von der Thematik zu vermitteln. Der Sammelband von Borsche und das Handbuch von Dascal u.a. sind zwar beide sehr empfehlenswert; da sich die einzelnen Beiträge jedoch in beiden Fällen nicht aufeinander beziehen, wird wiederum kein kohärentes Bild der Aufgaben und Ziele der Sprachphilosophie vermittelt. Die weiteren genannten Bücher (Lepore/Smith; Wellmer) beziehen sich auf begrenzte Ausschnitte der Sprachphilosophie des 20. Jahrhunderts und vermitteln keinen Gesamteindruck.

2 Sprache repräsentiert die Welt

I Sprache als Erkenntnisinstrument

A Die Einheit von Sprache, Denken und Wirklichkeit

Alle Menschen interessieren sich für das Verhältnis von Sprache, Denken und Wirklichkeit, sobald sie darauf aufmerksam werden, dass dieses Verhältnis problematisch sein könnte. Die Problematisierung dieses Verhältnisses gehört nicht zu den Basisparametern (Grundeinstellungen) unserer kognitiven Ausstattung. Die Mitgift oder das ‚Talent', das die Menschen für die Bewältigung der Welt mit auf den Weg bekommen, besteht in einer ebenso einfachen wie grundlegenden Überzeugung: Die Welt spiegelt sich in den Gedanken wider, und die Gedanken spiegeln sich in der Sprache wider. Diese Auffassung wird gerne als „naiver Realismus" bezeichnet.

Was wird aus unserer angeborenen Tendenz zum naiven Realismus, wenn wir diesen Realismus kritisch prüfen? Die vorherrschende Überzeugung ist heute, dass sich der Realismus dann in sein Gegenteil verkehren müsse – in einen Anti-Realismus in einer seiner mehr oder weniger extremen Ausprägungen: Danach spiegelt das Denken die Welt nicht wider. In seiner extremsten Ausprägung leugnet der Anti-Realismus sogar die Existenz der Welt. Das ist heute die Position des Radikalen Konstruktivismus: Er postuliert die Welt als ein Konstrukt unseres Denkens. Außerhalb dieses Denkens existiere sie nicht. Die gemäßigten Anti-Realisten gehen zwar von der Existenz der Welt aus, doch die ‚Welt an sich' spiegelt sich nicht mehr im menschlichen Bewusstsein. Sie bleibt irgendwie außerhalb des Denkens. Es ist, als würde sie nicht existieren. Nicht selten wird dieser gemäßigte Anti-Realismus als Realismus bezeichnet, was irreführend ist, was sich aber im Kontext der europäischen Sprachphilosophie der Neuzeit und Moderne verstehen lässt: Der ‚echte Realismus' gilt als so undenkbar, dass ein gemäßigter Anti-Realist sich durchaus als Realist verstehen kann.

Der Anti-Realismus ist jedoch nicht die einzige Möglichkeit, um den naiven Realismus zu überwinden. Genau genommen ist er eine lokal beschränkte Erscheinung der westlichen Welt. Weder in der indischen, buddhistischen oder arabischen Philosophie spielt er irgendeine nennenswerte Rolle. Wenn von den herrschenden Strömungen der Philosophie, Sprachphilosophie oder der Erkenntnistheorie die Rede ist, wird selten berücksichtigt, dass es die lokalen Vorlieben der Denkprovinz des Westens sind, die ins Zentrum gerückt werden.

Es gibt eine andere Alternative zum „naiven Realismus" – den reflektierten Realismus, der auf ebenso hohem argumentativem Niveau die Grundeinstellung des Menschen, dass die Welt erkennbar ist, verteidigt. Er findet sich bevorzugt in den nichtsäkularisierten Erkenntnistheorien der indischen, buddhistischen, jüdischen, arabischen und muslimischen und christlichen Philosophen. Er findet sich in der antiken Philosophie, bei Heraklit, Kratylos und Aristoteles; und er findet sich in der mittelalterlichen Philosophie. Der Realismus, der besagt, dass die Welt existiert, dass wir sie erkennen können und dass die Sprache das privilegierte Erkenntnisinstrument dabei ist, findet sich aber nicht nur in diesen räumlich und zeitlich entfernten Weltgegenden. Auch der allgemein als der bedeutendste Philosoph Amerikas anerkannte Charles Sanders Peirce hat achtzigtausend handgeschriebene Seiten hinterlassen. Sein Werk ist voll von Argumenten für den Realismus. Um beide Positionen wird seither wieder in einer neuen argumentativen Runde gekämpft.

Die realistische Position wird manchmal nicht nur als naiv, sondern auch als archaisch bezeichnet, so als müsste jede Philosophie realistisch beginnen, um dann anschließend erwachsen zu werden als Rationalismus, Nominalismus oder eine andere antirealistische Philosophie. Peirce hat in bewusster Opposition dazu für seine eigene Entwicklung die umgekehrte Reihenfolge behauptet. Soviel ist richtig: Wer vom Zeitgeist des 20. Jahrhunderts imprägniert ist oder gar ein philosophisches Seminar besucht hat, wird seine bewusste intellektuelle Entwicklung nicht als Realist beginnen, sondern vielmehr wie Peirce den umgekehrten Weg einschlagen – wenn überhaupt.

Will man die Grundthesen des Realismus darstellen, ist es am besten, man beginnt mit Heraklit (ca. 536–470 v. Chr.). Hier kann man noch einen Realismus ohne die Vernarbungen aus den späteren Positionsgefechten kennenlernen. Im Zentrum steht der Begriff des Logos (λόγος). Dieser Begriff umfasst den ganzen Komplex von Sprache, Denken und Wirklichkeit. Er lässt sich keinem dieser Termini allein zuordnen. Sehr genau hat Coseriu die Bedeutung von Logos bei Heraklit herausgearbeitet: „Er *ist* die Wirklichkeit als vom Menschen gedacht und ausgedrückt" (Coseriu 1969:21). Der Logos ist ein Ordnungsprinzip, das die Wirklichkeit strukturiert und analog dazu das Denken und die Sprache. Wer spricht, versprachlicht Denken. Das Denken wiederum spiegelt das Ordnungsprinzip der Welt wider: „Nach der Schule von Heraklit ‚denkt man das, was ist, und man sagt, was man denkt'" (Coseriu 1969:24). Sprache ist somit ein Analogon der Wirklichkeit. Das heißt, es besteht eine Ähnlichkeit zwischen der Welt, der Sprache und dem Denken. Es besteht jedoch keine Identität, denn das Denken spiegelt nur einen Ausschnitt der Welt wider. Dieser Ausschnitt wird durch Versprachlichung nochmals reduziert: Welt ≥ Denken ≥ Sprache.

Nach Heraklit ist es unmöglich, das zu sagen, was nicht ist. Diese Position wird auch von Kratylos vertreten, einem Schüler von Heraklit. Ein Wort bezeichnet entweder etwas, dann ist es wahr, oder es bezeichnet nichts. Deswegen ist es noch nicht falsch. Es ist vielmehr vergleichbar mit einem Spiegel, der nichts widerspiegelt. Auch hier würde man nicht sagen, der Spiegel spiegle den nicht-reflektierten Gegenstand verzerrt oder unzutreffend wider. Sprache ist wahr im Sinne von ähnlich, erläutert Coseriu diese Position. In diesem Sinn sind die Wörter naturnotwendig so, wie sie sind.

Während Heraklit von der Sprache im Allgemeinen spricht, spricht Kratylos von den Wörtern. Wörter können im Gegensatz zu Sätzen oder Aussagen nicht wahr oder falsch sein. Das lässt sich folgendermaßen erläutern: Wir können nur dem Satz *Das ist ein Kind* einen Wahrheitswert zuordnen, aber wir können es nicht bei einzelnen Wörtern wie *Kind*. Damit auch Wörter wahr im Sinne von ähnlich sein können, wurden sie wie Aussagen behandelt: Nach Coseriu wurde das Wort als konzentrierte Aussage verstanden. Die Wörter wurden definiert und damit in Teile zerlegt – in sogenannte „elementare Wörter" (prota onomata), die selber wieder Bedeutung haben: Dieses Verfahren erinnert stark an das strukturalistische Auflösen von Wörtern in elementare semantische Merkmale. Bei *Kind* wären das die Merkmale [+BELEBT] [+MENSCHLICH] [–ERWACHSEN] [±MÄNNLICH]. Ein Wort, das sich nicht in elementare „Wörter" bzw. in semantische Merkmale zerlegen lässt, ist nicht falsch; es ist lediglich kein Wort; es referiert nicht: Der Spiegel bleibt also leer.

Die Realisten der Antike bezeichnen sich als Anhänger der Physei-These. Dazu gehören neben Heraklit und Kratylos auch Pythagoras und Aristoteles. Sie alle betrachten das Verhältnis zwischen Wort und Gegenstand, zwischen Sprache und Welt als „natürlich", im Sinne von ‚in der Welt verankert' und ‚notwendig'. Weder Heraklit noch Aristoteles behaupten, dass wir die Struktur der Welt, des Denkens oder der Sprache ohne weitere Anstrengung bewusst (er)kennen. Wir können in Übereinstimmung mit der Form des Universums denken und sprechen. Wir können diese Strukturen unter bestimmten Voraussetzungen auch erkennen, aber einfach ist es nicht: „Das Wesen der Dinge versteckt sich gern", so Heraklit (Fragment 123). Die allem gemeinsamen Strukturen sind uns so nah und daher so leicht übersehbar (im doppelten Sinn des Wortes) wie für den Fisch das Wasser. Aristoteles hat einen schöneren Vergleich für dieses Erkenntnisproblem: „Vielleicht aber liegt die Ursache dieser Schwierigkeit [...] nicht in den Sachen, sondern vielmehr in uns. Denn wie sich die Augen der Fledermäuse dem Tageslicht gegenüber verhalten, so auch die Vernunft in unserer Seele den Dingen gegenüber, die von allen der Natur nach die offenkundigsten sind" (Aristoteles: Metaphysik. II 1, 993b 9–11).

Der Logos versteckt sich vor allem bei partikulärem Denken: „Drum tut es not, dem Allgemeinen zu folgen. Obwohl aber der Logos allgemein ist, leben die Vielen, als hätten sie ein Denken für sich" (Heraklit: Fragment 2). Partikuläre Interessen hindern die Menschen daran, den Logos zu verstehen und in ihrer Sprache auszudrücken. Grundsätzlich sind die Menschen jedoch imstande, den Logos, und damit die Gesetzmäßigkeiten von Welt, Denken und Sprache zu erkennen. Wer sich aus Interessenorientiertheit dumm stellt, verzichtet freiwillig auf den Logos: „Dem Blöden fährt bei jedem sinnvollen Wort der Schrecken in die Glieder" (Heraklit: Fragment 87). Diese Position findet sich später bei dem amerikanischen Semiotiker und Philosophen Charles Sanders Peirce wieder: Altruismus ist für ihn der Ausdruck intelligenten Verhaltens; Interessenorientiertheit und Schläue dagegen die Strategie, der sich die Dummen bedienen müssen.

In einer ersten Zwischenbilanz lässt sich schon ein wesentliches Unterscheidungsmerkmal zwischen dem naiven Realismus und dem reflektierten Realismus eines Heraklit oder Aristoteles erkennen. Naiver Realismus besteht in der Überzeugung, dass man die Welt erkennt, so wie sie ist. Reflektierter Realismus besagt lediglich, dass zwischen Wirklichkeit, Denken und Sprache Strukturähnlichkeiten bestehen. Sprache, Denken und Wirklichkeit sind in diesem Sinn als homolog zu verstehen. In ihnen allen ist derselbe Logos wirksam. Zentral sind dabei vor allem Gegensatzrelationen und die Relation zwischen Ganzem und Teil. Diese Relationen sind als Gesetz in der Welt (dem Kosmos), in der Kognition des Menschen (der Seele) und in der Sprache wirksam. Mit der Homologiethese wird noch nicht behauptet, dass die Menschen diese Strukturen selbst bewusst erfassen. Es wird jedoch auch nicht ausgeschlossen, dass sie prinzipiell dazu in der Lage sind. Voraussetzung für diesen Erkenntnisprozess ist die Fähigkeit, das Allgemeine im Partikulären wahrzunehmen. Die „elementaren Wörter" (semantischen Merkmale), aus denen sich ein Wort zusammensetzt, sind interessanterweise ja fast ausschließlich von allgemeinerer Natur als das so definierte Wort selbst. Das Wort *Kind* besteht u.a. aus dem elementaren „Wort" *Mensch* bzw. dem Merkmal [+MENSCHLICH], das allgemeiner ist und damit auf mehr Gegenstände zutrifft als das Wort *Kind*. ‚Mensch' wiederum lässt sich seinerseits in Elementarbausteine zerlegen, wovon eines das Merkmal [+LEBEWESEN] ist, das wiederum allgemeiner ist als das Merkmal [+MENSCHLICH]. Die Zerlegung in Elementarteilchen lässt sich weiter fortsetzen, wobei die Bewegung vom Besonderen zum Allgemeinen geht.

Die elementaren Bestandteile des Wortes (seine semantischen Merkmale) sind somit sowohl Teile des Wortes als auch Termini für übergeordnete Klassen. Als Teile eines Wortes bzw. als Bedeutungsatome sind sie dadurch gekennzeichnet, dass sie zueinander in Gegensatzrelationen stehen. Gleichzeitig sind sie viel allgemeiner als die durch sie charakterisierten Wörter. In diesem Sinn heben sich die Gegensatzrelationen auf einer übergeordneten Ebene wieder auf. In diesem Zusammenhang lässt sich auch die zentrale Aussage von Heraklit von der Einheit aller Dinge erklären. Mit der Aussage, dass alles eines ist, ist nicht gemeint, dass alle Dinge gleichsam als singuläre Gegenstände in einer allumfassenden Klasse zusammengefasst werden. Gemeint ist, dass die Ordnung des Kosmos, des Denkens und der Sprache durch Inklusionsrelationen hergestellt wird. Das Merkmal [+MENSCH] ist ein elementarer Teil des Konzepts ‚Kind‘, das seinerseits ein Teil der Menge aller Lebewesen darstellt. Die beiden elementaren Relationen, die bei Heraklit im Vordergrund stehen – also die Gegensatzrelation und die Teil-Ganzes-Relation – sind aus der heutigen Sicht der Linguistik, die Grundrelationen, mit denen sich die gesamte Architektur der Semantik mit ihren Hyperonymie- und Hyponymierelationen aufbauen lässt. Zu Ende gedacht bedeutet diese Homologie-Position von Heraklit: Versteht man die Architektur des Bedeutungsaufbaus von Sprache, gelangt man zu Einsichten über den Aufbau von mentalen Repräsentationen allgemein (dem Denken) und zu Einsichten über die Strukturprinzipien des Kosmos.

Die Bedeutungsorganisation von Sprache spiegelt somit die elementaren Relationen des Kosmos wider. Daher ist die Fähigkeit, die allgemeinen Prinzipien im Besonderen zu erkennen, bei allen Menschen gegeben; diese Fähigkeit muss aber entwickelt werden. Sie ist nach der Auffassung von Heraklit mit einer spezifischen Denk- und Lebenspraxis verbunden. Wer nur seine partikulären Interessen ohne Rücksicht auf die allgemeinen Interessen verfolgt, übt die entgegengesetzte Denkbewegung ein. Wenn die Ordnung der Welt prinzipiell erkennbar ist, die Menschen sich dabei aber gleichzeitig wie Fledermäuse verhalten, die von zu viel Aufhellung nur geblendet werden, ist es ratsam, sich vor dem Verlassen der Höhle des naiven Realismus erst einmal am Tor haltzumachen, um sich an die Helligkeit zu gewöhnen. Dieses Tor zur Welt stellt die Sprache dar. Das Erkennen ihrer Ordnung verspricht das Erkennen der Ordnung der Welt in einem den Menschen noch erträglichem Maß. Aristoteles verwendet daher nicht zufällig häufig den Hinweis auf die Struktur der Sprache, um von der Struktur der Welt eine Vorstellung zu geben. Aristoteles hat eine uneingeschränkt positive Einstellung zur Sprache. Einen zentralen Stellenwert haben bei ihm ebenfalls die Teil-Ganzes-Relationen. Die Logik der Teil-Ganzes-Relationen, die auch in der formalen Semantik heute einen zentralen Stellenwert hat, geht auf diese Tradition zurück. Sie erklärt sowohl die Oppositionen als auch die Einheit von Bedeutungen. Durch die lange unangefochtene argumentative Überlegenheit von Aristoteles hatten die realistischen Sprachtheorien bis zu Beginn der Neuzeit keinen ernsthaften Gegner mehr.

B Aristoteles (*384 v. Chr.)

Aristoteles ist im großen Maßstab der Begründer des sprachphilosophischen Realismus. Dennoch findet man in der Sekundärliteratur zu Aristoteles nicht selten die gegenteilige Einordnung: Aristoteles sei Anhänger der These von der Konventionalität des sprachlichen Zeichens. Allein die Wirkungsgeschichte von Aristoteles sollte vorsichtiger machen: In demselben Maß, in dem sich in der Neuzeit und Moderne die These von der Konventionalität des sprachlichen Zeichens durchzusetzen beginnt, wird auch die Philosophie von Aristoteles immer mehr zurückgedrängt. Es macht keinen Sinn, Aristoteles „retten zu wollen", indem man ihn opportunistisch auf die aktuelle Gewinnerseite zieht. Coseriu hat diese Fehlinterpretation zurückgewiesen und den Kern der aristotelischen Sprachphilosophie freigelegt:

- Aristoteles fragt nach dem „Wozu" der Sprache und nicht nach dem „Warum". Die Sprache wird nicht von einer kausalen Fragestellung aus betrachtet, sondern von einer finalen: Zu welchem Zweck, d.h. mit welcher Funktion wird Sprache verwendet.
- Aristoteles unterscheidet zum ersten Mal zwischen dem „signifiant" (φωνή) und dem „signifié" (πάθημα) eines sprachlichen Zeichens (ὄνομα). Das heißt, das sprachliche Zeichen wird nicht einfach den Dingen, die es bezeichnet , gegenübergestellt, sondern in eine (lautliche) Ausdrucksseite und eine ‚Eindrucksseite' bzw. Inhaltsseite unterteilt: Die Ausdrucksseite symbolisiert Eindrücke in unserer Seele.[4]
- Damit wird Aristoteles zum Begründer des semiotischen Dreiecks (Abb. 4), dessen Entdeckung in der Regel auf Anfang des 20. Jahrhunderts datiert wird.

Coserius Darstellung von Aristoteles' Sprachphilosophie liest sich wie eine Kurzcharakteristik der Anfänge der strukturalistischen und funktionalistischen Sprachwissenschaft des 20. Jahrhunderts. Auch hier steht die Funktion der Sprache im Vordergrund, die Unterscheidung zwischen Ausdruck (*signifiant*) und Inhalt (*signifié*) wird mit Ferdinand de Saussure in Verbindung gebracht und in der Regel auf das Jahr 1917, das Erscheinungsjahr seines *Cours de linguistique générale* datiert. Das semiotische Dreieck wird nach weit verbreiteter Auffassung zum ersten Mal als „triangle of reference" in „The meaning of meaning" (1923) von Ogden und Richards dargestellt.

Hat Coseriu die moderne Linguistik in Aristoteles hineingelesen, wie Jörn Albrecht, der Bearbeiter der posthum erschienenen Neuauflage von Coserius

---

4 ‚Seele' lässt sich nicht unbedingt mit ‚Kognition', die wir im Gehirn lokalisieren, gleichsetzen, denn in der Medizin der Antike wird das Gehirn in Zusammenwirkung mit der Lunge vielfach noch als eine Art Kühlungsorgan betrachtet, auch wenn es schon eine sogenannte Gehirnhypothese gegeben hat, was die Lokalisation des Denkens betrifft (vgl. Vegetti 1996:86).

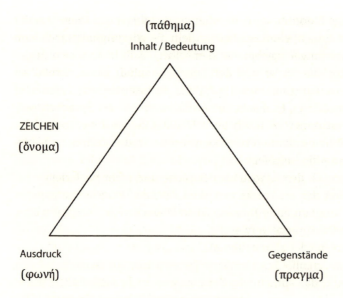

Abb. 4: Das semiotische Dreieck nach Aristoteles

„Sprachphilosophie" nahelegt, oder hat sich die Linguistik in Aristoteles eingelesen? Es gibt tatsächlich einen Traditionszusammenhang, der von Aristoteles bis zur gegenwärtigen Linguistik läuft. Die Linguistik ist durchaus die Fortsetzerin der aristotelischen Sprachphilosophie, ohne dass dies den meisten bewusst ist.

Gerade mit dem Zeitpunkt der Wiederaufnahme der aristotelischen Tradition beginnen die Erfolge der Sprachwissenschaft, so dass man die Geburtsstunde der modernen Linguistik gerne auf das Datum der „Entdeckung" aristotelischer Grunddifferenzierungen legt. Der Traditionszusammenhang sei an einem Beispiel erläutert: Ogden diskutiert vor dem Erscheinen von Ogden/Richards (1923) *The meaning of meaning*, in dem nach weit verbreiteter Auffassung das semiotische Dreieck eingeführt wurde, häufig mit der britischen Philosophin und Schriftstellerin Victoria Lady Welby. Von ihr kommen hochrelevante Anregungen in Bezug auf das semiotische Dreieck, die später vor allem Ogden/Richards zugeschrieben wurden. Lady Welby bezieht ihre Anregungen ihrerseits von Charles Sanders Peirce, der mit ihr zu Beginn des 20. Jahrhunderts in einen mehrjährigen Briefwechsel (1903–1911) getreten war, nachdem er ein Buch von ihr rezensiert hatte (Peirce/Welby 1977). Ein kleiner Ausschnitt dieses Briefwechsels war bereits im Anhang von Ogden/Richards (1923:440–444) abgedruckt. Peirce beschreibt in seinen Briefen an Lady Welby sein triadisches Zeichenmodell (vgl. Spinks 1991:10). Peirce rezipierte dieses Modell über die mittelalterlichen Grammatiktraktate der universalgrammatisch orientierten Modisten, die ihrerseits von Aristoteles inspiriert waren. Peirce hat sich bekanntermaßen Aristoteles zu seinem wichtigsten philosophischen Vorbild gewählt. Die mittelalterliche scholastische Sprachphilosophie wurde auch vom Hauptvertreter der funktionalen Sprachwissenschaft – von Roman Jakobson – so hoch eingeschätzt, dass er so weit geht, zu behaupten, dieses Niveau sei nie wieder erreicht worden (Jakobson 1967/1985). Er hat neben den Modisten auch Peirce hoch geschätzt und diesen als Autor innerhalb der Sprachwissenschaft erst bekannt gemacht (vgl. Jakobson 1977/1985), durch seine Übernahme von Peirces Zeichentheorie. Es ist also eindeutig eine Traditionslinie zwischen der Wiederentdeckung des semiotischen Dreiecks und Aristoteles erkennbar. Peirce hatte den Ehrgeiz, der Aristoteles der Moderne zu werden und ist für die Wiederentdeckung des aristotelischen semiotischen Dreiecks maßgeblich verantwortlich. Die Tradierung des semiotischen Dreiecks von Aristoteles über die Modisten, dann Peirce und Lady Welby bis hin zu Ogden/Richards (1923) lässt sich somit problemlos dokumentieren.

Aristoteles hat die Frage, ob sprachliche Zeichen eine Ähnlichkeit mit den Gegenständen haben oder nicht, auf eine völlig neue Art beantwortet. Er sucht nicht nach einer Ähnlichkeit zwischen den materiellen Eigenschaften eines Zeichens und dem bezeichneten Gegenstand. Die Ähnlichkeit besteht vielmehr zwischen dem Inhalt des Zeichens und den Gegenständen. Dieser Inhalt (πάθημα) wird mit einem Gleichnis bzw. einem Bild verglichen, das die Gegenstände darstellt. So wie ein Bild in der Darstellung des Abgebildeten mehr oder weniger abstrakt sein kann (z.B als Skizze oder als detailliertes Bild), so verhält es sich mit den Wörtern. Ein Wort wie *Lebewesen* ist skizzenhafter als ein Wort wie *Mensch*. Es hinterlässt einen allgemeineren Eindruck vom Gegenstand in der Vorstellung (Seele). Damit ist auch die Frage nach der Natürlichkeit versus Konventionalität des sprachlichen Zeichens gelöst. Das Verhältnis zwischen dem Inhalt (der Bedeutung) und den Gegenständen ist motiviert. Die Darstellung erfolgt mithilfe von mehr oder weniger vielen „elementaren Wörtern". Sie heißen heute semantische Merkmale. Diese elementaren Einheiten kommen nach Auffassung von Aristoteles auch in der Welt vor, nicht nur in den Bedeutungen.

Elementare Einheiten können vor allem miteinander kombiniert werden, unabhängig davon, ob diese Kombinationen objektiv wirklich sind. Ein Wort wie ‚Einhorn' wäre für Aristoteles nicht einfach falsch. Wörter können weder wahr noch falsch sein. Erst der Satz *Das Einhorn existiert* kann wahr oder falsch sein. Nur Sätze können einen Wahrheitswert wie ‚wahr' oder ‚falsch' aufweisen, nicht aber bloße Wörter wie Substantive oder Verben. Das hat nichts mit dem Informationswert zu tun, wie folgende Gegenüberstellung deutlich macht. Der Ausdruck *der gefleckte Fisch* verfügt über genauso viel Bits an Information wie der Satz *Der Fisch ist gefleckt*. Dennoch besteht ein grundlegender Unterschied zwischen beiden sprachlichen Sequenzen. Die Sequenz *der gefleckte Fisch* kann weder wahr noch falsch sein; es ist nicht möglich, ihm einen Wahrheitswert zuzuordnen, ganz im Gegensatz zum Satz *Der Fisch ist gefleckt*. Hier kommt zusätzlich die Relation zwischen Subjekt und Prädikat ins Spiel. Sie soll die Realität, die zuvor durch die Wörter zerlegt worden ist, wiederherstellen (Coseriu 1969:74).

Durch die elementaren Wörter, d.h. die definierenden Merkmale, enthalten die Wörter („Namen") etwas von den Gegenständen. Sie sind aber nicht diese Gegenstände. Sie sind nur deren Repräsentanten. „Bedeuten" (σημαίνειν) ist nichts anderes als Repräsentieren. Bedeutung ist also nicht mit Bezeichnung zu verwechseln, wie Aristoteles eindringlich warnt:

> Man kann beim Disputieren nicht die Dinge selbst hernehmen, sondern gebraucht statt ihrer, als ihre Zeichen, die Worte. Daher glaubt man dann, was für die Worte gilt, müsse auch für die Dinge gelten, wie wenn man rechnete und es mit Rechensteinen zu tun hätte. Aber hier fehlt die Gleichheit. Die Worte, als ebenso viele Begriffe, sind der Zahl nach begrenzt, die Zahl der Dinge aber ist unbegrenzt. Darum muß derselbe Begriff und ein und dasselbe Wort gleichzeitig eine Vielheit von Dingen bezeichnen.[5]

Die „Namen" sind keine Eigennamen, das geht aus diesem Zitat eindeutig hervor. Zwischen Eigennamen und Gegenständen besteht eine Eins-zu-eins-Zuordnung. Würde die Sprache aus Eigennamen bestehen, wären wir nicht in der Lage, die Welt sprachlich zu bewältigen. Denn wir müssten über potentiell unendlich viele Eigennamen verfügen. Damit wäre unser Gedächtnis vollständig überfordert. Die „Namen" sind vielmehr Klassenbegriffe (Appellativa), welche Gegenstände mit ähnlichen Merkmalen zusammenfassen. Auf diese Weise wird die unendliche Anzahl von Gegenständen und Eindrücken auf eine endliche Anzahl von Klassen reduziert. Bedeutungen sind somit das Resultat der Verendlichung des potentiell unendlichen Universums.

Die Unterscheidung zwischen Bedeutung und Bezeichnung, die von vielen mit Gottlob Frege in Verbindung gebracht wird, ist bei Aristoteles schon voll entwickelt. Und dennoch besteht ein zentraler Unterschied: Für Aristoteles sind Bedeutungen nicht nur Repräsentanten und Klassenbegriffe. Sie sind darüber hinaus vor allem natürliche, d.h. motivierte Begriffe. So wie eine Skizze nur dann eine Skizze ist, wenn auf ihr die wesentlichen Merkmale des Gegenstands erhalten bleiben, ebenso verhält es sich mit den Bedeutungen. Da die Wörter als Skizzen der Welt verstanden werden, sind sie nur dann Wörter, wenn die Ähnlichkeit mit der Welt im Wesentlichen erhalten bleibt. Die Sprache bildet die Wirklichkeit somit diagrammatisch ab. Sie kann nur als ihr Abbild funktionieren oder überhaupt nicht funktionieren. Selbst die Veränderlichkeit der Wirklichkeit wird

---

5 Sophistische Überlegungen 165a, 11–20 (Aristoteles, Schriften in 6 Bänden, Bd. 2).

durch die Sprache abgebildet, und zwar in der Veränderlichkeit der Relation zwischen Subjekt und Prädikat, die der Satz ermöglicht.

Aristoteles ist somit eindeutig Realist in der maximalen Auslegung dieser Position. Eigentlich kann man ihn für die Gegenposition gar nicht vereinnahmen. Graeser (1996:37) hat die sprachphilosophische Position von Aristoteles treffend und unmissverständlich formuliert:

> Er [Aristoteles] ist metaphysischer Realist in der Annahme, dass es eine Wirklichkeit gebe, die in ihrem Sein unabhängig von unserem Denken besteht; er ist erkenntnistheoretischer Realist, insofern er annimmt, dass der menschliche Geist die Wirklichkeit so erkennen könne, wie sie in eigenem Recht und Titel an sich besteht; und er ist semantischer Realist, sofern er meint, dass die Sprache gewissermaßen in die Wirklichkeit hineinreiche und Züge derselben artikuliere.

Aristoteles ist somit ein prototypischer Realist, ein guter Repräsentant der Klasse der Realisten. Viele, die sich später als Realisten bezeichnen werden, haben mit diesem „besten Exemplar" eines Realisten etwa soviel Ähnlichkeit wie ein Pinguin mit einem als typisch empfundenen Vogel. Das Flügelpaar, das den späteren Realisten abgeht, ist der semantische und der erkenntnistheoretische Realismus. Solche flügellosen, erdnaheren Philosophen gibt es bereits zur Zeit des Aristoteles. Die Chronologie der Positionen spiegelt eben nicht eine Entwicklung der Philosophie wider, sondern nur den philosophischen Spielstand. Der Ball, um den gelaufen wird, ist das jeweils beste Argument. Ein solches Spiel um das jeweils beste Argument für die Einordnung der Sprache als natürliches oder konventionelles Zeichensystem hat bereits Platon in seinem Kratylos-Dialog aufgezeichnet.

C Der Kratylos-Dialog von Platon

Das Thema des Kratylosdialogs ist die Frage nach der Arbitrarität des sprachlichen Zeichens. Sind die sprachlichen Zeichen willkürlich gesetzte Symbole (Thesei-These) oder weisen sie von Natur aus eine Übereinstimmung mit den Dingen auf, auf die sie sich beziehen (Physei-These)?

In dem Dialog kommen drei Personen zu Wort: zum einen Kratylos und Sokrates, die beiden Lehrer von Platon, und zum anderen Hermogenes, ein Schüler des Sokrates, der während des Dialogs immer verwirrter wird und der gewissermaßen die Verwirrung der Forschungsliteratur widerspiegelt. Man hat Platon einmal als Vertreter der Physei-These eingeordnet, dann wieder als Vertreter der Thesei-These. Wenn man dann zuvor Aristoteles aus einem Missverständnis heraus als Vertreter der konventionalistischen These eingeordnet hatte, um ihn dann mit der Platon missverständlich zugeschriebenen Physei-These zu konfrontieren, spitzt sich die Verwirrung immer mehr zu.

Dabei ist der Dialog transparent aufgebaut. Er beginnt mitten in einer Unterredung zwischen Kratylos und Hermogenes. Hermogenes fühlt sich ganz offensichtlich verunsichert und will seinen Lehrer Sokrates hinzuziehen. Kratylos antwortet mit einem „wenn du meinst" und hält sich mit einem Urteil über diese Entscheidung zurück. Hermogenes informiert Sokrates zunächst über das Thema der Unterredung, eine Behauptung des Kratylos, die schließlich zum Mittelpunkt des Dialogs wird:

> Kratylos hier, o Sokrates behauptet, jegliches Ding habe seine von Natur ihm zukommende richtige Benennung, und nicht das sei ein Name, wie Einige unter sich ausgemacht haben etwas zu nennen, indem sie es mit einem Teil ihrer besonderen Sprache anrufen; sondern es gebe eine natürliche Richtigkeit der Wörter, für Hellenen und Barbaren insgesamt die nämliche. (383a–b, Übersetzung von Schleiermacher)

Die natürliche Richtigkeit der „Namen" lässt sich also nicht an den einzelsprachlich unterschiedlich realisierten Formen festmachen, sondern nur an einer allgemeineren Form, die allen Sprachen zugrunde liegt. Hermogenes stellt daraufhin Fragen, die zeigen, dass er diesen Punkt nicht erfasst hat. Er bezieht sich auf Eigennamen und nicht auf Appellativa. Über Eigennamen lassen sich keine übereinzelsprachlichen Generalisierungen im Sinne der Aussage von Kratylos machen.

> Ich frage ihn also, ob denn Kratylos in Wahrheit sein Namen ist, und er gesteht zu, ihm gehöre dieser Namen. – Und dem Sokrates? frage ich weiter. – Sokrates, antwortet er. – Haben nun nicht auch alle anderen Menschen jeder wirklich den Namen wie wir jeden rufen? – Wenigstens der deinige, sagte er, ist nicht Hermogenes, und wenn dich auch alle Menschen so rufen.

Kratylos, der von der Richtigkeit aller „Namen" ausgeht, erlaubt sich einen Spaß: Hermogenes allein habe einen falschen Namen. Hermes ist schließlich der Gott der Kaufleute und Diebe, also all derer, die Geld haben, und Hermogenes habe ja nun tatsächlich kein Geld. Mit diesem Spaß wird darauf aufmerksam gemacht, dass die Frage falsch gestellt ist, wenn man unter ‚Name' (ὄνομα) ausschließlich an Eigennamen denkt und nicht an Appellativa. Indem Kratylos eine Ausnahme zulässt, zeigt er, dass Hermogenes auf dem falschen Weg ist.

Eigennamen sind die Repräsentanten nur einer Person oder eines Gegenstandes und nicht von Klassen. Da es Kratylos um die Ähnlichkeitsrelation zwischen Welt und Sprache geht, stehen bei ihm die „Namen" bzw. Wörter (Lexeme) im Vordergrund, die nicht bloß bezeichnen (wie die Eigennamen), sondern die in erster Linie bedeuten. Hermogenes ist als Schüler offensichtlich noch weit davon entfernt, diese Differenzierung zu verstehen, so dass er meint, die Hilfe von Sokrates beanspruchen zu müssen. Bedeutungen aber sind Klassenbegriffe und beziehen sich nicht auf Individuen.

Sokrates kennt die Differenzierung zwischen referierenden Eigennamen und Klassenbegriffen. Er nimmt die Anspielung auf die Geldnöte des Hermogenes auf, und spaßt, er habe zwar nicht den Vortrag des Prodikes über dieses Thema zu 50 Drachmen gehört, sondern nur den zu einer Drachme, weshalb er nicht wissen könne, wie sich die Sache verhält. Damit kündigt Sokrates an, dass er ‚auf eigene Kosten denkt‘. Es folgen zwei Abschnitte:

– Im ersten Abschnitt versucht Sokrates seinen Schüler Hermogenes, dem die Konventionalitätsthese am überzeugendsten vorkommt, von der konträren Kratylos-These zu überzeugen. Die Argumente, die er dafür vorbringt, sind jedoch bewusst absurd. Sokrates spielt mehrmals mit Ironie auf die Nichternsthaftigkeit seiner Argumentation an, der Hermogenes viel zu lange im guten Glauben folgt.

– Im zweiten Abschnitt diskutiert Sokrates dann mit Kratylos und vertritt dabei nun die These des Hermogenes.

Im Anschluss an diese relativ sinnentleerten Ausführungen im ersten Abschnitt, die lediglich darin bestehen, eine starke These (die des Kratylos) durch absurde Argumentationslinien zu schwächen, folgt das Gespräch des Sokrates mit Kratylos (ab 427e), das nun die Konventionalitätsthese und damit die naiven Überzeugungen von Hermogenes stärken soll. Sokrates nimmt den Anspruch, dass das bessere Argument entscheiden soll, nicht ernst. Das zeigt sich vor allem im zweiten Abschnitt: Um die These von Kratylos scheinbar zu unterstützen, wählt er ein unsinniges Verfahren. Er untersucht die Etymologie von Wörtern. Dabei geht er so vor, dass er jedes Wort in kleinere Einheiten wie Silben und Laute zerlegt. Diesen weist er eine Bedeutung zu, setzt sie dann wieder zusammen und überprüft, ob die Bedeutung, die dabei herauskommt mit den ‚Bedeutungen‘ der elementaren Einheiten der Wörter zusammenstimmt. Er behauptet, durch diese Zerlegung komme man zu den Urwörtern:

r   drücke Bewegung aus
i   ahme das Leichte nach
o   sei die Nachahmung für das Runde usw.

Diese Zerlegung in vermeintliche Urwörter ist ganz offensichtlich eine bewusst falsche Auslegung von Kratylos’ und Heraklits These, dass sich die Wörter in „erste Wörter“ zerlegen lassen, welche eine Nachahmung der Wirklichkeit durch die Sprache garantieren.

Diese Verwechslung der materiellen Seite der Laute mit der Inhaltsseite hat Coseriu als ein Nichtwissen Platons und Sokrates um die Differenzierung von signifiant versus signifié gedeutet. Coseriu unterschätzt Platon und Sokrates mit Sicherheit. Coserius weitere These, dass Platon in dem Dialog die Aporie der Fragestellung aufzeigen habe wollen, trifft die Hauptaussage des Dialogs mehr. Man kann noch weiter gehen: Sokrates zeigt sozusagen die Aporie des Argumentationsspiels im Allgemeinen auf. Die Entscheidung der Diskussion hängt von der argumentativen Kraft des Spielers ab. Und da die Spieler wechseln, wie Sokrates durch seinen eigenen Seitenwechsel im Dialog zeigt, hängt der Ausgang der Argumentation vom Zufall ab. Auf den Zufall aber sollte man seine Überzeugungen nicht bauen.

Es handelt sich im Grunde um die Widerlegung einer Auffassung, die auch heute – vermittelt durch Habermas – einen besonders hohen Stellenwert hat: Es ist die Auffassung, durch den Zwang des besseren Arguments ließe sich eine zunehmende Annäherung an die Wahrheit erreichen. Sokrates spielt im Dialog mehrfach darauf an, dass die argumentativ Starken sich auf die Seite der Meistbietenden schlagen können und dies auch tun, so dass eine unparteiliche Wahrheitsfindung nicht garantiert sein könne. Sokrates rühmt sich, dass er auch schwache Positionen durch seine Rede stark machen könne (Figal 1995:91). Auch das Gegenteil spielt er durch: Er schwächt systematisch starke Positionen durch schwache Argumente. Indem der die Position von Kratylos mit Hilfe von absurden Etymologien scheinbar erklärt, macht er die These von Kratylos schwächer als sie ist. Es gibt zwar neuerdings den Versuch, das Spiel mit den Etymologien als ernstgemeinte Argumentation zu deuten (Sedley 2003) oder als eine Art Abrechnung des Sokrates mit griechischen Denkern, die zuviel Wert auf Etymologien gelegt hätten (Baxter 1992:184), doch mit dieser Interpretation unterschätzt man sicher das erkenntnistheoretische Potential, das im Kratylos-Dialog liegt. So naiv waren Sokrates und Platon nicht. Eine solche Deutung entspricht auch nicht dem logischen Aufbau des Dialogs. Grund für den Versuch der Aufwertung der etymologischen Sektion im Kratylos-Dialog ist deren Umfang, der auf den ersten Blick in keinem Verhältnis zu seinem Erkenntniswert steht. Der Umfang kommt allerdings primär durch die Anhäufung von fast ausschließlich falschen Etymologien zustande. Diese Anhäufung von Unsinn sollte zeigen, dass dieser Weg der Widerlegung der Natürlichkeitsthese nur in einer Sackgasse enden kann. Sieht man die neueren Versuche, die darauf hinauslaufen, diesen Teil des Dialogs ernstzunehmen und in einer Art wertzuschätzen, wie das nie beabsichtigt war (Baxter 1992, Joseph 2000, Sedley 2003, Riley 2005), ist man versucht zu sagen, dieser Teil mit Anhäufung von Unsinn hätte noch länger ausfallen müssen, damit die Intention dieser Passagen nicht missverstanden wird.

Von Sokrates erfahren wir in dem Dialog nichts über seine eigene Auffassung über die Natürlichkeit oder Arbitrarität von Sprache. Wir erfahren nicht einmal die besten Argumente, über die er verfügt. Die Auffassung des Kratylos wird dagegen deutlich: Das Verhältnis zwischen Wort und Sache ist nicht arbiträr, sondern vielmehr naturnotwendig gegeben. Die natürlichen Elementarwörter, aus denen ein Wort besteht, sind übereinzelsprachlicher Art. Sie lassen sich nicht in den materiell sichtbaren Einheiten festmachen, da diese von Einzelsprache zu Einzelsprache variieren. Hinter den materiellen Einheiten (dem Stoff) verbirgt sich vielmehr eine Form, die allen Sprachen gemeinsam ist. Diese Form drückt nicht nur das Wesentliche der Sprache aus, sondern auch der Sache. Über die Erkenntnis der Form der Sprache erhält man potentiell einen privilegierten Zugang zur Erkenntnis der Welt.

Doch Sokrates bleibt skeptisch: „Und was wenn also die Wörter in Streit geraten, und die einen sagen, sie selbst wären die der Wahrheit ähnlichen, die anderen aber sie, wodurch sollen wir es nun entscheiden oder mit Rücksicht worauf" (438d). Sokrates plädiert dafür, dass man nicht den Umweg über die Sprache machen sollte, um die Gegenstände zu erkennen. Soll man nicht lieber die Gegenstände betrachten, um erst dann danach zu urteilen, ob das Bild (und damit die Sprache) dem Gegenstand ähnlich ist: „gewiss aber mag das einem vernünftigen Menschen gar nicht wohl anstehen sich selbst und seine Seele lediglich den Wörtern in Pflege hinzugeben" (440c).

Sokrates fordert Kratylos auf, nochmals über die Sache nachzudenken: „denn du bist jung und hast noch Zeit". Diese Aufforderung kann nur ironisch gelesen werden, denn Sokrates ist der Schüler von Kratylos, und nicht umgekehrt, wie folgende Passage aus dem Dialog zeigt:

> Kratylos: Allerdings, Sokrates, habe ich mich wie du auch sagst, viel mit diesen Dingen beschäftigt, und machte dich vielleicht wohl zu meinem Schüler. (428b)

Kratylos fügt hinzu, dass Sokrates ihm nun alles aus der Seele geredet habe, so sehr habe er sich in seinem Dialog mit Hermogenes fortreißen lassen. Und Sokrates meint daraufhin, dass er sich selber über seine eigene Weisheit nur wundern könne. Daher will er die Diskussion nochmals aufrollen, diesmal mit Kratylos als Dialogpartner. Dieser Teil des Kratylos-Dialogs soll im Folgenden genauer an Hand der Textstellen kommentiert werden, um die Nähe zwischen der Position von Kratylos zu der von Aristoteles, wie sie oben dargestellt worden ist, deutlich herauszuarbeiten. Mit einem linguistisch geschulten Blick lassen sich Textstellen, die schwer verständlich sind, lesbar machen.

Sokrates fasst zu Beginn seines Gesprächs mit Kratylos (428e) dessen Position nochmals zusammen. Es geht um die Abbildungstheorie von Kratylos, wonach Wörter (Lexeme), eine Ähnlichkeit mit den von ihnen repräsentierten Gegenständen aufweisen:

[Sokrates] So lass uns jetzt sehen, was wir doch gesagt haben. Die Richtigkeit eines Wortes, sagten wir, besteht darin, dass es anzeigt wie die Sache beschaffen ist.

Kratylos stimmt ohne Einschränkung zu. Sokrates folgert, dass wir dann durch die Kenntnis der Wörter Belehrung über die Welt erfahren. Mit anderen Worten: Durch semantisches Wissen erhalten wir gleichzeitig Zugang zum Weltwissen. Auch hier stimmt Kratylos sofort zu:

[Sokrates] Also der Belehrung wegen werden Worte gesprochen?
[Kratylos] Freilich.

Die semantischen Merkmale stellen einen Ausschnitt aus der kompletten Anzahl der Merkmale von Gegenständen dar. Durch diese Reduktion an Merkmalen werden sie allerdings zu Klassenbegriffen.

Sokrates vergleicht nun in einem nächsten Schritt diese Abbildungsfunktion der Sprache mit Abbildern, so wie sie von Malern angefertigt werden. Zuvor verständigt er sich noch mit Kratylos darauf, dass das Abbilden eine Kunst sei. Auch hier antwortet Kratylos mit einem „freilich". Der darauf folgende Vergleich von Bildern mit Wörtern bzw. von Malern mit Sprechern führt nun ins Zentrum der Abbildungstheorie. Sokrates fragt, ob es bessere und schlechtere Maler geben könne. Dem stimmt Kratylos immer noch zu. Der Schlussfolgerung, dass es dann auch bessere oder schlechtere sprachliche Abbildungen geben müsse, weist Kratylos dann überraschenderweise jedoch entschieden zurück. Obwohl Abbilden eine Kunst ist, handelt es sich bei den sprachlichen Abbildungen durch Wörter (Appellativa) um Repräsentationen der Welt, die weder besser noch schlechter ausfallen können:

[Sokrates] Also sind alle Worte und Benennungen gleich richtig?
[Kratylos] Was nun wirklich Benennungen sind. (429b)

Kratylos macht eine deutliche Einschränkung. Nur wirkliche Benennungen sind Abbildungen, nicht jeder Bestandteil der menschlichen Sprache. In der Folge wird diese Einschränkung weiter präzisiert. Es wird deutlich, dass weder Eigennamen noch ganze Propositionen diese einschränkende Bedingung erfüllen können, sondern nur Appellativa. Es wird außerdem deutlich, dass die Ähnlichkeit der Abbildung nicht die Ausdrucksseite, sondern die Inhaltsseite von Sprache und damit die semantischen Merkmale und nicht die Phoneme betrifft. Sokrates spricht natürlich nicht von Phonemen, sondern von Buchstaben und Silben und will immer wieder die Motiviertheit/Unmotiviertheit von Wörtern über die Ausdrucksseite widerlegen.

Warum nun sind Appellativa immer richtige Abbilder der Welt? Sie sind es, weil Appellativa immer eine Selektion von Merkmalen der Gegenstände darstellen. Das heißt, sie sind, vereinfachte Darstellungen der Welt. Die Anzahl der selegierten Merkmale macht die Abbildung nicht richtiger oder falscher, wie ein einfaches, selbstgewähltes Beispiel zeigt: Ob ich nun ‚Edeltanne‘, ‚Tanne‘, ‚Baum‘ oder ‚Pflanze‘ verwende, um einen Gegenstand abzubilden; in jedem Fall liegt eine Abbildung vor. Dabei enthält ‚Edeltanne‘ mehr an charakterisierenden Merkmalen als ‚Tanne‘. ‚Tanne‘ enthält wiederum mehr an Merkmalen als ‚Baum‘. Am wenigsten Merkmale enthält ‚Pflanze‘, wobei weitere Merkmalsreduktionen möglich sind, etwa bei ‚Lebewesen‘ oder ‚Gegenstand‘. Sobald wir ein Wort verwenden, extrahieren wir Merkmale aus der Realität. Die Qualität der Wörter unterscheidet sich nur hinsichtlich der Anzahl der extrahierten Merkmale, nicht hinsichtlich einer besseren oder schlechteren, richtigen oder falschen Extraktion. Sollte es vorkommen, dass ein Wort kein Merkmal extrahiert, so ist es kein falsches Wort, sondern lediglich ein Geräusch. Es liegt somit eine Architektur des Lexikons vor: Die übergeordneten Begriffe (Hyperonyme) wie ‚Baum‘ sind nicht falscher als die ungeordneten Begriffe ‚Edeltanne‘ (Hyponyme). Der Unterschied besteht lediglich in der Extension der Begriffe: Je weniger charakterisierende Merkmale vorliegen, desto größer ist der Umfang eines Begriffs. Wir wissen daher durch die Sprache, vor aller Erfahrung, dass es mehr Bäume gibt als Edeltannen. Mit anderen Worten, die Architektur des Lexikons gibt uns eine Strukturierung der Realität und damit eine Art Wissen über die Welt, die Sprecher ohne eine solche Strukturierung des Lexikons nicht hätten. Diese Strukturierung betrifft allerdings nur die semantischen Merkmale und nicht die Ausdrucksseite der sprachlichen Laute (Phoneme) oder Buchstaben (Grapheme).

Sokrates kann sich nicht damit abfinden, dass Gemälde besser oder schlechter sein können, Wörter jedoch nicht:

[Sokrates] Wenn wir nun wiederum die Stammwörter mit Zeichnungen vergleichen: so kann man doch bei Gemälden bisweilen alle dazu gehörigen Farben und Züge darstellen, bisweilen auch nicht alle, sondern einige auslassen, andere hinzusetzen bald mehr bald weniger. Oder kann man das nicht?
[Kratylos] Man kann es.
[Sokrates] Wer nun alle darstellt, der wird auch schöne Zeichnungen und Bilder darstellen, wer aber etwas hinzusetzt oder wegnimmt, der macht zwar auch Bilder und Zeichnungen, aber schlechte.
[Kratylos] Ja.
[Sokrates] Wie nun, wer in Silben und Buchstaben das Wesen der Dinge nachbildet? Wird nicht auf dieselbe Weise, wenn er alles dem Dinge zukommende wiedergibt, sein Bild schön sein, dies ist nämlich das Wort, wenn es aber ein Weniges ausläßt oder bisweilen hinzufügt, es zwar auch ein Bild werden kann, aber kein schönes, so dass doch einige Wörter gut werden gebildet sein, andere schlecht?
[Kratylos] Vielleicht. (431d)

Dieses „vielleicht" überrascht auf den ersten Blick, da Kratylos diese Frage bereits eindeutig beantwortet hat (429b): Demnach bilden Wörter im Gegensatz zu Bildern grundsätzlich nicht besser oder schlechter ab. Das „vielleicht" ist die Antwort auf die Vermengung der Inhaltsebene mit der Ausdrucksebene. Zuvor war davon die Rede, dass Wörter Inhalte abbilden und dass damit semantisches Wissen, das über Wörter vermittelt wird, ausschnittsweise Wissen über die Welt vermittelt. Hier gibt es zwar ein Mehr und ein Weniger an Merkmalen (Hyperonyme vs. Hyponyme in der Terminologie der Sprachwissenschaft); dieses Mehr oder Weniger korreliert aber nicht mit einem Besser oder Schlechter der Abbildung. Im obigen Zitat bezieht sich Sokrates aber wieder auf die Ausdrucksebene („Silben und Buchstaben") und bringt damit erneut Verwirrung in den Dialog. Kratylos löst diese Verwirrung mit der Entgegnung auf, dass es auch auf der Ausdrucksweise kein Besser oder Schlechter gibt, sondern nur Äußerung oder Nichtäußerung bzw. Wort vs. Geräusch. Wenn man bei einem Wort einen sprachlichen Laut weglässt, so bildet das Wort nicht falsch ab, sondern es verwandelt sich in ein Geräusch. Wenn jemand das Wort *Katze* im Deutschen äußern will und geäußert wird *Atze* oder *Latze*, dann ist damit nicht die Abbildungsfunktion des Worts beschädigt, sondern die Zuordnung zu einer phonologischen Repräsentation. Das sind jedoch Repräsentationen anderer Ordnung. Heute findet sich diese Differenzierung in jedem Sprachproduktionsmodell. Im Kratylos-Dialog findet sich die Differenzierung zwischen phonologischen und semantischen Repräsentationen nur bei Kratylos. Die semantischen Repräsentationen sind immer richtig, da sie immer korrekt, wenn auch selektiv Merkmale der Realität abbilden. Die phonologischen Repräsentation sind somit entweder richtig oder sie sind keine phonologischen Repräsentationen und damit keine sprachlichen Laute:

> [Kratylos] Aber du siehst doch, Sokrates, wenn wir nun diese Buchstaben, das a und das b und so auch die anderen den Wörtern anweisen gemäß der Sprachkunst: so kann man, wenn wir hernach einen wegnehmen oder hinzufügen oder auch nur versetzen, nicht sagen, dass wir das Wort zwar geschrieben haben, aber nur nicht richtig: sondern wir haben es ganz und gar nicht geschrieben, indem es gleich ein anderes ist, sobald ihm sowas begegnet ist. (431e–432a).

Sokrates will diesen Punkt nicht begreifen und der Dialog kommt nicht von der Stelle, wie (433c) zeigt:

> [Sokrates] Denn mir gefällt es nun nicht, zu sagen es sei etwas zwar ein Wort, es sei aber nicht recht abgefaßt.

Sokrates verbeißt sich in der Folge regelrecht in seine Behauptung, dass die Ausdrucksseite motiviert sein müsse, während Kratylos längst deutlich gemacht hat, dass die Motiviertheit auf der Inhaltsseite bestehen muss. Sokrates greift nun aber von einer anderen Seite an. Wenn die Ausdrucksseite so wenig motiviert sei, dann müsse doch die Konventionalitätsthese der Zuordnung von Ausdruck und Inhalt zutreffen. Das soll Kratylos treffen, der die Natürlichkeit der sprachlichen Zeichen behauptet und nicht deren Konventionalität. Hier gibt Kratylos eine Antwort, die man erst wieder im 20. Jahrhundert bei Charles S. Peirce findet. Danach erfolgt die Zuordnung aus Gewohnheit und nicht aus Verabredung:

> [Kratylos zu Sokrates] Ich versteh es wohl, weil ich es gewohnt bin, Liebster. (243e)

Wichtig ist, dass die Zuordnung zwischen Ausdruck und Inhalt stabil ist und nicht, dass sie primär auf Vereinbarung beruht. Vereinbarung ist somit nur eine von mehreren Möglichkeiten, eine Stabilität der Zuordnungen zu erreichen. Auf welche Weise die Stabilität der Zuordnung von Ausdruck und Inhalt erreicht wird, ist somit sekundär. Konventionelle Zuordnungen von Ausdruck und Inhalt sind somit nur eine von mehreren Möglichkeiten einer stabilen Zuordnung. Auch Onomatopoetica sind relativ stabil, obwohl sie deutlich weniger konventionalisiert sind. Der Begriff der Gewohnheit hat bei Peirce später einen zentralen Stellenwert, und es ist naheliegend anzunehmen, dass er ihn aus dieser zentralen Stelle des Kratylos-Dialogs bezogen hat.

Sokrates kann sich mit der Antwort, dass die Zuordnungen aus Gewohnheit erfolgen, nicht zufriedengeben und will „Gewohnheit" mit „Verabredung" gleichsetzen:

> [Sokrates] Und wenn Du Gewohnheit sagst, glaubst Du etwas anderes zu sagen als Verabredung? (234e)

Sokrates will die Gleichsetzung erreichen, indem er „Gewohnheit" als „Verabredung mit sich selbst" definiert, die dann mitgeteilt wird (435a). Das heißt, Sokrates will die Gewohnheit als Sonderfall der Verabredung darstellen und damit die Konventionalitätsthese retten, während bei Kratylos die Verabredung einen Sonderfall der Gewohnheit darstellt. Konventionen sind demnach nur durch Gewohnheit entstandene feste Zuordnungen. Es gibt aber feste Zuordnungen, die nicht über soziale Vereinbarung entstehen. Peirce hat diesen Gedanken zu Beginn des 20. Jahrhunderts wieder aufgenommen und beispielsweise den genetischen Code als biologische Gewohnheit definiert; Gewohnheiten entstehen, wenn Zuordnungen erfolgreich sind. Peirce wird schließlich diesen Gedanken systematisch durchspielen und auf alle Bereiche ausdehnen, in denen feste Zuordnungen und damit Regeln und Gesetze vorkommen.

Der Punkt, welcher Begriff dem anderen untergeordnet ist, wird im Kratylos-Dialog nicht entschieden. Kratylos wird immer weniger gesprächig und

Sokrates wird immer gesprächiger und entscheidet dann für sich, dass er das Schweigen des Kratylos als Zustimmung werten darf (435b). Das ist natürlich nicht der Fall, und so wechselt Sokrates konsequenterweise auf die Inhaltsseite, um Kratylos anzugreifen. Sein Argumentationsgang geht folgendermaßen: Wenn die Wörter Weltwissen vermitteln, wer hat dann als erster diese stabile Zuordnung zwischen Merkmalen der Welt und semantischen Merkmalen durchgeführt? Wäre es nicht besser, direkt das Wesen der Dinge zu untersuchen, also ohne Umweg über die Sprache? Und warum war der erste „Gesetzgeber" mit seinen Zuordnungen von semantischen Merkmalen erfolgreich? Wie konnte er es sein? Zunächst aber kommt Kratylos zu Wort, der nochmals wiederholt, was er bereits vorher im Dialog bestätigt hat, nämlich dass Wörter Weltwissen vermitteln:

> [Kratylos] Mich dünkt, dass sie [die Wörter] lehren, Sokrates, und dass man ohne Einschränkung sagen kann, wer die Wörter verstehe, der verstehe auch die Dinge. (435 d)

Sokrates will diese These wieder einschränken und stellt nochmals die These auf, dass die Abbildung der Welt durch die Wörter besser oder schlechter erfolgen kann. Und nochmals widerspricht Kratylos: *„Das glaube ich, dass es gar keine andere gibt, sondern nur diese eine und beste"* (436a). Diese Wiederholungen befestigen das Fundament der Diskussion, um in ein schwieriges anderes Terrain wechseln zu können. Es geht um die Frage, wie die Sprache die Variabilität der Welt abbilden kann. Dieser Teil des Kratylos-Dialogs dürfte der am wenigsten verstandene sein. Das Hauptproblem sehen die meisten darin, dass die Natürlichkeitsthese des Kratylos nicht damit zusammenpasst, dass er Anhänger der Heraklit ist und später in seinem Leben nicht mehr gesprochen, sondern nur mehr Zeigegesten verwendet haben soll.

Sokrates spielt deutlich darauf an, dass Kratylos ein Anhänger des Heraklit ist. Heraklit hat die Variabilität der Welt mit dem Ausspruch, dass man nicht zweimal in denselben Fluss steigen kann, pointiert. Kratylos wird die Radikalisierung dieser These zugeschrieben, da er nach der Überlieferung durch Aristoteles gesagt haben soll, man könne auch nicht ein einziges Mal in denselben Fluss steigen. Wie sollen die Wörter die Variabilität der Welt abbilden können, so der Einwand von Sokrates. Es gebe Wörter, die Bewegung zum Ausdruck brächten und solche, die das nicht tun. Wenigsten letztere müssten dann doch falsch abbilden, im Sinne eines Anhängers der Heraklit. Bevor die Frage beantwortet wird, greift Sokrates von einer zweiten Seite an: Wie sollen die ersten Wörter, noch bevor Sprache vorhanden war, gebildet worden sein können? Hier räumt Kratylos sofort ein, dass das eine gute Fragestellung ist: *„Das scheint mir etwas zu sein, Sokrates"*(438b). Es geht hier auch um die Frage, wie Weltwissen aus einer sich ständigen verändernden Umwelt zum ersten Mal extrahiert und in Wörter als Selektion charakterisierender Merkmale gepackt hätte werden können. Sokrates paraphrasiert seine Fragestellung nochmals und Kratylos gibt eine Antwort, die mehrere Deutungen zulässt:

> [Sokrates] Auf welche Weise also konnten wohl jene nach Erkenntnis Wörter festsetzen oder Wortbildende Gesetzgeber sein, ehe überhaupt irgendeine Benennung vorhanden und bei ihnen bekannt war, wenn es nicht möglich ist zur Erkenntnis der Dinge anders zu gelangen als durch Wörter?
>
> [Kratylos] Ich bin daher der Meinung, Sokrates, die richtige Erklärung darüber werde die sein, daß es eine größere als menschliche Kraft gewesen, welche den Dingen die ersten Namen beigelegt, und daß sie deshalb notwendig richtig sind.

Die größere als menschliche Kraft lässt sich heute als genetische Verankerung deuten und damit als angeborenes Inventar von Startmerkmalen oder semantischen Urbausteinen, die eine erste Ordnung der Welt ermöglichen. Kratylos präzisiert diese „größere Macht" nicht weiter. Die ersten semantischen Bausteine stellen für ihn feste und erfolgreiche Selektionen von Merkmalen der Welt dar, die von einem Individuum allein nicht durchgeführt werden können, die aber auch nicht durch die Gesellschaft über Vereinbarung erfolgt sein können. Bleibt also nur die biologische Verankerung als genetischer Code übrig, will man nicht Götter oder Dämonen dafür verantwortlich machen. Natürlich konnte Kratylos beim Verweis auf „eine größere als menschliche Kraft" in der Antike noch nicht von einem genetischen Code ausgehen. Die Fortsetzung von Kratylos Idee von ersten Bausteinen der Bedeutung in aktueller Terminologie stellt heute das Konzept der „semantischen Primitive" dar, wie es von Wierzbicka entwickelt wurde. Wierzbicka (1988:9–12) spricht von universalen und damit angeborenen semantischen Primitiven bzw. Basisbausteinen. Dabei setzt sie 15 relativ sichere Kandidaten für solche semantische Urbausteine fest, darunter *ich, du, dies, jemand, etwas*. Normalerweise wird bei allen Lebewesen die Art und Weise der Extraktion von Wahrnehmungsdaten aus der Umwelt zum größten Teil genetisch gesteuert. Die These von Kratylos besagt, dass wir bei der Extraktion von Wissensdaten aus der Welt auf den Umweg über Sprache angewiesen sind. Durch die weniger starke Formatierung unserer Wahrnehmungsdaten durch den genetischen Code sind wir auf die Sprache angewiesen, die uns ein Format anbietet, das es uns ermöglicht, eine variable Welt wahrzunehmen und zu ordnen. Die Sprache ist somit ein Ordnungssystem, das die Variabilität der Welt weniger starr abbilden kann als das bei Tieren, die nicht über Sprache verfügen, der Fall ist. Sprache ermöglicht uns erst, die Variabilität der Welt zu erfahren, da unsere Wahrnehmung nicht determiniert ist, wie dies bei anderen Lebewesen der Fall ist.

Der Dialog endet damit, dass Kratylos und Sokrates einander mit Überlegenheitsgesten auffordern, über das Thema nochmals nachzudenken. Kratylos versichert, er bleibe voraussichtlich bei der Ansicht Heraklits. Und er fordert Sokrates auf, „Tue du nur auch das deinige, um dies noch näher zu untersuchen"(440e).

Zusammenfassend lässt sich sagen, dass Kratylos sich nirgends selbst widerspricht. Er gibt auch nirgends einen Irrtum zu, wenn man die Textstellen genau betrachtet. Joseph (2000:70) meint zwar, dass Kratylos Irrtümer zugibt, sich aber im Verlauf des Dialogs wieder auf alte Positionen zurückzieht. Das bringt Joseph (2000:71) dazu, von der typischen Verstocktheit („stubbornness") der Vertreter der Natürlichkeitsthese zu sprechen. Aber statt Kratylos eine Sturheit trotz besserer Einsicht zu unterstellen, muss man die Aporien, die Sokrates konstruiert und auf die sich Kratylos nicht einlässt, verstehen. Um den Aporien zu entgehen, ist die Einsicht in Differenzierungen erforderlich, die Sokrates nicht vornimmt. Kratylos bezieht sich mit seiner Natürlichkeitsthese allein auf den Inhalt und nicht auf den formalen Ausdruck der Wörter. Er bezieht sich außerdem ausschließlich auf Appellativa und nicht auf Eigennamen, wenn er seine These von der Abbildbarkeit der Welt durch die Sprache vertritt. Wichtig ist auch, dass er sich bei seiner Abbildungsthese nicht auf Sätze bezieht, sondern allein auf Appellativa und damit auf die semantischen Merkmale, aus denen diese zusammengesetzt sind. Immer wenn es im Dialog zu scheinbaren Widersprüchen kommt, ist das durch eine Verwechslung von zwei Ebenen bedingt: entweder durch die Verwechslung der Inhalts- und der Ausdrucksebene (Verwechslung von semantischen Merkmalen mit „Buchstaben") oder durch die Verwechslung von Appellativa mit Eigennamen (Eigennamen bilden nicht ab, sondern bezeichnen nur; sie können also nicht abbilden) bis hin zur Verwechslung von Appellativa mit Sätzen (nur Sätze können wahr oder falsch sein bzw. besser oder schlechter abbilden, nicht jedoch Appellativa, denen überhaupt kein Wahrheitswert zugeordnet werden kann). All diese scheinbaren Aporien im Kratylos-Dialog werden von Sokrates konstruiert; und man muss anerkennen, dass Kratylos in keine dieser Fallen hineinläuft.

Für Kratylos ist Sprache primär ein Instrument, das Weltwissen erschließt. Dieses Weltwissen ist speicherbar (in Form von mentalen Repräsentationen) und tradierbar. Sprache ermöglicht es, eine Welt, die sich ständig verändert, mit Hilfe von Appellativa zu verendlichen und verstehbar zu machen. Es stellt also keinen Widerspruch dar, dass Kratylos zum einen Anhänger des Heraklit ist und zum anderen Anhänger einer optimistischen Erkenntnistheorie. Nur weil der Mensch Sprache hat, hat er überhaupt eine Ahnung von der Variabilität der Welt, da Sprache flexibler ist als der Instinkt. Dennoch ist sie, wie der Instinkt, zuverlässig bei allen Menschen vorhanden, und zwar noch vor der ersten Konzeption eines Worts. Sprache erzeugt Klassenbegriffe und verendlicht so eine sonst unüberschaubare Welt. Diese Verendlichung ist nach Aussage des Kratylos immer richtig. Denn es ist im Grunde sekundär, was wie zusammengefasst wird. Wichtig ist, dass die Vielfalt reduziert wird. Mit anderen Worten: Um überhaupt zur Erkenntnis zu gelangen, sind Ordnungsmuster erforderlich. Diese werden durch die sprachlichen Bedeutungen bereitgestellt. Dabei sind unterschiedliche Auflösungen möglich (durch Oberbegriffe und Unterbegriffe bzw. Hyperonyme und Hyponyme).

Abschließend lässt sich festhalten: Wer beim Kratylos-Dialog Sokrates ernst nehmen will und die Position von Kratylos als die schwächere einordnen möchte, muss zu Folgerungen kommen, die der Dialog nicht hergibt. Beispielsweise müssten dann die nachgewiesenermaßen falschen Ausführungen zur Etymologie durch Sokrates konsequenterweise ernst genommen werden. Diese Konsequenz zieht beispielsweise Sedley (2003), der dem Projekt der Rettung der Passagen mit den sinnlosen Etymologien ein ganzes Buch widmet. Die Ausführungen von Sokrates lassen sich aus sprachwissenschaftlicher Sicht jedenfalls nicht retten. Sie sind einfach grundlegend falsch. Man könnte Sokrates nur retten, wenn man ihm konzediert, dass er sich einfach dümmer stellt als er ist, aus Spaß an der Erzeugung von Sackgassen der Argumentation. Die Position von Kratylos dagegen, der in Übereinstimmung mit Heraklit von „Urwörtern" ausgeht, lässt sich in aktueller linguistischer Terminologie paraphrasieren. Die Differenzierung zwischen Appellativa, Eigennamen und Sätzen und deren unterschiedlichen sprachlichen Funktionen ist bei Kratylos implizit vorhanden und erklärt die Logik seiner Kurzantworten auf die Logorrhöen eines Sokrates.

Am Schluss wissen wir, dass Kratylos mehr weiß als Sokrates. Was Kratylos aber weiß, müssen sich die Hörer bzw. Leser selbst erarbeiten.

D Der Beginn des Sprachpessimismus

Sokrates ist zwar ein Gegner von Kratylos' Sprachoptimismus – Kratylos' These läuft für ihn auf eine Überschätzung der Bedeutung von Sprache hinaus ––, doch er bleibt Realist in dem Sinn, dass er die Möglichkeit einer Erkenntnis der Welt nicht vollständig bestreitet. Sokrates fordert in dem Dialog mehrfach ein, dass die Abbildungen der Welt durch Sprache mehr oder weniger zuverlässig sein können. Nach Joseph (2000:70) habe Kratylos in (432d–433a) Sokrates konzediert, dass er sich irre und dass Wörter tatsächlich die Welt unvollkommen abbilden können, wodurch die Verantwortung für die Verwendung von Wörtern wieder auf die Menschen zurückfalle. Kratylos kann man allerdings, nach der hier vorgelegten Interpretation des Dialogs, keinesfalls Nachgiebigkeit in diesem Punkt zuschreiben. Wichtig ist allerdings noch folgender Punkt. Mit der These, dass die Abbildbarkeit der Welt in die Verantwortung der Menschen falle, korreliert die These, dass sie besser oder schlechter durchgeführt werden könne. Sprachskeptizismus und Sprachpessimismus stehen ganz deutlich in einem engen Zusammenhang mit der These, dass Bedeutungen von Menschen ausgehandelt werden und somit per Konvention zustande kommen. Die Behauptung, dass eine Abbildung besser oder schlechter erfolgen könne, impliziert außerdem, dass es eine Erkenntnisquelle außerhalb von Sprache gibt, die als Beurteilungsinstanz in Frage komme. Eine solche Erkenntnisquelle außerhalb von Sprache ist nach Kratylos für den Menschen nicht gegeben. Die These von Kratylos wird im Grunde gegenwärtig auch von Bickerton vertreten. Danach sind alle höheren Formen der menschlichen Kognition, in denen der Mensch sich von den Primaten und anderen Lebewesen unterscheidet, sprachlich bedingt. Sprache ist dann das privilegierte Erkenntnisinstrument des Menschen. Sprache ist das „Organ", das ihn mit der artspezifischen Intelligenz des Menschen ausstattet.

Für Sokrates ist Sprache dagegen keine privilegierte Erkenntnisquelle. Das ist der Keim des Sprachskeptizismus. Von Kratylos nimmt man zwar an, er sei später ebenfalls Sprachskeptizist geworden. Diese Auffassung stützt sich auf eine Äußerung von Aristoteles in seiner Metaphysik (1010 a 7ff), der über Kratylos berichtet, er sei schließlich zu der Annahme gekommen, man dürfe überhaupt nichts mehr sagen. Da sich die gesamte Natur ständig verändere, könne man über dieses Veränderliche keine wahre Aussage machen. Die Auffassung Heraklits, man könne nicht zweimal in denselben Fluss steigen, habe Kratylos nochmals zugespitzt, indem er sagte, man könne es nicht *ein einzige Mal* tun.

Die Verwandlung des Sprachoptimisten Kratylos in einen Sprachpessimisten lässt sich auf diesen Bericht von Aristoteles allein allerdings nicht begründen. Kratylos bleibt ja zum einen weiterhin ein Anhänger von Heraklit. Seine Zuspitzung von Heraklits Lehre läuft nur auf die Möglichkeit einer wahren Aussage hinaus; sie betrifft nicht die „ersten Wörter". Heraklit wird die Auffassung zugeschrieben, dass der Satz imstande sei, die Bewegung und das Werden der Wirklichkeit widerzuspiegeln. Durch die Synthese von Subjekt und Prädikat könne der Satz die Einheit der Gegensätze wie z.B. Leben und Tod zum Ausdruck bringen. Kratylos' vermeintlicher „Sprachpessimismus" bedeutet dann nur, dass die Bedeutungen keine Bezeichnungen sind. Wer einen konkreten Gegenstand bezeichnen will und der Sprache Bezeichnungen nicht zutraut, der muss eben zeigen. Genau das wird von Kratylos überliefert: dass er nur noch den Finger hob, sonst aber schwieg. Diese Stelle lässt sich m.E. folgendermaßen deuten: Wer der Sprache misstraut, der muss schweigen und kann sich nur noch auf das Zeigen beschränken. Wer diese Option wählt, kann allerdings nur auf anwesende Gegenstände verweisen und bleibt damit im Gefängnis der

Gegenwart eingesperrt, da mit dem Finger weder auf Vergangenes noch auf zukünftige Kontexte oder virtuelle Welten verwiesen werden kann. Dieses Gefängnis der Gegenwart würden wir dann mit den Tieren teilen, die nicht in der Lage sind, versetzte Kontexte zu kommunizieren.

Über Platons Auffassung ist nichts Sicheres bekannt. Das betrifft nicht nur den Kratylos-Dialog, sondern auch weitere Dialoge. Die Tatsache, dass Platon durch seine Dialoge eine Art „ungeschriebene Lehre" hinterlassen hat, wird jedoch als Sprachskeptizismus gedeutet. Diese Interpretation stützt sich auf eine Äußerung Platons, die dazu Stellung nimmt, dass jemand eine Schrift über die Platonische Philosophie verfasst hat:

> Es gibt ja auch von mir darüber keine Schrift und kann auch niemals eine geben; denn es läßt sich keineswegs in Worte fassen wie andere Lerngegenstände, sondern aus häufiger gemeinsamer Bemühung um die Sache selbst und aus dem gemeinsamen Leben entsteht es plötzlich – wie ein Feuer, das von einem übergesprungenen Funken entfacht wurde – in der Seele und nährt sich dann aus sich selbst weiter. (Platon, Siebter Brief, 341 c4–d2).

Doch die Absage an eine schriftlich fixierte Lehre hat nichts mit Sprachskeptizismus, sondern lediglich mit *Schrift*skeptizismus zu tun. Hennigfeld (1993:70) interpretiert Platons Äußerungen im Siebten Brief dennoch so, dass „die Sprache insgesamt abgewertet wird". Die Sprache sei für Platon ein notwendiges Übel. Höher zu bewerten sei nach Platon die intuitive, nichtsprachliche Erkenntnis. Diese Erkenntnis ist nicht nur lautlos, sondern auch abbildlos. Abbilder sind immer unvollkommen (sie sind beispielsweise perspektivisch). Ein Gegenstand, so wie er wirklich ist, ist von den verschiedenen perspektivischen Weisen, mit denen man ihn erfassen kann, unabhängig.

Die Frage, die sich hier stellt, ist, ob die Erkenntnis des „Was" eines Gegenstands ohne die Stufenleiter der perspektivischen Abbildungen durch Sprache möglich ist. Die sprachoptimistische Auslegung besagt, dass die Aufrundung der Perspektiven und damit die Entperspektivierung gerade durch Sprache möglich ist. Sprachskeptizismus würde demnach vorliegen, wenn Sprache nur als Ablenkung vom intuitiven Zugriff zur Wirklichkeit betrachtet würde.

E Die Einordnung in den Kontext

Die Tendenz, Aristoteles und Platon zu Sprachskeptikern machen zu wollen, ist heute groß. Man darf jedoch nicht übersehen, dass hier der Versuch einer Modernisierung dieser Autoren vorliegt. Aristoteles und Platon sollen im gegenwärtigen axiomatischen Kontext als interessante Autoren gerettet werden. Es ist auffällig, dass tatsächlich von Platons „Abwertung der Sprache" die

Rede ist, wobei dies als Verdienst herausgestellt wird. Der Grund für dieses Verfahren ist die vorherrschende Überzeugung, dass sprachliche Zeichen nicht motiviert sind, sondern vielmehr als arbiträr zu charakterisieren sind. Um den Kratylos-Dialog scheinbar zu modernisieren, wird ihm interpretatorisch Gewalt angetan. Es ist für die Vertreter der Arbitraritätsthese beispielsweise ein Problem, dass Hermogenes, der von der Arbitraritätsthese im Kratylos-Dialog als einziger überzeugt ist, dort als leichtgläubig und dumm dargestellt wird. Das ist eine Herausforderung für alle Gegner der Natürlichkeitsthese. Baxter (1992:2) wehrt sich aus diesem Grund dagegen, Hermogenes als „philosophisches Leichtgewicht" einzuordnen und versucht, ihn aufzuwerten (Baxter 1992:17–22). Es fehlen ihm allerdings starke Argumente. Stattdessen weicht er auf „exegetical charity" aus (Baxter 1992:20). Diese verbiete es, Hermogenes als so konfus einzuordnen, wie er im Dialog dargestellt wird. Die versuchte Aufwertung von Hermogenes geht einher mit der gleichzeitig versuchten Abwertung der Position von Kratylos. Hier fehlt Baxter allerdings exegetische Barmherzigkeit. Er bezeichnet Kratylos in seinen Ansichten als arrogant und konfus. Das gipfelt in der Behauptung, dass der Kratylos-Dialog eine Art Abrechnung Platons mit seinem früheren Lehrer Kratylos gewesen sein soll. Diese Interpretation wird durch keine Textstelle gestützt. Sie dreht die Konstellationen im Text sogar um. Grund für diese interpretatorischen Gewalttaten ist der Wunsch, die Wertschätzung für Platon mit der heute dominierenden Wertschätzung der Arbitraritätsthese zu harmonisieren.

Aus der linguistischen Perspektive ist vor allem Heraklits, Kratylos' und Aristoteles' Konzept von „ersten Wörtern" interessant. Es gibt gegenwärtig große Anstrengungen, sogenannte „semantic primitives" aufzudecken (Wierzbicka 1988). Das ist eine begrenzte Menge von semantischen Merkmalen, die in allen Sprachen vorkommen und dazu verwendet werden, Wörter aufzubauen. In diesem Sinn entwickelt Wierzbicka ein Projekt des frühen Sprachrealismus weiter. Die Natürlichkeitsthese von Kratylos wird im frühen 20. Jahrhundert durch Charles Sanders Peirce und Ludwig Wittgenstein wieder aufgenommen und argumentativ verstärkt werden.

Hermogenes steht für den Hörer, der durch Sokrates in Denksackgassen manövriert wird, aus denen man sich nur durch langes Nachdenken und die dadurch mögliche Entdeckung von Differenzierungen befreien können dürfte, wie der Schluss des Dialogs andeutet. Hermogenes wird im Dialog als jemand dargestellt, dem die Meinungen anderer wichtiger sind als die Investition in eigene Denkanstrengungen. Die Aufforderung am Schluss des Dialogs besteht schließlich darin, über das Thema weiterhin in aller Selbstständigkeit nachzudenken. Was zählt, ist also nicht die vorherrschende Meinung, sondern das stärkste Argument. Wie sehr die vorherrschenden Meinungen in Form von unbewussten Axiomatiken wirksam sind, zeigen paradoxerweise viele der heute vorgelegten Interpretationen des Kratylos-Dialogs.

F Kommentierte Literaturhinweise

Leicht zugängliche Primärtexte der Sprachphilosophie der Antike sind:

Aristoteles, *Metaphysik. Schriften zur Ersten Philosophie* [z.B. in der Reclam Universalbibliothek; Nr. 7913. Übersetzt und hrsg. von Franz F. Schwarz. Stuttgart 1984].
Heraklit, *Fragmente*, Griechisch und deutsch, hrsg. von Bruno Snell, [7]München 1979.
Platon, Kratylos. In Platon, *Sämtliche Werke* III. Griechisch und Deutsch. Nach der Übersetzung von Friedrich Schleiermacher, ergänzt durch Übersetzungen von Franz Susemihl u.a., hrsg. von Karlheinz Hülsen. Frankfurt am Main: Insel 1991 (Insel Taschenbuch; 1403), 103–267.

Als Einstieg in die Sekundärliteratur eignen sich (die vollständigen Literaturangaben finden sich im Literaturverzeichnis oder in Teil 1.I.F):

Coseriu, Eugenio: *Sprachphilosophie. Teil I.*
Graeser, Andreas: Aristoteles. In: Borsche 1996: 33–47, 452–454.
Hennigfeld, Jochem (1994): *Geschichte der Sprachphilosophie. Antike und Mittelalter.* Berlin, New York: de Gruyter.
Lesenswerte Kapitel zu Heraklit, Parmenides, Platon, Aristoteles bis Wilhelm von Ockham.

Höffe, Otfried (1996): *Aristoteles.* München: Beck (Beck'sche Reihe; 535)
Sehr gute Einführung in das Werk von Aristoteles. Dazu kommen Angaben zur Biographie und zur Wirkung von Aristoteles.

Kraus, Manfred (1996): Platon. In: Borsche 1996: 15–32, 449–452.
Vamvacas, Constantin J. (2001/2006): *Die Geburt der Philosophie. Der vorsokratische Geist als Begründer von Philosophie und Naturwissenschaften.* Aus dem Griechischen von Mark Michalski. Mit einem Geleitwort von Alfred Stückelberger. München: Artemis & Winkler 2006 [Griechisch zuerst 2001].
Ausführliches Kapitel zu den Fragmenten von Heraklit. Außerdem werden behandelt: Thales, Anaximander, Anaximenes, Pythagoras, Xenophenes, Parmenides, Empedokles, Anaxagoras, Demokrit.

II Sprache als perspektivierendes Erkenntnisinstrument

A Die semiotische Tradition

Die aristotelische Zeichen- und Sprachtheorie wird von der sogenannten „Spekulativen Grammatik" der mittelalterlichen Scholastik ausgebaut. Im 14. Jahrhundert kommt die einflussreiche Kritik von William von Ockham an den Grundlagen dieser Zeichentheorie dazu. Doch der Einfluss von Aristoteles und der Spekulativen Grammatik endet nicht im 14. Jahrhundert. Sie gehört nur nicht mehr zum philosophischen Mainstream. In der zweiten Hälfte des 19. Jahrhunderts beginnt Charles S. Peirce sich für die mittelalterliche Grammatiktheorie zu interessieren. Peirce, der Begründer der Semiotik und Pragmatik, legt sich mit 29 Jahren ein Notizbuch an, in dem er für sich einen kleinen Katalog aller Bücher über mittelalterliche Logik, die in Cambridge (Massachusetts) vorhanden sind, aufzeichnet. Er beginnt sein Notizbuch am 1. Januar 1868, so als würde es sich um einen Neujahrsvorsatz handeln. Dabei werden die Schriften der Modisten zur Lieblingslektüre von Peirce. Seine beiden anderen bevorzugten Autoren sind George Berkeley und David Hume, die ebenfalls die mittelalterliche Zeichentheorie rezipiert haben und damit auch als Empiristen noch in großer Nähe zu den scholastischen Realisten stehen. Es ist zu vermuten, dass Peirce über die Lektüre der Schriften von Berkeley und Hume auf die aristotelische Zeichentheorie des Mittelalters aufmerksam geworden ist.[6] Man kann anhand dieser Tradierungslinie schon vermuten, dass die aristotelische Zeichentheorie sich subversiv ihren Weg durch die Schriften der Neuzeit und Moderne gebahnt hat. Man kann diese Kontinuität jedoch nur erkennen, wenn man sich nicht an expliziten Verweisen der Autoren auf Vorbilder und auch nicht an der verwendeten Terminologie orientiert, sondern die jeweils vertretenen Leitgedanken festhält und analysiert. Die mittelalterliche Zeichentheorie verfügt seit William von Ockham, der Renaissance und dem Humanismus über einen solch schlechten Ruf, dass nicht jeder, der die Spekulative Philosophie weiterhin schätzt, dies auch gleich an die große Glocke hängt.

Für Peirce hat die Begegnung mit der mittelalterlichen Philosophie eine Art philosophische Konversion zur Folge. Seit seinem 17. Lebensjahr ist er fasziniert von Kants „Kritik der reinen Vernunft", mit der die Nichterkennbarkeit der Welt durch die menschliche Vernunft festgeschrieben und sozusagen axio-

---

6 (vgl. Fisch 1984. Aufschlussreich ist auch Peirce 1871/1984: Rezension der Werkausgabe von Berkeley, hrsg. von Fraser). Dort weist Peirce explizit auf einen Zusammenhang zwischen der Philosophie von Berkeley und Duns Scotus sowie weitere scholastische Autoren hin.

matisch gesichert wird. Kant ist der Ockham des 18. Jahrhunderts. Er sammelt die seither zu Ockham und seinen Fortsetzern geäußerten Gegenargumente, eigentlich ungern zunächst, doch sein Freund Johann Georg Hamann bringt sie ihm in die Königsberger Wohnstube persönlich vorbei, indem er ihm David Humes Philosophie anpreist. Empört über diese „destruktive Philosophie" schreibt Immanuel Kant seine *Kritik der reinen Vernunft* (erschienen 1781).

Peirce soll sie fast auswendig gekannt haben. Seine Begegnung mit David Hume und die Rückverfolgung der Tradition, in der Hume steht, führen jedoch dazu, dass er die Kant-Lektüre schließlich als „Säuglingsnahrung seiner Jugend" bezeichnet und damit abwertet. Er spricht vom „barbarische[n] Wüten gegen das mittelalterliche Denken", und führt als Beispiel für den angerichteten Schaden an: „[...] eine einst richtige Theorie des Pronomens ist für Jahrhunderte verschwunden;"[7] Peirce wird heute u.a. für seine neue, originelle und richtungsweisende Theorie der Pronomen geschätzt.

Der Pfad zur verachteten mittelalterlichen Philosophie lässt sich rekonstruieren. 1867 erwähnt Peirce seine Lektüre von George Berkeley. Berkeley bezieht sich auf Duns Scotus. Zu Berkeleys und auch noch zu Peirces Lebenszeit ging man davon aus, dass Duns Scotus der Verfasser der berühmtesten Spekulativen Grammatik des Mittelalters war. Heute gilt Thomas von Erfurt als der Verfasser. Diese Erkenntnis wurde erst 1922, acht Jahre nach Peirce's Tod, von Martin Grabmann publiziert.[8]

Die ersten 15 Vorlesungen, die Peirce 1869/70, also bald nach dem Anlegen seines Notizheftes hält, gehen ausführlich auf die Logik des Mittelalters ein. Peirce hat diese Vorlesungen nicht schriftlich fixiert, aber es gibt Aufzeichnungen eines Studenten (Peabody, 1847–1936) dazu. Im Zentrum der dritten und vierten Vorlesung steht die *Grammatica speculativa* des Duns Scotus (Thomas von Erfurt). Der genaue Titel dieser Grammatik ist *Tractatus de modis significandi sive Grammatica speculativa*. Sie ist zu Beginn des 14. Jahrhunderts entstanden. Das Interesse an der spekulativen bzw. modistischen Grammatik (in Anlehnung an den Terminus des modus significandi) hält bei Peirce ein Leben lang an. Er gründet einen „metaphysischen Club". Der Name des Clubs weist wiederum auf die Kontinuität zur Metaphysik des Mittelalters und nicht zuletzt auf die „Metaphysik" des Aristoteles hin, auf dessen Werk dieser Terminus letztendlich zurückgeht. Auch im metaphysischen Club werden die Texte von

---

7 Peirce in einer Anmerkung in seiner „Kurze[n] Logik" (MS 595 von 1895). In: Peirce (1986–1993), Semiotische Schriften 1, S. 208, Anm. 1. In diesem Manuskript findet sich auch seine Theorie der Pronomen als indexikalische Zeichen. Zu den Pronomen in der modistischen Grammatikschreibung vgl. auch Rosier/Stefanini (1990).
8 Grabmann hat diese Entdeckung zum ersten Mal 1922 veröffentlicht; ausführlicher dazu: Grabmann (1943: 19–20).

Duns Scotus gelesen, diskutiert und weiterentwickelt. Das heute noch bekannteste Mitglied des Clubs ist der Psychologe William James, der wichtigste und später einzige engere Freund von Charles Sanders Peirce.

Das Interesse für Thomas von Erfurt und dessen *Grammatica speculativa*, die nach allgemeiner Ansicht den Höhepunkt der modistischen Sprachtheorie darstellt, ist umso erstaunlicher und muss Peirce umso mehr hoch angerechnet werden, als diese Texte zu seiner Zeit äußerst schwer zugänglich waren. Viele der Texte sind in der Regel in Latein und bis heute nicht übersetzt. Man muss sich klarmachen, dass mit der Umstellung der wissenschaftlichen Publikationssprache vom Latein auf die „Volkssprachen" ein ungeheurer medialer Bruch stattgefunden hat. Was nicht übersetzt wurde, wurde nicht mehr rezipiert. Und das heißt, dass die Mehrzahl des kulturellen Erbes verlorengegangen ist. Bis zur einführenden Darstellung von Jan Pinborg (1967) wusste man daher bis zum 20. Jahrhundert relativ wenig über diesen Höhepunkt der Grammatiktheorie im europäischen Mittelalter. Zu Peirces Zeiten gab es als Einführung oder Hinführung zu dieser Literatur lediglich eine Sammlung mit Auszügen aus der Literatur der Modisten, die von Charles Thurot zusammengestellt wurde. Sie ist 1868 erschienen, also genau zum richtigen Zeitpunkt: zwischen dem Beginn des Notizhefts am 1.1.1868 und dem Beginn von Peirces Vorlesung von 1869/70.

Was Peirce besonders interessiert, ist die Literaturgattung „De modis significandi", d.h. „Über die Arten und Weisen des Bedeutens". In einem Artikel über „Signifikation", den er für *Baldwin's Dictionary of Psychology and Philosophy* (1901–1902) verfasst hat, weist er explizit darauf hin: „Im Mittelalter wurde eine ganze Reihe von Werken mit dem Titel *De modis significandi* geschrieben [...]"; es findet sich auch ein Hinweis auf die Arbeit von Thurot (1869), der in seiner Zusammenstellung von mittelalterlichen grammatischen Manuskripten aus dem 13. Jahrhundert überwiegend Auszüge aus der *Summa modorum significandi* von Siger von Brabant und aus der *Summa de modis significandi* von Michael de Marbasio zugänglich macht. Peirce lernt durch Thurot die vergessene Universalgrammatik des Mittelalters kennen und schätzen.

Im Mittelpunkt dieser Abhandlungen steht die Bedeutung, und zwar als unterschieden von der Bezeichnung. Die Unterscheidung von Bedeuten (*significare*) im Gegensatz zum Bezeichnen (*denotare*) geht auf Aristoteles zurück: Von dem Augenblick an, von dem an bewusst war, dass das sprachliche Zeichen aus zwei Komponenten besteht, der lautlichen Seite und ‚den Eindrücken in unserer Seele', war klar, dass es drei Arten von Relationen zwischen dem sprachlichen Zeichen und der nichtsprachlichen Realität gibt:

Denotation: Die Grundqualität des denotativen Zeichens besteht darin, dass es auf einen Gegenstand zeigt. Man kann mit einem Finger auf einen

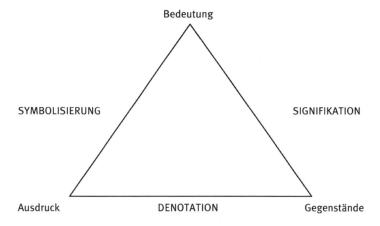

Abb. 5: Semiotisches Dreieck nach Peirce

Gegenstand zeigen und ihn so lokalisieren. An dem ‚Fingerbeispiel' kann man zwei wichtige Punkte wahrnehmen:

a) Der Finger muss keine materielle Ähnlichkeit mit dem Gezeigten haben, damit der Prozess des Lokalisierens und damit des eindeutigen Bezeichnens erfolgreich ist. Trotz des Fehlens einer Ähnlichkeit in Bezug auf die Substanz besteht eine Motiviertheit zwischen Ausdruck und Inhalt. Die Beziehung, die zwischen dem Zeichen und dem Gegenstand besteht, ist primär die der Kontiguität, d.h. der Verbindung bzw. der Herstellung einer Relation zwischen Zeichen und Bezeichnetem. Um diese Funktion zu erfüllen, ist nicht die Substanz des Fingers entscheidend, sondern seine Form. Das Bezeichnete muss also nicht aussehen wie ein Finger (die Substanz des Zeichens). Wichtig ist die Form des Fingers, die dazu beiträgt, dass eine räumlich-zeitliche Beziehung zwischen zwei Punkten hergestellt werden kann. Die Motiviertheit zwischen dem materiellen Zeichen und dem Gegenstand ist somit eine Motiviertheit der Form. Die Unterscheidung zwischen Form und Substanz aufgrund des Primats der Funktion geht auf Aristoteles zurück und findet sich auch in den mittelalterlichen Traktaten, wenn auch nicht an einem solch konkreten Beispiel illustriert. Für Peirce gehört diese Einsicht, dass es nicht auf die Substanz des Zeichens ankommt, sondern auf seine Form, zu seinen wichtigsten Erkenntniserlebnissen.

b) Die sprachlichen Zeichen können im Gegensatz zu einem Finger (Index) oder anderen nichtsprachlichen Zeichen auch unabhängig von der Gegenwart Gegenstände und Ereignisse, die räumlich und zeitlich entfernt sind, bezeichnen. Dies gelingt nur, weil eine vermittelnde Instanz vorhanden ist, die unabhängig von Raum und Zeit ist. Diese vermittelnde Instanz ist die Bedeutung:

Signifikation: Die Bedeutung eines Ausdrucks besteht aus dem Eindruck, den dieser im Geist evoziert. Dieser mentale Eindruck ist komplex und hat individuelle, subjektive, aber auch intersubjektive Anteile. Die intersubjektiven mentalen Eindrücke sind die Bedeutungen, die individuellen Eindrücke stellen Assoziationen dar. Wenn wir über entfernte Kontexte kommunizieren wollen, z.B. über die zweite Frau von Charles S. Peirce, dann müssen wir uns darauf verlassen können, dass sich dieser entfernte Kontext eingrenzen und ansteuern lässt. Wir tun dies mit Mengenbegriffen wie ‚Frau' und verlassen uns darauf, dass alle kompetenten Sprecher einer Sprache zuverlässig dieselben Bedeutungsmerkmale damit verbinden. In der antiken Sprachtheorie hat man diese semantischen Merkmale als erste Wörter bezeichnet. Die ersten Wörter sind von großer Allgemeinheit, weil sie allen Sprechern trotz wechselnder Erfahrungen als die entscheidenden auffallen. Es sind die Eindrücke, die sich immer wieder selektiv in den Vordergrund drängen und damit auch im Geist ‚haften' bleiben, und zwar im Geist aller Sprecher. Wollen die Menschen nun aber nicht nur über Klassenbegriffe sprechen, brauchen sie zusätzlich einen Lokalisator, der ebenso effizient ist wie der Zeigefinger. Diesen Index stellen die finiten Elemente im Satz dar: Dazu gehören beispielsweise die Tempusmorpheme. Sie lokalisieren den Gegenstand in der Zeit. Finite Elemente kommen interessanterweise nur in Sätzen vor. Daraus lässt sich ableiten, dass erst der Satz als vollständiges Zeichen gelten kann.

Symbolisierung: Die Funktion von Finitheit besteht darin, aus Bedeutungen Bezeichnungen zu machen: Erst im Satz wird ein Klassenbegriff (die Bedeutung) mit Hilfe der finiten Elemente mit dem Gegenstand in Beziehung gebracht. Die Mengenbegriffe stellen die lexikalischen Elemente einer Sprache dar. Die finiten Elemente lassen sich dagegen als die grammatischen Einheiten identifizieren. Sie stellen dar, welche Art von Relation bzw. von Kontiguität zwischen den Einheiten im Satz besteht. Ein Satz hat primär die Funktion, ein Subjekt lokalisierbar und damit bezeichenbar zu machen. Pointiert formuliert besagt das, dass ein Satz aus einem Klassenbegriff mit Hilfe der Grammatik einen *Eigennamen* herstellt. Man kann sich die Frage stellen, warum eine solche komplexe Technik in der Evolution der menschlichen Sprache entwickelt wurde. Worin besteht seine Funktion? Die Antwort ergibt sich aus folgender Überlegung: Um die Welt, wie wir sie wahrnehmen, zu benennen, bräuchten wir potentiell unendlich viele Eigennamen, umso mehr als sich die Welt ständig ändert und neue Bezeichnungsnotwendigkeiten auf uns zukommen. Wir könnten uns jedoch unmöglich Millionen von Eigennamen merken, da dadurch unser Gedächtnis kapazitär völlig überlastet wäre. Wir können aber jederzeit Millionen von neuen Sätzen planen und äußern, in der Regel solche, die wir noch nicht so gehört oder geäußert haben. Wir können uns so an eine sich ständig im Fluss befindliche Realität sprachlich erfolgreich anpassen.

Für Peirce war die mittelalterliche Bedeutungstheorie mit ihrer Konzeption des semiotischen Dreiecks der Beginn seiner eigenständigen, von der Axiomatik der Neuzeit und Moderne losgelösten Philosophie. Seine Rezeption dieser Theorie hat zur Neubegründung der Semiotik geführt. Doch warum war eine solche Neubegründung notwendig? Warum ist das Jahr 1867 als Jahr des Bekanntwerdens mit der Spekulativen Grammatik so entscheidend für Peirce, dass sich von nun an alle seine Publikationen ändern? Man kann sogar sagen, mit diesem Jahr beginnen die Peirce-Schriften erst charakteristisch für Peirce zu werden.

Das Jahr 1867 hat mit der Wiederentdeckung des semiotischen Dreiecks zu tun. Peirce beginnt nun alle Kategorien, die er verwendet, durch drei zu teilen. Zuerst beginnt er mit Kants zwölf Kategorien, die er auf drei reduziert. Man hat seine Dreiteilungen, die sich alle vom semiotischen Dreieck ableiten lassen, auch als „Triadomanie" (Spinks 1991) bezeichnet. Für Peirce war das Verstehen der Wirksamkeit des Zeichens, die im semiotischen Dreieck dargestellt war, der Schlüssel für das Verständnis aller zeichenbildenden Prozesse, die von ihm alle als *Semiose* bezeichnet werden.

Eine zentrale Frage drängt sich auf: Wenn das semiotische Dreieck ein ebenso einfaches wie erklärungsmächtiges Instrument war, warum war es dann jahrhundertelang in Vergessenheit geraten? Es war aus heutiger Perspektive vor allem William von Ockham, ein englischer Franziskanermönch, der das semiotische Dreieck gleichsam argumentativ zugeklappt hat. Für ihn steht die denotative, bezeichnende Komponente des Zeichens im Vordergrund. Das Allgemeine der Bedeutung sind für ihn „Hirngespinste" im wortwörtlichen Sinn: Es handelt sich nach dieser Position um Verknüpfungen im Geist, die mit der Realität nichts zu tun haben.

Eine ganze Tradition, nämlich die der von Aristoteles inspirierten „Spekulativen Grammatik", gilt seither als Hirngespinst: „spekulativ" und „trivial" sind die unschmeichelhaften Attribute, mit denen sie in dem folgenden Jahrhundert charakterisiert wird. Peirce behauptet, dass die gesamte moderne Philosophie auf dem Ockhamismus aufbaut.[9] Peirce hat dies nicht als Kompliment für die moderne Philosophie gedacht. Und ob es als ein Kompliment für Ockham genommen werden darf, wie Beckmann (1994) das tut, bleibt fragwürdig.

---

9 Vgl. den Einleitungstext von Jan P. Beckmanns Buch über Wilhelm von Ockham (1995).

Peirce fühlte sich durch Ockham vielmehr von einem Reservoir von Erkenntnissen abgeschnitten, das er erst wieder mühsam für sich freilegen hat müssen.

B Die Sprachtheorie der Modisten

Spekulativ und *trivial*, das sind die wenig schmeichelhaften Attribute der mittelalterlichen Grammatiktheorie, als Peirce sich mit ihr auseinandersetzt. Lässt man die negative Bedeutung weg, hat man tatsächlich zwei Charakteristika der Spekulativen Grammatik erfasst: *trivial* leitet sich von dem Begriff des *trivium* ab. Das Trivium umfasst die grundlegenden Lehrfächer des scholastischen Lehrplans des Mittelalters: Das waren Grammatik, Rhetorik und Logik. Die Fächer des Triviums waren so grundlegend, dass Studierende, die schon höhere Ebenen des Lernens erreicht hatten, ein Elementarwissen in diesen Fächern als selbstverständlich und in diesem Sinn als grundlegend ansahen. Die mittelalterliche Grammatik war ein Grundlagenfach, sie gehörte zur Propädeutik des Studiums.

Trivial im Sinne von ‚grundlegend‘ war sie vor allem deshalb, weil sie auch *spekulativ* war. Der Begriff *speculativus* ist abgeleitet vom lateinischen ‚Spiegel‘: *speculum*. Zu den Grundannahmen der Spekulativen Grammatik gehört, dass Sprache eine Art ikonische Abbildung der Wirklichkeit darstellt.

Die Spekulative Grammatik (ca. 1250–1350) beginnt mit dem Einfluss der arabischen Grammatiktheorie. Das Prestige dieser Theorie muss groß gewesen sein: Europäische Studenten sollen sich als Muslime verkleidet nach Spanien begeben haben, um dort Vorlesungen über arabische Philosophie und Grammatiktheorie zu hören. Auf jeden Fall wurde über die arabische Kultur die Aristoteles-Rezeption in einem bis dahin unbekanntem Umfang möglich. Nach Aristoteles weisen die mentalen Eindrücke Ähnlichkeiten mit den wirklichen Dingen auf. Sprachen unterscheiden sich danach nur nach der Ausdrucksebene, nicht nach der Inhaltsebene —— eine Auffassung, die schon Kratylos äußert.

Die Spekulative Grammatik untersucht in diesem Sinn, inwiefern und auf welche Weise die Sprache ein Spiegel der Wirklichkeit genannt werden darf. Spekulative Grammatiken sind selbstverständlich immer auch Universalgrammatiken: Die Gemeinsamkeiten der Umwelt hinterlassen identische mentale Eindrücke. Das garantiert, dass alle Einzelsprachen hinter ihrer ausdrucksseitigen Verschiedenheit inhaltliche Gemeinsamkeiten aufweisen.

Das Interessante an der Spekulativen Grammatik ist, dass es sich nicht um eine grobe Widerspiegelungstheorie handelt, sondern um eine Theorie, welche die unterschiedlichen möglichen Standpunkte des jeweiligen Betrachters mitberücksichtigt –– eine Theorie, die auch Wittgenstein im 20. Jahrhundert erneut vertreten sollte. Die Spekulative Grammatik interessiert sich für die verschiedenen Modi der Darstellung eines Gegenstands; ihre Grammatiktheorie handelt von den *modi significandi*; daher der Name der Modisten. Die Modisten gehen somit von zwei Hauptannahmen aus:

1. Es besteht eine Form von Ikonizität zwischen den Gegenständen der Welt und der Struktur der Sprache, woraus sie die universale Struktur aller Sprachen ableiten.

2. Sie beziehen die Perspektive des Betrachters, der die Sprache verwendet, mit ein. Sie gehen also davon aus, dass in der Sprache die Perspektive, unter der die Dinge betrachtet werden, zusätzlich zum Ausdruck kommt.

Beide Funktionen – Abbildung und Perspektivierung der Abbildung – sind beim Prozess der sprachlichen Zeichenbildung beteiligt. Bei diesem Prozess werden drei Ebenen unterschieden, die das Beziehungsgefüge zwischen Sprache, Denken und Wirklichkeit zum Ausdruck bringen: Es sind die Ebenen des *modus essendi, modus intelligendi* und des *modus significandi*.

Die primäre Ebene als Ausgangspunkt des zeichenbildenden (semiotischen) Prozesses stellt der *modus essendi* dar. Es handelt sich um die ontologische Ebene. Das Erkennen der realen Welt des Seins erfolgt im *modus intelligendi*. Er ist das Ergebnis eines Prozesses, der als *impositio* bezeichnet wurde. *Impositio* bedeutet die Auswahl von Merkmalen aus der Wirklichkeit. Der Begriff *impositio* weist schon darauf hin, dass die Aktivität bei dieser Selektion von Merkmalen weniger vom Erkennenden als vom Erkannten ausgeht. Die Welt wirkt aktiv auf den Erkennenden ein. Sie und nicht der Betrachter ist primär für die Eindrücke im Geist verantwortlich. Im *modus intelligendi* sind die Eindrücke in einer bestimmten Hinsicht noch ungeformt: So findet auf dieser Ebene beispielsweise noch keine Unterscheidung nach Wortarten statt. Es gibt also keinen Unterschied zwischen einem Wort wie dem Substantiv *Leid* und dem Verb *leiden*. Erst in einem nächsten Schritt erfolgt eine zweite Form der *impositio*, bei der der Betrachter selbst aktiv wird, während die Welt bzw. Ontologie passiv bleibt. Die zweite Stufe der *impositio* drückt sich in den grammatischen Kategorien aus, die nach Auffassung der spekulativen Grammatiken verschiedene Darstellungsmodi der Wirklichkeit sprachlich zum Ausdruck bringen. Die grundlegendste aller grammatischen Kategorien, die den Ausgangspunkt für den Aufbau aller weiteren grammatischen Kategorien darstellt, ist die Kategorie der Wortarten. Jeder Wortart entspricht demnach ein grundlegender Darstellungsmodus der Wirklichkeit. Die Theorie der Wortarten hat somit einen zentralen Stellenwert innerhalb der Sprachtheorie aller Modisten; erst dann folgen unterschiedliche Ausformulierungen dieser theoretischen Position.

Die Bedeutung der Wörter ist also geformt, d.h mit einem *modus signifi-candi* versehen. Grammatik stellt nichts anderes dar als die Signalisierung des Darstellungsmodus, der vom Betrachter gewählt wurde: Ein Gegenstand kann beispielsweise als von außen betrachtet oder als von einer Innenperspektive heraus betrachtet dargestellt werden. Es sind demnach zwei verschiedene Perspektiven möglich, die nichts mit dem Gegenstand selbst zu tun haben. Sie verändern ihn nicht. Aus diesem Grund wird synonym zu dem Terminus des *modus significandi* auch der Terminus *modus consignificandi* verwendet. Der Sprecher fügt eine Betrachterperspektive hinzu, die durch die Wirklichkeit nicht vorgegeben ist. Ein beliebtes Beispiel ist in der Sprachtheorie der Modisten der jeweils unterschiedliche *modus (con)significandi* von *Leid* versus *leiden*. Die unterschiedliche Wortartqualität symbolisiert unterschiedliche Perspektiven auf einen Sachverhalt in der Wirklichkeit. So signalisieren Substantive in ihrem Grundmodus eine Außenperspektive. Das Wort *Haus* impliziert eine Außenperspektive, ebenso ein abstraktes Wort wie *Leid*. Die räumliche Darstellung eines Gegenstands, so wie sie in der Grammatik zum Ausdruck kommt, hat somit weniger mit der Verortung des Gegenstands als vielmehr mit der Verortung des Betrachters zu tun. Dasselbe gilt für alle grammatischen Elemente wie Tempus, Modus, für die Unterscheidung zwischen zählbaren Substantiven (*Haus – Häuser*) und den sogenannten Massennomina (*Milch* – aber nicht *Milche*). Ein unterschiedlicher Modus des Betrachtens liegt auch vor, wenn man *Tauben* (Plural bzw. genauer: Distributivplural) im Gegensatz zu *Taubenschwarm* (Kollektivbildung bzw. Kollektivplural) verwendet. Die Lexeme *Tauben* und *Taubenschwarm* beziehen sich auf dieselbe außersprachliche Realität. Der Unterschied, der hier signalisiert wird, bezieht sich somit nicht auf die Darstellung der Realität, sondern auf die Darstellung des jeweiligen Betrachtungsmodus.

Der doppelte Prozess der Zeichenbildung lässt sich übersichtlich skizzieren (vgl. Abb. 6): Auf der ontologischen Ebene, der Ebene der Seinweisen, stehen die Dinge zueinander in Relation. Dieser Ebene entspricht in der Spekulativen Grammatik der *modus essendi*. Die Relationalität der Dinge untereinander wird durch das Lexikon bzw. die lexikalische Semantik abgebildet. Dabei können nicht alle Relationen und damit auch nicht alle Merkmale abgebildet werden, da die Wirklichkeit potentiell unendlich ist. Es findet daher eine Selektion von Merkmalen statt. Die Abbildung ist daher mehr mit einem Diagramm zu vergleichen als mit einem Bild. Beim Selektionsprozess ist die Wirklichkeit aktiv. Sie präsentiert manche Merkmale als salienter als andere. Zwischen dem Lexikon und der Wirklichkeit besteht somit eine Ähnlichkeitsrelation. Die Abbildung ist somit nicht arbiträr, sondern motiviert. Anders verhält es sich mit dem zweiten Prozess der Impositio. Hier wird den Abbildungen eine Per-

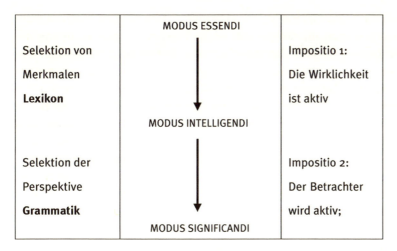

Abb. 6: Der doppelte Prozess der Zeichenbildung in der Sprachtheorie der Modisten

spektive hinzugefügt. Die Abbildung als mentale Repräsentation lässt sich im Geist drehen und wenden. Diese Technik, bei der die *modi significandi* zum Einsatz kommen, wird durch die Wortarten und die grammatischen Kategorien bereitgestellt. Eine Wortart friert eine spezifische Perpektive ein. Durch Wortartwechsel wird eine alternative Perspektive selegierbar. Die erste Eindruck (Impositio 1) im Sinne einer mentalen Repräsentation verdankt sich somit mehr der Realität als dem Betrachter. Der zweite, hinzugefügte Eindruck wird vom Betrachter gesetzt (Impositio 2):

Die Erfahrung lehrt, dass wir Gegenstände nur perspektivisch sehen können: Sehen wir beispielsweise auf die Vorderseite, so fehlt der größte Teil der Rückseite, sehen wir die Oberseite, ist die Unterseite ausgeblendet. Die Erfahrung lehrt jedoch auch, dass die Einschränkung auf eine Perspektive nicht von Dauer ist. Durch das Wechseln der Perspektive fügen wir nicht dem Gegenstand etwas hinzu, sondern dem mentalen Eindruck von diesem Gegenstand. Er wird durch die Addition mehrerer Perspektiven sozusagen ergänzt und aufgerundet. Das erlaubt es uns, geistig Gegenstände zu drehen und zu wenden, wie wir wollen, auch wenn das in der Wirklichkeit gar nicht möglich ist. Wir können also fiktive Perspektiven einnehmen und damit geistige Experimente durchführen.

Weder durch die Setzung einer Perspektive (Impositio 2) noch durch die Vordergrundierung von Merkmalen (Impositio 1) findet eine Einwirkung auf die Realität statt. Auch die Vorder- und Hintergrundierung von Merkmalen ist nur eine Frage der Optik. Die Modisten gehen davon aus, dass im ersten Fall die Wirklichkeit die Selektion der Merkmale aktiv steuert. Dabei passt die Wirklichkeit unserer Sinnesorgane zur Wirklichkeit ohne Sinnesorgane wie der Schlüssel zum Schloss. Im zweiten Fall ist die Perspektive zwar nicht von der Wirklichkeit fest vorgegeben, sondern variiert nach dem Standort des Betrachters, sei er nun real oder imaginiert, einfach perspektiviert oder mehrdimensional. Doch sind Perspektiven nichts anderes als Ausschnitte oder Teile einer vollständigen Betrachtung der Wirklichkeit. Wieder findet also eine Art Selektion statt, nur dass diesmal der Betrachter selegiert und damit aktiv wird. Man versteht den Erkenntnisfortschritt der modistischen Sprachtheorie und den Verlust dieser Einsichten durch das Vergessen dieser Tradition, wenn man sich die Behandlung der Wortarten in heutigen Grammatiken anschaut. Dort wird suggeriert, dass die Wortarten Wirklichkeit abbilden. Unverändertes und Gegenständliches werde durch Substantive abgebildet, schnelle Prozesse durch Verben, und so fort. Die modistische Grammatiktheorie stellt in diesem Sinn tatsächlich einen Höhepunkt dar, der bis heute in vielen Teilen der Grammatiktheorie nicht mehr erreicht wurde. Jakobsons Einschätzung, dass der Erkenntnisstand der modistischen Grammatik bis heute unerreicht ist, die er 1967 getroffen hat, gilt für Teilbereiche der Grammatik durchaus bis heute. Leider sind die wenigsten grammatischen Traktate der Modisten heute ohne Kenntnisse des Mittellateinischen zugänglich. Exemplarisch soll im Folgenden eine gut zugängliche modistische Universalgrammatik vorgestellt werden.

C Die Textgattung *Tractatus de modis significandi*

Der heute bekannteste Modist – Thomas von Erfurt – verfasste in der ersten Hälfte des 14. Jahrhunderts in Erfurt seine *Grammatica Speculativa*. Sie gilt als Höhepunkt der modistischen Grammatiktheorie und liegt in mehreren Übersetzungen vor, wovon die Übersetzung und Ausgabe von Bursill-Hall (1972) die vollständigste darstellt. Thomas von Erfurt hatte an der Artistenfakultät in Paris studiert, wo im 13. Jahrhundert das erste Meisterwerk dieser Literaturgattung erschienen ist: der *Tractatus de modis significandi* von Martius von Dacien. Dieser gehörte einer Gruppe von dänischen Magistern an, die ähnliche Traktate verfasst haben: Boethius Dacus (*De modis significandi*, ca. 1270), Johannes Dacus (*Summa grammaticae*, ca. 1280) und Simon von Dacien (*Domus Grammaticae*).

Die Modisten waren meist Anhänger der averroistischen Bewegung. Averroes (Ibn Rushd, 1126–1198) hatte in Andalusien ausführliche Kommentare zu den aristotelischen Schriften verfasst. Sein Werk ist seit 1230 in Latein zugänglich. Auch Averroes geht wie Aristoteles davon aus, dass das Denken sich auf die Wirklichkeit in ihren wesentlichen Eigenschaften bezieht. Sein ‚skeptischer

Sokrates', gegen den er sich wendet, ist Al-Ghazali. ‚Sein Platon' ist Avicenna (Ibn Sina), der die Ideenlehre vertritt; die Kommentare des Averroes zu Aristoteles bildeten die Voraussetzung für die modistische Grammatiktheorie.

In der Einleitung zu seiner Grammatik definiert Thomas von Erfurt die *modi significandi* als die Prinzipien, die zum Untersuchungsgegenstand der Grammatik gehören. Angesprochen ist hier die von Aristoteles formulierte Vorstellung von Wissenschaft. Jede Disziplin – auch die Grammatiktheorie – verdient nur dann Wissenschaft genannt zu werden, wenn sie sich mit den Merkmalen der Realität beschäftigt, die universal und unveränderlich sind. Die *modi significandi* kommen nach dieser Auffassung in allen Sprachen vor. Die grammatischen Bedeutungen sind zwar ‚irgendwie geformt', sie enthalten eine spezifische Perspektive auf die Welt; diese Perspektivierungsmöglichkeiten sind jedoch nicht beliebig. Sie sind in allen Sprachen dieselben. Thomas von Erfurt will die universalen Regeln der menschlichen Sprache untersuchen und sich nicht auf Regularitäten spezifischer Einzelsprachen beschränken. Das gilt auch für alle weiteren Universalgrammatiken, die von den Modisten verfasst wurden. Grammatiktheorie wird nämlich seit der Rezeption von Aristoteles (über die Kommentare von Averroes und Avicenna) als Wissenschaft von den sprachlichen Universalien verstanden. Im Jahr 1240, also 10 Jahre nach der Veröffentlichung des lateinischen Aristoteles-Kommentars von Averroes, wird an der Pariser Artistenfakultät „zum ersten Mal der Satz ausgesprochen, dass die Grammatik nicht mit den Einzelsprachen zu tun hat, sondern mit den allgemeinen Regeln (generales virtutes) der Sprache als solche" (Pinborg 1967:26).

Jeder *modus significandi* ist nach Thomas von Erfurt auch in der Wirklichkeit verankert, und zwar als reale Eigenschaft des Gegenstands. Die Wirklichkeit selbst ist allerdings nicht perspektivisch. Sie wird durch die Sprache aber aus verschiedenen Perspektiven dargestellt, weil in der Sprache die Begrenztheit unserer Kognition widergespiegelt wird. Sprache spiegelt aber auch die Wirklichkeit wider. Dieser scheinbare Widerspruch wird dadurch aufgehoben, dass die menschliche Sprache multiperspektivisch angelegt ist. Bei der Wahl einer grammatischen Form wählen wir eine Ansicht vom Gegenstand; diese Wahl verändert den Gegenstand nicht, und sie stellt ihn auch nicht falsch dar. Scheinbar widersprüchliche grammatische Inhalte widersprechen sich in (der) Wirklichkeit nicht. So fassen wir beispielsweise Singular und Plural als Gegensätze auf. Es handelt sich jedoch nur um Perspektiven auf einen Gegenstand, die die Realität selbst nicht verändern: *TierTiereVieh*. So setzt die Verwendung von Numerus, ganz gleich ob Singular oder Plural, voraus, dass der Gegenstand unteilbar ist; das Merkmal der Unteilbarkeit wird zum Beispiel bei der Verwendung von *Tier* als Bedeutung mit aufgerufen. Wenn man das englische *sheep* ‚Schaf' verwendet, wird beispielsweise das Konzept der Unteilbarkeit (*modus indivisibilis*) „mit bedeutet". Wer dagegen *mutton* ‚Schaffleisch' verwendet, aktualisiert gleichzeitig das Merkmal der ‚Teilbarkeit' (*modus divisibilis*). Gemeint ist mit dem Merkmal der Teilbarkeit, dass das Wort/Lexem *mutton* auch verwendet werden kann, wenn man sich nur auf eine Teilmenge, etwa die Hälfte, von *mutton* bezieht. Anders verhält es sich mit *Schaf* oder *sheep*, das durch das Merkmal der Unteilbarkeit gekennzeichnet ist. Die Hälfte eines Schafs kann nicht wieder mit *Schaf* bezeichnet werden, sondern nur mit *Schafhälfte*. Die Verwendung von *Schaf* im Plural *Schafe* bezieht sich auf eine teilbare Menge von Schafen, die selbst wieder als unteilbar konzipiert sind. Wer das Wort *Schafherde* oder *Vieh* verwendet, stellt dieselbe Menge von Tieren als unteilbares Ganzes dar. Deshalb werden solche Kollektiva (nichtteilbare Plurale) im Singular konstruiert. Die Beispiele wurden hier hinzugefügt. Abgesehen davon argumentiert Thomas von Erfurt mit den Merkmalen der Teilbarkeit/ Unteilbarkeit (vgl. Kelly 2002:74 zu diesen Merkmalen beim Verb versus Substantiv) und Additivität/Nonadditivität, die heute auch in der gegenwärtigen sprachlogischen Literatur verwendet werden. In der Spekulativen Grammatik gibt es eine bereits detailliert ausgearbeitete Logik der Teil-Ganzes-Relationen, die gerade erst entdeckt wird (vgl. Henry 1991). So werden Eigennamen von Appellativa dadurch abgegrenzt, dass sie den *modus essendi immultiplicabilis* zugewiesen bekommen, während Appellativa im *modus essendi multiplicabilis* (Kelly 2002:82) erscheinen. Mit anderen Worten: Eigennamen beziehen sich zwar auf Ganzes, können aber im Gegensatz zu Ganzen, wie sie durch Klassenbegriffe dargestellt werden, nicht multipliziert werden. Sie sind damit nonadditiv. Zwar sind auch Massennomina wie *Sand* oder *Blut* nonadditiv; auch sie können nicht pluralisiert werden. Doch sie stellen auch keine Ganzen dar, so wie typische Appellativa in Sprachen, die Numerusdifferenzierung (Singular versus Plural) aufweisen. An diesem Beispiel zeichnet sich schon ab, dass sich durch die unterschiedliche und unterschiedlich komplexe Kombinatorik von mereologischen Grundbegriffen die gesamte grammatische Semantik aufbauen lässt. Im Bereich der Personalpronomina wurde bereits herausgearbeitet, dass die erste und zweite Person von grundlegend anderer Qualität sind als die dritte Person, dass es also streng genommen kein Dreipersonen-System gibt.[10]

---

10 Genauer in Kelly (2002:85). Diese Einsicht hat sich erst wieder im 20. Jahrhundert durchgesetzt und ist selbst vielen Grammatiktheoretikern bis heute nicht bekannt. In der Philosophie werden die drei grammatischen Personen beispielsweise von Jürgen Habermas als sprachliche Universalien vorausgesetzt. Er baut seine gesamte Architektonik seiner Theorie des Kommunikativen Handelns auf dieses scheinbar universale Fundament und fällt damit, trotz seines Respekts für das universalgrammatische Fundament der menschlichen Vernunft ebenfalls hinter den Stand der Universalgrammatik des Mittelalters zurück (vgl. Engel 1998).

Im Bereich der Pronomina wird außerdem bereits zwischen den Funktionen der Demonstrativpronomina und der anaphorischen Pronomina unterschieden; im Bereich des Numerus wird die Unterscheidung zwischen Kollektivplural und Distributivplural vorgenommen, die sich ebenfalls der Rezeption von Aristoteles, Mereologie verdankt. Der gesamte Umfang der grammatiktheoretischen Differenzierungen auf der Grundlage der Mereologie lässt sich hier nicht nachzeichnen (vgl. Kelly 2002).

Die Bausteine der Logik der Teil-Ganzes-Relationen sind gerade deshalb für die Konstruktion der grammatischen Perspektivenbildung so gut geeignet, weil die Wahrnehmung der Welt sich immer nur auf Teile eines Ganzen bezieht und beziehen kann. Die Grammatik bildet somit paradoxerweise die fehlende Vollständigkeit der Wahrnehmung der Welt durch den Menschen ab. Zwar ist die Wahrnehmung der Welt bei allen Lebewesen unvollständig. Doch mit der Grammatik und ihrer spezifischen Architektonik kommt beim Menschen in seiner Grundausstattung eine Metaebene hinzu: die Kodierung der Unvollständigkeit der Wahrnehmung. Damit enthält die Sprache in sich den Keim für metasprachliche Reflexion.

Eine hochdifferenzierte Mereologie findet sich bereits bei Aristoteles, und zwar im 5. Buch der Metaphysik. Sie bildet die Grundlage der im späten Mittelalter neu entstandenen Literaturgattung *De modis significandi*. Dieser Teil der Metaphysik wurde erst im späten Mittelalter entdeckt, durch die Aristoteles-Übersetzungen aus dem Arabischen. Die bis dahin bekannte erste lateinische Edition der Metaphysik (Konstantinopel, vor 1210) hört bei 1007a31 auf, also kurz vor der Stelle, an der Aristoteles die Logik der Teil-Ganzes-Relationen erläutert (1023 und 1024).

Heute ist die Logik der Teil-Ganzes-Relationen/Mereologie fast vergessen und wird nur noch von wenigen betrieben. Paradoxerweise werden heute die meisten Arbeiten zur Mereologie von Nominalisten verfasst, also den expliziten Gegnern des Realismus, wie ihn die Modisten vertreten haben. Nominalisten haben mit dem Problem zu kämpfen, dass verbale Ereignisse keine Gegenstände darstellen. Damit diese doch als solche zu behandeln sind, wurde im 20. Jahrhundert die Ereignissemantik entwickelt, deren Begründer der Nominalist Donald Davidson ist. Die Basis der Ereignissemantik ist eine Art naive Ontologie, wonach es ausschließlich Gegenstände in der Welt gibt, gepaart mit einer relativ differenzierten Mereologie. Man kann sich vorstellen, welche erkenntnistheoretischen Paradoxien daraus entstehen müssen. Für den Bereich der funktionalen Linguistik war es allein Roman Jakobson, der auf die Mereologie der spätmittelalterlichen Universalgrammatik aufmerksam gemacht hat.

Man könnte viele Ausschnitte aus der modistischen Grammatiktheorie kommentieren und mit aktuellen Entwicklungen der grammatischen Theorienbildung vergleichen, z.B. die Aussagen zu den Pronomina, dem Genus verbi (Aktiv-Passiv-Differenzierungen), den Abhängigkeitsverhältnissen in der Syntax, den Wortarten. Auf allen Bereichen sind diese Entdeckungen mit jahrhundertelanger Verspätung in der Linguistik ein zweites Mal gemacht worden. Jedesmal lässt sich dann entdecken, dass ein Rezeptionszusammenhang zwischen den ‚Neuentdeckungen' und der modistischen Grammatik besteht: So hat z.B. Lucien Tesnière, der Begründer der Dependenzgrammatik, seine Theorie der Abhängigkeitsrelationen von der modistischen Grammatik bezogen (vermittelt durch die im 17. Jahrhundert erschienene *Grammaire générale de Port-Royal*).

Wichtig ist der Punkt, dass die Funktion der Grammatik über den *modus significandi* bzw. *consignificandi* definiert ist. So bilden die Pronomina nach modistischer Auffassung keine Wirklichkeit ab, sondern stellen die Wirklichkeit lediglich unter einem bestimmten Modus dar. In diesem Fall ist es der Modus, der die Qualität des Abgebildeten ausblendet. Die Abwesenheit von Qualität ist ein Wahrnehmungsmodus, eine Perspektive, und keine Eigenschaft der Realität (Kelly 2002:76).

Überall dort, wo die Grammatiktheorie abgeschnitten von den Erfolgen der Sprachtheorie des Mittelalters ‚auf eigene Faust' spekuliert hat, lässt sich nur ein Rückfall in naive Vorstellungen von Grammatik konstatieren: Grammatische Kategorien, die man nicht (mehr) versteht, wurden als Luxus eingeordnet, den man nicht brauche (Passiv), das Genus der Substantive wurde sexualisiert, obwohl Genus mit Sexus nichts zu tun hat.[11]

Je mehr die Unwissenheit über Sprache in der frühen Neuzeit wieder zunahm, desto drastischer wurden die Forderungen nach Eingriffen in die Sprache. Das unvollkommene Wissen von Sprache wird als Unvollkommenheit der Sprache selbst gedeutet. Als Beispiel für diese neue Form des ‚Selbstbewusstseins' soll William von Ockham vorgestellt werden, ein Gegner der modistischen Grammatik und einer der ersten Sprachkritiker, wie zu seinen Gunsten von Beckmann 1995 hervorgehoben wird.

D Die Gegnerschaft: Wilhelm von Ockham

Wilhelm von Ockham (ca. 1285–1349) gilt als der große Gegner einer realistischen Grammatiktheorie und Sprachphilosophie. Man würde Ockham jedoch

---

11 In der Philosophie wurde eine nichtnominalistische Mereologie vor allem von Edmund Husserl in seinen *Logische[n] Untersuchungen* (II,1–III: *Zur Lehre von den Ganzen und den Teilen*) wiederaufgenommen. Husserl war mit der *Grammatica speculativa* von Duns Scotus bzw. Thomas von Erfurt vertraut. Sein Schüler Martin Heidegger (1916) hat darüber seine Habilitationsschrift verfasst. Er schreibt diese Universalgrammatik noch Duns Scotus zu, da

maßlos überschätzen, wenn man ihn für die Ablösung der realistischen Konzeption des Zusammenhangs zwischen Sprache, Denken und Wirklichkeit verantwortlich machen wollte. Dagegen spricht, dass er seit dem 15. Jahrhundert kaum mehr rezipiert wurde.[12] Man schreibt vor allem Peirce den Anstoß zu einer erneuten Rezeption von Ockham zu. Peirce bezeichnet Ockham zwar als den Größten unter den Nominalisten (Peirce, Chronological edition, vol. 1: 360), man darf dabei aber nicht vergessen, dass er ihn damit zwar noch nicht 1866, zum Zeitpunkt der Äußerung, aber schon ab 1867 damit als seinen größten Gegner betrachten muss. Trotz der lange vernachlässigten Rezeption von Ockham findet in den auf das 15. Jahrhundert nachfolgenden Jahrhunderten die Durchsetzung von zwei seiner zentralen Aussagen statt, die zur nominalistischen Kernaxiomatik gehören und sich daher auch der Rezeption anderer nominalistischer Autoren verdanken könnte:

i. Es besteht keine Ähnlichkeit zwischen der Struktur der Welt und der Struktur unseres Denkens.

ii. Die sprachlichen Zeichen sind arbiträr. Es besteht keine Ähnlichkeit zwischen der Struktur der Welt und den sprachlichen Strukturen. Die Bedeutung der sprachlichen Laute ist das Ergebnis einer willkürlichen Klassenbildung durch die Menschen.

Ockham widerspricht der bis dahin dominanten Auffassung, wonach die Welt eine Ordnung aufweist, die verstehbar ist. Die Menschen können nach Ockham die Ordnung der Welt nicht verstehen, weil die Welt eine voraussetzungslose und spontane Setzung des göttlichen Willens darstelle. Gott könne jederzeit

---

Grabmann erst 1922 Thomas von Erfurt als Autor richtig identifiziert hat. Heidegger beklagt wie Peirce die Unterschätzung der Spekulativen Grammatik des Mittelalters.

12 Für seine vermehrte Rezeption seit Beginn des 20. Jahrhunderts macht man paradoxerweise eine Aussage von Peirce verantwortlich, wonach die gesamte moderne Philosophie auf dem Ockhamismus aufbaue (Beckmann 1995:187). Allerdings darf man bei dieser Aussage nicht vergessen, dass sich Peirce als Gegner der modernen Philosophie versteht. Sein philosophisches Vorbild sind Aristoteles und die auf Aristoteles aufbauenden scholastischen Grammatiktheoretiker. Beckmann deutet diese Paradoxie so, dass Peirce lediglich Ockhams Ökonomieprinzip positiv bewerte, dessen Nominalismus aber ablehne. Das Prinzip „Entia non sunt mulitplicanda sine necessitate" („die Anzahl der Entitäten ist nicht ohne Not zu vermehren") , bekannt als „Ockhams Rasiermesser" geht interessanterweise nicht auf Ockham zurück (vgl. hierzu auch Beckmann 1995:187), dennoch handelt es sich um eine nominalistische Maxime. Sie verweigert die Antwort auf die Frage, wie man die Entitäten im Universum, von denen Nominalisten ausgehen, denn zu zählen habe. Entitäten können beispielsweise jederzeit zerfallen; sie können fusionieren etc. Das „Rasiermesserprinzip" ließe sich auch als wirkungsmächtiger rhetorischer Trick bezeichnen, der dem naiven Nominalismus eine Antwort auf einen zentralen Einwand erspart hat.

völlig andere Welten schaffen. Er könne ständig Neues aus dem Nichts erschaffen. Seine Schöpfung sei dabei so individuell, dass „selbst der Allmacht Gottes eine Zuordnung des Einzelnen zu einer Gattung oder einer Art versagt ist".[13] Ockham behauptet damit:

i. Die Menschen sind mit den Begriffen, die sie verwenden, nicht in der Lage, die Ordnung der Welt abzubilden. Die Ordnung der Begriffe entspricht nicht der Ordnung der Welt.

ii. Die Welt besteht aus zusammenhanglosen Einzeldingen (sogenannte Singularia), die aus dem Nichts geschaffen wurden und die somit auch „in Wirklichkeit" zusammenhanglos sind.

Wo kein Zusammenhang zwischen den Dingen besteht, da ist auch keine Struktur vorhanden. Wo keine Struktur ist, da ist auch keine Ordnung. Die Allgemeinbegriffe, wie zum Beispiel *Lebewesen*, sind nach Ockham allein Schöpfungen des Verstandes. Das wirklich Existierende sei durch und durch individuell. Begriffe und sprachliche Zeichen sind dagegen allgemein. Sie können nach Ockham das wirklich Existierende daher nicht abbilden. Ockham sieht den Gegensatz zwischen dem existierenden Gegenstand und dem Klassenbegriff, der Bedeutung hat, als unüberwindbar. Ockhams Argumentation läuft so: Man kann einen Menschen gleichzeitig als ein Lebewesen oder einen Menschen bezeichnen. Das gleiche gilt für einen Esel: Man kann ihn als Esel oder als Lebewesen bezeichnen. Ein Mensch sei aber kein Esel. Solche Argumentation erinnert an Kinder, die in einem spezifischen Entwicklungsstadium meinen, man können nicht gleichzeitig in München und in Bayern wohnen. Entweder man wohne in München oder in Bayern. An zwei Orten gleichzeitig könne man nicht wohnen.

Ebenso argumentiert Ockham. Er müsste in diesem Sinn sagen: Wenn jemand in München wohnt, kann er nicht in der Bayern wohnen, denn sonst müsste ja jemand, der in Regensburg wohnt, auch in Bayern wohnen. Es ist aber bewiesen, dass München etwas anderes als Regensburg ist, also kann es Bayern gar nicht geben.

Dass hier eine Teil-Ganzes-Relation vorliegt, muss von Kindern erst in einem begriffen werden. Bei Ockhams Beispiel liegt ebenfalls eine Teil-Ganzes-Relation vor. Es ist schwer nachzuvollziehen, dass diese Art der Argumentation eine hochstehende Theorie der Bedeutung, wie sie von der scholastischen Grammatik entwickelt wurde, jemals hat gefährden können. Was Ockham sagen will, ist: Wenn man mit *Lebewesen* sowohl einen *Menschen* als auch einen *Esel* bezeichnen kann, dann heißt das nicht, dass beide über eine

---

13 Imbach in seiner Einleitung zu Ockham (1982a:8).

Gemeinsamkeit verfügen. *Lebewesen* ist nach Ockham nur ein Zeichen, mit dem man auf zwei konkrete Gegenstände verweisen kann. Zeichen bilden nach Ockham nichts ab; sie haben nur eine Verweisungsrelation. Vom semiotischen Dreieck bleibt somit nur noch eine Seite als zeichenhaft erhalten – die Verbindung zwischen dem Ausdruck und dem Gegenstand. Genaugenommen sind für Ockham Ausdruck und Inhalt nicht mehr weiter unterscheidbar. Die Zuordnung zwischen Ausdruck und Inhalt ist nicht motiviert. Sie ist willkürlich gesetzt.

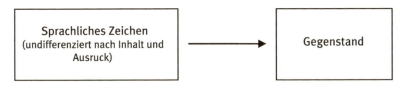

Abb. 7: Ockhams reduziertes Zeichenmodell

Die sprachlichen Zeichen werden mit Ockham wieder zu Etikettierungen für singuläre Gegenstände. Da aber Etiketten nicht ausreichen, um alle Gegenstände zu bezeichnen, werden Gegenstände vom menschlichen Verstand zusammengefasst. Diese Zusammenfassung muss willkürlich sein, so Ockhams Argumentation. Willkürlich sei sie, weil sie nicht auf dem Erkennen der Weltordnung basieren könne. Doch warum kann nach Ockham die Weltordnung nicht erkannt werden, auch nicht in Annäherung, wie die modistische Grammatiktheorie annimmt. Ockham gibt hier eine Antwort, die ganz aus dem bisherigen Argumentationsrahmen ausbricht: Die Weltordnung kann nach Ockham nicht erkannt werden, weil es seiner Setzung nach keine gibt. Gott schaffe nur Individuen, die sich radikal voneinander unterscheiden. Dazu kommt als unausgesprochene Voraussetzung: Die Welt muss Gott nicht ähnlich sein, da sich Gott außerhalb der Welt befindet. Wie kommt es zu einer solchen, durch nichts beweisbaren Behauptung? Sie basiert auf einer Übernahme der platonischen Ideenlehre durch die christliche Theologie. Platon hatte das Allgemeine, anders als Aristoteles, nicht als real zur Welt gehörend verstanden, sondern als eine Art Urbild, Modell oder eben Idee, die *vor* der Wirklichkeit existiere. Die Ideen sind Modelle, mit denen erst die Formen aus dem Teig der Wirklichkeit herausgestochen werden. Aristoteles verurteilt diese Auffassung der Platonischen Ideenlehre im 13. Buch der Metaphysik. Augustinus, Avicenna und andere ersetzen die Ideen durch Gott. Ockham setzt zunächst eine undurchdringliche Barriere zwischen:

GOTT – – WELT ‖‖‖ MENSCH – – SPRACHE

Interessanterweise werden die beiden erhaltenen Relationen zwischen Gott und Welt einerseits und Vernunft und Sprache andererseits auf gleiche Weise charakterisiert:

i. Gott setzt die Welt oder beliebige Welten; da er allmächtig ist und über einen freien Willen verfügt, setzt er sie wie er will.
ii. Der Mensch setzt seinerseits als vernunftbegabtes Wesen die Sprache, wie er will.

Zusammengefasst heißt das: Die Welt ist eine arbiträre und damit nichtnotwendige Schöpfung eines allmächtigen Gottes. Die Sprache ist im Gegenzug die arbiträre Schöpfung des Menschen, der in diesem Sinn auf seine Weise allmächtig, schöpferisch und begabt mit einem freien Willen ist. Dass diese Parallelisierung von Ockham bewusst konstruiert worden sein muss und kein zufälliges Nebenprodukt seines Denksystems darstellt, zeigt eine weitere Parallele: Die menschliche Vernunft ist charakterisiert dadurch, dass sie widerspruchsfreie Sätze zu bilden imstande sein muss. Im anderen Fall wäre das Denken nicht vernünftig. Tatsächlich behauptet Ockham auch, dass Gott notwendigerweise widerspruchsfreie Welten erschaffen muss. Ockham begründet somit – zusammen mit anderen – die Philosophie des modernen Individuums, das in einer nichtnotwendigen (kontingenten) Welt lebt.

E Einordnung von Ockhams Nominalismus

Nominalisten gehen von einer endlichen Anzahl von Gegenständen aus, auf die referiert werden kann. Sie gehen damit davon aus, dass wir Gegenstände bezeichnen können. Bedeutungen sind dagegen für sie Hirngespinste des Menschen, so wie alle allgemeinen Begriffe bzw. Mengenbegriffe. Was sind Einzelgegenstände oder Singularia? Ist ein Stein, den ich in zwei Stücke zerschlage, ein Gegenstand oder sind es mehrere Gegenstände? Die Annahme von real existierenden, abgrenzbaren Ganzen, die sich einzeln benennen lassen, ist aus sprachwissenschaftlicher Sicht naiv. Ockhams Auffassung wurde in einer Sprache entwickelt, in der sich die Mehrzahl der Nomina auf abgegrenzte Gegenstände beziehen (so genannte zählbare Nomina oder *count nouns*) wie *Stein* oder *Esel*. Latein, Englisch oder Deutsch gehören zu diesem Sprachtyp: zu den sogenannten Numerussprachen, in denen als Grundparameter voreingestellt ist, dass die Gegenstände, auf die sich Substantive beziehen, Singulativa („Singularia"), d.h. abgrenzbare Ganze sind. Doch auch in diesen Sprachen gibt es Massennomina (*mass nouns*) wie *Wasser, Blut* oder *Sand*. Hiermit hat ein naiver Nominalist seine Schwierigkeiten. Auf wieviele Gegenstände referiert Sand?

Wieviele ‚Singularia' wären hier zu zählen. Und vielleicht kommt man mit *Sandkörnern* noch zurecht und beginnt sie als Nominalist zu zählen? Doch wie steht es mit *Wassertropfen*? Ein Wassertropfen ist teilbar und bleibt in unserer Vorstellung wieder ein Wassertropfen/*Wassertropfen*. Mit anderen Worten, man kann dasselbe Lexem wiederverwenden, was bei *Esel* nicht der Fall ist. Ein halbierter Esel ist bestenfalls mit *Eselshälfte* benennbar.

Was Ockham nicht wusste, ist, dass es neben den Numerussprachen auch Sprachen gibt, die einen anderen Grundparameter als Ausgangspunkt haben. Substantive (und auf solche bezieht sich Ockham, wenn er von Subjekten spricht) sind dort Massennomina oder in Bezug auf die Abgrenzbarkeit nicht spezifizierte Nomina, vergleichbar mit dem deutschen *Wasser*. Sie sind nicht pluralisierbar (ebenso wie Wasser es nicht ist), dafür aber singularisierbar. Es gibt eigene Singulativbildungen mithilfe eines grammatischen Morphems, das meist als Nominalklassifikator bezeichnet wird; Singulative und damit singuläre Gegenstände sind nicht grundlegender als ein anderes Konzept, wie dieses Beispiel zeigt. Es sind Perspektiven, die so oder anders gesetzt werden können.

Nominalisten der Moderne habe diese Schwäche des Nominalismus erkannt. So hat sich beispielsweise einer der bedeutendsten Nominalisten des 20. Jahrhunderts, Willard van Quine, intensiv mit dem Problem der unterschiedlichen Perspektivierung von zählbaren Nomina versus Massennomina in unterschiedlichen Sprachen auseinandergesetzt. Die unterschiedliche Qualität der Substantive und ihre präzise Beschreibung war in der Literaturgattung *Tractatus de modis significandi* allerdings schon sieben Jahrhunderte früher Standard. Es wurde mit Hilfe der Mereologie, der Logik der Teil-Ganzes-Relationen, genau unterschieden, ob ein Substantiv das Merkmal der Teilbarkeit und das der Additivität (Pluralisierung) aufweist oder nicht. Diese Differenzierungen wurden allerdings nicht der Realität (dem *modus essendi*) zugeordnet, sondern als menschliche Perspektivensetzungen verstanden. Es dürfte deutlich geworden sein, dass Ockham unreflektiert Voraussetzungen macht, deren Hinterfragungsmöglichkeit er nicht einmal ahnt. Dass die Welt als aus voneinander abgrenzbaren Gegenständen bestehend postuliert wird, nur weil die Sprache, die ihm zur Verfügung steht, in der Mehrzahl zählbare Nomina aufweist, hat weit mehr die Qualität eines Hirngespinsts als alles, was die Spekulative Grammatik jemals behauptet hat.

Auch die Aussage, dass ein Mensch kein Lebewesen sein kann, weil er ja sonst ein Esel wäre, ist einfach als Denkfehler zu entlarven. Es ist die Verweigerung, Inklusionsrelationen wahrzunehmen. Inklusionsverhältnisse sind Teil-Ganzes-Relationen. Sie spielen bei Aristoteles eine zentrale Rolle. Der Kerntext dürfte das fünfte Buch der Metaphysik sein. Ockham hätte diesen Teil kennen müssen. Doch hier gibt es eine interessante Lücke in seiner Biographie:

> Ockham hat, anders als mancher seiner Zeitgenossen und Vorgänger, keinen Kommentar zur (aristotelischen) Metaphysik geschrieben. Zwar hatte er solches nach eigenen Bekunden vor (vgl. OP II, 325/26)[14], doch scheint er nicht dazu gekommen zu sein. (Beckmann 1995:91)

Aus linguistischer Sicht kommt es seit dem 14. Jahrhundert zu einem Rückgang des sprachtheoretischen Reflexionsniveaus, was vor allem der Prager Strukturalist und Funktionalist Roman Jakobson beklagt hat. Die Ockhamsche Etikettenwirtschaft, wonach es so und so viele Bezeichnungen für so und so viele Gegenstände gebe, lässt tatsächlich jegliche Anstrengung zur Erkenntnis der Struktur der Sprache als überflüssig erscheinen. Von der modistischen Funktionsbeschreibung der Wörter (Appellativa): *Nominantur singularia; sed universalia significantur*[15] (Johannes von Salisbury) bleibt nur noch: *nominantur singularia* übrig. Der Begriff des Nominalismus leitet sich von dieser Einschränkung der Definition ab. Peirce, der von sich behauptet, als Nominalist geistig großgezogen worden zu sein, kommentiert später in seinem Artikel die volle Definition des Sprachrealisten Johannes von Salisbury mit einem: „Nichts könnte klarer sein" (Peirce 1986:355). Der Nominalismus wird von Peirce also schließlich als sprachphilosophischer Rückschritt eingeordnet.

Ockham hat vermutlich die Spekulative Grammatik nicht gekannt, auch wenn ihm gerne deren Widerlegung zugeschrieben wird. Folgt man Leffler (1995), der die Rezeption von Grammatiktheorie durch Ockham rekonstruiert hat, so hat Ockham lediglich die bekannten alten Schulgrammatiken (Donat, Priscian) rezipiert. Eine Kenntnis der Spekulativen Grammatik kann dagegen nicht vorausgesetzt werden. Leffler sieht keinerlei Verbindung zwischen Ockhams Sprachphilosophie und der Spekulativen Grammatik des Mittelalters, selbst dann nicht, wenn Ockham den Begriff des *modus significandi* verwendet. Gerade hier werde deutlich, so Leffler (1995:76), dass der Terminus bei Ockham in völlig anderer Verwendung als bei den Modisten vorkommt:

> Was bedeutet es für Ockhams Sprachphilosophie, daß er hier auf diesen zu seiner Zeit theoretisch eindeutig belegten Begriff zurückgreift? Weist er auf eine tiefer liegende theoretische Verbindung der Ockhamschen Sprachphilosophie mit der theoretischen Linguistik [grammatica speculativa] hin? Das ist nicht der Fall.

Unser heutiges Bild von Ockham ist das Ergebnis einer Funktionalisierung: Er wurde für moderne erkenntnistheoretische Positionen reklamiert, ohne Kenntnis der sprachphilosophischen Grundlagen seines Denkens, so die Kritik von

---

14 Dieser Verweis bezieht sich auf *Expositio in librum Perihermeneias Aristotelis* von Ockham.

15 Übersetzung [E.L.]: „Bezeichnet werden Einzelgegenstände, bedeutet aber werden Universalien [*hier:* Allgemeinbegriffe, die sich auf Mengen von Gegenständen beziehen]."

Leffler (1995:16–17). Lefflers Kritik betrifft auch den fragwürdigen philologischen Umgang mit Ockhams Texten:

> Behandelt werden die Texte von der Ockham-Forschung meistens jedoch gemäß den Kriterien für den schullateinischen Umgang mit Texten von Caesar, Cicero etc. Bei diesen handelt es sich aber um idiolektische Repräsentationen des klassischen literarischen Lateins der Antike. Solch eine Behandlung ist unangemessen, denn es würde doch wohl auch niemand ernsthaft versuchen, sich etwa die Texte Bertrand Russels nach den Regeln der Shakespeare-Philologie wissenschaftlich zu erschließen oder sich wissenschaftlich den Texten Einsteins von der Sprache Thomas Manns her zu nähern.

Lefflers Rekonstruktion zentraler Termini der Sprachphilosophie von Ockham legt die Unbelesenheit Ockhams in Bezug auf die Literatur der sprachtheoretisch hochstehenden Spekulativen Grammatik des Mittelalters frei. Zusammenfassend heißt das, dass Ockham lediglich die traditionelle Grammatik rezipiert hat (*Ars Minor* und *Ars maior* von Donat, Priscians *Instituitiones Grammaticarum* und einige grammatische Kapitel aus Quintilians *Institutio oratoria*), die mindestens 700 Jahre älter als die Spekulative Grammatik ist. Ockham kann mit den grammatiktheoretischen Entwicklungen seiner Zeit nicht vertraut gewesen sein. Die Bedeutung dieses Ergebnisses von Leffler (1995:280) zwingt uns zu der Einsicht, dass Ockham keine Antworten auf die neuen sprachtheoretischen Entwicklungen seiner Zeit gegeben haben kann, da er keine Kenntnis von ihnen gehabt hat. Leppin (2003:276) bestätigt dieses Ergebnis nochmals. Danach gibt es im späten Mittelalter, anders als lange behauptet, keinen „Ockhamismus". Ockham habe keine Wirkungsgeschichte entfacht. Auch Leppin macht deutlich, dass Ockham die zentralen Autoren seiner Zeit nicht rezipiert hat, sondern lediglich Autoren von sekundärer Bedeutung zur Kenntnis genommen hat. Es lasse sich nicht einmal die Rezeption von Duns Scotus durch Ockham nachweisen, obwohl das Franziskanerkonvent in Oxford, wo Ockham als Student untergebracht war, über sämtliche Werke von Duns Scotus verfügte, teilweise sogar im handschriftlichen Original (Leppin 2003:32–33). Ockham war somit weit davon entfernt, in die grammatiktheoretischen Debatten seiner Zeit, die vor allem an der Universität Paris zeitgleich entwickelt worden waren, eingreifen zu können. Dafür fehlten alle Voraussetzungen. Der Name Ockham steht heute stellvertretend für eine spezifische Strömung in der Philosophie, die dem Realismus skeptisch gegenüber steht. Die Versuche, William von Ockham als Vorläufer einer spezifischen philosophischen Richtung für sich reklamieren zu wollen, nehmen dabei kein Ende. So wurden Ockham sogar Thesen zur Sprachlichkeit des Denkens zugeschrieben, was im Detail aber von Lenz (2003) widerlegt werden konnte. Ein aktueller Versuch, Ockham interessant zu machen, stellt Panaccio (2004) dar. Er schreibt ihm in erkenntnistheoretischer Hinsicht sogar eine realistische Position zu, wonach die sprachlichen Konzepte eine Art Ordnung abbilden, die in der Welt vergleichbar vorfindbar ist (Panaccio 2004:184). Dem lässt sich nur entgegnen: Ockham kannte die realistische Grammatiktheorie seiner Zeit nicht. Er konnte sich ihr damit weder anschließen noch konnte er sie widerlegen.

F Kommentierte Literaturhinweise

Eine sehr informative und verständliche Einführung in die Tradition der Spekulativen Grammatik mit Literaturangaben zu weiteren Ausgaben von modistischen Universalgrammatiken erhält man durch:

Kobusch, Theo (1996): Grammatica speculativa. In: Borsche 1996: 7–93, 459–464.

Der wichtigste Autor in der Tradition der Spekulativen Grammatik ist Thomas von Erfurt. Eine Übersetzung ins Deutsche gibt es mittlerweile, dazu noch zwei Übersetzungen ins Englische:

Thomas von Erfurt: *Abhandlung über die bedeutsamen Verhaltensweisen der Sprache (Tractatus de modis significandi)*. Aus dem Lateinischen übersetzt und eingeleitet von Stephan Grotz. Amsterdam, Philadelphia: B. R. Grüner 1998 (Bochumer Studien zur Philosophie; 27).

Thomas of Erfurt: *On the Modes of Signifying. A Speculative Grammar. The first translation into English of „De modis significandi, sive grammatica speculativa"*. Translated by Charles Glenn Wallis. Ann Arbor, Michigan: Edwards Brothers 1938.

Thomas of Erfurt (xxxx/1972) *De modis significandi sive grammatica speculativa*. An edition with translation and commentary by G. L. Bursill-Hall. London: Longman 1972.

Die Zeichentheorie (Semiotik) der Modisten ist heute wenig bekannt. So bekannte Sprachwissenschaftler wie Umberto Eco und Roman Jakobson haben sich jedoch mit ihr beschäftigt:

Eco, Umberto; Marmo, Constantino (Eds.) (1989): *Glosses on the Medieval Theory of Signs*. Amsterdam, Philadelphia: Benjamins (Foundations of semiotics; 21)

Jakobson, Roman (1975/1985): Glosses on the Medieval Insight into the Science of Language. In: Jakobson, Roman: *Selected Writings 7*. Berlin, New York, Amsterdam: Mouton 1985, 185–198.

Der gesamte Bereich der Zeichentheorie der Modisten wurde vor allem durch die Arbeiten von Pinborg erschlossen:

Pinborg, Jan (1967): *Die Entwicklung der Sprachtheorie im Mittelalter*. Münster: Aschendorffsche Verlagsbuchhandlung (Beiträge zur Geschichte der Philosophie und Theologie des Mittelalters. Texte und Untersuchungen; XLII,2).

Pinborg, Jan (1982): Speculative grammar. In: Kretzmann, Norman et al. (Eds.): *The Cambridge History of Later Medieval Philosophy*. Cambridge: Cambridge University Press, 254–269.

Pinborg, Jan (1984): Modus significandi. In: *Historisches Wörterbuch der Philosophie*. Hrsg. von Ritter, Joachim und Gründer, Karlfried. Darmstadt: Wissenschaftliche Buchgesellschaft. Bd. 6, 67–71.

Einen Überblick über die erzielten Fortschritte in der Sprachtheorie der frühen Modisten (Wortarten, Pronomen, Numerus, Verb und Partikel) gibt:

Kelly, L. G. (2002): *The mirror of grammar. Theology, Philosophy and the Modistae.* Amsterdam, Philadelphia: Benjamins (Amsterdam studies in the theory and history of linguistic science; 101).

Besonders informativ in Bezug auf die Grammatiktheorie der Modisten sind auch folgende Schriften von Rosier, die allerdings nur auf Französisch zugänglich sind:

Rosier, Irène (1983): *La grammaire spéculative des modistes.* Lille: Presses universitaires de Lille.
Rosier-Catach, Irène (2000): La grammaire speculative du Bas Moyen-Age. In: Auroux, Sylvain et al. (eds.): *History of the Language Sciences.* Vol. 1. Berlin, New York: de Gruyter (Handbücher zur Sprach- und Kommunikationswissenschaft; 18,1).

Eine Untersuchung der Syntax der Modisten findet sich in:

Covington, Michael A. (1984): *Syntactic theory in the High Middle Ages.* Cambridge: Cambridge University Press (Cambridge Studies in Linguistics; 39).

Eine zentrale Rolle in der Grammatiktheorie der Modisten nehmen die Wortarten ein. Sie stehen im Mittelpunkt von:

Bursill-Hall, Geoffrey L. (1971): *Speculative grammars of the Middle Ages. The doctrine of partes orationis of the Modistae.* The Hague, Paris: Mouton (Approaches to Semiotics; 11).

Von Wilhelm von Ockham, dem großen Gegenspieler des Projekts der Spekulativen Grammatik, gibt es zwei leicht zugängliche Ausgaben seiner Werke:

Ockham, Wilhelm von: *Texte zur Theorie der Erkenntnis und der Wissenschaft.* Lateinisch-Deutsch. Hrsg., übersetzt und kommentiert von Ruedi Imbach. Stuttgart: Reclam 1984 (Universal-Bibliothek; 8239).
Ockham, Wilhelm von: *Summe der Logik. Aus Teil I: Über die Termini.* Lateinisch-Deutsch. Ausgewählt, übersetzt und mit Einführung und Anmerkungen hrsg. von Peter Kunze. Hamburg: Meiner 1984 (Philosophische Bibliothek; 363).

Eine gute Einführung in das Werk von Ockham hat verfasst:

Beckmann, Jan P. (1985): *Wilhelm von Ockham.* München: Beck (Beck'sche Reihe; 533).

Über die Sprachphilosophie von Ockham informieren Leffler 1995 und Panaccio 1995. Wie oben erwähnt, legt Leffler die von Ockham rezipierte Literatur frei und macht deutlich, dass Ockham die Spekulative Sprachtheorie nicht rezipiert hat und somit auch nicht kritisieren hat können.

Leffler, Oliver (1995): *Die sprachphilosophischen Grundlagen seines Denkens.* Werl: Dietrich-Coelde (Franziskanische Forschungen; 40).
Panaccio, Claude (1995): La philosophie du langage de Guillaume d'Occam. In: Ebbesen, Sten (Hrsg.): *Sprachtheorien in Spätantike und Mittelalter.* Tübingen: Narr (Geschichte der Sprachtheorie; 3), 184–206.

Die These, dass die Herausbildung des Nominalismus in engem Zusammenhang mit dem Entstehen der Geldwirtschaft steht, wird in der Einleitung von Paqué geäußert: ## In diesem Band ist auch das Pariser Nominalistenstatut abgedruckt. Occam und den Nominalisten werden dort Sophistereien vorgeworfen.

Paqué, Ruprecht (1970): *Das Pariser Nominalistenstatut. Zur Entstehung des Realitätsbegriffs der neuzeitlichen Naturwissenschaft (Occam, Buridan und Petrus Hispanus, Nikolaus von Antrecourt und Gregor von Rimini)*. Berlin: de Gruyter (Quellen und Studien zur Geschichte der Philosophie; 14).

3 Sprache als Repräsentation von Gedanken

I Die Entstehung des Sprachpessimismus

A Einführung

Die Werke von Ockham wurden fast fünf Jahrhunderte lang weder viel gedruckt noch viel gelesen. Dennoch setzten sich die zentralen Thesen seiner Sprachphilosophie durch, nämlich:

i.   Die Beziehung zwischen Zeichen und Bezeichnetem ist arbiträr.
ii. Sprache ist kein Mittel der Erkenntnis. Die sprachlichen Strukturen spiegeln nicht die Struktur der Welt wider (diese habe keine Struktur), sondern die Struktur unseres Denkens. Diese ‚Hirngespinste‘ haben nichts mit der Welt zu tun.

Sprache kann somit kein Mittel zum Ausdruck der Welt mehr sein. Die menschliche Sprache verliert bei Anhängern dieser Thesen ihren Status als Erkenntnisspiegel und als Erkenntnisinstrument. Mit diesem Instrument blickt man von nun an ins Reich der Vernunft, doch weiter nicht. Die Sprache wird ein Mittel zum Ausdruck der Gedanken. Die Menschen teilen sich im wörtlichen Sinn der Bedeutung nur noch ihre ‚Ansichten‘ von der/über die Welt mit.

Ockham kann allerdings mit seiner Argumentationslinie diese Entwicklung nicht alleine ausgelöst haben. Dazu wurde er viel zu wenig rezipiert. Ockham steht hier nur exemplarisch für eine Strömung, die sich schon vor seiner Zeit angekündigt hat und die schließlich als „via moderna" wie eine Lawine alles Denken in einer Richtung mit sich reißt. Im 17. Jahrhundert schließlich dominiert die These von der Arbitrarität der Beziehung zwischen Sprache und Welt. Die Rede von der Sprache und der Vernunft als Spiegel des Universums bekommt metaphysischen Charakter und wird in der Folge abgelegt. Damit ist es den Menschen nicht mehr möglich, den Text der Welt zu entziffern. So wird auch die Rede vom „Buch der Natur" zur Metapher. Die Welt ist kein Text mehr, weil die Gegenstände in der Auffassung von Ockham und anderen Nominalisten in keinem Zusammenhang stehen. Es gibt somit keine Textur. Die Relationen zwischen den Gegenständen sind bloß eingebildete.

Bis zum 17. Jahrhundert war noch die Auffassung vorherrschend, dass sich Gott in drei Büchern ‚einschreibt‘:

i.   Das Buch der Natur: die Welt ist zeichenhaft.
ii. Das Buch der Seele bzw. der Vernunft, in dem sich Eindrücke finden, die ebenfalls zeichenhafter Natur sind.
iii. Die heiligen Schriften, d.h. die Offenbarungstexte, wo die Sprache Gottes in die Sprache der Menschen übersetzt wird. Das heißt aber auch: Nur noch ein Ausschnitt der Sprache gilt als erkenntnisvermittelnd.

Es gibt somit drei Übersetzungstexte der göttlichen Schrift, die selbst unsichtbar bleibt: die Welt, die Vernunft und die menschliche Sprache. Diese Texte waren ihrerseits ineinander übersetzbar. Im 17. Jahrhundert zieht man die wechselseitige Übersetzbarkeit dieser drei Texte in Zweifel. Das Buch der Natur besteht nun nicht mehr aus sprachlichen Zeichen, sondern aus Zahlen. Das ist das Ende der „Natursprachlehre", wie sie beispielsweise von Paracelsus oder Jacob Böhme noch im 16. Jahrhundert vertreten wurde. Die Sprache der Menschen gilt jetzt als eigenes Zeichensystem mit spezifischen Regeln, die sich nicht vom mathematischen Kode des Universums herleiten lassen. Die These von der Arbitrarität des sprachlichen Zeichens ist damit etabliert. Jede andere Auffassung gilt spätestens seit dem 18. Jahrhundert als schwärmerischer Unsinn.

Wenn die Welt mathematisch ist, diese aber vom Kode der menschlichen Sprache grundverschieden ist, welchem Kode folgt dann die menschliche Vernunft? Ockham hatte eine Isomorphie von Vernunft und Sprache angenommen. Doch auch die andere Zuordnung wird vorgenommen: „Car alors raisonner et calculer sera la même chose" – „Vernünftig denken und rechnen sind dasselbe", meint Leibniz.[16] Gleichzeitig versucht er die Sprache auf die Seite der Vernunft und damit der Mathematik zu ziehen: Er will eine rein mathematische Kunstsprache entwerfen, die der natürlichen Sprache überlegen sein soll. So sehr man nämlich die Arbitrarität der natürlichen Sprache auch behauptet, so sehr verachtet man auch dieses System. Dieser Sprachpessimismus ist jedoch noch mit einer Hoffnung verbunden, die allerdings nicht von Dauer sein wird: Es ist die Hoffnung, eine vollkommene Sprache entweder zu erfinden, d.h. selbst zu schaffen, oder sie wieder aufzufinden bzw. zu rekonstruieren.

Die Ersten erschaffen Kunstsprachen bzw. Universalsprachen, die Zweiten machen sich auf die Suche nach der Ursprache, die noch in Übereinstimmung mit dem Kode der Welt steht. Es beginnt die „Suche nach der vollkommenen Sprache", wie sie von Eco (1993/1994) nachgezeichnet wurde. Das alles sind Versuche, den Riss zwischen der Welt und der menschlichen Sprache/Vernunft zu überwinden. Zwei Wege sind dabei möglich:

i. Der Blick zurück in eine bessere Vergangenheit: Da allen Menschen dieselbe Vernunft zugeschrieben wird, sie aber verschiedene Sprachen sprechen, wird nach einem Grund für diese Diskrepanz gesucht: Der Turmbau zu Babel wird für die Sprachkonfusion im Allgemeinen und für den schlechten Zustand der Einzelsprachen im Besonderen verantwortlich

---

16 *Opuscules et fragments inédits de Leibniz*, ed. Louis Couturat. Paris: Alcan 1903, S. 27–28.

gemacht. Man macht sich auf die Suche nach der Ursprache, wobei das Hebräische als die Sprache galt, die der Ursprache am nächsten stand. Thomas Hobbes macht diesem Optimismus im 17. Jahrhundert ein Ende, indem er behauptet, dass schon die Ursprache, wie sie Adam und Eva gesprochen haben, arbiträr gewesen sei. Zwar habe Gott sie den Menschen gelehrt, aber er habe ihnen dabei ein arbiträres Sprachsystem vermittelt. Damit wird auch die Kontroverse, ob Sprache auf Konvention beruhe oder nicht, die noch im Kratylos-Dialog diskutiert wurde, obsolet: Ganz gleich, ob die Sprache einen natürlichen oder einen menschlichen Gesetzgeber hat – – sie ist in jedem Fall arbiträr. Die Suche nach der Ursprache erübrigt sich somit. Es bleibt als Ausweg:

ii. Der Blick voraus in eine bessere Zukunft: Die Menschen schaffen sich eine vollkommenere Sprache. Hier sind prinzipiell zwei Wege offen: Man kann die natürliche Sprache verbessern, oder man kann eine künstliche Sprache entwickeln. Solange das Universum nicht als mathematisch kodiert gilt, wird der erste Weg eingeschlagen. Dante will seine Sprache so verbessern, dass sie selbst die Ursprache übertrifft. Der menschliche Schöpfer der Sprache schließt es nicht mehr aus, dass er dem göttlichen Schöpfer überlegen sein könnte. Weniger extrem sind Versuche einer Sprachreformierung, wie sie von Comenius (Jan Amos Komenský) vorgeschlagen wurden. Es handelt sich dabei noch nicht um Kritik der Sprache an sich, sondern um Sprachgebrauchskritik. Für jeden Gegenstand soll es nur eine Bezeichnung geben. Comenius fordert nicht nur eine Reform der natürlichen Sprache; er geht auch bereits den zweiten Weg: Er will eine Universalsprache entwickeln. In seinem Werk *Via lucis* skizziert Comenius eine solche Universalsprache: „Sie soll allseitig dafür taugen, alle Dinge passend auszudrücken und alle Auffassungen des Geistes leicht kundzutun" (Comenius 1668/1987:156). Dem Latein spricht er diese Fähigkeit ab. Von der universalen Sprache fordert er, dass „sie parallel zu den Dingen verläuft, indem sie weder mehr noch weniger Bezeichnungen enthält, als es Dinge gibt, und indem sie diese Bezeichnungen nach keiner anderen Ordnung verbindet als nach der höchst gründlichen, dergemäß die Dinge selbst untereinander verbunden werden" (Comenius 1668/1987:156). Die Motiviertheit der Relationen in dieser Sprache betrifft auch die lautliche Seite der Sprache: Ihr Klang solle das Wesen der Dinge ausdrücken. Dass Comenius nicht nur dem Latein, sondern allen ihm bekannten Sprachen der Welt diese Eigenschaft abspricht, verwundert nach dieser Maximalforderung nicht. Daher muss eine solche Sprache erfunden werden. Allerdings nicht zu früh. Nur wenn man den Aufbau der Welt im Wesentlichen kennt, kann man an die Konstruktion einer solchen Sprache denken. Sonst würde man die Verwirrung nicht beseitigen, sondern vergrößern, so Comenius (1668/1987:182).

Die Universalsprache soll die Isomorphie zwischen der Welt und der Sprache wiederherstellen. Sie soll die Überwindung der Barriere zwischen existierender Welt und vernünftig erkennbarer Welt garantieren. Comenius ist nur einer von vielen, die das Projekt einer Universalsprache in Angriff nehmen. Eco hat die bekanntesten dieser Versuche dokumentiert. Das Universalsprachenprojekt besteht aus zwei heterogenen Komponenten, die unterschiedlichen Denksystemen entstammen. Der Wunsch nach Isomorphie von Welt, Vernunft und Sprache entspricht dem aristotelischen und ‚spekulativen‘ Programm des Mittelalters. Die Auffassung, die Welt bestünde aus Einzeldingen (Singularia), die man nur durch eine Eins-zu-Eins-Entsprechung von Gegenstand und Begriffen abbilden müsste, entspricht der nominalistischen Axiomatik, wonach nur physikalische Einzelgegenstände existieren, die zu benennen wären. Doch auf welcher Ebene der Klassifikation wäre die Etikettierung der Welt vorzunehmen? Besteht bei dem Begriff *Mensch* eine eineindeutige Zuordnung oder erst beim Begriff *Student* oder beim *Werkstudent* oder beim Eigennamen? Jedes Universalsprachenprojekt muss eine Form von Vorklassifikation leisten, bevor die Begriffsetikettierungen vorgenommen werden können.

Nach Auffassung der Spekulativen Grammatik sind jedoch die von den Nominalisten der Ontologie zugerechneten Singularia keine realen Gegenstände, sondern allein das Ergebnis von Perspektivierungsleistungen. Die Vorstellung eines partikulären, abgrenzbaren, singulären Objekts hat in der Sprachphilosophie der Modisten nichts mit Ontologie zu tun, sondern mit einer der Möglichkeiten der humanspezifischen Darstellung der Ontologie. Die Darstellung als singuläres Objekt gehört bereits zum *modus significandi*. Die Welt kann in dieser Perspektive erscheinen und betrachtet werden, aber eben auch in einer anderen. Die vielen Perspektiven führen nicht zu einer Mehrdeutigkeit der Abbildung der Welt, sondern zu einem Wachstum des Wissens über die Welt.

Die Mischaxiomatik der Konstrukteure von Universalsprachen musste zum Scheitern führen. Seit dem 19. Jahrhundert handelt es sich um Spielereien, die noch in der Literatur, dort vor allem in Science-fiction-Romanen, weitergeführt wurden. Eine andere Resterscheinung dieser Bemühungen sind Welthilfssprachen wie Esperanto, wobei selbstverständlich heute niemand mehr davon ausgeht, dass sich in diesen vermeintlichen Universalsprachen die Struktur der Welt widerspiegelt. Die Erkennbarkeit der Welt ließ sich weder über eine einst isomorphe Ursprache noch durch die Reformierung der scheinbar unvollkommenen Sprache oder die Konstruktion einer vermeintlich vollkommeneren Sprache zurückgewinnen.

Das Scheitern dieser Initiativen hat nicht zu einem erneuten Vertrauen in das Erkenntnispotential von Sprache geführt. Sprache gilt in dieser Hinsicht weiterhin als defizitär. Selbst Offenbarungstexte gelten nicht mehr als Erkenntnisquelle. Der Grund dafür ist, dass nun –– gewissermaßen nach dem Verlust der Welt –– die Vernunft in den Mittelpunkt rückt. Seit der Aufklärung gilt unumstößlich, dass es eine allen Menschen gemeinsame Vernunft gibt. Das widerspricht zwar früheren Auffassungen nicht, doch es kommt eine neue Komponente dazu: Es gibt *nur* diese eine Vernunft als Erkenntnisinstrument; daneben gibt es keine sonstigen privilegierten Erkenntnisquellen, die nur einigen wenigen Menschen offen stehen könnten. Die Offenbarungen von Propheten wären solche nicht-intersubjektiven, privilegierten Erkenntnisse. Künftig haben nur noch sprachliche Äußerungen die Chance, den Status einer Erkenntnisleistung zugesprochen zu bekommen, wenn sie intersubjektiv nachvollzogen werden können. Die Sprache garantiert die Mitteilbarkeit der Gedanken, nicht mehr und nicht weniger.

Das 17. Jahrhundert wird konsequenterweise zum Zeitalter der Konversation. In einem formalisierten Rahmen teilt man sich gegenseitig Gedanken mit. Da die Vernunft nicht zur Wirklichkeit durchdringt, stehen auch nicht die Inhalte im Vordergrund. Die Formen gepflegter Konversation werden geschätzt, in denen den *bon mots* der Vorzug gegenüber anderen zusammenhängenden Erzählungen gegeben wird. Das Ideal des gepflegten Gesprächs beginnt im 17. Jahrhundert in den Salons der Aristokratie; im 18. Jahrhundert wird die gepflegte Unterhaltung dann auch zu einem Ideal des Bürgertums. Die Enzyklopädien, die ursprünglich das Wissen über die Welt zur Verfügung stellen sollten, bekommen seit dem 17. Jahrhundert zunehmend eine andere Funktion, die sich bald auch im Titel dieser Werke zeigt: Sie werden zu Konversationslexika. Der Brockhaus war von seiner 1. Auflage von 1796 an als solches Lexikon konzipiert: Es sollte Stoff für das gepflegte Gespräch zur Verfügung stellen. Sein Titel lautet: „Conversations-Lexikon oder enzyklopädisches Handwörterbuch für gebildete Stände". In der Vorrede heißt es:

> Der Zweck eines solchen Wörterbuchs kann auf keinen Fall der seyn, vollständige Kenntnisse zu gewähren; es wird vielmehr dieses Werk – welches eine Art von Schlüssel seyn soll, um sich Eingang in gebildete Cirkel und in den Sinn guter Schriftsteller zu öffnen – aus den wichtigsten Kenntnissen, der Geographie, Geschichte, Mythologie, Philosophie, Naturlehre, den schönen Künsten und andern Wissenschaften bloß diejenigen Kenntnisse enthalten, welche ein jeder als gebildeter Mensch haben muss, wenn er an einer guten Conversation Theil nehmen oder ein Buch lesen will [...].

Man unterhält sich nicht, um über die Welt zu reden, sondern um andere zu überreden. Meinungsbildung und Meinungsführung sind nun das Ziel. Seit dem 17. Jahrhundert wurde der Inhalt der Enzyklopädien nicht mehr systematisch, sondern alphabetisch geordnet. Mit der endgültigen Durchsetzung der Auffassung, dass die Struktur der Sprache die Struktur der Welt nicht widerspiegeln könne, setzt sich auch das alphabetische Ordnungsprinzip durch. Es ist ein durch und durch arbiträres Prinzip, das mit der angenommenen Arbitrarität der Beziehungen zwischen der Sprache sowie der Vernunft einerseits und der Welt andererseits bestens harmoniert.

B Die Allgemeinen Grammatiken

Die Menschen sind von nun an von der Welt abgeschnitten. Mit dem Aufkommen der Nationalsprachen wird außerdem eine einheitliche lateinische Begriffswelt aufgegeben. Die einzelsprachlichen Unterschiede werden in der Folge stärker wahrgenommen und in nationalistischer Absicht dramatisiert. Die Welt ist kontingent, und auch die Einzelsprachen sind nicht notwendig so, wie sie sind. Das Vertrauen, das vorher auf eine gemeinsame Welt und eine gemeinsame Vernunft gesetzt worden war, wird nun allein auf die Vernunft gesetzt.

Die Idee einer „Allgemeinen Grammatik", wie sie im späten Mittelalter dominierend war, wird dabei zwar nicht aufgegeben, aber doch entscheidend modifiziert. Aus den „Spekulativen Grammatiken" wurden „Philosophische Grammatiken". Aus der Einheit der Vernunft wird die Einheit der Sprachstruktur abgeleitet. Die verschiedenen Einzelsprachen sind im Wesentlichen gleich strukturiert und weichen nur in unwesentlichen Eigenschaften voneinander ab. Das ist der Kern der rationalistischen Sprachtheorie. Welt $\neq$ Vernunft, und Vernunft $\approx$ Sprache. Diese rationalistische Auffassung beginnt mit Leibniz und wird bis heute vertreten, z.B. von Noam Chomsky (1966), der sich in seinem Buch *Cartesian Linguistics* explizit auf diese Axiomatik bezieht.

Vernunft und Sprache sind nach dieser Konzeption keine gleichberechtigten Partner mehr. Die Sprache ist der Vernunft nach- und untergeordnet. Sie ist Mittel zum Zweck. „Die Sprache im weitesten Verstand ist das Vermögen seine Empfindungen oder Gedanken andern durch Zeichen bekannt zu machen", schreibt Wolfgang Kempelen 1791 in seinem Buch „Mechanismus der menschlichen Sprache nebst der Beschreibung seiner sprechenden Maschine". Ein Instrument kann man nachbauen. Und tatsächlich versucht Kempelen eine sprechende Maschine zu bauen. Sie bestand lediglich in der Nachahmung der Ausdrucksseite von Sprache, d.h. in der akustischen Simulation der Artikulation. Sprache wird ja nur noch als Ausdruck des Gedankens verstanden. Sie hat offensichtlich keine eigene Inhaltsseite mehr. Sprachliche Bedeutung und nichtsprachliches Konzept sind plötzlich nicht mehr getrennt; sie fallen zusammen. Bis heute gibt es Vertreter der Auffassung, dass Bedeutungen und Vorstellungen dasselbe sind; vor allem im Bereich der Psychologie wird hier in einstufigen Bedeutungsmodellen kaum mehr differenziert.

In Bezug auf die rein mechanische Ausdrucksseite war Kempelen erfolgreich. Er konstruierte eine Sprechmaschine, so wie er zuvor schon seinen mechanischen türkischen Schachspieler sensationell erfolgreich vorgestellt hatte. Die Sprechmaschine wurde nachgebaut. Sein Buch enthält die Anleitung dazu. Das „Visible Speech"-Projekt in den amerikanischen Bell-Laboratories der 40er Jahre des 20. Jahrhunderts war ebenfalls von Kempelens Sprechmaschine inspiriert: Kempelen wollte mit seiner Sprechmaschine Gehörlosen ermöglichen, sich über die Sprechmaschine auszudrücken. In den Bell-Laboratories hat man in den 40er Jahren umgekehrt versucht, Sprache für Gehörlose sichtbar zu machen: durch die Aufzeichnung der materiellen Seite der Sprache mithilfe eines Spektrographen. Beide Projekte hatten keine Zukunft. Die Reduktion von Sprache auf ihre bloße Ausdrucksseite sollte in eine Sackgasse führen. Die Spektrographen zeichneten zahllose Varianten auf. Wo für das wahrnehmende Ohr eine Einheit herrscht, rezipierten die Maschinen nur Vielheit. Selbst das Ohr klassifiziert also bereits. Die Sinnesorgane ordnen die Welt; sie tun das im Zusammenspiel mit einem internen Sprachsystem, das sich eben nicht mit der Vernunft so einfach gleichsetzen lässt.

Seit die Sprache nicht mehr als Spiegel und damit als Übersetzer des Gedankens, sondern als bloßer materieller Ausdruck betrachtet wird, kommt es regelmäßig zu Konfusionen und Kontroversen, wenn es um die Beziehungen zwischen Sprache und Denken geht. Doch ganz gleich wie diese Kontroversen gelöst werden, in einem Punkt besteht Übereinstimmung: Die Sprache ist dem Denken und der Vernunft nachgeordnet. Die Anhänger der Modularitätsthese Chomskys nehmen zwar an, dass es ein „Sprachmodul" gibt, das angeboren und artspezifisch für den Menschen ist; doch dieses Modul ist natürlich im Bereich der Vernunft („Kognition" ist das zeitgemäße Wort dafür) angesiedelt. Die Sprache ist nach dieser Auffassung ein Subsystem der menschlichen Kognition bzw. Vernunft. Auch wenn ein autonom arbeitendes Sprach-Modul angenommen wird, wird die Autonomie der Sprache als ein der Vernunft gleichberechtigtes und gleichgewichtiges Zeichensystem nicht mehr als sinnvolle Annahme gehandelt.

Die mehr oder weniger umfangreiche Gleichsetzung von Vernunft und Inhaltsseite von Sprache ist das Grundprogramm der „Allgemeinen bzw. Philosophischen Grammatiken", die seit dem 17. Jahrhundert in großer Anzahl erscheinen. Die berühmteste dieser Grammatiken ist die *Grammaire générale et raisonnée*, auch *La Grammaire de Port-Royal* genannt, die 1660 zum ersten Mal erschienen ist. Nicht nur in Frankreich, sondern auch in England und

Deutschland erscheinen in der Folge „Allgemeine Grammatiken", die sich an diesem Vorbild orientieren. Immer geht es um die Gleichsetzung von Logik und Grammatik. Da kein wesentlicher Unterschied mehr zwischen beiden gesehen wird, wird Sprachunterricht umgekehrt als für die ‚Denkschulung' geeignet betrachtet. Die entsprechenden Lehrwerke hatten zu Beginn des 19. Jahrhunderts nicht selten den Titel „Sprachdenklehre" (vgl. Naumann 1996: 29).

Das Hauptziel der „Allgemeinen Grammatiken" war im übrigen, wie bei den „Spekulativen Grammatiken" des Mittelalters, propädeutischer Natur. Die Allgemeine Grammatik übt nicht nur in das Denken ein, sie erleichtert auch den Sprachunterricht in allen anderen Sprachen – zumindest ist dies das Ziel.

Das Faszinierende an der Allgemeinen Grammatik ist aus heutiger Sicht, dass versucht wurde, die Einheit der menschlichen Sprache trotz der zeitgleichen Aufwertung der Nationalsprachen zu bewahren. Die Aufsplitterung der Welt in verschiedene Nationalstaaten mit kollidierenden Interessen, die mit Beginn der Neuzeit einsetzt, führte schließlich zur Entstehung von Nationalphilologien wie z.B. Germanistik, Romanistik oder Anglistik. Die „Allgemeine Grammatik" war von Anfang an mit dem entgegengesetzten Programm verbunden: Die Einheit der Sprachen und die Einheit der Menschen hatten Priorität. Die Einheit der Welt konnte sie jedoch nicht mehr garantieren.

C Text: Die Grammatik von Port-Royal

Die Grammatik von Port-Royal stellt tatsächlich die Gemeinschaftsarbeit eines Logikers und eines Grammatikers dar. Interessanterweise stammt gerade vom Grammatiker Arnauld die rationalistische Axiomatik, und die Niederschrift wurde von dem Logiker Lancelot verfasst. Die Grammatik beginnt mit den Sätzen:

> Die Grammatik ist die Kunst des Sprechens. / Sprechen heißt: seine Gedanken durch Zeichen zum Ausdruck bringen, welche die Menschen zu diesem Zweck erfunden haben. Man ist übereingekommen, dass die passendsten dieser Zeichen die Laute und die Stimmtöne wären.[17]

Sprache wird somit als ein auf Konvention beruhendes Zeichensystem und damit als arbiträres Zeichensystem beschrieben, dessen Funktion in der mate-

---

[17] Übersetzung von E. L. Es gibt keine Übersetzung der *Grammaire de Port-Royal* ins Deutsche. Das Originalzitat lautet: „La Grammaire est l'Art de parler./, est expliquer ses pensées par des signes, que les hommes ont inventez à ce dessein./a trouvé que les plus commodes de ces signes, estoient les sons & les voix." (Arnauld/Lancelot ³1676/1966: 5).

riellen Wiedergabe von Gedanken besteht. Zunächst wird die lautliche Seite der Sprache beschrieben, die ihrer Auffassung nach beim Menschen und beim Papagei dieselbe Qualität hat (Arnauld/Lancelot 31676/1966: 26).

Die Ausdrucksseite der Sprache wird als von völlig mechanischer Natur beschrieben. Die Sprache ist nur noch der Papagei des Gedankens. Das, was bei allen Einzelsprachen identisch nachgeplappert wird, ist der logische Aufbau des Gedankens. Ihr entspricht auf der Ausdrucksseite der grammatische Aufbau der Sprachen. Dieser ist bei allen Sprachen grundlegend derselbe. Dass dieser Typ von Universalgrammatik sich deutlich von der Tradition der modistischen Universalgrammatiken des Mittelalters entfernt hat, ist unübersehbar. Dennoch ist ein Rezeptionszusammenhang vorhanden. Man geht davon aus, dass Lancelot durch die scholastische Sprachtheorie des Mittelalters zur Abfassung einer Universalgrammatik inspiriert wurde, so Brekle in seinem Vorwort zu Arnauld/Lancelot (31676/1966: XV). Brekle vermutet, dass Arnauld diese Inhalte in der Diskussion mit Lancelot jedoch in ein cartesianisches Format gebracht und damit dem rationalistischen Zeitgeist angepasst hat. Die zentralen und charakteristischen Punkte der *Grammaire de Port-Royal* (GPR) sind:

Interesse an sprachlichen Universalien: Lancelot spricht die Suche nach dem Gemeinsamen in allen Sprachen gleich im Vorwort an und fordert die wissenschaftliche Reflexion des Gebrauchs von Grammatik ein. Grammatik muss als Wissenschaft betrieben und nicht auf den gewohnheitsmäßigen Gebrauch reduziert werden.

Gedanken sind präformiert: *„Parler, est expliquer ses pensées par des signes, que les hommes ont inventez à ce dessein."* (GPR, S.5). Sprechen heißt, seine Gedanken mittels Zeichen zum Ausdruck zu bringen, welche die Menschen zu diesem Zweck erfunden haben. Man kann hier noch offen lassen, was *expliquer* bedeutet.

Die Grammatik von Port-Royal (GPR) beginnt mit der Beschreibung der materiellen Seite der Sprache. Die sprachlichen Laute werden nur als Substanz, nicht als Form und damit nicht als mentale Repräsentationen verstanden. Das erklärt, warum von Arnauld und Lancelot diese Seite als den Menschen und den Papageien gleichermaßen gemeinsam verstanden wird. Der Phonembegriff existiert im 17. Jahrhundert noch nicht und damit auch keine Vorstellung davon, dass Phoneme bereits das Resultat der Reduktion von potentiell unendlich vielen lautlichen Varianten darstellen. Phoneme entstehen durch Reduktion von Varianz. Sie stellen daher Klassen dar und damit mentale Repräsentationen. Die Ausdrucksseite ist somit etwas, was nach dieser Ansicht von Menschen und Papageien gleichermaßen beherrscht wird:

> Jusques icy nous n'avons considéré dans la parole que ce qu'elle a de materiel, & qui est commun, au moins pour le son, aux hommes & aux perroquets.[18] (GPR 1660:26)

Sprache wird auf den sprachlichen Ausdruck reduziert. Die inhaltliche Seite ist ihrerseits nicht primär sprachlicher Art. Es handelt sich um fertige Gedanken. Das Besondere an der menschlichen Sprache ist es, dass sie Gedanken mitteilen kann, während man Tieren nur die Mitteilung von Affekten zutraut. Woher die Gedanken kommen wird nicht weiter thematisiert. Damit verhalten sich die rationalistischen Verfasser der Grammatik von Port-Royal nicht anders als heutige Kognitivisten. Der Mensch ist als *homo sapiens* definiert. Es handelt sich um ein Artspezifikum des Menschen. Und weil der Mensch so intelligent ist, habe er sich auch gleich Zeichen (Wörter) erfunden, um seine Gedanken zum Ausdruck zu bringen:

> Ainsi l'on peut définir les mots, des sons distincts & articulez dont les hommes ont fait des signes pour signifier leurs pensées.[19] (GPR 1660:27)

Die Menschen sollen diese Zeichen erfunden haben, *„pour marquer tout ce qui se passe dans leur esprit"/„um alles, was sich in ihrem Geist abspielt, zum Ausdruck zu bringen„* (GPR 1660:28) [Übersetzung: E.L.]

Das Denken selbst hat nach der Grammatik von Port-Royal ein vorsprachliches und damit ein nichtsprachliches Format. Es setzt sich aus drei Operationen zusammen: *concevoir* (,erfassen'), *juger* (,urteilen') und *raisonner* (,schlussfolgern'). Das Urteilen hat mit der Zuordnung von Wahrheitswerten zu tun. Illustriert wird diese Operation mit einem finiten Aussagesatz: *la terre est ronde* (,die Erde ist rund'). Die logische Operation des Urteilens wird mit der Proposition gleichgesetzt:

> Le jugement que nous faisons des choses, comme quand je dis; **la terre est ronde**, s'appelle proposition;[20]

Die Funktion des Urteils bzw. des Zuordnens eines Wahrheitswerts wird dabei der Kopula ,sein' zugeordnet. Dem liegt die Auffassung zugrunde, dass jedes Verb inhärent eine Kopula bzw. ein funktionales Äquivalent für eine Kopula

---

18 Übersetzung [E.L.]: „Bis jetzt haben wir beim Sprachgebrauch nur das betrachtet, was an ihm materiell ist, und worüber Menschen und Papageien, zumindest was die lautliche Seite betrifft, gleichermaßen verfügen.".
19 Übersetzung [E.L.]: „So lassen sich die Wörter definieren: als distinkte und artikulierte Laute, aus denen die Menschen Zeichen gemacht haben, um ihre Gedanken zu symbolisieren.".
20 Übersetzung [E.L.]: „Das Urteil, das wir über Dinge fällen, wenn wir sagen **die Erde ist rund**, heißt Proposition.

enthält, eine Auffassung, die auf die scholastische Grammatik des Spätmittelalters zurückgeht. Es läge nahe anzunehmen, dass die Gleichsetzung von Urteilen und Proposition eine Sprachlichkeit des Denkens voraussetzt. Doch das ist nicht der Fall. Die scholastische Grammatik, die von Lancelot rezipiert wurde, wurde von Arnauld in ein rationalistisches Format gebracht. Es wird zwischen den Gegenständen des Denkens und der Art und Weise ihrer Darstellung unterschieden. Das Urteil ist ein Modus des Denkens und unterschieden von den Denkgegenständen (‚*l'objet de nostre pensée*‘) selbst. Im Gegensatz zur modistischen Grammatik ist nicht mehr von einem *modus significandi*, der sprachlicher Natur ist, die Rede, sondern von einer ‚*manière de nostre pensée*‘ (‚Art und Weise unseres Denkens‘). Der Mensch wird als denkendes Wesen definiert, der mittels seiner Gedanken sogar dazu imstande ist, sich Sprache zu erfinden, welche die Materialisierung der Gedanken und damit ihre Mitteilbarkeit sichern soll.

Auroux/Deschamps/Kouloughli (1996:87) kritisierten an dieser Auffassung, dass die Zeichenhaftigkeit von Gedanken selbst in der Grammatik von Port-Royal nicht erkannt wird. Gedanken können nach Auroux somit nicht mit Assoziationen gleichgesetzt werden, sondern stellen ein Ordnungssystem für Assoziationen, d.h. Einzeleindrücke dar. Gedanken sind nach Auroux, dies in Übereinstimmung mit dem ursprünglichen universalgrammatischen Programm der Spekulativen Grammatik, selbst zeichenhaft. Gedanken sind Assoziationen, die als solche gebändigt und in ein sprachliches Format gebracht worden sind. Mit Sprache wird die Wirklichkeit so modelliert, dass sie kommunizierbar wird. Gedanken sind somit sprachlich gebändigte individuelle Assoziationen, die strukturiert und damit in ein verarbeitbares und mitteilbares Format gebracht worden sind. Pointiert gesagt heißt das, dass die Funktion von Sprache nicht der Ausdruck von Gedanken, sondern der Eindruck von Gedanken in unseren Geist ist. Sprache ist somit konzeptbildend. Eine vergleichbare Auffassung vertrat der französische Germanist Jean-Marie Zemb (1928–2007) in seinen Schriften, dort vor allem in den beiden Bänden seiner ‚Vergleichenden Grammatik Französisch-Deutsch‘ (1978 & 1994). Die Grammatik von Port-Royal hat das Verdienst, die Textsorte der Universalgrammatik wiederbelebt zu haben. Sie kann dies im 17. Jahrhundert jedoch nur vor dem Hintergrund einer rationalistischen Axiomatik leisten. Damit kommt es zwar zu einer Wiederaufnahme der Tradition einer Universalgrammatik, allerdings mit Zugeständnissen an den rationalistischen Zeitgeist. An diese Tradition wird auch Noam Chomsky 200 Jahre später anknüpfen, in Fortsetzung der rationalistischen Tradition und ohne Kenntnis der Vorläufer dieser Grammatik.

Die Idee eines semiotischen Dreiecks wird in der *Grammaire de Port-Royal* längst nicht mehr angesprochen. Das semiotische Dreieck ist als Konzept verschwunden. Von universalen Bedeutungsmerkmalen ist ebenfalls nicht mehr die Rede. Als universal wird nur noch die logische Form des Satzes betrachtet, eine Auffassung, die von Noam Chomsky in der zweiten Hälfte des 20. Jahrhunderts fortgesetzt wird. Man kann Chomskys grammatiktheoretische und sprachphilosophische Schriften als den Höhepunkt der rationalistischen Sprachtradition mit all ihren Stärken, aber auch ihren Schwächen bezeichnen. Die Anhänger dieser Tradition haben in großem Maßstab die Allgemeinen bzw. Philosophischen Grammatiken nachgedruckt.[21] Interessanterweise hat sich dieses neu belebte Interesse in keinem Feld auf die „Spekulativen Grammatiken" des Mittelalters bezogen, die noch von der Nichtarbitrarität der Beziehung zwischen Ausdruck und Inhalt und Sprache ausgegangen waren. Chomsky bezieht sich in seinem Buch *Cartesian Linguistics* (1966) explizit auf Descartes und die neuzeitlichen „Allgemeinen Grammatiken".

Obwohl die Grammatik – bei Chomsky nur noch die Syntax – im Mittelpunkt steht, geht das Konzept einer grammatischen Perspektivierung verloren. Betrachtet man das Kapitel über Numerus in der Grammatik von Port-Royal, erkennt man den Unterschied. Die präzisen mereologischen Merkmale der Teilbarkeit und Unteilbarkeit in Bezug auf die zählbaren und unzählbaren Substantive sind verschwunden. Zwar wird erwähnt, dass sich bestimmte Substantive wie *Gold* nicht pluralisieren lassen, doch es wird nicht mehr so recht verstanden, warum das so ist. Vielleicht ist es bloß Gewohnheit, sie nicht zu pluralisieren, vielleicht gibt es einen anderen Grund, nämlich den, dass die einzelnen Teile des Golds als zu ähnlich wahrgenommen werden, um sie zu unterscheiden. Dass sich die Verteilung von zählbaren und nichtzählbaren Substantiven in Sprachen unterschiedlichen Typs anders verhalten kann, wussten Arnauld und Lancelot vermutlich noch nicht. Bei Chomsky wird dann Numerus überhaupt keine Rolle mehr spielen. Er kennt nur die unterschiedlichen Realisierungsmöglichkeiten von Numerus in den Einzelsprachen. Das bewegt ihn jedoch nur dazu, Numerus sowie die gesamte Morphologie aus dem Bereich der Universalgrammatik auszuschließen. Als universal wird nur noch die Syntax betrachtet. Da sich die Einzelsprachen auch hier unterscheiden, nimmt er eine Art Kerngrammatik an, die in allen Sprachen dieselbe ist. Sie ist angeboren, und sie ist nach Chomsky tatsächlich auch sprachlicher Art. Diese universale Kerngrammatik ist als Organ im Gesamtkörper der Vernunft vorhanden. In neuerer Terminologie ist aus dem angeborenen Sprachorgan ein Modul geworden. Und die Vernunft heißt Kognition.

---

21 Ein großes Verdienst kommt dabei der Reihe „Grammatica universalis", hrsg. von Herbert E. Brekle, des Frommann-Holzboog-Verlags zu.

D Gegner des Rationalismus

Empiristen haben mit den Rationalisten eine Überzeugung gemeinsam: Sie gehen ebenfalls davon aus, dass die Beziehungen zwischen Welt und Sprache arbiträr sind. Doch sie wählen einen anderen Weg, um mit der verlorenen Erkenntnisleistung von Sprache zurechtzukommen. Zwar sei das Spiegelungsverhältnis zwischen Welt und Sprache gestört, aber nicht jenes zwischen Welt und Vernunft. Letztere steht in ausreichendem Kontakt mit der Welt, und zwar mithilfe der Sinnesorgane.

Die Sinnesorgane spielen bei den rationalistischen Sprachtheoretikern kaum eine Rolle. Besonders deutlich wird das wiederum bei Chomsky, der davon ausgeht, dass Kinder kaum sprachliche Daten benötigen, um eine Sprache zu erwerben. Auf die bekannten Beispiele von Kindern, die ohne menschlichen Sprachkontakt aufgewachsen sind (sog. „Wilde Kinder"[22]), antworten sie, dass sprachlicher Input nur nötig sei, um die angeborenen Sprachfähigkeiten zur Reifung zu bringen. Sprachliche Daten sind also nicht mehr als ein Katalysator, der die Reifung von Sprache in Gang bringen soll. Ein Kind enthalte von Geburt an alle Sprachen der Welt, so das rationalistische Credo; der Erwerb einer Einzelsprache bestünde dann nur noch im Vergessen der anderen Möglichkeiten.

Die Empiristen nehmen den genau entgegengesetzten Standpunkt ein: John Locke behauptet: „Nichts ist im Geist, was nicht vorher in den Sinnen war". Leibniz fügt dann hinzu: „ – ausgenommen der Geist selbst".[23] John Locke[24] war durchaus der Überzeugung, dass die Menschen Erkenntnisfähigkeiten von Geburt an mitbringen. Die wirkliche Erkenntnis basiert jedoch auf Erfahrung. In diesem Sinn versteht er den Geist als ein unbeschriebenes Blatt, das durch Erfahrung beschrieben wird. Die Wahrnehmung ist dabei passiv. Es sind die Gegenstände, die aktiv sind: „Die Gegenstände drängen sich uns auf und hinterlassen Spuren ihrer Tätigkeit. Der Verstand kann sie weder abweisen noch verändern oder tilgen" (Specht 1989:52). Diese Zusammenfassung von Lockes Auffassung der Beziehung zwischen Gegenstand und Geist durch Specht zeigt deutlich, dass diese Relation auf dieselbe Weise wie durch die „Spekulative Grammatik" charakterisiert wird. Auch bei Thomas von Erfurt ist es die Welt, die aktiv auf den Geist einwirkt: Es handelt sich um den „modus activus" der Welt, der Eindrücke im Geist hinterlässt, die Locke als „Ideen"

---

22 Vgl. die einführenden und zusammenfassenden Darstellungen von Blumenthal (2003/ 2005) und Malson/Itard/Mannoni (1964/1972/2001) dazu.
23 Genauer in Poser (1981: 393).
24 „An Essay Concerning Human Understanding." (1690).

bezeichnet. Auch bei ihm sind es Klassenbegriffe, die Ähnliches zusammenfassen. Diese Fähigkeit zur Abstraktion und damit zur Erfassung des Allgemeinen wird allerdings von Locke weniger als Stärke denn als Schwäche eingeordnet. Wären die Menschen imstande, die Welt vollständig in Form von Eigennamen zu erfassen, bräuchten sie den Umweg über die Klassenbegriffe nicht zu nehmen. Auch hier wird die nominalistische Überzeugung spürbar, die Welt bestehe aus Singularia und die Funktion von Sprache sei es, die Bezeichnung von Singularia zu garantieren. In der Spekulativen Grammatik gibt es jedoch keine Singularia. Ein Gegenstand ist demnach nur ein Ausschnitt aus der Wirklichkeit, der sich uns aufgedrängt hat. Ein Gegenstand ist nichts anderes als ein klar konturierter Wirklichkeitsausschnitt. Konturen sind in andere Konturen eingebettet. Wer in diesem Sinn die Konturen als Gegenstände zählen wollte, würde an kein Ende kommen.

Locke geht von Einzelgegenständen aus, welche die Menschen kognitiv nicht optimal bewältigen können. Selbst wenn ihr Geist ein Riesencontainer wäre, der jeder möglichen Erfahrung einen Eigennamen zuordnet, wäre die Situation unbefriedigend. Da jeder Mensch andere Erfahrungen sammelt, könnten sie sich trotz ihres immensen Eigennameninventars dennoch die meiste Zeit nicht verständigen. Dem wäre hinzuzufügen: Vor allem könnten sie sich nicht über Pläne, die auf die Zukunft gerichtet sind, verständigen – weder mit anderen noch mit sich selbst.

Die Beziehung zwischen den „Ideen" und der Sprache ist bei Locke ebenfalls durchaus ‚modern' als arbiträr konzipiert. Auch er traut der Sprache nicht viel zu. Er will jedoch nicht die Sprache therapieren, sondern vielmehr den Sprachgebrauch.

Die bekanntesten Vertreter des sprachphilosophischen Empirismus sind neben John Locke (*1632) vor allem George Berkeley (*1685) und David Hume (*1711). Berkeley entwickelte eine „Theorie des Sehens". Im Gegensatz zu den Nominalisten und dem nominalistisch beeinflussten Locke geht er nicht davon aus, dass wir mit den Augen gleichsam fertige Gegenstände erblicken. Erst im Zusammenspiel des Sehens mit anderen Sinneswahrnehmungen entstehen Phänomene wie Raumtiefe, Entfernung oder Außenperspektive (*outness* bei Berkeley). Das Tiefensehen, d.h. die Wahrnehmung von Raumtiefe entwickelt sich nach Berkeley nur im Zusammenspiel mit dem Tastsinn. Ein wichtiger Gedanke von Berkeley ist, dass die Sinnesorgane nicht von Geburt an fertige Empfänger sind. Niemand würde heute noch behaupten wollen, dass ein Neugeborenes die Welt so wahrnimmt wie ein Erwachsener. Nach Berkeley spielen sich die Sinnesorgane gegenseitig Daten zu. Die Sinnesorgane arbeiten gemeinsam auf der Baustelle, auf der das Gebäude der Wirklichkeit hochgezogen wird.

Berkeley wird und wurde auf die unterschiedlichste Weise eingeordnet: als Idealist, weil er von der Konstruktion der Wirklichkeit ausgehe, als radikaler

Nominalist, weil er sogar von Einzelideen ausgehe und nicht von einzelnen Gegenständen, und als Empirist. Empirist müsse er sein, weil Hume in der Regel als Fortsetzer der Philosophie Berkeleys dargestellt wird – und Hume wird zusammen mit Locke als Vertreter des sprachphilosophischen Empirismus angesehen. Die Konfusion ist also groß; sie lässt sich jedoch auflösen: Berkeley geht selbstverständlich von der Existenz der Welt aus. Die Konstruktionen des Geistes und auch der Sinnesorgane, die für ihn die Außenmitarbeiter des Geistes darstellen, bestehen aus dem Material der Wirklichkeit. Berkeley kann also kein Idealist sein. Ferner gilt nach Berkeley, dass wir Gegenstände bzw. Singularia konstruieren, z.B. wenn sie als außen wahrgenommen werden. *Outness* ist nun aber kein falsches Konstrukt; es ist nur eine Teilansicht der Wirklichkeit. Singularia existieren in diesem Sinn nicht. Berkeley kann also kein Nominalist sein. Ihn interessiert der Zusammenhang zwischen Welt und Vernunft. Dieser ist motiviert. Die Vernunft steht also auf der ‚anderen Seite der Erkenntnisbarriere‘ – auf der Seite der Welt: Welt ≈ Vernunft ≠ Sprache. Jeder, der von der Arbitrarität der Relation zwischen Welt und Sprache, aber zusätzlich von der Motiviertheit der Relation zwischen Welt und Vernunft ausgeht, lässt sich dem sprachphilosophischen Empirismus zuordnen. Die Erfahrung, d.h. das Zusammenspiel von Sinnesorganen und Geist bei der gemeinsamen Erschließung der Welt steht dabei im Mittelpunkt. Berkeley wird aber auch wieder vermehrt dem Realismus zugeordnet, so von Daniel 2008a und McCracken 2008, allerdings ohne Bezug auf einen möglichen Zusammenhang zwischen Berkeley und dem scholastischen Realismus.[25] Bei einer endgültigen Zuordnung muss man beachten, dass der Empirismus eine von der Sprache abgeschnittene Form des Realismus darstellt. Ein solcher Restrealismus findet sich heute, tradiert über Berkeley und Hume, in den modernen Naturwissenschaften.

Hume liest Berkeley und Locke. In seiner *Untersuchung über den menschlichen Verstand* äußert er zunächst „skeptische Zweifel" in Bezug auf die menschliche Verstandesfähigkeit, um dann anschließend eine „skeptische Lösung dieser Zweifel" zu entwickeln. Seine Zurückweisung des Skeptizismus dürfte auf Berkeleys Relativierung des Skeptizismus zurückgehen. Hume geht von primären Wahrnehmungen aus, durch welche die Menschen mit der Welt verbunden sind. Diese primären Erfahrungen können im Geist miteinander beliebig zusammengesetzt werden. Hume relativiert die Rolle der Vernunft.

---

25 Der Zusammenhang zwischen Empirismus und erkenntnistheoretischem Realismus ist auf jeden Fall enger als der zwischen Rationalismus und Realismus. Die Vereinnahmung von Berkeley für den Rationalismus wurde zuletzt von Charles 2008 als Fehlrezeption von Berkeley durch die französische Aufklärungsphilosophie zurückgewiesen.

Wenn wir etwas für wahr halten, dann nicht, weil wir vernünftig urteilen. Selbst der Kausalbegriff ist nach Hume nicht in der Vernunft verankert. Hume nimmt vielmehr „eine Art prästabilierte Harmonie zwischen dem Laufe der Natur und der Abfolge unserer Vorstellungen" (Hume 1748/1984:68) an. Die Verbindung zwischen Welt und Vernunft wird durch eine uns unbewusste Instanz sichergestellt, die er mit dem Instinkt der Tiere vergleicht, was ihre Zuverlässigkeit betrifft: Nicht den „trügerischen Deduktionen unserer Vernunft" dürfen wir uns anvertrauen, sondern diesem Instinkt:

> Wie die Natur uns den Gebrauch unserer Glieder gelehrt hat, ohne uns Kenntnis von den Muskeln und Nerven zu geben, die sie bewegen, so hat sie uns einen Instinkt eingepflanzt, welcher unser Denken in einer Richtung vorwärts treibt, die mit jener übereinstimmt, die sie für die äußeren Dinge festgesetzt hat; obwohl wir die Mächte und Kräfte nicht kennen, von denen diese regelmäßige Reihe und Folge von Gegenständen ganz und gar abhängt. (Hume 1748/1984:69)[26]

Damit ist die Relation zwischen Welt und Vernunft als motiviert sichergestellt. Vergleicht man das Modell der rationalistischen Sprachphilosophen mit dem der empiristischen, zeigt sich, dass die letzteren den Bereich der Arbitrarität zurückzudrängen versuchen. Die Empiristen sehen die Relation zwischen Welt und Kognition als motiviert an; Willkürlichkeit kommt erst mit der Sprache ins Spiel. Bei den Rationalisten sind sowohl Sprache als auch die menschliche Kognition arbiträre Systeme, die mit der Welt in keinem motivierten Zusammenhang stehen. Damit sind zwei von drei Systemen vom Virus der Arbitrarität befallen. In beiden Modellen kommt es dabei zu einer Abwertung und Funktionseinschränkung von Sprache.

Nicht jede Reflexion über Sprache bewegt sich im 17. und 18. Jahrhundert auf philosophischem Niveau. Die philosophische Reflexion schlägt sich jedoch im Zeitgeist nieder. Die menschliche Sprache gilt als verbesserungswürdig. Sie wird als eine Art Instrument betrachtet, das man perfektionieren kann. Entwickelt sich doch noch eine Art Respekt vor der Sprache, so betrifft er immer nur die jeweilige Nationalsprache. Antoine de Rivarol behauptet im Anschluss an die rationalistische Argumentation in seinem *Discours sur l'universalité de la langue française*, mit dem er 1784 den Preis der Berliner Akademie gewann,

---

26 Diese zentrale, aber relativ selten zitierte Stelle soll im englischen Original wiedergegeben werden: „As nature has tought us the use of our limbs without giving us the knowledge of the muscles and nerves, by which they are actuated, so she implanted in us an instinct, which carries forward the thought in a correspondent course to that which she has established among external objects, though we are ignorant of those powers and forces, on which this regular course and succession of objects totally depends." (Hume 1748/1913: Abschlusssatz des 5. Abschnitts).

dass in erster Linie die französische Sprache in ihrer Wortstellung die universelle Logik widerspiegele. Da das Deutsche eine andere Wortstellung als das Französische aufweist, ist die Gegenreaktion in Form von Minderwertigkeitskomplexen und in anschließenden Gegendarstellungen vorhersehbar. Eine Aufwertung erfährt die Sprache von nun an nur noch im Rahmen nationalsprachlicher Ideologie: Die Aufwertung einer Einzelsprache geht dabei konsequenterweise mit der Abwertung anderer Einzelsprachen einher. Dabei wird eine Schwäche der rationalistischen Philosophie systematisch ausgebeutet: Diese Schwäche ergibt sich aus dem Postulat von fertigen Gedanken vor jeder Sprache. Diese Gedanken weisen eine Ordnung auf und diese Ordnung sollte sich in der Sprache, dort in der Wortstellung widerspiegeln. Da sich die Sprachen in Bezug auf die Serialisierung unterscheiden, war ein vieldiskutiertes chronisches Problem entstanden (vgl. Ricken 1978).

So pathetisch überhöht die nationalistischen Behauptungen über Sprache auch sind, der Respekt hält sich auch gegenüber der jeweils eigenen Nationalsprache in Grenzen. Es werden Eingriffe vorgenommen: Die Sprache wird normiert. Die ersten normativen Grammatiken und Orthographielehren erscheinen in der Neuzeit, vermehrt im 17. und 18. Jahrhundert. Die Sprache muss „gereinigt" werden. Die „Muttersprache" hat sich mit fremdsprachlichen Wörtern „besudelt". Sprachvereine und Sprachgesellschaften oder Sprachakademien entstehen in den Nationalstaaten, die darüber wachen, dass die überaus verehrte Muttersprache nicht zur Schlampe unter den Nationalsprachen werde.

Sprachreformprogramme werden entwickelt. Normative Eingriffe in die Sprache erfolgen von nun an regelmäßig. Eine Sprache kann jetzt plötzlich ‚gut' oder ‚schlecht' sein. Als schlecht gilt sie vor allem dann, wenn sie Wörter anderer Sprachen übernimmt, die per definitionem minderwertig sind. Umgekehrt zählt man mit Genuss, wie viele Wörter der eigenen Sprache von den anderen Sprachen übernommen worden sind[27], eine Praxis, die in Deutschland bis heute anhält, die aber in Frankreich auch heute noch weit extremer ausgeprägt ist. Die Sprache wird zur beliebigen Manipuliermasse für Sprachkritiker, Sprachnormierer und Orthographiereformer mit ihren jeweiligen ideologischen Zielen.

E Sprachwissenschaftliche Einordnung

Die Sprachwissenschaft ist von ihrem Selbstverständnis her nicht normativ orientiert, sondern deskriptiv. Auf der Grundlage von Deskriptionen werden

---

27 Vgl. die Zeitschrift „Sprachpflege" von 1996.

Erklärungen erarbeitet. Sprachbewunderung bzw. Respekt vor der sprachlichen Komplexität und dem „perfect design" der menschlichen Sprache (Hinzen 2006) sind hier als Einstellung häufiger als Sprachverbesserungsphantasien. Normative Linguisten, sofern es sie doch geben sollte, verstehen sich mehr als Sprachpolitiker denn als Sprachwissenschaftler und stehen eher an der Peripherie der Linguistik. Der Großteil sprachpflegerischer und normativer Unternehmungen wird von sprachwissenschaftlichen Laien getätigt.

Der rationalistische und empiristische Standpunkt ist dagegen in der Linguistik gleichermaßen verbreitet. Die Position der aristotelisch inspirierten Spekulativen Grammatik wird nur im Rahmen der von den Prager Strukturalisten vertretenen „Funktionalen Grammatik" vertreten. Aber auch hier gibt es eine große Fraktion, die von der Arbitrarität des sprachlichen Zeichens ausgeht. Die These der Arbitrarität des sprachlichen Zeichens war das Dogma der Moderne. Die Moderne haben wir als Epoche hinter uns gelassen. Das epochenbildende Dogma der Neuzeit und Moderne wird damit zunehmend obsolet. Die Rückkehr zu einem Typ von Universalgrammatik, die vom Ballast einer rationalistischen Axiomatik befreit ist und gleichzeitig über die Universalgrammatik des späten Mittelalters hinausgehend den gegenwärtigen Stand der Universalienforschung und Sprachtypologie integriert und auf dieser Grundlage einen un-cartesianischen Entwurf einer Universalgrammatik modelliert, zeichnet sich ab.[28]

Die Universalgrammatik vom rationalistischen bzw. cartesianischen Zuschnitt, wie sie von Noam Chomsky vertreten wurde und wird, gerät dagegen zunehmend in eine Krise. Die Folge sind steigende Kritik an universalgrammatischen Modellierungen und die Regression auf rein frequenzbasierte und einzelsprachspezifische Untersuchungen. Die Parallelität zur Entwissenschaftlichung der Grammatiktheorie durch die einzelsprachorientierte Philologie des 19. und zum Teil 20. Jahrhunderts ist dabei unübersehbar. Interessanterweise ist auch die Neuauflage dieser einzelsprach- und varianzorientierten Linguistik wieder für rassistische Ansätze, die man als längst überwunden glaubte, anfällig. Charakteristisch für diese Regression ist die neu entfachte Komplexitätsdebatte (z.B. in Miestamo/Sinnemäki/Karlson 2008), wonach es weniger komplexe Sprachen geben solle und hochdifferenzierte. Die rassistischen und darwinistischen Ausführungen des 19. Jahrhunderts, wie zum Beispiel die von

---

28 Den Weg einer „Neuen Universalgrammatik" aufzuzeigen, versucht aktuell das von der Deutschen Forschungsgemeinschaft (DFG) und dem Art & Humanities Council (AHRC) geförderte deutsch-britische Kooperationsprojekt „Un-cartesian linguistics", unter der Beteiligung von Philosophie (Wolfram Hinzen, Univerität Durham) und Linguistik (Elisabeth Leiss, LMU München).

August Schleicher (1863 und 1865), wonach die flektierenden Sprachen (wie das Deutsche) höher stehen sollen als alle anderen Sprachtypen, finden eine Neuauflage in Dahl (2004), Everett (2005), Gil (2008) und McWhorter (2001 und 2008). In sogenannten konstruktionsgrammatischen Modellen wird nur noch die Varianz und die Nichtvergleichbarkeit von Sprachen in den Vordergrund gestellt (Goldberg 2006 und Croft 2001). Dass die These der Nichtvergleichbarkeit von Sprachen die Pathologien der Unwissenschaftlichkeit und des Rassismus in sich trägt, ist evident. Die wissenschaftliche Tätigkeit ist definiert als Suche nach Invarianz; und Rassismus beginnt immer mit der Betonung der Unterschiede und der Unterschlagung von Gemeinsamkeiten, wobei diese Praxis deutlich mit nicht-universalisierbaren Interessen bzw. Interessensorientiertheit verbunden ist.

Man könnte mit Max Horkheimer und Theodor Adorno (1947/1986) von der „Dialektik der Aufklärung" sprechen: Das rationalistische Programm schlägt in sein Gegenteil um. Sowohl Chomsky als auch seine Gegner gehen vom rationalistischen Programm aus, wonach fertige Gedanken vor der Sprache vorhanden sind, so dass sie durch Sprache nur noch formal ausgedrückt werden müssen. Wenn die kognitive Ausstattung des Menschen als universell gedacht ist, dann stellt sich jedoch irgendwann die Frage, warum dieses gemeinsame Gedankenformat (Logik) sich nicht formal in einem gemeinsamen sprachlichen Format abbildet. Diese Frage war seit der Formulierung des rationalistischen Sprachprogramms virulent. Im 17. und 18. Jahrhundert wurde dieses Problem bevorzugt in Frankreich am Beispiel der variablen Wortstellung (*ordre des mots*) diskutiert. Wenn die Ordnung der Gedanken (Logik) bei allen Menschen dieselbe ist, warum spiegelt sie sich dann nicht in der Ordnung der Sprache (Syntax) wider, so lautete die essentielle Frage (zentrale Thematik in Ricken 1978). Noam Chomsky sollte dieses rationalistische Problem durch das Postulat einer allen Sprachen gemeinsamen Tiefenstruktur, die vor allem durch eine invariable und universale Wortstellung definiert war, zunächst in den Griff bekommen. Das Konzept einer angeborenen Tiefenstruktur wurde von Chomsky und seinen Anhängern im Rahmen des „Minimalistischen Programms" allerdings wieder aufgegeben. Die Konsequenz ist, dass das Konzept einer Universalgrammatik wieder so angreifbar dasteht wie vor der Einführung des Konzepts einer Tiefenstruktur. Dies betrifft allerdings nur das rationalistische Konzept einer Universalgrammatik, wonach die Menschen denken können, weil ihr Gehirn leistungsfähig genug sei und diese Leistungsfähigkeit schließe die Entwicklung einer Sprache mit ein. Diese Annahme einer artspezifischen einzigartigen Leistungsfähigkeit des Gehirns (unabhängig von Sprache) lässt sich aus neurobiologischer Sicht nicht halten. Wale und Delphine sind dem Menschen in Bezug auf den Umfang des Neokortex und seine spezifische Ausstattung deutlich überlegen (Roth 2003:49–66). Es liegt also nahe, das Alleinstellungsmerkmal des Menschen, seine Sprache, für die kognitiven Ausnahmeleistungen des Menschen unter den Lebewesen verantwortlich zu machen. Zu diesen Ausnahmeleistungen gehört auch die menschliche Kultur.

F Kommentierte Literaturhinweise

De Grazia, Margreta (1980): The Secularization of Language in the Seventeenth Century. In: *Journal of the History of Ideas* 41, 319–329.

De Grazia zeichnet nach, wie im 17. Jahrhundert die Auffassung von der Arbitrarität der Beziehung zwischen Sprache und Welt zunehmend dominant wurde. Wer zusätzlich einen Einblick in die bis dahin vorherrschenden ‚Natursprachlehren‘ (wonach es beispielsweise ein ‚Buch der Natur‘ gibt) gewinnen will, erhält einen Überblick durch:

Nate, Richard (1993): *Natursprachenmodelle des 17. Jahrhunderts*. Münster: Nodus (Studium Sprachwissenschaft: Beiheft; 21).

Die Hoffnung, mithilfe einer ‚besseren‘ Sprache dennoch die Übereinstimmung zwischen dem Kode der Sprache und dem Kode der Welt zurückzugewinnen, hat zu verschiedenen Projekten geführt, z.B. zum Entwurf von Kunstsprachen. Einen Überblick über die verschiedenen Versuche, erneut zu einer vollkommenen Sprache zu gelangen, gibt:

Eco, Umberto (1993/1994): *Die Suche nach der vollkommenen Sprache*. München: Beck 1994 [Ital.: La ricerca della lingua perfetta nella cultura europea, 1993].

Wer sich über das 17. Jahrhundert als das ‚Zeitalter der Konversation‘ informieren will, kann sich mit folgender Textsammlung einen ersten Überblick verschaffen:

Schmölders, Claudia (Ed.) (1986): *Die Kunst des Gesprächs. Texte zur Geschichte der europäischen Konversationstheorie*. München: Deutscher Taschenbuchverlag ²1986.

Die rationalistische Tradition: Die bekannteste Allgemeine Grammatik ist die sogenannte Grammatik von Port-Royal:

Arnauld, Antoine / Lancelot, Claude (1660/1676/1966): *Grammaire générale et raisonnée ou la Grammaire de Port-Royal*. Édition critique présentée par Herbert E. Brekle. Nouvelle impression en facsimilé de la troisième édition de 1676. Stuttgart-Bad Cannstatt: Frommann-Holzboog 1966.

Es gibt noch keine Übersetzung dieser Grammatik ins Deutsche. Eines der bekanntesten deutschsprachigen Werke in der Tradition der Allgemeinen Grammatik ist von Kempelens Beschreibung des Baus einer sprechenden Maschine. Von Kempelen war zuvor schon durch seine Konstruktion seines „kritischen Schachspielers" sensationell aufgetreten:

Kempelen, Wolfgang von (1791/1970): *Mechanismus der menschlichen Sprache nebst Beschreibung einer sprechenden Maschine*. Faksimile-Neudruck der Ausgabe Wien 1791, mit einer Einleitung von Herbert E. Brekle und Wolfgang Wildgen. Stuttgart-Bad Cannstatt: Frommann-Holzboog 1970 (Grammatica universalis; 4).

Allgemeine Grammatiken sind im 18. Jahrhundert in Frankreich, England und Deutschland weit verbreitet. Wer sich einen Überblick über diese Tradition in Deutschland verschaffen will, erhält eine Kurzeinführung durch:

Naumann, Bernd (1996): Die Tradition der Philosophischen Grammatik in Deutschland. In: Schmitter, Peter (Hrsg.): *Sprachtheorien der Neuzeit II. Von der Grammaire de Port-Royal (1660) zur Konstitution moderner linguistischer Disziplinen*. Tübingen: Narr, 24–43.

DIE EMPIRISTISCHE TRADITION: Vorgestellt wurden George Berkeley, John Locke und David Hume. Zu Berkeley und Locke gibt es gute Einführungen:

Kulenkampff, Arend (1987): *George Berkeley*. München: Beck (Beck'sche Reihe; 511).
Specht, Rainer (1989): *John Locke*. München: Beck (Beck'sche Reihe; 508)

Zu David Hume ist ein umfangreiches Buch vorgelegt worden, das an vielen Stellen auch redundant ist. Derselbe Autor hat schon früher eine Rowohlt-Monographie zu Hume geschrieben, die als Einstieg besser geeignet sein dürfte:

Streminger, Gerhard (1986): *David Hume*. Reinbek: Rowohlt (rowohlts monographien; 357).
Streminger, Gerhard (1994): *David Hume. Sein Leben und Werk*. Paderborn, u.a.: Schöningh.

Humes „skeptische Zweifel" zum Begriff der Kausalität sowie die „skeptische Lösung dieser Zweifel" findet sich in den Abschnitten IV und V von „An Enquiry Concerning Human Understanding (1748). In deutscher Übersetzung:

Hume, David (1748/1984): *Eine Untersuchung über den menschlichen Verstand*. Übersetzt von Raoul Richter. Mit einer Einleitung hrsg. von Jens Kulenkampff. Hamburg: Meiner 1984 (Philosophische Bibliothek; 35).

II Sprache und Denken im kategorialen Gefängnis

A Einführung

Im 18. Jahrhundert gibt es in der Hauptsache zwei sprachphilosophische Reaktionen auf den ‚Verlust der Welt', verursacht durch das Misstrauen in das Erkenntnisinstrument Sprache: den Rationalismus und den Empirismus.

Der Rationalismus versucht die Einheit der menschlichen Erkenntnis durch die Betonung der Einheit der menschlichen Vernunft zu retten. Der Empirismus versucht die Erkennbarkeit von Welt zu retten und zieht deshalb die Vernunft auf ihre Seite, d.h. auf die nonarbiträre Seite. Für die Rationalisten gehört die Vernunft zur artspezifischen Ausstattung des Menschen. Vernunft und Sprache, die ja nur noch als Ausdrucksseite der Vernunft definiert wird, sind das, was die Menschen von den Tieren unterscheidet. Damit wird die Vernunft zur einzigen verlässlichen Instanz des Menschen; sie bekommt von den Rationalisten einen Stellenwert zugewiesen, den sie niemals zuvor hatte.

Die Empiristen versuchen, die Welt und die Vernunft vom Gift der Arbitrarität fernzuhalten. Die Sprache wird bei ihnen zwar nicht zur Ausdrucksseite des Gedankens degradiert, doch kommt sie auch bei ihnen nicht besser davon. Die Sprache ist gerade aufgrund ihrer Inhaltsseite schuld an der Erkenntnismisere des Menschen. Die Bedeutungen sind Abstraktionen. Für Berkeley ist die Sprache deshalb die Quelle aller Irrtümer. „Wenn es die Sprache oder die Universalien nicht gäbe, so hätte man nie an die Abstraktion gedacht", so Berkeley (1710/2004).[29] Wieder ist es der Glaube, dass die wirkliche Welt aus physikalischen Einzelgegenständen bestehe, der das Vertrauen in die Sprache abbaut.

Die Empiristen versuchen die Non-Arbitrarität von Vernunft zu retten, indem sie sie auf die Seite der Welt ziehen. Sie behaupten, es gibt eine Verbindung zwischen Welt und Vernunft, die nichtarbiträr ist. Die Sinnesorgane stellen die Verbindung her. Dazu kommt noch eine zusätzliche Instanz bei Hume: eine Art „Weltinstinkt", der die Übereinstimmung von Vernunft und Welt garantiert.

Die Frage stellt sich, ob es neben der rationalistischen und empiristischen Sprachphilosophie noch eine Fortsetzung der früheren Position gibt. An der Überzeugung, dass Sprache kein Kommunikations-, sondern ein Erkenntnisinstrument darstellt, halten tatsächlich subversiv einige wenige fest: Zu nennen sind dabei vor allem Hamann, Herder und später noch Wilhelm von Humboldt. Charles Taylor (1985/1988) bezeichnet sie als eigene Theoriefamilie und spricht

---

29 Zitat nach Coseriu (1972:59).

von der Herder-Humboldt-Hamann-Theorie oder kurz einfach von der „3H-Theorie". Hamann, Herder und Humboldt versuchen eine Wiederaufwertung von Sprache. Hamann hat dabei mehr Sympathien für den Empiristen David Hume als für den Rationalisten Immanuel Kant, obwohl er mit Kant in derselben Stadt – in Königsberg – lebt und ihn persönlich kennt. Als Kant ihm vorschlägt, zusammen mit ihm eine Physik für Kinder zu schreiben, lehnt Hamann ab. Er traut Kant nicht zu, dass er sich in die geistige Welt eines Kindes versetzen kann. Er würde erst einwilligen, wenn Kant sich ihm bei dem Projekt unterordne. Die Kinderphysik wird nie geschrieben.

Hamann schätzt Hume, weil dieser den Stellenwert der Vernunft relativiert. Die Vernunft wird zwar auf der nonarbiträren Seite der Barriere zwischen Welt und Sprache angesiedelt, doch ihre Leistungen werden relativiert. Auf eine autonome Vernunft, so wie sie von den Rationalisten gesetzt wird, ist nach Hume kein Verlass. Sie ist „trügerisch". Sie braucht die Verbindung zur Welt als Überprüfungsinstanz. Denn die Vernunft phantasiert zu viel. Sie jongliert mit den ersten Sinneseindrücken, setzt sie zusammen, wie sie will, macht sich ein Spiel aus dieser Kombinatorik. Dieser kombinatorische Spieltrieb der Vernunft muss durch die Garantie einer Verankerung in der Welt gebändigt werden. Johann Georg Hamann ist kein Empirist, aber er favorisiert Hume, weil es bei ihm zu keiner „Selbstvergottung" der menschlichen Vernunft kommt. Als „Götzendiener der Vernunft" bezeichnet er seinen Freund Kant. Hamann fängt an, Kant mit Humes Philosophie regelrecht zu belästigen. Er übersetzt Hume für Kant sogar ins Deutsche. Es ist bekannt, dass Kant erst sehr spät seine zentralen philosophischen Werke geschrieben hat. Die *Kritik der reinen Vernunft* erscheint 1781. Kant, der 1724 geboren wurde, ist zu diesem Zeitpunkt also bereits 56 Jahre alt.

Hamann freut sich auf das Erscheinen dieses Buchs; er ist der erste Korrekturleser der Druckfahnen. Bei der Lektüre ist er so überrascht wie enttäuscht. Hamann erkennt seinen Hume nicht wieder. Kant hat eine gegnerische Erwiderung auf Humes Philosophie verfasst. Dabei konzipiert er genau das Gegenteil des Programms der Empiristen: Er schirmt die Vernunft nicht von der Sprache ab, sondern von der Welt. Es handelt sich gleichsam um eine hermetische Trennung von Vernunft und Welt. Für die Vernunft gibt es kein Schlupfloch zur Wirklichkeit mehr, dem „Ding an sich". Herder, ein Student von Kant, der Kant zunächst – so wie alle seine Studenten – sehr verehrt, befreundet sich mit Hamann und entscheidet sich für dessen Position.

Man kann im 18. Jahrhundert insgesamt vier sprachphilosophische Strömungen feststellen:

i.   den Rationalismus: dazu gehören vor allem die französischen und deutschen Aufklärungsphilosophen;

ii. den Empirismus: vor allem in England, Schottland und Irland etabliert;
iii. die Fortsetzung der spekulativen Tradition: Hamann und Herder;
iv. den radikalen Rationalismus: Dazu gehören Kant und seine Anhänger.

Durch Kant werden der Empirismus sowie die Hamann-Herder-Linie als Fortsetzung der Auffassung, dass Sprache ein Erkenntnisinstrument darstellen kann, als mögliche philosophische Positionen außer Kraft gesetzt. Die Rettung des Rationalismus durch die Vernichtung der gegnerischen philosophischen Stellungen hatte einen hohen Preis: Kant sperrt die Vernunft und damit den Menschen in ein kategoriales Gefängnis, aus dem es kein Entrinnen gibt.

B Kants kategoriales Gefängnis der Vernunft

Kant gilt in der Regel nicht als Sprachphilosoph. Im Handbuch zur Sprachphilosophie (hrsg. von Dascal et al. 1992) werden beispielsweise 39 Sprachphilosophen von Plato bis Wittgenstein vorgestellt. Kant fehlt dort ebenso wie Hegel. Es ist, als würden sich die herausragenden Vertreter der deutschen Philosophie nicht mit Sprache auseinandersetzen. In dem von Borsche herausgegebenen Sammelband *Klassiker der Sprachphilosophie* (1996) wird Kant zwar aufgeführt, doch ergiebig ist der Artikel nicht. Es heißt dort zusammenfassend, Kant verstehe die Sprache „nicht mehr *primär* als Darstellung von Sachverhalten, sondern als Selbstdarstellung des Subjekts in seiner Auffassung von Sachverhalten gegenüber anderen Subjekten" (Simon 1996: 255); einfacher formuliert heißt das: Sprache ist ein Mittel, das die Menschen verwenden, um sich ihre Gedanken von der Welt/den Sachverhalten mitzuteilen. Kants Auffassung von Sprache entspricht damit dem Zeitgeist des 17. und 18. Jahrhunderts. Er fügt dem nichts hinzu. Da man im 20. Jahrhundert fast nur noch Sprachphilosophie betreibt, hat man es konsequenterweise als Mangel betrachtet, dass Kant sich nicht mehr mit Sprache beschäftigt hat, während seine damals erfolglosen Gegenspieler Hamann und Herder heute fester Bestandteil jeder Geschichte einer Sprachphilosophie sind. Um Kants Philosophie nicht bloß historiographischen Wert zumessen zu müssen, hat man einen interessanten Rettungsversuch unternommen: Es wurde behauptet, in Kants Philosophie finde sich eine versteckte „transzendentale Grammatik" (Riedel 1989: 44–60), was eine maßlose Übertreibung darstellt. Man kann bei Kant, auch wenn man lange sucht, immer nur die nicht explizit ausgedrückten rationalistischen Vorurteile über Sprache finden.

Trotzdem hat Kants Philosophie Auswirkungen auf die nachfolgende Sprachphilosophie. Durch die argumentative Befestigung eines Hyper-Rationalismus bleibt Sprache die Mitarbeiterin der Vernunft im Außendienst. In dieser Hinsicht übertreibt Josef Simon dann tatsächlich nicht viel, wenn er meint, kein Philosoph der Neuzeit habe eine größere Wirkung auf die Sprachphilosophie gehabt als Kant (Simon 1996: 233).

Kant begann 1740 – mit 16 Jahren – in Königsberg zu studieren. Es gab vier Fakultäten: drei obere und eine niedere. Die drei oberen waren Theologie, Jura und Medizin; die niedere war die philosophische Fakultät. Einschreiben konnte man sich nur in eine der 3 oberen Fakultäten. Der Status der Philosophie war im 18. Jahrhundert längst geschwächt. Nach sieben Jahren verlässt Kant die Universität, ohne das Examen abgelegt zu haben, und wird zunächst Hauslehrer in „drei abgelegenen Winkeln Ostpreußens" (Gulyga 1977/1985:26). Weitere sieben Jahre später (1754) kehrt Kant nach Königsberg zurück. Im Mai 1755 findet das Magisterexamen statt, im Juni desselben Jahres die Promotion und kurz darauf im September die Habilitation. Zwei Jahre später ziehen russische Truppen in Königsberg ein (22.1.1757). Kant erteilt an der Universität Unterricht. Er unterrichtet auch russische Offiziere, z.B. in Pyrotechnik und Fortifikationslehre. Kant schreibt in seinen vorkritischen Schriften über die Bewohner der verschiedenen Planeten, und er formuliert Gesetze wie: Je weiter die bewohnten Planeten von der Sonne entfernt sind, desto vollkommener sind die Bewohner (nach Gulyga 1977/1985).

1756 hatte Kant einen anderen Hauslehrer ohne Universitätsabschluss kennengelernt: Johann Georg Hamann, von dem er, Kant, der inzwischen seinen Magisterabschluss gemacht hat, der „kleine Magister" genannt wird (Gulyga 1977/1985: 60). Hamann bringt Kant dazu, Rousseau und Hume zu lesen, die beiden Autoren, die Kant aus seinem „dogmatischen Schlummer" wecken sollen. Bis zu seinem 45. Lebensjahr bleibt Kant Privatdozent; 1769 erhält er dann einen Ruf nach Erlangen, dann einen Ruf (1770) nach Jena; kurz darauf wird er in Königsberg zum ordentlichen Professor der Logik und Metaphysik ernannt. Kant hört nun erst einmal auf zu schreiben (nach Gulyga 1977/1985: „Das Schweigen dauert elf Jahre".) Dann erscheint die *Kritik der reinen Vernunft*. Ein großer Erfolg wird sie nicht. Hartknoch, sein Verleger, überlegt schon, ob er die Auflage nicht wieder einstampfen lassen solle. Kant entschließt sich daraufhin, sich selbst zu popularisieren, indem er die *Prolegomena zu einer jeden künftigen Metaphysik, die als Wissenschaft wird auftreten können* verfasst, die zwei Jahre nach der *Kritik der reinen Vernunft* (1783) erscheint.

Man hat Kants Schweigen nicht als Faulheit gedeutet, sondern als Ausdruck einer Verunsicherung. Die Krise wurde durch Hume ausgelöst. Durch dessen Relativierung der zentralen Stellung der Vernunft im Gefüge Welt – Vernunft – Sprache sieht Kant die Möglichkeit, Metaphysik als Wissenschaft zu betreiben, gefährdet. Metaphysik ist für Kant nicht mehr die Wissenschaft von den ersten Prinzipien wie bei Aristoteles, sondern die Wissenschaft aller Erkenntnisse *a priori*; bei Kant sind apriorische Erkenntnisse solche, die von aller Erfahrung unabhängig sind, die also vor aller Erfahrung sind. Dazu gehört für ihn der Kausalbegriff, für Hume dagegen nicht. Kant bezeichnet Humes *Untersuchung über den menschlichen Verstand* daher als „verstörende Philosophie".[30] Kant befürchtet, dass der wichtigste Gegenstand der Philosophie auf die Seite der Erfahrungswissenschaften und damit vor allem der Naturwissenschaften geschlagen wird. Er sieht sich als Verteidiger des Terrains der Philosophie. Seine Grenzbefestigungen hat er selbst in den *Prolegomena* am besten dargelegt und erklärt.

C Kants *Prolegomena* und die *Kritik der reinen Vernunft*

Er, Kant, habe den Kausalbegriff bislang für ein Kind der Vernunft gehalten. Nun behaupte Hume, der Kausalbegriff sei ein Kind der Erfahrung und der Einbildungskraft: „ein Bastard der Einbildungskraft [...], die, durch Erfahrung beschwängert, gewisse Vorstellungen unter das Gesetz der Assoziation gebracht hat, und eine daraus entspringende subjektive Notwendigkeit, d.i. Gewohnheit, vor eine objektive aus Einsicht, unterschiebt." – Das sind Kants unmissverständlich ablehnenden Worte in den *Prolegomena* (Kant 1783/1911:257–258).

Was Kant so beunruhigend findet, ist ein Kapitel in Humes *Untersuchung über den menschlichen Verstand*, das für Hume ganz im Gegenteil die Beruhigung seines Lebens einleitete. Hume hatte sich im 4. Abschnitt seiner Untersuchung mit den „skeptische[n] Zweifel in betreff der Verstandestätigkeiten" auseinandergesetzt. Der darauffolgende Abschnitt ist mit „Skeptische Lösung dieser Zweifel" überschrieben. Der Inhalt der Überlegungen, die Hume so beruhigen und Kant verunsichern, lässt sich folgendermaßen zusammenfassen.

Hume geht es um den Nachweis, dass kausale Relationen weder in der Erfahrung vorgefunden werden können noch durch die Tätigkeit der Vernunft hergestellt werden. Die Ursache-Wirkungs-Beziehung wird nach Hume nicht durch apriorische Denkakte gewonnen. Hume geht davon aus, dass Ursachen und Wirkungen nicht durch die Vernunft, sondern nur durch die Erfahrung zu entdecken sind:

> Dieser Übergang des Denkens von der Ursache zur Wirkung entspringt nicht aus der Vernunft. Er leitet seinen Ursprung einzig aus der Gewohnheit und Erfahrung her. (Hume 1748/1984:67)

Dabei lassen sich natürlich keine kausalen Relationen erfahren. Wenn wir darauf vertrauen, dass eine angestoßene Billardkugel eine zweite Billardkugel

---

30 Anm. Prolegomena, S. 116 (Weischedel-Ausgabe Bd. V).

bewegt, dann nicht, weil zwischen den beiden Kugeln eine kausale Relation sichtbar würde. Nach Hume führt die Kraft der Gewohnheit die menschliche Einbildungskraft dazu, zu einem Gegenstand immer den Gegenstand zu assoziieren, der mit ihm gewöhnlich zusammenhängt. Von gleichen Ursachen erwarten die Menschen die gleichen Wirkungen. Es handelt sich dabei nach Hume nicht um subjektive Vorstellungen, sondern um ein Prinzip der menschlichen Natur, das er näher untersuchen möchte.

Wenn die Ursache-Wirkungs-Beziehungen zwar durch Erfahrung gewonnen werden können, in der Erfahrung aber nicht vorgefunden werden können, und wenn die Vernunft nicht imstande ist, die Wirkung von Ursachen vor aller Erfahrung (a priori) zu prognostizieren, weil sich Wirkungen von Ursachen viel zu sehr unterscheiden – wie kommen die Menschen dann zu einem Kausalbegriff? Nach Hume ist es der wichtigste Begriff, weil alle Begründungen, die das Dasein betreffen, darauf beruhen. Soweit lassen sich die Überlegungen im 4. Abschnitt seiner „Untersuchung" zusammenfassen. Der Skeptizismus, der in Bezug auf das menschliche Erkenntnisvermögen vorgetragen wird, wird anschließend von Hume im 5. Abschnitt wieder aufgelöst.

Die Abfolge unserer Vorstellungen ist nämlich nach Hume dennoch nicht bloß subjektiv. Zwar ist sie weder durch gemeinsame Erfahrungen noch durch eine gemeinsame Vernunft objektivierbar. Die Abfolge unserer Vorstellungen spiegelt jedoch den Lauf der Natur wider. Die Menschen kennen die Grundkräfte und Prinzipien der Natur nicht. Sie sind nach Hume auch dem wissenschaftlichen Zugriff verschlossen. Humes Vertrauen in die Wissenschaften ist begrenzt: „Die vollkommenste Naturwissenschaft schiebt nur unsere Unwissenheit ein wenig weiter zurück, wie vielleicht die vollkommenste Geisteswissenschaft nur dazu dient, weitere Gebiete unserer Unwissenheit aufzudecken", heißt es noch im 4. Abschnitt (Hume 1748/1984: 41). Die „menschliche Blindheit" wird von Hume jedoch im 5. Abschnitt entdramatisiert. Wir müssen nicht die letzten Prinzipien der Natur bewusst *kennen*; denn wir *können* sie unbewusst. Unser Denken ist nach denselben Prinzipien organisiert wie die Natur. Hume spricht von einer „prästabilierten Harmonie" zwischen dem Denken und der Natur. Damit endet die skeptische Auflösung des Zweifels.

Diese Auflösung des Skeptizismus reicht Kant jedoch nicht. Er will den Begriff der Ursache wieder in der als erfahrungsunabhängig gedachten Vernunft verankert wissen. Um den Stellenwert von Erfahrung zu schmälern, untersucht Kant die Bedingungen der Möglichkeit von Gegenständen der Erfahrung. Damit ist das Programm seiner „Transzendentalphilosophie", kurz zusammengefasst. Sie beschäftigt sich mit den apriorischen Erkenntnisbedingungen. So erscheinen uns beispielsweise alle Gegenstände in räumlicher Ausdehnung. Kant stellt ein Verzeichnis aller Begriffe auf, „die der Verstand a priori in sich enthält, und um deren willen er auch nur ein reiner Verstand ist; indem er durch sie allein etwas bei dem Mannigfaltigen der Anschauung verstehen, d.i. ein Objekt derselben denken kann."[31]

Kant übernimmt bei der Aufstellung dieser Liste einfach die 12 Kategorien aus Aristoteles' Kategorienlehre und entreißt sie somit einer völlig anders konzipierten Erkenntnistheorie.[32] Natürlich ist eine dieser 12 Kategorien die relationale Kategorie der Ursache und Wirkung. Bei Aristoteles sind die Kategorien allerdings in der Erfahrung verankert. Kant greift nach dessen Kategorientafel, um die Erfahrung als vollständig abhängig von diesen Kategorien darzustellen. Die Erfahrung spiegelt nicht mehr die Struktur der Welt, sondern umgekehrt die Struktur der Vernunft wider. Die erfahrene Welt wird zum Konstrukt des menschlichen Geistes. Konstrukte des menschlichen Geistes fallen in den Gegenstandsbereich der Philosophie. So hat Kant die Interessen seines Fachs scheinbar gerettet, damit aber die Möglichkeit der Erkenntnis der Welt als unerreichbar dargestellt.

Kants Projekt ist hier sehr vereinfacht dargestellt, die Darstellung trifft aber den Kern seiner Absichten: Er sperrt die menschliche Erfahrung in das kategoriale Gefängnis apriorischer Verstandesbegriffe ein. Die Mauern des Gefängnisses bestehen aus altem Baumaterial, aus der Kategorientafel des Aristoteles. Die Bausteine, die bei Aristoteles noch zu einem lichtreichen Gebäude mit Aussicht auf Erkenntnis führten, werden nun zu undurchdringlichen Gefängnismauern zusammengefügt. Der Philosophie sind trotz der Schutzmaßnahmen bzw. der Schutzhaft, die Kant für die Vernunft erarbeitet hat, die Studenten mehr und mehr weggelaufen. Eine Erkenntnistheorie, die den Weg zur Erkenntnis der Welt argumentativ vollständig abdichtet, hat für die meisten jegliche Attraktivität verloren. Kants Philosophie hat seine Zeitgenossen nicht wenig deprimiert. Attraktiv ist seine Philosophie dennoch für all jene, die sich selbst als Konstrukteure der Welt sehen möchten. Der Erfolg von Kants Philosophie konnte in einer Zeit, die den Kult des Individuums, das sich selbst gottähnlichen Status zuweist, nicht ausbleiben.

D Hamann und Herders Gegnerschaft: die *Metakritik*[33]

Johann Georg Hamann vertraut auf seine Intuition, nicht auf seinen Kopf. Er sucht sich Freunde, die seine Gedanken „aushamannisieren" sollen. Er wendet

---

31 Kant, Kritik der reinen Vernunft, (Werke III, 119, hrsg. v. Weischedel).
32 Heinrichs (1986:40) hat diese Schwäche von Kants Kategorienlehre als offene Wunde der Kant-Forschung bezeichnet.
33 Der folgende Abschnitt greift auf Leiss 1991 zurück.

sich vor allem an Kant und Herder. Kant habe einen Kopf aus Eisen, während er selber einen Tonkrug als Kopf habe, der in Konfrontation mit Kant ja doch nur zu Bruch gehen würde, schreibt Hamann 1783 an Herder[34], – zwei Jahre nach dem Erscheinen der *Kritik der reinen Vernunft*. Hamann ist schon beim Korrekturlesen enttäuscht. Er bezeichnet Kant als preußischen Hume. Das sei ein Hume, der im „cant-style" geschrieben sei, was man mit „Kauderwelsch" oder „Gaunersprache" übersetzen kann.[35] Kant hat den Status der Vernunft nicht relativiert, so wie Hamann sich seinen Schreibauftrag vorgestellt hatte, ganz im Gegenteil. Hamann bleibt nun nichts mehr anderes übrig, als sich selbst auszuhamannisieren, wie er das gerne nennt, und schreibt eine *Metakritik der reinen Vernunft*. Es handelt sich um eine Skizze, die er weiter ausarbeiten will. Als Kant daran geht, seine *Kritik der reinen Vernunft* umzuarbeiten, stellt Hamann das Projekt seiner *Metakritik* erst mal zurück. Wieder hofft er auf seinen Einfluss auf Kant. In den Briefen an Jacobi aus dieser Zeit klingen seine Hoffnungen an. Zwar sei Kant von der Überlegenheit seines Systems so überzeugt, wie er, Hamann, Misstrauen dagegen habe, doch Hamann fügt selbstbewusst hinzu: „Hippel meynte es würde unserm Kant bald eben so ergehen."[36]

Hamann vertraute umsonst auf seinen Einfluss auf Kant. Drei Monate später schreibt er schon desillusionierter, Kant denke wie jeder Systematiker „von seinem System wie ein römisch Katholischer von seiner einzigen Kirche" und: „Er ist wie sein System, kein Fels, sondern Sand, in dem [man] bald müde wird weiter zu gehen."[37]

Hamann versteht die Unnachgiebigkeit von Kant nicht. Er meint zunächst, das Lesepublikum sei schuld. Kant sei durch seinen Ruhm, den er durch die *Kritik der reinen Vernunft* schließlich erlangt habe, zu sehr verwöhnt.[38] Hamann unterschätzt jedoch Kants Widerstand. Mit der *Kritik der reinen Vernunft* hatte sich Kant gegen die vermeintlich destruktive Philosophie Humes und damit auch gegen den Einfluss von Hamann immunisiert.

Zwei Jahre später, im Jahr 1788, stirbt Hamann. Die Metakritik ist Fragment geblieben. Hamanns Freund Johann Gottfried Herder wird diesen Entwurf aushamannisieren – und damit das Gespött des gelehrten Publikums des 18. Jahrhunderts auf sich ziehen. Herder wollte zwar immer die Intuitionen Hamanns,

---

34 Wörtlich: „Aber mein armer Kopf ist gegen Kantens ein zerbrochener Topf – Thon gegen Eisen". Brief an Johann Gottfried Herder vom 8.12.1783 / ZH V, S. 108.
35 Vgl. Brief an Herder vom 10.5.1781 / ZH IV, S. 293 (preussischer Hume) und Brief an Christian Jacob Kraus vom 13.12.1784 / ZH V, S. 289 (*cant-style*).
36 Brief an Jacobi vom 15.1.1786 / ZH VI, S. 228.
37 Brief an Jacobi vom 9.4.1786 / ZH VI, S. 350.
38 Vgl. ZH VI, S. 349.

denen er fest vertraute, ausformulieren, doch ist er dabei oft über sein Ziel hinausgeschossen. Zu Lebzeiten Hamanns war das kein schwerwiegendes Problem, weil Hamann immer wieder korrigierend eingreifen konnte. Beide standen zwar später nur noch über Briefe in Verbindung – Hamann lebte in Königsberg, Herder in Weimar. Bis zum Tod von Hamann haben sie sich jedoch nicht mehr getroffen. Herder wartete auf Hamanns Briefe wie auf Sendschreiben, berichtet Herders Frau Caroline in ihren *Erinnerungen*. Herders *Metakritik* erschien 1799, also erst 11 Jahre nach Hamanns Tod.

Hamanns und Herders Metakritiken sollten eine ganze Folge von weiteren Metakritiken und Metametakritiken auslösen. Diese sind heute weitgehend vergessen oder nur noch Hamann-Spezialisten bekannt. Darum ist es sinnvoll, zunächst Hamanns Skizze einer Metakritik vorzustellen. Die meistzitierte Textstelle seiner *Metakritik über den Purismus der Vernunft* ist: „[Das] ganze Vermögen zu denken beruht auf Sprache". Diese Stelle wurde oft interpretiert und fehlgedeutet. Man hat Hamann beispielsweise als Vertreter der linguistischen Relativitätstheorie bzw. der Sapir-Whorf-Hypothese eingeordnet, wonach das Denken durch die sprachlichen Strukturen spezifischer Einzelsprachen determiniert wird.[39] Doch nichts läge Hamann ferner, als eine erkenntnisrelativierende Funktion von Sprache anzunehmen. Hamanns Sprachtheorie ist in allen seinen Schriften im übrigen ununterschieden von der Metakritik, weshalb sie zur Erklärung miteinbezogen werden. Hamanns häufiger Ausspruch „Vernunft ist Sprache" lässt sich folgendermaßen ‚entpacken': Es handelt sich um einen analytischen Satz, vergleichbar mit dem Satz: *Fichten sind Bäume*. Es besteht somit keine Identitätsbeziehung zwischen Subjekt und Prädikat, sondern eine Inklusionsbeziehung. So wie *Fichten* eine Teilmenge der Menge der *Bäume* darstellt, ebenso umfasst das kognitive Vermögen der Sprache alle anderen kognitiven Teilvermögen, wie z.B. das der Vernunft bzw. des Denkens. Gedanken stellen danach ein symbolisches Subsystem des Gesamtsystems Sprache dar. Das ist natürlich nur dann so konzipierbar, wenn Sprache nicht auf ihre Ausdrucksseite reduziert wird und wenn Vernunft nur Menschen und nicht Tieren zugeschrieben wird.

Vernunft ist nach Hamann die artspezifische Form des Denkens, die nur beim Menschen vorkommt und die mittels Sprache aufgebaut wird. Gedanken haben also ein sprachliches Format. Es ist die Sprache, die zwischen der Welt und der menschlichen Kognition vermittelt. Die Sprache ist ein symbolisches System, das weitere symbolische Systeme, z.B. Gedanken, generiert. Man könnte dieses System auch mit der „Welt drei" von Karl Popper[40] gleichsetzen.

---

39 So eingeordnet von Penn 1972.

40 Popper nennt die „Bewohner" von Welt 3 so real und wirklich wie physische Tische und Sessel (Popper 1974/1994:267). Zur Welt 3 gehören zum Beispiel Theorien.

Es handelt sich um zwar autonome symbolische Systeme mit eigenen Gesetz-mäßigkeiten, die jedoch alle sprachlich generiert sind. Dabei ist Sprache nicht gleichzusetzen mit Lautsprache. Für Hamann ist der Mensch vor allem ein symbolisches Lebewesen. Das stimmt mit neueren Ergebnissen überein, wonach die Gebärdensprache von Gehörlosen im selben Areal (Broca-Zentrum) verarbeitet wird wie die Lautsprache.[41] Bei einer Verletzung dieses Areals, etwa durch eine Einblutung, erscheinen in der Gebärdensprache dieselben sprachli-chen Ausfälle wie in der Lautsprache. In diesem Sinn ist der Mensch also tatsächlich primär ein symbolisches Lebewesen, wobei die Art der Symbolisie-rung (auditiv oder visuell) sekundär ist. Dass sich Hamann für Untersuchungen der Gebärdensprache gerade im Zusammenhang mit der Abfassung seiner *Metakritik* sehr interessiert hat und dass er die zeitgenössische Literatur dazu rezipiert hat, hat Weiß (1990:29) anhand der Lektüren von Hamann rekonstru-iert. Danach hat Hamann die Schriften von Samuel Heinicke über den Taub-stummenunterricht, erschienen im 18. Jahrhundert, rezipiert. Weiß weist darauf hin, dass sich gerade die zentrale Aussage der Metakritik, „das ganze Vermögen zu denken beruht auf Sprache", auf den „Verdienstvollen Samuel Hein[i]ke" bezieht.

Hamanns Position stellt das genaue Gegenteil aller modernen kognitivisti-schen Theorien dar. In der von Chomsky und weiteren Rationalisten vertrete-nen Modularitätsthese verhält es sich beispielsweise genau umgekehrt. Dort ist das sprachliche System ein Subsystem der menschlichen Kognition. Nach Hamann ist die Sprache jedoch weit mehr als nur ein Mittel zur Kommunika-tion von Gedanken, Einstellungen oder Gefühlen. Als „Banquiers der gelehrten Republik"[42] verspottet er all jene, welche die Funktion der Sprache auf Kommunikation, auf den „Wortwechsel" reduzieren. Sie wenden ihre Theorie des Geldes gleichzeitig auf die Sprache an, so seine These. Sprache werde nach dem Modell der Geldwirtschaft als Tauschmittel betrachtet und auf den Tausch von Gedanken beschränkt. Hamann ist davon überzeugt, dass die modernen Sprachtheorien von der seit dem späten Mittelalter zunehmend dominant wer-denden Geldwirtschaft beeinflusst sind. Diese Überzeugung ist umso interes-santer, wenn man bedenkt, dass man heute tatsächlich das Aufkommen des Nominalismus im Spätmittelalter und der frühen Neuzeit mit dem Aufkommen der Geldwirtschaft in Beziehung bringt.[43] Hamann schreibt: „Beide [Sprache

---

41 Die Entdeckungen auf diesem Gebiet sind vor allem mit dem Namen Ursula Bellugi verbunden.

42 Hamann, Werke, hrsg. von Nadler, II, S. 130.

43 Vgl. die Einleitung in Paqué 1970 (Das Pariser Nominalistenstatut. Zur Entstehung des Realitätsbegriffs der neuzeitlichen Naturwissenschaft).

und Geld] stehen in einer näheren Verwandtschaft, als man muthmaßen sollte. Die Theorie des einen erklärt die Theorien des anderen; sie scheinen aus gemeinschaftlichen Gründen zu fließen".[44]

Diese Tauschtheorie bzw. Gedankenaustauschtheorie von Sprache will Hamann ersetzen durch die Betonung des erkenntnisfördernden Charakters von Sprache. Danach beruht aller Reichtum der menschlichen Erkenntnis auf Sprache. Die Sprache ist nach Hamann das Apriori aller Erkenntnis. Gleichzeitig ist sie in der Erfahrung verankert. Beide Aussagen scheinen sich zu widersprechen, zumindest dann, wenn man den Ausdruck *a priori* mit ‚vor aller Erfahrung' übersetzt.

Hamanns Sprachtheorie wird erst dann verständlich, wenn man sich klar macht, dass er auf Hume aufbaut. An die Stelle von Humes Instinkt setzt er die Sprache. Sie leistet nach Hamann die Isomorphie zwischen der Abfolge unserer Vorstellungen und dem Lauf der Natur. In der Sprache sind die uns unbewussten Kräfte und Mächte wirksam. Mit anderen Worten: Nach Hamann wird die von Hume angenommene prästabilierte Harmonie zwischen Welt und Vernunft durch Sprache hergestellt.

Nach Hamann bezieht die Vernunft den Kausalbegriff sowie alle anderen Kategorien von der Sprache. Die Vernunft ist der Sprache somit nachgeordnet. Die Sprache ist dabei so zuverlässig und unfehlbar wie es der Instinkt bei Tieren ist. Mittels Sprache ahmt der Mensch die Natur nach, und mittels Sprache wird der Mensch „unter allen Thieren der größte *Pantomim*".[45] Das Zeichensystem des Menschen, die Sprache, ahmt das Zeichensystem der Natur nach. Der Mensch ist durch seinen ‚Sprachinstinkt' auf Zeichen spezialisiert und wird dadurch zum semiotischen Lebewesen. Das ist ein Lebewesen, das auf Semiose (Zeichenbildung) spezialisiert ist.

Die Vernunft ist deshalb ein Teilvermögen der Sprache, weil es sich um den bewussten und reflektierten Teil von Sprache handelt: Hamanns Devise ist „*Est; ergo cogito*"[46] – in bewusster Opposition zu Descartes „*Cogito; ergo sum*". Mit diesem *est, ergo cogito* weist sich Hamann ganz eindeutig als Realist aus. Empirismus und Rationalismus werden von ihm als Alternativen beiseite geschoben, da er erneut von der Motiviertheit der Beziehung zwischen Sprache und Welt ausgeht.

Herder setzt das Projekt Hamanns fort. 1799 veröffentlicht er *Eine Metakritik zur Kritik der reinen Vernunft*. Das „Herdersche Geschwätz" sei „kaum einer Widerlegung würdig", schreibt Johann Gottfried Kiesewetter an Kant. Kiesewet-

---

44 Hamann, Werke, hrsg. von Nadler, II, S. 129.
45 Hamann-Werke, ed. von Nadler, III: 38 (Hervorhebung von Hamann).
46 Brief an Jacobi vom 1.6.1785 / ZH V, S. 448.

ter hatte vom preußischen König ein Stipendium erhalten, um in Königsberg die Philosophie Kants zu studieren. Die *Metakritik* Herders findet nur bei Wenigen Zustimmung, z.B. bei Wieland und Jean Paul. Schiller ist ein großer Gegner von Herder, schon deswegen, weil er Kant-Anhänger ist.

Heute ist die *Metakritik* fast vergessen. Zunächst lässt sich von 1799–1802 eine heftige Abwehr durch die Zeitgenossen feststellen. Von einer „metakritischen Invasion" ist 1800 in einem Büchertitel die Rede. Der Verfasser, Friedrich Theodor Rink (1800), wirft Herder vor, Hamanns Metakritik ohne Angabe der Quelle benutzt zu haben, was absurd ist. Eine andere Schrift, die gegen Herder gerichtet ist, wurde von J. G. Rätze verfasst: *Herder gegen Kant oder die Metacritik im Streite mit der Critik der reinen Vernunft*, die in Leipzig ein Jahr nach dem Erscheinen der *Metakritik* erschienen ist (1800). Er bezeichnet die Metakritik als Produkt „eines von theoretischer Philosophie irregeleiteten Genies" (Rätze 1800: IV). 1803 stirbt Herder. Den staatlich geförderten Siegeszug der kritischen Philosophie konnte er mit seinem Angebot einer realistischen Erkenntnistheorie nicht mehr aufhalten.

E Auswirkungen und heutige Einordnung

Die zurückgewiesene Aufwertung der Sprache durch Hamann und Herder hatte erhebliche Folgen für alle: für Schüler, Lehrer, Studierende, für alle, die sich der Sprache bedienen. Die Sprachtheorie Hamanns und Herders verbietet es, Eingriffe in die Sprache vorzunehmen. Die Sprache ist nach ihrer Auffassung klüger als die Menschen. Jeder Eingriff in die Sprache erzeugt Willkür. Hamann wendet sich daher gegen die Sprachreinigungsprogramme der Akademien und gegen die Vorschläge zur Normierung der Orthographie. Er verfasst mehrere Streitschriften gegen die Orthographiereformer seiner Zeit – ganz offensichtlich ohne dauerhaften Erfolg. Wir sind heute mit einer von Menschen gesetzten, willkürlichen Orthographie konfrontiert, die so regellos ist, dass jedes Wort in einer Liste (der Rechtschreibduden stellt kein Regelwerk, sondern lediglich eine Liste von normierten Schreibungen dar) nachgeschlagen werden muss.

Die analytische Philosophie möchte heute Hamann und Herder als ihre Vorläufer für sich reklamieren. Sie erliegen einem grundsätzlichen Missverständnis: Ihnen gemeinsam ist nur ein gesteigertes Interesse für Sprache. Während Sprache für Hamann und Herder ein effizientes Erkenntnisinstrument darstellt, sieht die analytische Philosophie in der Sprache nur ein erkenntnisverhinderndes oder erkenntnisverzerrendes Instrument, das sie verbessern wollen – nicht zuletzt deshalb, weil ihnen nichts anderes mehr zu tun bleibt: Die Welt ist verschwunden, und die Vernunft ist auf nichts gegründet. Die menschliche Vernunft ist „unhintergehbar". Was bleibt für Philosophen noch zu tun? Sprachkritik ist die Antwort. Sie ist das letzte Reservat der Philosophie.

F Kommentierte Literaturhinweise

Es gibt ein *Hamann-Lesebuch*, das leichter zugänglich ist als die historisch-kritische Ausgabe:

Majetschak, Stefan (Ed.) (1988): *Vom Magus im Norden und der Verwegenheit des Geistes. Ein Hamann-Brevier*. Mit einem Nachwort von Stefan Majetschak. München: Deutscher Taschenbuch Verlag (dtv; 2196).
Dort findet man auch Hamanns *Metakritik über den Purismus der Vernunft* abgedruckt (S. 205–212). Auch der Brief an Immanuel Kant *Über eine Physik für Kinder* ist dort leicht zugänglich (S. 125–129).

Hamanns sprachtheoretische Position ist dargestellt in:

Leiss, Elisabeth (1991): „Die Vernunft ist ein Wetterhahn". Johann Georg Hamanns Sprachtheorie und die Dialektik der Aufklärung. In: *Zeitschrift für germanistische Linguistik* 19, 259–273.

Leichter als Kants *Kritik der reinen Vernunft* ist dessen eigene ‚popularisierende' Fassung zu lesen:

Kant, Immanuel (1783/1911): Prolegomena zu einer jeden künftigen Metaphysik, die als Wissenschaft wird auftreten können. Riga 1783. In: *Kants Gesammelte Schriften*. Hrsg. von der Königlich Preußischen Akademie der Wissenschaften. Bd. 4. Berlin 1911, 253–283. [Leichter zugänglich in der Ausgabe von Wilhelm Weischedel als Band 5 der Werkausgabe bei Suhrkamp: Suhrkamp Taschenbuch Wissenschaft; 188].

Eine sehr informative und spannende Kant-Biographie ist:

Gulyga, Arsenij (1977/1985): *Immanuel Kant*. Aus dem Russischen übertragen und mit einem Nachwort versehen von Sigrun Bielfeldt. Frankfurt am Main: Suhrkamp 1985 (Suhrkamp Taschenbuch; 1093) [Russ. Erstausgabe 1977. Das russische Original ist in einem Jugendbuchverlag erschienen, was die gute Lesbarkeit erklären dürfte].

Herders *Metakritik zur Kritik der reinen Vernunft* ist heute wenig bekannt. Ein Ausschnitt daraus findet sich abgedruckt in:

Herder, Johann Gottfried: *Sprachphilosophische Schriften*. Aus dem Gesamtwerk ausgewählt, mit einer Einleitung, Anmerkungen und Registern versehen von Erich Heintel. Hamburg: Meiner 1975 (Philosophische Bibliothek; 248), S. 181–227.

Der vollständige Text findet sich in Band 21 von:

Herders Sämmtliche Werke. 33 Bde. Hrsg. von Bernhard Suphan. Berlin: Weidmannsche Buchhandlung 1877–1913.

sowie in Band 8 von:

Herder, Johann Gottfried: *Werke in 10 Bänden.* Hrsg. von Martin Bollacher, Jürgen Brommack, Ulrich Gaier, Gunter E. Grimm, Hans Dietrich Irmscher, Rudolf Smend und Rainer Wisbert. Frankfurt am Main: Deutscher Klassiker Verlag 1985–2000, S. 303–490.

Ein charakteristisches Beispiel für die heftige Ablehnung von Herders Kantkritik durch seine Zeitgenossen ist:

Rink, Friedrich Theodor (1800): *Mancherley zur Geschichte der metacritischen Invasion. Nebst einem Fragment einer älteren Metacritik von Johann George Hamann, genannt der Magus in Norden, und einigen Aufsätzen, die Kantische Philosophie betreffend.* Königsberg: Friedrich Nicolovius.

Herders Sprachphilosophie ist zusammengefasst dargestellt in:

Gaier, Ulrich (1996): Johann Gottfried Herder. In: Borsche 1996: 215–231, 486–487.

Eine sehr materialreiche Zusammenstellung des Einflusses von Hume auf Hamann und sekundär über Hamann auf Kant findet man in:

Brose, Thomas (2006): *Johann Georg Hamann und David Hume. Metaphysikkritik und Glaube im Spannungsfeld der Vernunft.* 2 Bände. Frankfurt am Main u.a.: Lang (Europäische Studien zur Ideen- und Wissenschaftsgeschichte; 13).

Brose betont vor allem die theologischen Aspekte von Hamanns Werk. Nach Hamann ist Gott ein Schriftsteller, die Welt ist eine Art Kinderbuch, das er für den Menschen so verständlich wie möglich verfasst hat. Die Sprachtheorie von Hamann kann man auch ohne Bezug auf die theologischen Überzeugungen von Hamann rekonstruieren: Danach ist die Welt prinzipiell erkennbar („lesbar"), jedoch nur in einer vereinfachten Modellierung. Diese vereinfachende Reduktion (man kann auch sagen „Abstraktion") leistet die Sprache. Sie verendlicht die Welt und macht sie so für den Menschen kognitiv verarbeitbar.

4 Sprache repräsentiert unsere Gedanken schlecht

I Die Vorbereitung des „linguistic turn"

A Einleitung

Das Misstrauen gegen Sprache nimmt im 19. und 20. Jahrhundert weiter zu. Dabei gibt es unterschiedliche Formen des Sprachpessimismus in Abhängigkeit von der jeweiligen philosophischen Richtung. Die Sprache gilt zunehmend als fehlerhaft. Sie führe zu Gedankenkonfusionen, heißt es. Dabei sollte sie doch die Gedanken zum Ausdruck bringen. Nicht nur zwischen Welt und Sprache sind die Beziehungen arbiträr, auch zwischen Vernunft und Sprache herrscht jetzt zunehmend Arbitrarität vor. Diese neue Form des Sprachpessimismus wird vor allem von Seiten der sprachphilosophischen Position des Empirismus vertreten. Dessen Vertreter nehmen sich nun vermehrt der Sprache an. Die neuen Sprachpessimisten wollen die Sprache nicht nur therapieren und in einen besseren Gesundheitszustand versetzen. Die Philosophen werden zu „Sprachärzten", weil sonst keine andere philosophische Arbeit mehr zur Verfügung steht. Wenn nämlich die Vernunft auf die Erfahrungsseite geschlagen wird, so fällt sie in den Bereich der empirisch arbeitenden Wissenschaften, wie z.B. der Psychologie. Was bleibt dann für die Philosophen noch zu tun, fragen sich früher oder später alle mit empiristischer Axiomatik arbeitenden Philosophen. Die Philosophen haben sich selbst arbeitslos gemacht.

Auf der empirischen Seite ist die Welt in Fachwissenschaften aufgeteilt. Die Fachwissenschaften suchen nach Wissen, unbekümmert um erkenntnistheoretische Probleme. Ihnen geht es um die Beherrschung der Welt. Das Wesen der Welt interessiert sie wenig. Rorty (1967/1992:2) hat das verminderte Selbstwertgefühl der Philosophen prägnant zusammengefasst: „[...] one is tempted to *define* philosophy as that discipline in which knowledge is sought but only opinion can be had"– „man ist versucht, die Philosophie als die Disziplin zu definieren, in der Wissen gesucht wird, wo aber nur Meinungen vorgefunden werden". Und Rorty fügt hinzu, die Wissenschaft suche im Gegensatz zur Philosophie nicht nur nach Wissen, sie finde es auch. Die Wissenschaften würden Fortschritte erzielen, während die Philosophie stagniere, weil sie keine Kriterien für die Wahrheit oder Falschheit ihrer Ansichten angeben könne.

Die Gründung der Fachwissenschaften lässt sich mit der Gründung der Staaten vergleichen. Beide sind eine Erscheinung der Neuzeit. So wie mit Beginn der Neuzeit immer mehr Staatengründungen vorgenommen wurden, so kommt es auch zur Ausbildung von immer mehr Fachwissenschaften. Die Situation der modernen Philosophen gleicht der von Nomaden in einer Welt voller Grenzen. Beiden ist durch Grenzziehungen gleichsam der Boden unter den Füßen weggezogen worden. Früher oder später werden beide durch die neue Situation gezwungen, sich einem bestimmten Staat oder einer bestimmten Wissenschaft zuzuordnen.

Philosophen müssen sich zunehmend als Wissenschaftstheoretiker einer bestimmten Disziplin ‚ausweisen'. Sie sollen sich diesen Disziplinen als Hilfswissenschaftler unterordnen, wie das Auroux (1996) gefordert hat. Diese Forderung hat viel Empörung von Seiten der Philosophen ausgelöst, weil er die Unterordnung auch unter die Disziplin der Linguistik gefordert hat. Das Terrain der Sprache war bislang aber gerade die letzte Ausweichmöglichkeit der Philosophie, die sich als „Sprachphilosophie" oder als „linguistic philosophy" neu zu definieren versuchte. Die Linguistik war im 19. und Anfang des 20. Jahrhunderts noch ein Gebiet, durch das jeder hindurchziehen durfte, ob Schriftsteller, Philosoph oder Sprachliebhaber. Inzwischen sind auch hier die Grenzen eng gezogen.

Kant hatte den Verlust der Weideflächen im Bereich der Philosophie klar vorausgesehen, ja in Königsberg direkt selbst erlebt und die Erfahrung und damit die Erfahrungswissenschaften schon aus diesem Grund relativieren wollen. Die Erfahrung ist den apriorischen Begriffen, mit denen sich die Philosophie beschäftigt, nach- und untergeordnet, so Kants Ausweg. Um die Philosophie zu retten, muss er die Erkennbarkeit von Welt opfern. Die Empiristen wollen die Erkennbarkeit der Welt retten, machen damit aber die Philosophie überflüssig.

Beide Wege erweisen sich auf ihre Weise als Sackgassen. Überhaupt erscheint die gesamte erkenntnistheoretische Situation als zunehmend ausweglos:

Die rationalistische Sprachauffassung ist kurzfristig erfolgreich. Es kommt zu einer Kant-Mode bei den Grammatikern. Es erscheint eine neue Generation von Allgemeinen Grammatiken. Es handelt sich um Philosophische Grammatiken, die an Kant orientiert sind. Dazu gehören die Grammatiken von Georg Michael Roth (1769–1817) und August Ferdinand Bernhardi (1769–1820). Roth hatte die *Kritik der reinen Vernunft* gelesen und wendet sich im Anschluss daran gegen die herkömmlichen Allgemeinen Grammatiken vom Typ der Grammatik von Port-Royal. Seine Grammatik hat den Titel *Antihermes* (1805). Sie gibt sich damit als Gegenentwurf zu einer anderen Philosophischen Grammatik zu erkennen: James Harris hatte 1751 eine Philosophische Grammatik mit dem Titel *Hermes* veröffentlicht. Roths Grammatik übernimmt viele Passagen aus der *Kritik der reinen Vernunft* wortwörtlich. Vor allem übernimmt er Kants Kategorientafel und macht sie zur Grundlage seiner Aussagen über sprachliche Universalien. Man erfährt in den von Kant inspirierten Grammatiken nichts mehr über allgemeine Strukturen von Sprache. Die Sprache wird in das Korsett der Kategorientafel gezwängt, und es wird behauptet, dass dieses Korsett das universale Skelett aller Sprachen darstelle.

Man erfährt in diesem neuen Typ von philosophischen Grammatiken vor allem nichts über Sprache, was nicht auch bei Kant stehen würde, und Kants Wissen über Sprache erschöpft sich im Zeitgeist seiner Epoche. Es verwundert also nicht, dass das Interesse an den Allgemeinen Grammatiken nachlässt. Diese Textsorte stirbt erst einmal aus. Damit wird die lange Tradition zunächst der Spekulativen und schließlich der Allgemeinen Grammatik abgebrochen (vgl. Naumann 1986 und 1996).

Noam Chomskys immenser Erfolg in den 60er Jahren ist darin begründet, dass er den Traum einer Allgemeinen Grammatik wiederbelebt. Allerdings definiert er die Sprachwissenschaft als Teil der Psychologie, die er wiederum als naturwissenschaftliche – gemeint ist erfahrungswissenschaftliche – Disziplin einordnet. Chomsky verspricht, die universale, apriorische Ausstattung, die Kant ja nur postuliert hatte, auf wissenschaftliche Weise zu begründen. Doch seine Darstellung von Sprache ist – trotz gegenteiliger Behauptung – ähnlich erfahrungsresistent wie Kants Darstellung von Tirol: So wie sich Kant von einem bei seinem Mittagstisch anwesenden Tiroler nicht unterbrechen ließ, weil er, Kant, Tirol aus den Reisejournalen besser zu kennen glaubte als der Tiroler, genauso verhält sich Chomsky gegenüber den Sprechern: deren Einwände – in Form von Grammatikalitätsurteilen – werden nicht selten abgelehnt, wenn sie seinen eigenen Postulaten widersprechen.

Jean Piaget, der ebenfalls Kants apriorische Kategorien begründen wollte, verlässt – wie Chomsky – ebenfalls die Philosophie. Seine Autobiographie heißt bezeichnenderweise *Weisheit und Illusionen der Philosophie*. Piaget wird Psychologe und versucht in seiner „genetischen Erkenntnistheorie", die ontogenetische Entstehung der Kategorien im Verlauf der logischen und gleichzeitig sprachlichen Entwicklung des Menschen zu beschreiben und zu erklären.

Das Kantsche Programm war somit in keinem Fall erfolgreich. Die getreue Übertragung seines Programms führt zum Absterben rationalistischer Literaturgattungen; und die Abwandlung seines Programms führt zur Wiedereinbürgerung der Vernunft in die Staatenwelt der Fachwissenschaften, sei es die Linguistik oder die Psychologie oder eine andere Wissenschaft. In beiden Fällen bleibt für die Philosophen nichts zu tun. Sie werden entweder nicht gelesen oder sie wandern in eine empirische Disziplin ab.

Die Empiristen: Ihnen geht es nicht besser als den Rationalisten. Zwar befinden sie sich bereits auf dem Gebiet der Erfahrungswissenschaften, aber sie sind dort Bewohner zweiter Klasse, weil sie keine wissenschaftlichen Erkenntnisse vorweisen können, die zur Beherrschung der Welt beitragen. Ein Geologe, der die Entdeckung des nächsten Erdölvorkommens beschleunigt, darf sich methodisch und theoretisch so anarchisch verhalten wie er will, solange die Erfolgsserie anhält. Das Angebot der Philosophie, sich als Wissenschaftstheorie nützlich zu machen, um so über die Methodik der Einzelwissenschaften zu wachen, war wenig erfolgreich. Offenbar wurden durch die methodische Sauberkeit nicht mehr Bodenschätze entdeckt als ohne sie. Im Gegenteil: Gerade die von der philosophischen Logik so verachteten Analogieschlüsse haben häufig den Erfolg gebracht.

Was also bleibt für die Philosophie noch zu tun, fragt sich auch Rudolf Carnap, der sich damit abgefunden hat, dass die Philosophie nicht mehr als Superdisziplin über die Fachdisziplinen wachen kann. Diese Frage wird für die Philosophie zur zentralen Frage, zur Überlebensfrage. Carnap wendet sich der Sprache zu, vor allem der Wissenschaftssprache. Diese will er einer logischen und sprachlichen Analyse unterziehen, um sie von den „logischen Mängel[n] der natürlichen Sprache" (Carnap 1934:2) zu befreien. Philosophie wird Sprachkritik.

Die dritte Traditionslinie, wonach Sprache ein Erkenntnisinstrument ist, mündet ebenfalls in Sprachkritik. Fritz Mauthner, der zu Beginn des 20. Jahrhunderts eine dreibändige *Kritik der Sprache* mit fast 2.800 Seiten verfasst, beruft sich explizit auf Hamann und Herder. Sprache ist für ihn ein Erkenntnisinstrument, sogar das einzige; allerdings ist es nach seiner Überzeugung so mangelhaft, dass wir gerade wegen dieser Mangelhaftigkeit nicht zur Erkenntnis der Welt vordringen können. Er spricht daher gleich auf der ersten Seite des ersten Bandes von der „Tyrannei der Sprache" und von der Sprachkritik als dem wichtigsten Geschäft der denkenden Menschheit. Mauthner war kein Berufsphilosoph und hatte deswegen nicht das Problem, seine Disziplin legitimieren zu müssen. Gelesen wurde er von vielen, akzeptiert wurde er nicht. Wittgenstein, der selbst niemals Berufsphilosoph werden wollte, hat Mauthner gelesen. Was bei Mauthner „Wortaberglauben" heißt, ist bei ihm die „Verhexung" unseres Verstandes durch die Sprache. Wittgenstein lässt sich weder der empiristischen noch der rationalistischen Sprachphilosophie zuordnen. Mit seinem *Tractatus logico-philosophicus* legt er erst einmal ein Stück Spekulativer Philosophie im ursprünglichen Sinn vor: Er entwickelt eine realistische Bildtheorie: Sätze sind wieder Bilder von Tatsachen. Damit schließt er an die modistische *Tractatus*-Literatur wieder an.

Carnap und Wittgenstein kannten sich persönlich. Zwischen beiden entstanden sofort Spannungen, die Patzig (1966:103) in seinem Nachwort zu Carnap (1928/1966) auf interessante Weise formuliert: „Die Verschiedenheit des Naturells störte nur Wittgenstein, nicht ihn [Carnap]". Die Verschiedenheiten der Naturelle waren auch Verschiedenheiten in der Auffassung des Verhältnisses von Welt, Vernunft und Sprache.

B Carnaps Begründung der Analytischen Philosophie

Rudolf Carnap (1891–1970) gehört zu den Mitbegründern der sprachanalytischen Philosophie (im englischsprachigen Bereich auch „linguistic philosophy" genannt). Seiner Auffassung nach wird die Untersuchung der Welt durch die Realwissenschaften, wie z.B. die Physik, geleistet: „Was aber bleibt denn für die Philosophie überhaupt noch übrig, wenn alle Sätze, die etwas besagen, empirischer Natur sind und zur Realwissenschaft gehören?" (Carnap 1931:237). Die Antwort steht bereits im Titel der Arbeit, in der diese Frage gestellt wird: *Überwindung der Metaphysik durch logische Analyse der Sprache* (Carnap 1931). Drei Jahre später erscheint seine *Logische Syntax der Sprache*. Dort wird die Aufgabe der Philosophie auf die Logik reduziert und die der Logik wiederum auf die Sprache, und hier wiederum auf einen Teil der Sprache: die Syntax. Carnap gerät bereits als Wiener Student der Physik, Mathematik und Philosophie in das Spannungsfeld zwischen Empirismus und Rationalismus. Er hört Vorlesungen bei Gottlob Frege und Bruno Bauch. Bruno Bauch ist Kantianer und Carnap besucht dessen Seminar, in dem über ein Jahr lang die *Kritik der reinen Vernunft* diskutiert wird. In seiner *Intellektuelle[n] Autobiographie* (1963) berichtet Carnap, wie sehr ihn Kants Ansicht beeindruckt hatte, dass die geometrische Auffassung des Raums durch die apriorischen Anschauungsbegriffe determiniert sein soll. Carnap gehört auch zu den wenigen Studenten von Gottlob Frege. Für Frege sind – anders als bei Kant – der Raum sowie die Gegenstände der Geometrie nicht durch unsere Anschauung determiniert (Kutschera 1989:194). Frege führt die alte Differenzierung zwischen Bedeutung (bei ihm *Sinn*) und Bezeichnung (bei ihm *Bedeutung*) wieder ein. Er hat eine realistische Auffassung, was abstrakte Entitäten betrifft. Gedanken haben für ihn eine unabhängige Existenz vom Denkenden. Sie gehören für ihn einem „dritten Reich" an.[47] Frege geht so weit, dass er den Bereich der Mathematik, der für Kant das Muster für die menschliche Natur abgibt (beide sind apriorischer und synthetischer Natur), dem Bereich der Welt zuordnet. Das gelingt ihm, indem er Zahlen als Eigennamen definiert. Eigennamen aber verweisen auf Gegenstände in der wirklichen Welt: Sie denotieren diese Gegenstände. Die Wahrheitswerte ‚wahr' und ‚falsch' beziehen sich auf wirkliche Gegenstände oder Tatsachen in der Welt und sind nicht bloß von Menschen gesetzt. Frege ist also kein Rationalist, sondern vielmehr Empirist – ja mehr noch: Er ist Realist: Gedanken sind für ihn wieder die Brücke zwischen Welt und Sprache. Damit

---

47 Entspricht der „Welt 3" bei Popper. Popper bezeichnet sich in Bezug auf seine Welt 3 allerdings als Realist und ordnet Frege mit seinen „dritten Reich" als Idealisten ein, was ein Irrtum sein dürfte (Popper 1974/1994:267).

die Verbindung auch hergestellt werden kann, setzt Frege (so wie früher Leibniz) auf eine mathematisch orientierte, formale Sprache. Frege behält also das weitverbreitete Misstrauen gegenüber der natürlichen Sprache bei.

Carnap wird bei Bruno Bauch promovieren und nicht bei Gottlob Frege, obwohl man Carnap heute als Schüler und Fortsetzer von Frege betrachtet. Frege gilt heute als früher Vorläufer und Begründer des „linguistic turn", dem auch Carnap zugeordnet wird.

Carnap gesteht in seiner Autobiographie, dass ihm als Student nicht bewusst war, auf welcher erkenntnistheoretischen Basis Frege argumentiert hat. Frege habe nie über allgemeine Fragen erkenntnis- oder wissenschaftstheoretischer Natur gesprochen. Die philosophische Unentschlossenheit oder Desorientiertheit zwischen den verschiedenen Positionen wird noch durch einen weiteren Bericht deutlich, den Carnap in seiner Autobiographie selbst nacherzählt. Seinen Freunden fiel auf, dass er, Carnap, bei den philosophischen Diskussionen wie ein Chamäleon die Terminologien wechselte. Mit den Nominalisten spreche er nominalistisch, beim Gespräch mit Realisten verwende er eine realistische Terminologie. Schließlich wird er von seinen Freunden gefragt, was denn nun eigentlich seine eigene philosophische Position sei. Carnap ist von dieser Frage so überrascht, dass er keine Antwort darauf geben kann. Später deutet er sein terminologisches Verhalten als „Neutralität" und „Toleranz". In seinem Buch *Der logische Aufbau der Welt* (1928/1998) zählt er die Kontroversen zwischen Realismus und Idealismus in ihren verschiedenen Ausprägungen zu den Scheinfragen der Philosophie. Die Realitätsfrage habe keinen Sinn, weil sie wissenschaftlich weder bejaht noch verneint werden könne. Die beiden Thesen sind seiner Ansicht nach weder wahr oder falsch, sondern wissenschaftlich sinnlos. Mit dieser praktischen Lösung seines Problems der erkenntnistheoretischen Heimatlosigkeit spricht Carnap der Philosophie die Berechtigung ab, sich mit den axiomatischen Grundlagen der Wissenschaften auseinanderzusetzen. Carnap wendet sich von Kant ab und bezeichnet metaphysische Sätze ganz allgemein als sinnlos. Mit der Möglichkeit synthetischer Urteile a priori setzt er sich nicht mehr weiter auseinander. Carnap wendet sich schließlich immer mehr der Tradition des Empirismus zu. In seinem Buch *Der logische Aufbau der Welt* (1928/1998) will Carnap zeigen, dass die Basis aller Wirklichkeitserkenntnis in Wahrnehmungserlebnissen besteht. Die Wahrnehmungserlebnisse werden von ihm nicht mit den Sinnesdaten gleichgesetzt; sie müssen erst ‚rückwärts' erschlossen werden. Ausgangspunkt sind bei ihm die eigenpsychischen Phänomene. Von ihnen aus wird auf die physischen Gegenstände geschlossen; über diesen Weg gelangt man zum Verstehen fremdpsychischer Vorgänge, bis man schließlich bei der „Gegenstandsart" der objektiven Inhalte der geschichtlichen Welt angelangt.

Jede Aussage hat nach Carnap „sachhaltig" zu sein. Nicht sachhaltige Aussagen sind Scheinaussagen. Eine sinnvolle Aussage muss sich durch Erfahrung bestätigen oder widerlegen lassen.

Durch diesen Text erlangt Carnap die Aufmerksamkeit von Moritz Schlick, dem Begründer des bekannten „Wiener Kreises", in dem eine Gruppe von Wissenschaftlern diskutiert. Deren Position wird auch als logischer Empirismus bezeichnet. Im Wiener Kreis wird zu der Zeit gerade der 1917 erschienene *Tractatus logico-philosophicus* Ludwig Wittgensteins diskutiert. Carnaps nächstes Buch *Logische Syntax der Sprache* verweist im Vorwort (1934:III) bereits auf den Wiener Kreis und dessen Auffassung, „dass die traditionelle metaphysische Philosophie keinen Anspruch auf Wissenschaftlichkeit machen kann". Wissenschaftlich haltbar an der Arbeit des Philosophen ist nach Carnap nur noch die logische Analyse.

C Text: *Logische Syntax der Sprache* von Carnap

Die Aufgabe der Philosophie besteht nach Carnap darin, für die Wissenschaften ein Begriffsgebäude zu liefern, das es erlaubt, die Ergebnisse logischer Analyse exakt zu formulieren. Er reduziert Philosophie damit auf Wissenschaftslogik. Darunter versteht er die logische Analyse der Begriffe und Sätze der Wissenschaften. Der Wissenschaftslogiker arbeite auf demselben Gebiet wie der Fachwissenschaftler; nur die Aufmerksamkeitsverteilung sei eine andere.

Wissenschaftslogik ist für Carnap gleichzusetzen mit der logischen Syntax der Wissenschaftssprache. Unter logischer Syntax versteht er die systematische Aufstellung von formalen Regeln, die für eine Sprache gelten, sowie die Entwicklung der Konsequenzen aus diesen Regeln. Als formal werden die Regeln bezeichnet, weil sie ohne Bezug auf die Bedeutung der Zeichen aufgebaut sind.

Carnap verzichtet auf eine Trennung von Logik und Syntax. Er argumentiert damit, dass die logischen Eigenschaften von Sätzen von ihrer sprachlichen Struktur abhängen, z.B. davon, ob es sich um einen analytischen oder synthetischen Satz handelt: **„So wird die Logik zu einem Teil der Syntax**, wenn diese weit genug gefasst und exakt formuliert wird" (Carnap 1934:2; Hervorhebung durch Carnap). Im Grunde handelt es sich um die konsequente Abschaffung der Kantschen synthetischen Urteile a priori. Einen Teil davon hatte Frege schon auf die Seite der Welt oder wenigstens der Welt 3 ausgelagert. Verbliebenes Apriorisches wird nun der Struktur der Sprache zugeordnet. Vom Kern der Kantschen Metaphysik, wonach sich die Menschen die Welt selbst konstruieren, unabhängig von der Beschaffenheit der Welt, bleibt nichts mehr übrig.

Die symbolischen Sprachen, die Carnap vorschlägt, enthalten an der Stelle von Wörtern sogenannte Formelzeichen. Der natürlichen Sprache traut er strenge Beweise und exakte Formulierungen nicht zu. Sie ist für ihn logisch mangelhaft. Künstliche Sprachen wie Esperanto hält er bereits für weniger mangelhaft. Zu bevorzugen sei jedoch eine symbolische Sprache. Beim Aufstellen der Formregeln und Schlussregeln könne man völlig frei wählen. Das Streben nach Richtigkeit sei bis jetzt eine Hemmung bei der Entwicklung einer logischen Syntax gewesen. Es handelt sich somit um ein völlig arbiträres System, das nur widerspruchsfrei formuliert werden muss.

Inspiriert wurde Carnaps Arbeit durch Frege und schließlich durch Russell. Bei Russell (1915) hatte Carnap 1921 gelesen, dass das Studium der Logik zum Zentrum der Philosophie werde und dass dafür eine Gruppe von Leuten mit wissenschaftlicher Ausbildung notwendig sei, welche die alten Traditionen hinter sich lassen und die Logik in den Mittelpunkt ihrer Arbeit stellen sollten. Carnap fühlte sich persönlich angesprochen: „I felt as if this appeal had been directed to me personally. To work in this spirit would be my task from now on!" Auch im Rückblick definiert Carnap die Analyse wissenschaftlicher Begriffe als das wesentliche Ziel seiner philosophischen Arbeit (Carnap 1963:12). Carnap verfolgt, angeregt durch Russell, ein Programm, das später als „ideal language philosophy" – Philosophie der idealen Sprache – fortgeführt werden wird. Die Gegenposition vertritt von Anfang an Ludwig Wittgenstein.

D Die Gegenposition: Wittgensteins Bildtheorie von der Sprache

Ludwig Wittgenstein hatte vor dem ersten Weltkrieg in Cambridge bei Bertrand Russell studiert, aber dennoch keine Philosophie einer idealen logischen Sprache entwickelt. Im Gegenteil. Bei einem Treffen von Carnap, Wittgenstein und Schlick erwähnte Schlick, dass sich Carnap für Esperanto interessiere. Wittgenstein reagiert heftig ablehnend: „Eine Sprache, die nicht ‚organisch gewachsen' war, erschien ihm nicht nur als nutzlos, sondern als verachtungswürdig", erinnert sich Carnap.[48] Es ist im übrigen interessant, dass die Mitglieder des Wiener Kreises, die alle nach der Klarheit des Ausdrucks von Gedanken strebten, viel zu den Privataudienzen drängten, die Wittgenstein ausgewählten Personen gab. Wittgenstein habe sich weniger wie ein Wissenschaftler als vielmehr wie ein Dichter, ja wie ein Prophet oder Seher geäußert, dessen Einsichten von göttlicher Inspiration waren. Sie alle fühlten, so Carnap, dass ein nüchterner

---

48 Carnap (1966: 26): „A language which had not ‚grown organically' seemed to him not only useless but despicable".

rationaler Kommentar eine Entweihung gewesen wäre (Carnap 1963:22). Das nüchterne Programm des Wiener Kreises ließe erwarten, dass sie Wittgensteins inspiratives Sprechen ablehnen hätten müssen. Doch es ist nicht Carnap, der sich von Wittgenstein distanziert. Es ist Wittgenstein, der umgekehrt Carnap nicht mehr sehen will.

Wittgenstein formuliert eine Sprachtheorie, die völlig von dem abweicht, was man im 20. Jahrhundert erwartet. Wittgenstein geht von der ikonischen Übereinstimmung der Sprache und hier vor allem des Satzes mit der Wirklichkeit aus. Der *Tractatus* besteht aus genau durchnummerierten Sätzen. Russell vergleicht die Diktion mit den „Ukassen eines Zaren". Die sieben Hauptabschnitte des *Tractatus* enthalten die zentralen Thesen, die im Folgenden zitiert und kommentiert werden (Zitate sind kursiviert):

> 1. *Die Welt ist alles, was der Fall ist.*

Die beste Erklärung dieses ersten Satzes findet sich in einer Erinnerung von Frank Parak. Parak lernte Ludwig Wittgenstein im 1. Weltkrieg in Monte Cassino kennen. Beide waren als Kriegsgefangene dort in einem Lager. Parak schreibt:

> Den Satz erklärte er meines Erinnerns in der ursprünglichen Fassung folgendermaßen: Wenn ein Buch auf dem Tisch liegt, so ist das ein Sachverhalt. Wenn ein Zeichen diesen Sachverhalt darstellen will, so müssen die Elemente der Zeichnung den Gegenständen der Wirklichkeit entsprechen. Wenn wir das durch die Sprache ausdrücken, so ist der Satz das Bild eines Sachverhaltes in der Sprache.[49]

Ganz offensichtlich herrscht **keine arbiträre** Beziehung zwischen Sprache und Welt vor. Sprache bildet die Welt ab. Dabei handelt es sich nicht um die Abbildung von Gegenständen, sondern um die Abbildung von Relationen zwischen den Gegenständen bzw. zwischen den Elementen oder Teilen eines Gegenstands. Das kommentiert Wittgenstein in Unterpunkt 2.01: *Ein Sachverhalt ist die Verbindung von Gegenständen (Sachen, Dingen).* Anders ausgedrückt, ein Sachverhalt ist primär relationaler Natur. Wittgenstein wiederholt diesen Punkt immer wieder: wir *können keinen Gegenstand außerhalb der Möglichkeit seiner Verbindung mit anderen denken* (2.0121). Die Parallele zu Peirce und seiner Annahme einer mehr oder weniger diagrammatischen (skizzenhaften) Abbildung eines Gegenstands durch die Sprache ist unübersehbar, ganz gleich, ob man einen Rezeptionszusammenhang annehmen will oder nicht. Das wird nochmals durch Satz 2 deutlich:

---

49 Frank Parak, Wittgenstein in Monte Cassino. In: Ludwig Wittgenstein, Geheime Tagebücher, S.148.

2. Was der Fall ist, die Tatsache, ist das Bestehen von Sachverhalten.

Wittgenstein bezieht sich bei seiner Abbildtheorie nicht auf singuläre Gegenstände, sondern auf einen komplexen Sachverhalt. Die Komponenten eines Sachverhalts sind streng genommen keine einzelnen Gegenstände, sondern die Relationen zwischen den Teilen eines Sachverhalts. Teile sind im Regelfall nicht nebengeordnet (es handelt sich also nur selten um Koordinationsrelationen, die streng genommen keine Relationen darstellen), sondern stehen in Inklusionsrelationen zum Sachverhalt. Das Abbild ist somit ein Abbild dieser Relationen. Abgebildet wird Struktur.[50] Wittgenstein vertritt damit einen radikalen nichtnominalistischen Ansatz. Welche Rolle die Vernunft bzw. das Denken in diesem Abbildungsprozess spielen, fassen Satz 3 und 4 zusammen:

3. Das logische Bild der Tatsachen ist der Gedanke.

4. Der Gedanke ist der sinnvolle Satz.

Sachverhalte werden zunächst durch den Gedanken abgebildet. Gedanken sind somit strukturierte Bewusstseinsinhalte, keine bloßen ungeordneten Assoziationskonglomerate. Strukturiert und formatiert werden Gedanken durch Sprache. Ein Gedanke wird von Wittgenstein als Elementarsatz bezeichnet. Eine zentrale Frage ist daher: Was ist ein Elementarsatz? Ein Elementarsatz ist nach Wittgenstein ein Satz ohne Wahrheitswert. Also ein nichtfiniter Satz. Da Sätze prinzipiell so definiert sind, dass sie finit sind und ihnen ein Wahrheitswert zugeordnet werden kann, muss verdeutlicht werden, was einen Elementarsatz von einem Satz unterscheidet. Elementarsätze sind Komponenten von Sätzen. Das lässt sich an folgenden Beispielen zeigen[51]:

---

50 Diese Deutung stützt sich auf die sorgfältige Wahl der Termini durch Wittgenstein, allerdings auch auf die Kenntnis der korrelierenden Thesen von Peirce, die explizit ausformuliert sind, während Wittgenstein philosophische Poesie schreibt, deren Kondensate erst entpackt werden müssen. Die Kenntnis der Schriften von Peirce lässt sich als Schlüssel zu Wittgensteins Werk nutzen.

51 Peirce hat zwischen der Proposition (infinit) und der Assertion (finit) unterschieden. Sein Beispiel für eine assertierte Proposition ist *Socrates sapiens est*; für die nicht assertierte Proposition *Socratem sapientum esse*; gemeint ist der infinite Satz ohne Kopula. Dass Peirce hier falsch flektiert (*sapientum statt sapientem*) mag ihm als schwerer Lateinfehler ausgelegt werden, aber eigentlich ist dieser Punkt völlig irrelevant. Es geht bei diesem Beispiel darum, dass die Kopula fehlt bzw. nicht flektiert ist, mehr nicht. Bei der Verwendung von Peirces fehlerhaftem Beispiel zur Illustration von Wittgensteins Position (bei einem Vortrag vor der Wiener Sprachgesellschaft in der Berggasse), hat man mir dieses Zitat als schweren Dilettantismus vorgeworfen. Das ist zwar prinzipiell richtig, aber auch irrelevant. Es ging darum, auf den Zusammenhang zwischen den Ideen von Peirce und denen von Wittgenstein hinzuweisen. Dass gute Lateinkenntnisse ein Desiderat sind, z.B. um die verlorene Tradition der modistischen Grammatiktheorie rezipieren zu können, ist unbestritten. Peirce hat diese

(1a) der weise Sokrates
(1b) Sokrates ist weise.

Beide Äußerungen enthalten dieselbe Information. Der grundlegende Unterschied zwischen beiden Konstruktionen besteht darin, dass sich (1a) kein Wahrheitswert zuordnen lässt, während (1b) wahr oder falsch sein kann. (1b) enthält ein Element, nämlich die Kopula *ist*, die den Satz finit und damit wahrheitswertig macht. Ein Elementarsatz enthält noch keine grammatischen Kategorien, die ihn finit machen. Das Verhältnis zwischen dem Gedanken und dem Satz wird durch Satz 5 erklärt:

> 5. *Der Satz ist eine Wahrheitsfunktion der Elementarsätze.*
> *(Der Elementarsatz ist eine Wahrheitsfunktion seiner selbst.)*

Versprachlichte Gedanken sind damit nichts anderes als Elementarsätze, die durch die Finitheit des Satzes einen Wahrheitswert zugeordnet bekommen. Die Finitheit des Satzes entsteht durch die Hinzufügung von grammatischen Kategorien wie beispielsweise Numerus, Person, Tempus, Modus, Aspekt. Wittgensteins Aussage, dass der Elementarsatz eine Wahrheitsfunktion seiner selbst ist, lässt sich folgendermaßen veranschaulichen: Bei der Verwendung von *der weise Sokrates* wird ein Wahrheitswert implizit und unhintergehbar vorausgesetzt (nämlich ‚wahr‘); der Rezipient eines solchen Satzes kann ihn daher nicht negieren. Es wird ihm nicht angeboten, einen Wahrheitswert nach eigener Bewertung zuzuordnen. Dieser Effekt von nichtfiniten Bausteinen eines Satzes („Elementarsätzen") lässt sich in Texten auch strategisch und persuasiv nutzen. Was ich nicht in Frage stellen will und als wahr voraussetze, packe ich in nichtfinite Einheiten. Vor diesem Hintergrund versteht man Punkt 6. Hier soll nicht die Formel, die Wittgenstein aufführt, genannt werden, sondern deren Paraphrasierung (durch E.L., daher keine Kursivierung):

> 6. Die allgemeine Form des Satzes besteht in der sukzessiven Negation der Elementarsätze (Satzvariablen) im finiten Satz.

Hier geht es um das Satzskelett bzw. seine invariable Struktur, die der menschlichen Kognition ihr Format in Form von Gedanken eindrückt. Wenn man von den Elementarbausteinen des Satzes alles negiert, was variabel ist, dann schält sich eine Art Bauplan der Kognition heraus. Wittgenstein kommt dann zu den

---

Rezeption angestoßen, ob nun mit einer guten oder fehlerhaften Lateinkompetenz ist völlig sekundär. Auf jeden Fall spielt die Kopula in der modistischen Grammatiktheorie eine zentrale Rolle. Peirce übernimmt diese Idee; und Wittgenstein dürfte sie seinerseits durch die Rezeption von Peirce übernommen haben.

analytischen (bei ihm ‚logischen') Sätzen: *Die logischen Sätze beschreiben das Gerüst der Welt* (6.124). In analytischen Sätzen drücken nicht wir uns aus, so Wittgenstein, sondern es drückt sich die Natur der naturnotwendigen Zeichen aus. Das wurde weiter oben schon mal erklärt: Analytische Sätze explizieren semantische Merkmale, sind also Definitionen, wie z.B. in *Junggesellen sind unverheiratet*. Analytische Sätze enthalten also unser Wissen über die Welt, das intersubjektiv als wahr gilt und nur in Ausnahmefällen von der Sprachgemeinschaft neu formatiert wird. In diesem Sinn gilt dann Wittgensteins Schluss: *Die Logik ist keine Lehre, sondern der Spiegel der Welt* (6.13). Beide verfügen über dieselbe Architektonik. Die sprachlichen Zeichen kopieren das Format der Natur. Sie sind also welthaltig.

Der *Tractatus* endet mit dem berühmten Satz 7:

7. *Wovon man nicht sprechen kann, darüber muss man schweigen.*

Im Gegensatz zu allen anderen Hauptpunkten wird (7) von Wittgenstein konsequenterweise nicht weiter durch Unterpunkte kommentiert.

Wittgenstein wertet die normale Sprache wieder auf. Er bezieht sich explizit auf die Umgangssprache und nicht auf irgendeine Kunstsprache. Diese Sprache ist hochkomplex: *Die Umgangssprache ist ein Teil des menschlichen Organismus und nicht weniger kompliziert als dieser.„* (*Tractatus*, 4.002). Auch wenn die ihr inhärente Logik den Menschen nicht zugänglich ist, gilt für Wittgenstein:

4.01 *Der Satz ist ein Bild der Wirklichkeit.*
   Der Satz ist ein Modell der Wirklichkeit, so wie wir sie uns denken.

Wittgensteins Philosophie erinnert mit seiner Abbildtheorie sehr stark an die Peircesche Sprachphilosophie sowie an die Impositionstheorie der Modisten. In den späteren *Philosophische[n] Untersuchungen* werden diese Parallelen noch deutlicher. Neben den ikonischen Zeichen ist dort vor allem von zeigenden Zeichen die Rede. Die Parallele zu Peirces indexikalischen Zeichen ist auffällig.

Wittgenstein erwähnt Peirce jedoch an keiner Stelle in seinem Werk. Doch es ist bekannt, dass Wittgenstein seine wichtigen Quellen verschweigt und die weniger wichtigen, denen er im Grunde nichts verdankt, explizit nennt. So liest Wittgenstein beispielsweise bevorzugt William James, der die Gedanken von Peirce popularisiert hat. Er ist außerdem mit Frank Ramsey, einem Cambridger Mathematiker, bekannt, der sich mit Peirce beschäftigt. Ramsey fallen die Parallelen zwischen Wittgenstein und Peirce auf, und zwar schon während seiner Rezension von Wittgensteins *Tractatus*. Viele haben inzwischen auf diese Parallelen hingewiesen, ohne allerdings einen Rezeptionszusammenhang anzunehmen.

Eine der wichtigsten Ideen im *Tractatus* ist die Unterscheidung einer Proposition von einem Aussagesatz. Diese Idee gehört zu den wichtigen Leistungen auch von Peirce. Mit dieser Idee hat Wittgenstein Russell beeindruckt, als er von Manchester nach Cambridge kam. In Manchester hatte Wittgenstein ursprünglich Flugzeugbau (1908–1911) studiert, was ihn nicht besonders glücklich machen sollte. Nebenbei nahm er die Philosophie des Manchester Philosophieprofessors Samuel Alexander zur Kenntnis, der gerade in der Zeit von Wittgensteins Aufenthalte sehr produktiv war. Alexander bezog sich in seinen Schriften und Vorlesungen vielfach auf William James, dem besten Freund von Charles S. Peirce. Wie Peirce war auch Alexander in erkenntnistheoretischer Hinsicht Realist. McGuinness (1988:131) geht sogar davon aus, dass Wittgenstein durch Alexander auf die Philosophie von Frege aufmerksam gemacht wurde:

> Zu dieser Zeit wetterte Alexander gegen den Idealismus und brach eine Lanze für die Auffassung, dass der Gegenstand, den wir wahrnehmen oder uns vorstellen, völlig getrennt von uns existiert, und das Bewußtsein sei nur ein Gegenstand neben anderen. Die Werke von Frege und Russell und ihre Definition der Zahl kannte er bestimmt. Es ist durchaus einleuchtend, daß er es war (wie R. L. Goodstein berichtet), der den jungen Wittgenstein auf Frege hinwies; allerdings gibt es außer Goodsteins Darstellung keinen Beleg dafür, daß er Wittgenstein erzählt habe, Alexander habe Frege den „größten lebenden Philosophen" genannt.

Ein Einfluss von Samuel Alexander auf Wittgenstein, was auch die Rezeption von William James und Charles S. Peirce betrifft, kann somit nicht ausgeschlossen werden. Der Realismus von Wittgenstein hat zweifellos ihr Wurzeln in den Anregungen durch die realistische Philosophie von Samuel Alexander. Wittgenstein hat sich gegen den Vorwurf des Plagiats, den man hier erheben könnte, bestens abgesichert. Im Vorwort des *Tractatus* heißt es:

> Wieweit meine Bestrebungen mit denen anderer Philosophen zusammenfallen, will ich nicht beurteilen. Ja, was ich hier geschrieben habe, macht im Einzelnen überhaupt nicht den Anspruch auf Neuheit; und darum gebe ich auch keine Quellen an, weil es mir gleichgültig ist, ob das was ich gedacht habe, vor mir schon ein anderer gedacht hat.

Wittgensteins Leben ist so faszinierend, dass ihm im Grunde niemand einen Plagiatvorwurf machen möchte: Er verzichtet auf ein Millionenerbe, wird Volksschullehrer, und er veröffentlicht kaum etwas.

Die Abbildtheorie von Wittgenstein ist auf jeden Fall sprachlich vollkommener formuliert als die von Peirce, dessen Schriften selbst für Peirce-Kenner kein Vergnügen sind. Peirce schreibt extensiv, wiederholt sich, ist vielfach unverständlich. Wittgenstein feilt dagegen an seinem *Tractatus*, bis dieser so dicht wie ein Gedicht ausfällt. Auf diese Weise ist die realistische Erkenntnistheorie zu großer Verbreitung gelangt. Dass Wittgenstein sie später widerrufen habe, beruht m.E. auf einem Missverständnis: Wittgenstein stellt in seinen späteren Schriften Sprache als perspektivisch vor, was als „subjektivistisch" fehlgedeutet wurde (vgl. Wittgenstein in seinen Tagebüchern von 1930–1932).

Dass der sogenannte späte Wittgenstein keine andere Position vertritt, sondern die realistische Sprachtheorie im Tractatus nur noch expliziter formuliert, hat Vossenkuhl (1995/2003) deutlich gemacht. Die Funktion der Sprache als Technik des Erschließens von Welt und gleichzeitig als Technik der Formatierung von Gedanken, wobei diese Doppelfunktion die Homologie zwischen Weltstruktur und Denkstruktur erzeugt, wird noch deutlicher herausgearbeitet. Vossenkuhl sieht zwar eine minimale Differenz: Die Grammatik nehme in den späteren Schriften die Funktion der logischen Form im *Tractatus* ein. Doch bereits im Tractatus meint ‚logische Form des Gedankens', dass es sich um eine sprachliche Formatierung des Gedankens durch die universalen grammatischen Strukturen handelt. In diesem Sinn hat Wittgenstein in den späteren Schriften nur, wenn er die Terminologie wechselt, vor allem entstandene Missverständnisse ausschließen wollen. Auf diese Weise ist dann aber das Missverständnis eines frühen und eines späten Wittgenstein entstanden. Die folgenden Ausschnitte aus den zusammenfassenden Charakterisierungen Vossenkuhls [1995/2003:141–16] in Bezug auf die Spätschriften zeigen, dass die erkenntniserschließende Funktion der Sprache von Wittgenstein unmissverständlich hervorgehoben wird:

> Einen doppelten Boden hinter der Sprache gibt es nicht. Dann gibt es auch kein Denken ohne Sprache.[...]
> Jetzt heißt denken soviel wie Sprache nach Regeln gebrauchen. [...]
> Der Raum des Denkens und der Wirklichkeit ist die Sprache. Wir denken im sprachlichen Raum. Auch die Wirklichkeit gibt es nur im sprachlichen Raum. [...]
> Die Sprache zeigt ohne Logik, allein, autonom das Wirkliche.

Der letzte Satz ließe sich noch so kommentieren, dass es nach Wittgenstein keine sprachunabhängige Logik gibt. Es wurde oben versucht zu zeigen, dass das bereits die im *Tractatus* vertretene Position ist. Der späte Wittgenstein ist nur deutlicher und er enthält, was hier nicht mehr ausgeführt werden kann, vor allem noch mehr Pragmatik und damit Einflüsse von Peirce als der *Tractatus*.

Peirce und Wittgenstein sind die bekanntesten Philosophen der Moderne, welche die erkenntnistheoretische Position des Realismus auf hohem philosophischem Niveau vertreten haben. Sie waren beide keine Berufsphilosophen.

In der institutionalisierten Philosophie herrschte weiterhin die Tendenz zur Abwertung von Sprache vor.

Etablieren wird sich nach dem Tod von Peirce und Wittgenstein die sprachanalytische Philosophie in der Nachfolge von Carnap. Stegmüller hat Wittgensteins Abbildtheorie der Satzbedeutung als eine Theorie bezeichnet, „die ohne philosophiegeschichtliches Vorbild" (Stegmüller 1967:129) sei. Stegmüller bezeichnet ihn als „Isomorphietheoretiker". Isomorphietheoretiker waren selbstverständlich auch Peirce, Thomas von Erfurt, die Modisten ganz allgemein sowie Aristoteles. Wittgensteins Biograph Ray Monk wundert sich, dass Wittgenstein, der doch eine völlig neue philosophische Methode entwickelt habe, sich selbstquälerisch als nicht originell abgewertet hat (Monk 1990/ 1992:338). Weder Wittgenstein noch Peirce aber wollten primär originell sein. Sie wollten beide eine nichtarbiträre Relation zwischen Welt und Sprache argumentativ plausibel machen. Peirce hat seine „Isomorphietheorie" (Isomorphie zwischen Wirklichkeit, Denken und Sprache) aus seiner Lektüre unveröffentlichter Schriften der Modisten gespeist. Wir wissen nicht, ob Wittgenstein die modistische Textsorte des *Tractatus de modis significandi* gekannt hat. Es sollte aber, nach allem, was bisher an möglichen Rezeptionszusammenhängen hier angedeutet wurde, zu denken geben, dass Wittgenstein für seine Schrift explizit den Titel *Tractatus* wählt. Er konnte sich nahezu sicher sein, dass niemand eine Verbindung zur damals vergessenen Textsorte des *Tractatus de modis significandi* herstellen würde. Dass die Verbindung zu Peirce erkannt werden könnte, hat ihn vermutlich anfangs nicht beunruhigt, dann aber doch, als sein Freund Ramsey die Verbindung zu Peirce explizit anspricht, was Wittgensteins Selbstvorwürfe (‚jüdische Inoriginalität') besser erklären dürfte als andere Thesen (wie etwa ein gegen sich selbst gewendeter Antisemitismus oder Selbstvorwürfe wegen seiner sexuellen Orientierung).

Das Beispiel der verdeckten Rezeption einer fortgeschrittenen Grammatiktheorie erzwingt eine weitreichende Einsicht: Die Wiederentdeckung der Mereologie des Aristoteles (die erst durch Übersetzungen aus dem Arabischen wieder zugänglich gemacht wurde, wodurch die Entwicklung der Universalgrammatiken des Mittelalters erst möglich wurde), dann die nochmalige Wiederentdeckung der Mereologie des späten Mittelalters durch Peirce, schließlich die Tradierung des semiotischen Dreiecks von Aristoteles über die Modisten und Peirce und Lady Welby bis hin zu Ogden und Richards, und dann noch die durch Peirce vermittelte Rezeption der hochentwickelten Abbildtheorie der Modisten durch Wittgenstein– das alles zeigt, dass man im Bereich der geisteswissenschaftlichen Erkenntnisse nicht einfach komplexe Produkte des menschlichen Geistes aus dem Boden stampfen kann. Genauso wenig wie ein Einzelner ohne jegliche Kenntnisse des technischen Wissensstands einen Satelliten entwickeln kann, genauso wenig kann ein einzelnes Individuum in einer genialischen Geste eine hochentwickelte Grammatiktheorie oder irgendein anderes komplexes geistiges Produkt entwickeln. Der Geniekult hat von dieser einfachen, aber elementaren Einsicht lange abgelenkt. Diesen Kult hat Wittgenstein bewusst inszeniert. Der Geniekult entsteht in der Moderne als säkularisierte Entsprechung zu den Offenbarungen von Propheten: Während die rationalistisch orientierte Moderne einen privilegierten Zugang zu Erkenntnissen als unmöglich zurückweist, will der Geniekult solche Offenbarungen für möglich halten. Das moderne Individuum bezieht dabei seine (Pseudo-)Offenbarung nicht von Gott, sondern will selber Schöpfer sein (vgl. Ockhams Anspruch, dass ein Individuum schöpfergleich seine eigenen, völlig arbiträren Produkte schafft). Das moderne, in der Regel atheistische Individuum setzt sich damit an die Stelle von Gottes Propheten oder gar Gott selbst, sobald es Geniestatus beansprucht. Das bleibt ein „Sündenfall" des menschlichen Geistes, da das Genie seine Quellen nicht offen legt und damit gezielt Strategien entwickelt, um seine Umwelt zu täuschen.

E Die Abwertung von Sprache und ihre gesellschaftlichen Folgen

Während Carnap sich in seiner Geringschätzung der Qualität der natürlichen Sprache mit seiner *Logische[n] Syntax der Sprache* verdient macht, nimmt zeitgleich die Verachtung der natürlichen Sprache extremste Formen an, und zwar gerade dort, wo nicht mehr die gemeinsamen Merkmale der menschlichen Sprache (sprachliche Universalien) im Vordergrund stehen, sondern Einzelsprachen beliebig auf- und abgewertet werden. Aufgewertet wird dabei im nationalistischen Interesse jeweils die eigene Sprache. Der Allgemeine Deutsche Sprachverein, der sich Ende des 19. Jahrhunderts die ‚Säuberung' der ‚Muttersprache' von fremdsprachlichen Elementen zur Aufgabe gemacht hat, treibt beispielsweise seinen Sprachpurismus auf die Spitze. Der Verein versteht sich als „SA der Muttersprache". Doch schon lange vorher, Ende des 19. Jahrhunderts werden ähnlich unmissverständliche Formulierungen verwendet, die ihr Vokabular aus der zu der Zeit sich vermehrenden rassistischen Literatur beziehen (vgl. von Polenz 1967). An dem Wort *Konzentrationslager* stört den Allgemeinen deutschen Sprachverein nur das fremdsprachliche Element. So heißt es in der Zeitschrift des Vereins:

Sonst weiß die nationalsozialistische Bewegung rascher und gründlicher Schäden in Volk und Staat abzustellen, Volksschädlinge zu beseitigen [...]. Den Angriff gegen die vermanschte Sprache hat sie noch nicht mit der ihr sonst eigenen Tatkraft unternommen.[52]

Carnap wird in die USA emigrieren. Den hier sichtbar gemachten Zusammenhang zwischen Sprachverachtung und Menschenverachtung, durch den er selbst zum Opfer und zur Emigration gezwungen wird, hat er selbst nicht gesehen. Wer die Einheit der menschlichen Sprache aufhebt und damit das Konzept der sprachlichen Universalien relativiert, was auch beinhaltet, dass man vollkommenere menschliche Sprachen für möglich hält, untergräbt Fundamente menschlichen Selbstverständnisses und erzeugt soziale Katastrophen und Pathologien unkontrollierten Ausmaßes.

F Kommentierte Literaturhinweise

Newen, Albert / Savigny, Eike von (1996): *Analytische Philosophie. Eine Einführung.*
     München: Fink (UTB; 1878).

Eine knappe und informative Einführung in die sprachanalytische Philosophie findet man in:

Stemmer, Peter (1996): Sprachanalytische Philosophie. In: Borsche 1996: 401–419, 510–512.

Kurzangaben zur Biographie Freges sowie eine Vorstellung seiner zentralen Arbeiten gibt:

Kutschera, Franz von (1989): *Gottlob Frege. Eine Einführung in sein Werk.* Berlin, New York:
     de Gruyter.

Ein leicht zugänglicher Text von Frege ist:

Frege, Gottlob (1884/1987): *Die Grundlagen der Arithmetik. Eine logisch mathematische
     Untersuchung über den Begriff der Zahl.* Mit einem Nachwort hrsg. von Joachim Schulte.
     Stuttgart: Reclam 1987 (Universal Bibliothek; 8425).

Über Frege, aber auch Wittgenstein berichtet Carnap in seiner *Intellectual Autobiography.* Die beiden weiteren genannten Werke von Carnap begründen die „Philosophie der idealen Sprache":

Carnap, Rudolf (1963): Intellectual Autobiography. In: Schilpp, Paul Arthur (Hrsg.): *The
     Philosophy of Rudolf Carnap.* La Salle, Illinois: Open Court 1963, 1–84.
Carnap, Rudolf (1928/1966): *Scheinprobleme in der Philosophie. Das Fremdpsychische und
     der Realismusstreit.* Nachwort von Günther Patzig. Frankfurt am Main: Suhrkamp 1966

---

52 In der Zeitschrift *Muttersprache* 48 (1933), Sp. 385ff.; es ist das Verdienst von Peter von Polenz, auf diese Aktivitäten des Allgemeinen Sprachvereins hingewiesen zu haben. Der Verein lässt sich am liebsten als Widerstandsbewegung während der Zeit des Nationalsozialismus in Deutschland charakterisieren (vgl. den Eintrag in Meyers Konversationslexikon), da er schließlich verboten wurde. Verboten wurde er, weil er selbst den Nationalsozialisten zu insistent wurde, die sich nicht gerne vorschreiben lassen wollten, ob sie Wörter wie *Propaganda* oder *Konzentrationslager* verwenden dürfen oder nicht.

[Gedruckt nach der 2. Auflage von: Carnap, Rudolf: *Der logische Aufbau der Welt*. Erstauflage 1928].

Carnap, Rudolf (1934): *Logische Syntax der Sprache*. Wien: Julius Springer.

Wittgensteins Bildtheorie von der Sprache findet sich dargestellt in seinem *Tractatus*. Das Verständnis des *Tractatus* wird erleichtert, wenn man die *Geheimen Tagebücher* parallel liest. Das Verständnis des sogenannten späten Wittgenstein wird einfacher, wenn man seine Tagebücher von 1930–1932 liest (*Denkbewegungen*). Wer über Wittgenstein selbst mehr erfahren will, sollte mit Monks Biographie beginnen.

Wittgenstein, Ludwig (1921/1982): *Tractatus logico-philosophicus. Logisch-philosophische Abhandlung*. Frankfurt am Main: Suhrkamp 1982 (edition suhrkamp; 12) [Erstauflage 1921].

Wittgenstein, Ludwig (1914–1916/1991): *Geheime Tagebücher 1914–1916*. Hrsg. und dokumentiert von Wilhelm Baum. Vorwort von Hans Albert. 2. Auflage. Wien, Berlin: Turia & Kant 1991.

Wittgenstein, Ludwig (1930–1932/1997): *Denkbewegungen. Tagebücher 1930–1932, 1936–1937 (MS 183)*. Hrsg. Von Ilse Somavilla. Teil 1: Normalisierte Fassung, Teil 2: Diplomatische Fassung. Innsbruck: Haymon 1997.

Monk, Ray (1990/1992): *Wittgenstein. Das Handwerk des Genies*. Aus dem Englischen übertragen von Hans Günter Holl und Eberhard Rathgeb. Stuttgart: Klett-Cotta 1992 [Engl. 1990].

Die deutschen Vorläufer der Analytischen Philosophie von Hamann bis Mauthner werden vorgestellt von:

Cloeren, Hermann J. (1988): *Language and Thought: German Approaches to Analytic Philosophy in the 18th and 19th Centuries*. Berlin, New York: de Gruyter.

Das Hauptwerk des Sprachkritikers Fritz Mauthner wurde 1982 nochmals ungekürzt gedruckt:

Mauthner, Fritz (1901–1902/1982): *Beiträge zu einer Kritik der Sprache. Bd. 1: Zur Sprache und zur Psychologie. Bd. 2: Zur Sprachwissenschaft. Bd. 3: Zur Grammatik und Logik*. Frankfurt am Main, Berlin, Wien: Ullstein 1982 (Ullstein Materialien; 35147). [Erstausgabe 1901–1902].

Die gesellschaftlichen Folgen der Sprachabwertung sowie die Rolle des Allgemeinen Deutschen Sprachvereins schildert:

Polenz, Peter von (1967): Sprachpurismus und Nationalsozialismus. Die ‚Fremdwort'-Frage gestern und heute. In: Wiese, Benno von / Heuß, Rudolf (Hrsg.): *Nationalismus in Germanistik und Dichtung*. Berlin: Erich Schmidt 1967, 79–112.

Dass der Sprachpurismus und die damit verbundene Sprachabwertung mit der Neuzeit beginnt, dokumentiert der Textband von Jones. Viel Literatur zum Sprachpurismus im 17. und 18. Jahrhundert ist in der Sprachgeschichte von Peter v. Polenz aufgearbeitet:

Jones, William Jervis (1995): *Sprachhelden und Sprachverderber. Dokumente zur Erforschung des Fremdwortpurismus im Deutschen (1478–1750)*. Berlin, New York: de Gruyter (Studia Linguistica Germanica; 38).

Polenz, Peter von (1994): *Deutsche Sprachgeschichte vom Spätmittelalter bis zur Gegenwart. Bd. II: 17. und 18. Jahrhundert*. Berlin, New York: de Gruyter.

II Der „linguistic turn": die Analytische Philosophie

A Einführung

Der Begriff des ‚linguistic turn' geht auf einen gleichnamigen Sammelband zurück, der von Richard Rorty 1967 herausgegeben worden war. Den publikumswirksamen Ausdruck des ‚linguistic turn' hatte Rorty von Gustav Bergmann übernommen: die ‚Wende zur Sprache' wird von Bergmann[53] als methodischer Schachzug der Analytischen Philosophie gesehen, der es ermöglichen soll über den Umweg der Sprache, doch noch über die Welt sprechen zu können. Der Sammelband enthält Arbeiten der „Ideal Language Philosophy", die sich in der Nachfolge von Carnap herausgebildet hat, sowie Arbeiten der im Anschluss an Wittgensteins *Philosophische Untersuchungen* entstandenen „Ordinary Language Philosophy" („Philosophie der Umgangssprache bzw. der Alltagssprache, der normalen Sprache"). Beiden Richtungen ist gemeinsam, dass sich das gesamte philosophische Interesse ausschließlich auf Sprache konzentriert. Rorty spricht daher von „linguistic philosophy". Verbreiteter ist heute der Begriff der Analytischen Philosophie: Die Sprache steht im Mittelpunkt. Die einen wollen dabei die Sprache reformieren, die anderen wollen sie besser verstehen.

Rorty spricht von einer philosophischen Revolution und teilt die Philosophie ein in die prälinguistische Philosophie[54], die für ihn den Zeitraum von der Antike bis zum Beginn des 20. Jahrhunderts umfasst, bis sich dann schließlich die „linguistic philosophy" herausgebildet habe. Philosophische Probleme werden als sprachliche Probleme gesehen; der Sprachgebrauch bei der Formulierung von philosophischen Fragestellungen wird einer Überprüfung unterzogen. Die gesamte „prälinguistische Philosophie" werde in die Defensive gedrängt, so Rorty. Rorty vermittelt in seinem Vorwort von 1967 den Eindruck, als würde man gerade das aufregendste und bedeutendste Zeitalter der Philosophie durchleben. Vielleicht wusste er zu diesem Zeitpunkt wirklich nicht, dass die „Philosophie der idealen Sprache" und die „Philosophie der normalen Sprache" beide auf eine jahrhundertelange Tradition zurückgehen. Beide Tendenzen zeichnen sich seit der Neuzeit als unterschiedliche Ausprägungen des Traums von der vollkommenen Sprache ab. Diese vollkommene Sprache sollte den Zugang zu einer nichtarbiträren Interpretation der Welt ermöglichen.

Alle Vertreter des ‚linguistic turn' sind Empiristen. Außerdem bezeichnen sie sich als methodische Nominalisten. Als Empiristen sind sie der Auffassung,

---

53 Bergmann selbst ordnet sich dem philosophischen Realismus zu und stellt so den philosophischen Gegenpol zu Rorty dar (vgl. Bergmann 1967).
54 Der Terminus der prälinguistischen Philosophie stammt ebenfalls von Gustav Bergmann.

dass sich alle traditionellen Fragestellungen auf Fragestellungen der empirischen Wissenschaften reduzieren lasse. Besonders stark ist hier der Einfluss des in die USA emigrierten Carnap, der postulierte, dass sich jede Frage in die Sprache der Physik übersetzen und damit auf die Sprache der Physik reduzieren lassen. Sollte ein irreduzibler Rest bleiben, lasse sich dieser als sprachliches Problem enttarnen. Die sprachliche Analyse des Gebrauchs solcher Ausdrücke helfe, auch diese philosophischen Probleme zu lösen. Zuständig dafür ist die sprachanalytische Philosophie. Eine andere philosophische Aufgabenstellung gibt es nach dem ‚linguistic turn' nicht mehr. Als methodische Nominalisten bezeichnen sie sich, weil sie alle der Überzeugung sind, dass sich die Fragen nach der Realität von Konzepten, Allgemeinbegriffen oder Universalien lösen lassen, indem man den Gebrauch der entsprechenden sprachlichen Ausdrücke analysiert. Wichtig ist vor allem die Unterscheidung zwischen analytischen und synthetischen Sätzen. Mit analytischen, erfahrungsunabhängigen Sätzen wie *Alle Junggesellen sind unverheiratet* beschäftigt sich die Philosophie, mit synthetischen Sätzen wie *Die Junggesellen in Deutschland sind statistisch nicht erfasst* dagegen die empirischen Wissenschaften.

Der Erfolg der sprachanalytischen Philosophie in der Mitte des 20. Jahrhunderts beruht auf der mit ihr verbundenen Hoffnung, dass die Barriere zwischen der Welt und dem Menschen, der die Welt erkennen will, doch noch überwunden werden könnte, und zwar durch die Therapie der Sprache. Doch mit der Analytischen Philosophie findet eine nochmalige Steigerung des Misstrauens gegenüber der Sprache statt. Das Paradoxe dabei ist, dass der wichtigste, ja einzige Gegenstand der Philosophie, auf den alle Hoffnungen gerichtet sind, gleichzeitig als untauglich und wertlos beschrieben wird. Aufschlussreich ist das Vokabular, das bei der Beschreibung der beiden ‚therapeutischen Richtungen' benutzt wird: Rorty beschreibt die Differenz zwischen der Philosophie der idealen Sprache und der Philosophie der normalen Sprache als Meinungsverschiedenheit darüber, welches therapeutische Verfahren angewandt werden sollte. Die Anhänger der Idee einer idealen Sprache behandeln ein philosophisches Problem, das sich nicht durch die empirischen Wissenschaften lösen lässt und sich damit als sprachliches Problem herausstellt, als eine Art Krebsgeschwür, das vollständig entfernt und durch gesundes Gewebe ersetzt werden sollte. Das gesunde Gewebe stellt die ideale Sprache, d.h. eine geschaffene Kunstsprache dar; das Krebsgeschwür ist danach die natürliche Sprache, die nur immer mehr philosophische Probleme zu metastasieren imstande sei. Dem kritischen Einwand, dass man nicht an der natürlich gewachsenen, komplexen Sprache herumoperieren sollte, solange man sie nicht kenne, entzieht man sich mit derselben metaphorischen Redeweise: Solange die Operation erfolgreich ist und krankes Gewebe durch gesundes ersetzt wird, habe das Interesse für den Bericht des Pathologen, der das erkrankte Gewebe untersucht, einen sekundären Stellenwert. Im Vordergrund habe die Therapie zu stehen. Die Funktion einer idealen Sprache besteht also nicht in der Klärung von normalsprachlichen Konzepten; diese sollen vielmehr ersetzt werden.

Die Haltung der Vertreter der Philosophie der normalen Sprache, die verstehen wollen, wie die natürliche Sprache funktioniert, vergleicht Rorty mit der von Psychiatern. Die philosophischen Probleme werden dabei nicht mit einem Krebsgeschwür verglichen, sondern mit einer Neurose. Ein Krebsgeschwür könne man behandeln, auch wenn der Patient nichts von seinem Gesundheitsproblem versteht; er muss nicht einmal wissen, wie er zu seiner Krankheit gekommen ist. Wenn Menschen, die durch philosophische Probleme verwirrt sind, dagegen eher mit Neurotikern zu vergleichen sind, dann wäre ihnen nicht mit einer Droge geholfen, die sie ihre Probleme vergessen ließe. Das Problem löst sich erst auf, wenn man die Krankheit selbst, in diesem Fall die natürliche Sprache, zunehmend besser versteht.

Das Ziel, die normale Sprache besser verstehen zu wollen, teilt die Philosophie der normalen Sprache mit der Sprachwissenschaft, die sich im 20. Jahrhundert zunehmend institutionell etabliert. Der Hauptunterschied besteht in der Diagnose, die jeweils vorgenommen wird. Sprachwissenschaftler gehen in der Regel nicht von einer Pathologie der Sprache aus. Die Sprache ist optimal funktionstüchtig. Man will sie verstehen, aber nicht, um sie zu verbessern. Das Verhältnis zwischen Sprache und Sprachwissenschaftler ließe sich eher mit einem Liebesverhältnis vergleichen. Faszinierendes, Bewundertes kann man gar nicht lange genug betrachten und verstehen wollen.

Sollten die Sprachwissenschaftler diagnostizieren, dass die Patientin Sprache gesund ist, würden dann die Analytischen Sprachphilosophen nicht arbeitslos? Rorty hat diese Entwicklung bereits 1967 angedeutet: Man könnte tatsächlich die Analytische Philosophie durch die empirische Linguistik ersetzen; das ist eine seiner fünf Antworten auf die Frage nach der Zukunft der Philosophie.

Warum ist Rorty bereits 1967 so skeptisch? Der Grund dafür ist, dass sich das Programm der Analytischen Philosophie, anders als Carnap es angekündigt hatte, als nicht so voraussetzungslos herausgestellt hat. Carnap hatte Vorannahmen gemacht, ohne diese weiter zu reflektieren. Von den Dogmen des Empirismus ist die Rede, ausgerechnet bei Willard van Orman Quine – Carnaps wichtigstem Schüler: Vor allem die Möglichkeit einer klaren Unterscheidung zwischen synthetischen und analytischen Sätzen wird zunehmend in Zweifel gezogen.

Welcher Ausweg bleibt der Philosophie dann aber, wenn sich diese klare Trennung und damit diese klare Aufgabentrennung zwischen empirischen Wissenschaften und Philosophie nicht mehr verteidigen und halten lässt. Rorty schlägt sechs mögliche Auswege vor:

i. Man könnte die allen Analytischen Philosophen gemeinsame Grundlage des methodischen Nominalismus zurückweisen. Diesen Weg gehen zur Zeit Carnaps bereits die Phänomenologen, deren bekanntester Vertreter Edmund Husserl ist.

ii. Man könnte nicht nur den methodischen Nominalismus aufgeben, sondern noch weitergehen und das Ideal von verbindlichen und klar definierten Kriterien fallen lassen. Das würde die Annäherung von Philosophie und Dichtung bedeuten. Rorty nennt als Beispiele die späten Aufsätze von Martin Heidegger.

iii. Der methodische Nominalismus könnte beibehalten werden. Dagegen werden die verbindlichen Argumentationskriterien aufgegeben. Aufgegeben würde damit die Hoffnung, die errichteten philosophischen Systeme könnten als Beschreibungen der Natur der Dinge betrachtet werden. Damit würde allerdings die entscheidende Hoffnung der Analytischen Philosophie verabschiedet werden müssen: die Erkennbarkeit der Welt zu retten. Die Philosophie würde dann nur noch Idealsprachen und Weltanschauungen erfinden, die zwar systematisch, aber bloß arbiträr wären. Die Philosophie wäre dann auf die Aufgabe reduziert, das Bedürfnis der Menschen nach Weltanschauungen zu stillen.

iv. Als weitere Möglichkeit, die Frage nach der Zukunft der Philosophie zu beantworten, bliebe nach Rorty noch die These, dass sie keine Zukunft habe. Danach würde nicht mehr die Sprache krankhafte Züge haben. Vielmehr hätte die Philosophie den Status einer bloßen Kulturkrankheit. Rorty prognostiziert versuchsweise ein postphilosophisches Zeitalter. Ein solches Zeitalter könnte als ebenso begrüßenswert und wünschenswert empfunden werden, wie das in Bezug auf das Konzept einer postreligiösen Kultur längst der Fall sei. Damit entfiele dann auch der Vorwurf, so Rorty, die Philosophen hätten sich selbst in die Arbeitslosigkeit hineindiskutiert. Einem Arzt, der einen Durchbruch in der Präventivmedizin erreicht habe, mache man schließlich auch keinen Vorwurf. Als Vertreter dieser Position nennt Rorty exemplarisch Wittgenstein.

v. Der Ersatz der Philosophie durch die Linguistik wurde bereits genannt. Als Beispiel nennt er John L. Austin, den Begründer der Sprechakttheorie, der als Vertreter der Philosophie der normalen Sprache einzuordnen ist.

vi. Die Zukunft der Philosophie könnte auch in der Form einer Metalinguistik bestehen, die über die Bedingungen der Möglichkeit von Sprache zu reflektieren hätte. Mit anderen Worten, es geht um die Frage, welche

Sprachen überhaupt denkbar sind. Als Vertreter dieser Position nennt er Peter Strawson, der sozusagen ein Kantsches Programm für die menschliche Sprache durchführt. Auch Strawson ist durch seine Programmatik der Philosophie der normalen Sprache zuzuordnen.

Die Probleme, die Rorty anspricht, spiegeln keinesfalls die institutionelle Realität der Philosophie in den Vereinigten Staaten wider. Dort ist die Analytische Philosophie fest etabliert, zwar nicht an vielen Universitäten, aber gerade und ausschließlich an den prestigereichen Eliteuniversitäten wie zum Beispiel Princeton, wo auch Richard Rorty ab 1962 gelehrt hat. Die Analytische Philosophie kontrolliert dort bis heute die philosophischen Fakultäten und Zeitschriften, wie das 1998 Donald Davidson in einem Interview nochmals bestätigt hat. Doch weder durch den institutionellen noch durch seinen persönlichen beruflichen Erfolg ließ sich Rorty von seiner Position abbringen, dass das gesamte Programm der Analytischen Philosophie als gescheitert zu gelten habe. Rorty, der schon mit 14 Jahren die Universität besuchen durfte, nachdem er mehrere Schulklassen übersprungen hatte, ist zu scharfsinnig, um die Schwächen der Analytischen Philosophie übersehen zu können. Die Folgen stellen sich bald ein: „Seine Princeton-Kollegen distanzieren sich mehr und mehr von der neuen Richtung, die seine Arbeit nimmt. Er wird in seinem Department isoliert, man rät Studenten ab, bei Rorty zu promovieren. Er gilt als eine Art Sonderling" (Reese-Schäfer 1991: 149).

Rorty präferiert nach eigener Aussage die Philosophien von Wittgenstein und Heidegger und kombiniert sie mit dem Pragmatismus. Er gibt die Philosophie im doppelten Sinn des Wortes auf. Er verlässt die Universität Princeton und übernimmt eine Professur im Bereich der Geisteswissenschaften an der University of Virginia. Die Trennung zwischen Philosophie und Dichtung wird von ihm aufgegeben.

B Die Philosophie der idealen Sprache

Die Philosophie der idealen Sprache beginnt mit Freges Neuauflage des Leibnizschen Programms einer Kunstsprache. Carnap folgt diesem Programm. Er übernimmt Freges Unterscheidung von analytischen Sätzen versus synthetischen Sätzen. Im Gegensatz zu Frege wertet er aber Sprache entscheidend ab. Frege hatte die Kunstsprachen mit Instrumenten wie dem Mikroskop verglichen, welche das menschliche Auge erweitern können. Genauso wenig wie er das Auge als schlechtes Mikroskop bezeichnet hätte, genauso wenig war für ihn die natürliche Sprache eine schlechte Alternative zur Kunstsprache. Mit dem Terminus der Idealsprache wird dies jedoch suggeriert: Danach ist die natürliche Sprache eine schlechte Idealsprache, eine nicht-ideale Sprache. Carnap geht weiter und behauptet, dass sich jeder Satz entweder empirisch oder sprachanalytisch beantworten lasse. Da er die Physik als Königin der empirischen Wissenschaften betrachtet, führt er die These ein, jede Aussage lasse sich in die Sprache der Physik übersetzen und anschließend verifizieren oder falsifizieren. Fremdpsychische Zustände, z.B. Überzeugungen oder auch Bedeutungen, die ja nicht in der empirisch erforschbaren Außenwelt vorkommen, sondern im Geist, sind in Form von Verhaltensdispositionen zugänglich und überprüfbar. Die Philosophie der idealen Sprache ist daher stark behavioristisch orientiert. Sprache wird als eine Form des Verhaltens betrachtet. Bedeutungen werden über das beobachtbare Verhalten, das nach Auffassung der Behavioristen einem Reiz-Reaktions-Schema folgt, erschlossen. Bedeutungsunterschiede liegen nach dieser Auffassung immer dann vor, wenn Gebrauchsunterschiede erkennbar sind.

Carnap unterscheidet zwischen extensionaler und intensionaler Bedeutung. Die extensionale Bestimmung von Bedeutung besteht in der Angabe all der Gegenstände, die unter den jeweiligen Begriff fallen. Die Extension des Begriffs *Fichte* umfasst also die Klasse der Fichten. Ob nun Begriffe oder Prädikate extensionsgleich sind, lässt sich nach Carnap empirisch überprüfen: z.B. *Lebewesen mit Herz* und *Lebewesen mit Niere*. Anders verhält es sich mit der intensionalen Bedeutungsbestimmung. Sie besteht in der Angabe der definierenden Merkmale, die wir heute als semantische Merkmale bezeichnen: Die intensionale Bedeutung von *Fichte* besteht aus den Merkmalen [+Baum] [+Lebewesen] etc. Die Untersuchung der intensionalen Bedeutung ist für Carnap eine rein linguistische Frage. Bekanntes Beispiel für diese Methode der Untersuchung von Bedeutungen ist folgendes Gedankenexperiment von Willard van Orman Quine: Man stelle sich vor, man wollte die Bedeutungen einer bislang nicht beschriebenen Sprache ermitteln bzw. beschreiben und erstmals ein Lexikon erstellen. Wir begeben uns zu den Sprechern dieser Sprachgemeinschaft und beobachten, dass die Sprecher jedesmal, wenn ein Hase vorbeiläuft, *gavagai* rufen. Der Feldforscher könnte nun *Hase* notieren. Die extensionalen Bedeutungen von *gavagai* und *Hase* stimmen überein, wenn all das, was mit *gavagai* bezeichnet wird, in der Sprache des Feldforschers mit *Hase* bezeichnet wird. Doch mit dieser Methode kommt man bald an seine Grenzen. *Hase* gehört beispielsweise in unserer Sprache zu den count nouns bzw. zu den sogenannten Individualnomen, welche die Gegenstände als begrenzt und damit zählbar darstellen. Es wäre denkbar, dass *gavagai* dagegen ein Massennomen (mass noun) ist, das sich nicht auf ein als konturiert konzipiertes Etwas bezieht, sondern so etwas wie *Hasigkeit* oder *Hasheit* bedeutet, oder ganz einfach auf

Substanzartiges wie *Hasenfleisch*, das ebenfalls keine konturierten Vorstellungen aufruft. Vielleicht können wir als Feldforscher mit viel Anstrengung einige Übersetzungsäquivalente ermitteln. Das könnte noch bei konkret vorkommenden und beobachtbaren Gegenständen der Fall sein (ein Skeptiker würde selbst dies grundsätzlich bestreiten). Auf der Basis der Beobachtung von Verhaltensdispositionen bei der Äußerung von sprachlichen Einheiten könnten wir bestenfalls eine Schnittmenge der Bedeutungen übermitteln und übersetzen. Bei kulturellen, religiösen u.a. Begriffen können wir uns niemals sicher sein, ob wir die Bedeutungen richtig ermittelt haben. Quine hat für diese Unsicherheit den Terminus der Ontologischen Relativität eingeführt.

Auf der Grundlage einer halbwegs gesicherten, gemeinsamen Bedeutungsbasis könnten wir versuchen, die weiteren Bedeutungen zu erkunden. Quine bezweifelt, dass wir dabei vollständig erfolgreich sein können. Wir bilden uns bestenfalls ein, dass wir das semantische Universum der anderen völlig verstehen. Quine spricht daher von der Indeterminiertheit bzw. Unbestimmtheit der Übersetzungen. Konsequent mit Quine zu Ende gedacht bedeutet das, dass wir nicht nur die Semantik einer anderen Sprache nicht vollständig verstehen können, sondern auch nicht die einer anderen Person, selbst wenn sie scheinbar dieselbe Sprache spricht wie wir selbst. Es ist jeweils ein anderer Erfahrungshintergrund vorhanden, der niemals deckungsgleich sein kann.

Quine denkt Carnaps Programm so konsequent weiter wie nur möglich.[55] Er ist der einzige Philosoph in der Nachfolge der Philosophie der idealen Sprache, den man heute noch mit Gewinn lesen kann. Quine diskutiert mit seinem Beispiel der zählbaren und nichtzählbaren Substantive, die mit dem Ausdruck *gavagai* verbunden werden könnte, eine zentrale Thematik der scholastischen Grammatik. Dort wurde das Problem allerdings gelöst, durch die Einführung der mereologischen Merkmale der Teilbarkeit/Nichtteilbarkeit und Additivität/ Nonadditivität von Nomen und den Nachweis, dass beide Techniken in jeder Sprache vorhanden sind und unterschiedliche Perspektivierungsleistungen darstellen. Quine kann als überzeugter Nominalist diesen Lösungsweg aber nicht akzeptieren. Würde er das tun, müsste er seine Überzeugung aufgeben, dass die Welt aus isolierbaren Einzelgegenständen, die sich extensional zählen und aufzählen lassen, bestehe.

Quine wird zum wichtigsten Kritiker von Carnap. Mit der Aufgabe des Behaviorismus als Methode zur Erforschung von Sprache im Allgemeinen und von Bedeutungen im Besonderen, sind heute allerdings selbst Quines Überlegungen zur ontologischen Relativität und der Unbestimmtheit von Übersetzungen obsolet geworden. Das Programm der Philosophie der idealen Sprache darf

---

55 Beide stehen in einem ständigen Briefwechsel (vgl. Carnap/Quine 1990).

heute daher als vollständig gescheitert gelten. Quine selbst ist das Verdienst zuzuschreiben, dass er auf die Dogmen des logischen Empirismus hingewiesen hat: Die These von der Unbestimmtheit der Übersetzungen hat ja die Konsequenz, dass man nicht mehr so einfach behaupten kann, das Psychische ließe sich in die Sprache der Physik vollständig übersetzen und auf diese reduzieren. Dazu kommt die Kritik an der strengen Unterscheidung zwischen analytischen und synthetischen Sätzen. Natürlich sind auch analytische Sätze (d.h. Definitionen und damit die intensionale Bedeutung bzw. die semantischen Merkmale) nicht vollständig erfahrungsresistent. Es handelt sich um den festeren Teil der Taxonomien, die jede Sprache mit sich transportiert. Sollten Vögel beispielsweise als Tiere, die fliegen können, definiert worden sein, so kann man nach der Entdeckung der Pinguine die Taxonomie überprüfen und verändern. Es hängt von der Position in der Hierarchie der Taxonomie ab, wie erfahrungsresistent ein Begriff ist. Gerade die in der Hierarchie hoch angesiedelten Begriffe wie z.b. *Lebewesen* (im Vergleich zu *Haubenmeise*) bilden kaum veränderliche und hyperstabile Merkmalsverbände und damit Klassen. Kennzeichen dieser Begriffe ist, dass sie über eine umfangreiche extensionale Bedeutung verfügen und eine geringe intensionale Bedeutung. Die wenigen semantischen Merkmale, die bei einem Abstraktum bzw. Allgemeinbegriff wie *Lebewesen* erhalten bleiben, sind Merkmale, die sich besonders bewährt haben. *Begriffe* sind nichts anderes als ein Kondensat an bewährten Definitionen, d.h. von analytischen Sätzen. Sie werden in der Regel nicht ‚entpackt', weil durch eine empirische Überprüfung keine Revisionen unseres Wissens zu erwarten sind. Paradoxerweise sind also gerade die Abstrakta und Allgemeinbegriffe, deren Realitätsstatus von den Nominalisten bevorzugt in Zweifel gezogen wird und deren Übersetzbarkeit von Quine ebenfalls als am fragwürdigsten eingestuft wird, die zuverlässigsten Begriffe, über die wir verfügen. Scheinbar erfahrungsresistent sind sie nur deshalb, weil sie sich in der Erfahrung längst bewährt haben. Das geschieht nicht in einem semantischen Privatkosmos. Jedes Kind, das Sprache und damit Bedeutungen erwirbt, erwirbt mit dem Wortschatz nicht nur eine Taxonomie und damit ein bloß arbiträres Klassifikationssystem; der Wortschatz enthält darüber hinaus ein über Generationen angesammeltes Wissen über die Festigkeit und Bewährtheit der einzelnen Begriffe.

Auch wenn die Philosophie der idealen Sprache als gescheitert gilt, hat sie doch auf wichtige Differenzierungen erneut oder zum ersten Mal aufmerksam gemacht, die man beim Nachdenken über Sprache braucht. Sie gehören heute zum unverzichtbaren sprachphilosophischen Standardvokabular:

i. die Differenzierung zwischen analytischen und synthetischen Sätzen, auch wenn die Behauptung eines unüberwindbaren Unterschieds zwischen beiden Qualitäten eines Urteils überholt ist.

ii. die Differenzierung zwischen intensionaler und extensionaler Bedeutung; wichtig ist dabei das Verhältnis zwischen beiden Bedeutungsbestimmungen: Die intensionale Bedeutung steht in einem umgekehrt proportionalen Verhältnis zur extensionalen Bedeutung. Je größer die Extension, desto geringer die Intension und umgekehrt.

iii. die Unterscheidung zwischen Bedeutung und Bezeichnung, die bei Aristoteles und den mittelalterlichen Semiotikern eine Selbstverständlichkeit war, die aber in der Epoche des Nominalismus, die seit der frühen Neuzeit bis heute andauert, in Vergessenheit geraten war. Selbst Carnap, als Schüler von Frege, und Quine versuchten in nominalistischer Manier wieder eine Aufhebung dieser Unterscheidung, indem sie nur mit dem Begriff der extensionalen Bedeutung und damit letztendlich mit dem Begriff der Bezeichnung auskommen wollten. Diese erneute nominalistische Reduktion ist ihnen jedoch nicht gelungen.

C Text: *Ontologische Relativität* von Quine

Nach allem, was bisher über die Wiederentdeckung des semiotischen Dreiecks durch Peirce und Ogden/Richards gesagt wurde sowie über deren sprachphilosophischen Konsequenzen, lässt sich Quine als Meister der erneuten Destruktion des semiotischen Dreiecks einordnen. Warum unternimmt Quine ein solches destruktives Werk? Sein Ziel ist die Verteidigung des Nominalismus, der durch die Arbeiten von Peirce in eine deutliche Defensive gedrängt worden war. Quine will das semiotische Dreieck wieder zusammenklappen. Dazu nimmt er explizit einen behavioristischen Standpunkt ein. Er lehnt es ab, Bedeutungen als mentalen Repräsentationen einen Wirklichkeitsstatus zuzuschreiben. Quine will verhindern, dass der Bedeutung der Status einer vermittelnden Instanz zwischen dem sprachlichen Ausdruck und dem Gegenstand, auf den dieser Ausdruck referiert, zugeschrieben wird. Damit wird das sprachliche Zeichen wieder von seiner triadischen Struktur auf eine dyadische Struktur reduziert.

Quines Anliegen in seinem Artikel über das Problem der Bedeutung in der Linguistik[56] ist es zu zeigen, dass man bei der grammatischen Beschreibung vollständig auf Bedeutung verzichten kann; in einem zweiten Schritt wendet er sich dem Lexikographen zu, um zu zeigen, dass auch dieser bei der Beschreibung einer Sprache ohne den Rekurs auf Bedeutung(en) auskommen

---

56 *The problem of meaning in linguistics*, abgedruckt in seinem einflussreichen Buch *From a logical point of view* (1953/1961:47–64).

kann. Dem Grammatiker schreibt er die Aufgabe zu, dass er die Klasse der „significant sequences" zu ermitteln hat; Quine verwendet aus guten Gründen nicht den Terminus „meaningful sequences". Er geht davon aus, dass sich diese Einheiten durch rein formale Verfahren, ohne Umweg über Zuschreibungen von Bedeutungen ermitteln lassen. Diese Verfahren wurden von den ebenfalls behavioristisch orientierten amerikanischen Strukturalisten (vor allem von Zellig Harris und Leonard Bloomfield) in den 50er Jahren entwickelt, also etwa zeitgleich zur Entstehung von Quines Arbeit *The problem of meaning in linguistics*. Während des zweiten Weltkriegs hatte sich vor allem der Germanist Bloomfield, da sich aus verständlichen Gründen Studenten, die sich für die deutsche Sprache interessierten, kaum mehr fanden, der Untersuchung der amerikanischen Indianersprachen zugewandt. Diese wollte er ohne Umweg über bereits existierende Kategorisierungen beschreiben, um gegen eingefahrene Routinen und Vorurteilen abgesichert zu sein. Dazu wurden bedeutungsunabhängige Substitutionsproben und Umstellungsproben entwickelt, die bis heute in der syntaktischen Analyse angewandt werden, wenngleich der behavioristische Ansatz selbst mittlerweile aufgegeben worden ist. Relevante Einheiten einer Sprache lassen sich tatsächlich auf diese Weise relativ gut ermitteln. Quine ist allerdings klug genug, um in seinem Artikel auf ein schwerwiegendes Problem hinzuweisen, mit dem dieses Verfahren konfrontiert ist. Es ist das Problem der Allophonie (phonematische Varianz ohne Bedeutungsveränderung) von Einheiten. Das heißt, in verschiedenen Umgebungen können die zu ermittelnden Einheiten eine unterschiedliche lautliche Repräsentation aufweisen. Um zu erkennen, ob es sich um Varianten einer Sequenz oder vielmehr um verschiedene Sequenzen handelt, ist daher der Rekurs auf den Phonembegriff notwendig. Das Phonem ist nun aber definiert als kleinste bedeutungsunterscheidende Einheit der Sprache. Damit kommt wieder der Begriff der Bedeutung ins Spiel. Quine kann dieses Problem nicht lösen. Er suggeriert aber, dass eine Ermittlung von Phonemen auf rein materieller Basis möglich sein könnte, die so ohne den Rekurs auf Bedeutung auskommt. Er kann zwar keinen überzeugenden Lösungsweg aufzeigen, aber er schlägt vor anzunehmen, dass das prinzipiell möglich sein müsste und der Grammatiker sich daher künftig nicht mit Bedeutungen herumzuschlagen hätte.

Nach diesem ersten „Ergebnis" (das eigentlich nicht mehr als ein rhetorischer Trick oder ein nominalistisches Glaubensbekenntnis ist, da kein überzeugendes Argument gebracht wird) wendet er sich dem schwierigeren Problem zu, der lexikalischen Semantik. Dazu erfindet er sein berühmtes „Gavagai-Denkexperiment", das man genauer in seinem Artikel *Ontologische Relativität* beschrieben findet. Das Szenario sieht folgendermaßen aus: Nachdem der Grammatiker einigermaßen die relevanten Einheiten einer bislang unbeschriebenen Sprache ermittelt hat, muss der Lexikograph herausfinden, welche dieser Einheiten synonym mit Einheiten unserer Sprache sind. Schon diese Fragestellung, die Quine nun bearbeitet, ist aus der Sicht selbst eines amerikanischen Strukturalisten von erschreckender Naivität. Die Bedeutung einer sprachlichen Einheit ist nach strukturalistischer Auffassung definiert als die Summe der Relationen, in der eine Einheit zu einer anderen Einheit in der Sprache steht. Da die Einheiten, die zueinander in Relation stehen, sich darin unterscheiden können, was ihre Anzahl betrifft (zum Beispiel die Einheiten, die Farben, Möbel oder Verwandtschaftsnamen bezeichnen) gibt es in der Regel keine genauen synonymen Einheiten beim Vergleich zweier Sprachen. Warum stellt nun aber Quine dennoch den Begriff des Synonyms in den Mittelpunkt seiner Überlegungen und macht ihn zum Ausgangspunkt seines Denkexperiments? Quine leistet sich keine naiven Denkbewegungen; ganz im Gegenteil. Quine geht es darum, den Begriff der Relation bewusst zu ignorieren. Als Nominalist kann er selbstverständlich weder von Strukturen (die immer relational sind) noch von Relationen selber ausgehen. Dazu kommt eine weitere nominalistische Überzeugung: Wenn die Welt aus klar zu isolierenden und zählbaren Gegenständen besteht, dann muss es in den verschiedenen Sprachen auch synonyme Bezeichnungen für diese Gegenstände geben. Damit hat er das Problem seines Lexikographen deutlich definiert und auch minimiert. Es besteht darin, in empirischer Feldforschung die Äquivalente-zu entdecken, die sich sowohl in der einen als auch in der anderen Sprache auf denselben Gegenstand beziehen. Es gibt also nur Referenz, keine Bedeutung.

Die Synonymie besteht nach Quines Auffassung zunächst in der Gleichheit der außersprachlichen Situationen, durch die die sprachlichen Formen evoziert werden, zum anderen in vergleichbaren Hörerreaktionen auf diese Formen. Ausgangspunkt für die Arbeit des Lexikographen soll also ein Reiz-Reaktion-Schema sein. Das Beispiel sieht folgendermaßen aus:

Ein Hase läuft vorbei und der Feldforscher hört, dass der Sprecher der ihm unbekannten Sprache auf den Hasen deutet und *gavagai* ausruft. Wie können wir uns aber als Beobachter sicher sein, worauf der Sprecher genau deutet? Quine bezieht sich auf darauf, dass Substantive in einer Sprache unterschiedlich gequantelt sein können:

> Das ist das Vertrackte an „gavagai": wo hört ein *gavagai* auf und wo beginnt ein anderer? (Quine 1969/1975a:48).

Wie weiß ich, ob sich der Sprecher auf einen singulären Hasen, auf den Teil eines Hasen, auf ein zeitliches Stadium eines Hasen in Raum und Zeit, auf Hasenartigkeit oder was auch immer bezieht? Allein durch Zeigen kann eine eindeutige Referenz nicht ermittelt werden.

Betrachten wir daher das Problem, ob „gavagai" mit „Hase" oder mit „nichtabgetrennter Hasenteil" zu übersetzen ist. Wir verstehen bisher noch kein Wort der fremden Sprache bis auf folgende Ausnahme: Wir haben uns auf eine Arbeitshypothese festgelegt, die uns sagt, welche Wörter und Gesten der Muttersprachler als ein „Ja" bzw. „Nein" auf unsere hinweisenden Gesten und Fragen zu deuten sind. Die Schwierigkeit ist nun: Immer wenn wir auf verschiedene Teile des Hasen zeigen und womöglich manchmal den Rest dieses Hasen abdecken, zeigen wir auf den ganzen Hasen. Und umgekehrt: Wenn wir mit einer ausholenden Geste auf den ganzen Hasen hinweisen, deuten wir immer auch auf eine Vielzahl von Hasenteilen. (Quine 1969/1975a:48)

Hier sind mehrere Probleme eines Nominalisten angesprochen. Alle haben mit Teil-Ganzes-Relationen zu tun. Der Lexikograph weiß nicht, ob mit *gavagai* dieselbe Entität denotiert wird wie mit *Hase* in seiner ihm vertrauten Sprache. Können nicht auch Teile (Hasenohr) als Ganze denotiert werden? Er weiß übrigens auch nicht, ob er mit *gavagai* auf einen Hasen referiert, einen Feldhasen oder ein Tier. Das heißt, die ganze Architektonik von Hyperonymen und Hyponymen muss berücksichtigt werden, was wieder im Kern eine Teil-Ganzes-Struktur darstellt. Quine berücksichtigt diesen Punkt allerdings nicht. Was Quine primär ansprechen will, sind vor allem Substantive, die sich seiner Auffassung nach wie Adjektive verhalten. Er nimmt zur Illustration das Farbadjektiv *sepia*. Solche Wörter sind sogenannte kontinuative Terme, d.h. sie verweisen auf etwas, das keine Grenzen hat und aus homogenen Teilen besteht. Substantive mit solchen Eigenschaften sind im Deutschen zum Beispiel *Wasser* oder *Blut*. Sie rufen ein Vorstellungsbild auf, derart, dass diese Substanzen aus homogenen Teilen bestehen. Dagegen ruft *Hase* beim Hörer das Vorstellungsbild auf, dass er aus inhomogenen Teilen besteht (Ohren, Beine etc.). Umgekehrt ruft *Hasenfleisch* wieder ein homogenes Vorstellungsbild beim Hörer auf. Quine verwendet dieses Beispiel nicht, aber darum geht es sinngemäß: Wie weiß ich, ob sich *gavagai* auf eine Art Hasensubstanz (homogen, nicht-zählbar) oder auf einen Hasen (nicht-homogen, zählbar) bezieht?

Es ist ganz klar, dass die kontinuativen Substantive (Massensubstantive oder *mass nouns*) das Kernproblem für einen überzeugten Nominalisten darstellen. Wenn die Welt aus abgrenzbaren Gegenständen besteht, dann sind Kontinuativa eine Bedrohung für das nominalistische Weltbild. Es sollte sie eigentlich nicht geben. Quine erwähnt in seinem Artikel explizit das Japanische, dessen Substantive sich nicht pluralisieren lassen. Sie beziehen sich nicht auf zählbare Entitäten. Quantifiziert werden sie durch sogenannte Numeralklassifikatoren (vergleichbar mit *ein Stück* in der Sequenz *ein Stück Hasenfleisch*). Sprachen, die mit der Technik der Numeralklassifikation quanteln und nicht mit der Technik der Pluralisierung stellen keinen peripheren Fall dar.

Quine stellt das Problem, das er als Philosoph mit nominalistischen Überzeugungen angesichts von nicht-zählbaren Substantiven selbst generiert, als

Problem der Sprache und der Sprecher dar. Er spricht von einem Übersetzungs-
problem, genauer von der Unbestimmtheit von Übersetzungen. Als Ausweg
schlägt er vor, dass man für alle Sprachen einen gemeinsamen Grundvorrat an
Begriffen annehmen müsse. Als Beispiel führt er an, dass jeder einen Hasen
oder einen Apfel als eine Einheit wahrnimmt und nicht als eine Ansammlung
homogener Atome oder Teile. Diese Annahme wird von ihm nicht begründet,
sondern einfach gesetzt. Von diesem gemeinsamen Grundvorrat ausgehend,
könne sich dann der Lexikograph vorarbeiten und sich die synonymen Ent-
sprechungen weiterer fremdsprachlicher Sequenzen erschließen, wobei man
aber nie sicher sein kann, ob diese lexikographischen Schlüsse dieselben Vorstellungen aufrufen wie in der übersetzten Sprache. Das Problem, das der
Nominalist hat, hat Quine dem Übersetzer aufgeladen und schließlich jedem
einzelnen Sprecher. Wir können uns nämlich nach diesem Gedankenexperiment auch nicht mehr sicher sein, ob wir in unserer eigenen Sprache dieselben
Vorstellungsbilder aufrufen wie unsere Kommunikationspartner. Jeder von uns
hat ja in seinem Spracherwerb die Gavagai-Erfahrung durchgemacht. Wir leben
in einer Illusion, wenn wir meinen uns zu verstehen. Da es Quine aber letzten
Endes gar nicht um gemeinsame Vorstellungsbilder geht, die ja mentalen
Bedeutungsrepräsentationen zumindest verdächtig nahe kommen würden,
sondern ausschließlich um Referenz, sieht er garantiert, dass wir mit *gavagai*
und mit *Hase* auf dasselbe *Was* referieren, die Differenz betreffe nur das *Wie*
des Gegenstandes. Hauptsache, es gibt keine Bedeutungen. Bedeutungen sind
nämlich Klassenbegriffe. Klassen sind für Nominalisten irreal. Real sind nur
Individuen. Alle theoretischen Herausforderungen, denen sich Nominalisten
stellen, leiten sich von dieser Axiomatik von isolierbaren, zählbaren Individuen ab. All diese Probleme lösen sich von selbst auf, wenn man Inklusionsrelationen zulässt. Individuierbarkeit ist dann eine von mehreren Techniken der
sprachlichen Perspektivierung der Welt und keine Eigenschaft der Welt selbst.

D Gegenposition: Die Philosophie der normalen Sprache

Im Gegensatz zur Philosophie der idealen Sprache sind die bekanntesten Vertreter der Philosophie der normalen Sprache gemäßigt ‚sprachtherapeutisch‘
tätig. Zu ihnen gehören die Begründer der Sprechakttheorie: John L. Austin
und John R. Searle. Häufig ist auch von der sprachpragmatischen Wende der
Philosophie die Rede. Grundlegend ist dabei die Einsicht, dass die Verwendung
von Sprache eine Form des Handelns darstellt. Unmittelbar einsehbar ist das
bei Sätzen wie *Hiermit taufe ich dich auf den Namen Andrea* oder *Hiermit
ernenne ich Sie zum Beamten auf Lebenszeit*. Auch jeder andere Satz enthält

eine Handlungskomponente. Jeder Satz weist, genau betrachtet, eine Doppelstruktur auf: Er setzt sich aus einer Proposition und einer spezifischen sprachlichen Handlungsqualität (Illokution) zusammen. Die Philosophie hat sich nur für den einen Teil eines Satzes interessiert: die Proposition und deren Wahrheitswerte. Vernachlässigt wurde dabei, dass wir handeln, wenn wir sprechen. Dazu ein Beispiel: Die Äußerung: *Hier ist es kalt* kann eine Bitte zum Ausdruck bringen: *Könntest Du die Heizung andrehen?* Es kann sich um eine Beschwerde handeln: *Ich hab' Dir schon hundertmal gesagt, Du sollst die Heizung nicht zurückdrehen* etc. Nicht jeder Satz ist primär als Aussage intendiert, der ein Wahrheitswert zugeordnet wird. Vielmehr kann es sich um eine Frage oder einen Befehl handeln. Die Grundmodi des sprachlichen Handelns kommen in den Satzzeichen zum Ausdruck:

> Punkt: Aussagesatz bzw. Deklarativsatz
> Fragezeichen: Fragesatz
> Ausrufezeichen: Imperativsatz

Stimmt das äußere Signal mit der mit dem Satz verbundenen Handlungsqualität überein, spricht man von einem direkten Sprechakt. Ein direkter Sprechakt liegt vor, wenn eine Frage tatsächlich als Frage intendiert ist. Um einen Sprechakt einordnen zu können, muss man die beabsichtigte Wirkung kennen.

Auch Aussagesätze enthalten ein Wirkungspotential, das jedoch von den meisten übersehen wird. All das, was wir für wahr halten, beeinflusst unsere Handlungen. Menschen leben in einer relativ reichen Handlungsumwelt. Das heißt, sie können in der Regel zwischen mehreren Handlungsalternativen wählen: Gehe ich ins Café oder vielmehr in die Vorlesung? Lese ich stattdessen ein Buch, oder besuche ich lieber meine Freundin? Es sind neben den Sprechakten unserer Mitmenschen (*Du hast mich aber schon lange nicht mehr besucht! Wenn Sie meinen, Sie bestehen die Prüfung auch so!* etc.) auch unsere eigenen wissensbasierten Pläne, Überzeugungen, Werte etc., die uns auf eine der vielen möglichen Alternativen mehr oder weniger stark hin orientieren. Da Pläne und Überzeugungen Gedanken darstellen, und da Gedanken ein sprachliches Format aufweisen, lässt sich daraus ableiten, dass Sprache unsere Handlungen wesentlich steuert. Sie verweist auf eine von vielen Möglichkeiten, hebt sie hervor und privilegiert sie. Das gilt nicht nur für kommunikative zwischenmenschliche Äußerungen. Sprache ist auch zuständig für die Kommunikation zwischen Mensch und Welt. Sie hat eine welterschließende Funktion. Nicht nur die Menschen, auch die Welt kann sich uns aufdrängen und unser Handeln beeinflussen. Ist solches Handeln erfolgreich, verfügen wir über Wissen oder Erkenntnisse.

Die welterschließende Funktion von Sprache wurde vor allem von Wittgenstein betont. Die Philosophie der normalen Sprache stützt sich auf den sogenannten späten Wittgenstein, den Verfasser der *Philosophische[n] Untersuchungen*. Dieselben Überzeugungen lassen sich in weniger zugänglicher Form bei Charles S. Peirce schon mehrere Jahrzehnte früher finden. Es wurde bereits darauf hingewiesen, dass die realistische Bildtheorie im *Tractatus logico-philosophicus* von Wittgenstein viel Ähnlichkeit mit Peirces Zeichentheorie aufweist. Auch die *Philosophische[n] Untersuchungen* weisen auffallende Übereinstimmungen mit Peirce auf. Beide Formen von Übereinstimmung sind inzwischen wiederholt hervorgehoben worden. Wenn nun aber sowohl der frühe als auch der späte Wittgenstein mit Peirce kompatibel ist, muss die häufige Konfrontation zwischen einem frühen und einem späten Wittgenstein auf einem Missverständnis oder einer Übertreibung beruhen.

Neu in Wittgensteins *Philosophische[n] Untersuchungen* ist der Begriff des Sprachspiels. Das Sprachspiel ist das, was die Proposition zu einem vollständigen Satz aufrundet. Die Sprechakttheorie versucht, diese zusätzlichen sprachlichen Funktionen, die bei der Äußerung mit ins Spiel kommen, zu beschreiben und zu klassifizieren. Die Klassifikationen unterscheiden sich dabei erheblich voneinander. Wichtig sind hier nicht die kleinen Unterschiede. Wichtig ist vielmehr, dass der Begriff des Sprechakts und damit der Doppelstruktur des Satzes heute nicht mehr aus der Sprachtheorie wegzudenken ist. Er findet sich in der Grammatiktheorie ebenso wie in Habermas' *Theorie des kommunikativen Handelns* – in der entsprechenden Habermasschen Modifikation. Sprechen heißt Handeln. Die alte Redensweise: „Reden wir nicht, sondern handeln wir lieber" ist seither außer Kraft gesetzt. Vermutlich liegt hier meist ein indirekter Sprechakt vor: „Handelt so wie ich es vorgeschlagen habe und lasst die alternativen, von Euch diskutierten Handlungsmöglichkeiten außer Betracht!"

Abschließend stellt sich die Frage, ob die Vertreter einer Philosophie der normalen Sprache eine realistische Position vertreten. Diese Frage lässt sich nicht pauschal beantworten. Stemmer (1996:411) schreibt Austin eine realistische Position zu, da sich für Austin „in der Sprache eine äußerst differenzierte Sicht der Welt objektiviert". Stemmer (1996:410) charakterisiert Austins Haltung zur Sprache folgendermaßen:

> Jedes noch so winzige sprachliche Detail, jeder noch so kleine sprachliche Unterschied ist der Untersuchung wert; denn die Sprache leistet sich, so Austin, wenn überhaupt, nur höchst selten den Luxus, zwei verschiedene Ausdrücke für ein- und dieselbe Funktion bereitzuhalten. Man kann immer davon ausgehen, daß $$sich$$ sprachliche Unterschiede in den Phänomenen spiegeln. Durch das Aufspüren sprachlicher Unterschiede kommt man auch den Unterschiedenheiten der Dinge auf die Spur. Und deren Analyse ist, das gibt Austin deutlich zu verstehen, sein eigentliches Ziel.

Searle vertritt diese sprachrealistische Programmatik nicht. Sein Anliegen ist es in erster Linie, mentalen Repräsentationen einen realen Status zuzuschreiben. Sie gehören zum Menschen genauso wie der Blutkreislauf oder die Verdauung, so Searle. Mentale Repräsentationen sind außerdem intentional. Das heißt, sie sind zielgerichtet und keinem kausalen Gesetz unterworfen. Er macht allerdings nicht die Sprache für diese Eigenschaft der Intentionalität verantwortlich. Für Searle ist der menschliche Geist intentional und Sprache bzw. Sprechakte sind nur abgeleitet intentional. Das ist eine klassische rationalistische Position. Searle wendet sich vor allem gegen Positionen, die behaupten, dass es im Kopf keine Bedeutungen gebe. Die gesamte Argumentation ist also primär gegen Nominalisten wie Quine gerichtet.[57] Seine Pragmatik in Form einer Sprechakt-theorie nimmt viel von dem zurück, was Peirce an einer realistischen Sprach-theorie modelliert hatte. Es ist eine rationalistische Pragmatik, was Peirce sicher als erkenntnistheoretisch hybrides Verfahren zurückgewiesen hätte.

E Einordnung

Man spricht heute vom Scheitern der sprachanalytischen Philosophie. Streng genommen wurde das sprachtherapeutische Programm der Philosophie der idealen Sprache konsequent zu Ende gedacht, dabei aber auch *ad absurdum* geführt, dies vor allem durch Richard Rorty. Rorty denkt den Nominalismus konsequent zu Ende und kündigt schließlich nicht der Sprache, sondern der Philosophie das Vertrauen auf. Nominalist bleibt er in seinem Misstrauen gegen alle Universalitätsansprüche. Er setzt auf singuläre Beispiele und dem, was man daraus lernen kann. Rortys Steigerung der nominalistischen Position wird im folgenden Kapitel dargestellt.

F Kommentierte Literaturhinweise

Der Begriff des ‚linguistic turn‘ wurde durch einen Sammelband, den Richard Rorty herausge-geben hat, populär:

Rorty, Richard (Ed.) (1967/1992): *The Linguistic Turn. Essays in Philosophical Method. With two Retrospective Essays.* Chicago, London: The University of Chicago Press 1992 [Erstauflage 1967].

Eine kurze und lesenswerte Einführung in die Analytische Philosophie bietet Stemmer. Die Einführung von Hoche ist dagegen wenig übersichtlich. Ein Kapitel zur Sprachanalytischen

---

57 Vgl. vor allem das Kapitel 8 (*Sind Bedeutungen im Kopf?*) in seinem Buch *Intentionalität.*.

Philosophie mit dem Schwerpunkt auf der ‚Philosophie der normalen Sprache' findet sich in Hennigfeld 1982:58–156.

Stemmer, Peter (1996): Sprachanalytische Philosophie. In: Borsche 1996: 401–419, 510–512.
Hoche, Hans-Ulrich (1990): *Einführung in das sprachanalytische Philosophieren*. Darmstadt: Wissenschaftliche Buchgesellschaft.
Hennigfeld, Jochem (1982): *Die Sprachphilosophie des 20. Jahrhunderts. Grundpositionen und -probleme*. Berlin, New York: de Gruyter.

Der bekannteste Vertreter der Analytischen Philosophie in der Nachfolge Carnaps ist heute Quine. Das erwähnte „gavagai"-Beispiel findet sich ausführlich erwähnt in seinem Artikel „Ontologische Relativität" (in: Quine 1969/1975:47–64). Weitere Aufsätze finden sich leicht zugänglich (wenn auch nicht auf Anhieb leicht lesbar) in einem Reclam-Band:

Quine, Willard van Orman (1961): *From a logical point of view. Logico-philosophical essays.* Second edition, revised. New York, u.a.: Harper & Row.
Quine, Willard van Orman (1969/1975): *Ontologische Relativität und andere Schriften.* Aus dem Englischen übersetzt von Wolfgang Spohn. Stuttgart: Reclam 1975 (Universal-Bibliothek; 9804). [Engl. 1969].

Die bekanntesten Vertreter der „Philosophie der normalen Sprache" sind Austin und Searle. Ihre Hauptwerke sind ins Deutsche übersetzt:

Austin, John L.(1962/1975/1981): *Zur Theorie der Sprechakte (How to do things with words).* Deutsche Bearbeitung von Eike von Savigny. Stuttgart: Reclam ²1981 (Universal-Bibliothek; 9396). [Engl. 1962 und 1975].
Searle, John R. (1969/1986): *Sprechakte. Ein sprachphilosophischer Essay.* Übersetzt von R. und R. Wiggershaus. Frankfurt am Main: Suhrkamp ²1986 (Suhrkamp Taschenbuch Wissenschaft; 458). [Engl. 1969].

5 Sprache repräsentiert nichts

I Radikalisierung des Nominalismus

A Einführung

Das Projekt der Analytischen Philosophie gilt heute als gescheitert. Die Hoffnung auf die objektive Erkennbarkeit der Welt mittels eines präzisen sprachlichen Begriffsinstrumentariums wurde zunehmend in Frage gestellt. Warum gilt das Projekt einer Analytischen Philosophie als nicht fortführbar?

Die Antwort von Rorty, dass für die Philosophie nichts mehr zu tun bleibe, weil sich die Trennung zwischen synthetischen Sätzen (Erfahrungssätzen) und analytischen Sätzen (Definitionssätzen) nicht aufrechterhalten lässt, konnte allein ein solches Projekt nicht ernsthaft gefährden. Zwar gilt, dass alle analytischen Sätze nichts anderes sind als erfolgreiche Erfahrungssätze; analytische Sätze sind demnach paradoxerweise sogar mit mehr Erfahrung gesättigt als die synthetischen Sätze. Doch deswegen muss man noch nicht die Philosophie abschaffen. Auch Aristoteles hatte im Grunde nichts anderes behauptet. Abschaffen musste man durch diese Einsicht nur eine Philosophie vom Design Carnaps – eine Philosophie, die von ihm als Kleinstaat bzw. als Enklave inmitten der mächtigeren Fachbereiche der empirischen Wissenschaften errichtet worden war und in dem eine Industrie angesiedelt war: eine Art Sprachwaschanlage (Ordinary Language Philosophy) und eine Kunstsprachmanufaktur (Ideal Language Philosophy).

Doch das ursprüngliche Ziel der Analytischen Philosophie bestand nicht in der Sicherung von Gebietsansprüchen oder in der Verteidigung eines akademischen Faches. Die Analytische Philosophie beginnt mit Gottlob Frege, und zwar mit seinem Leibnizschen Projekt, die Beziehungen zwischen Welt und Sprache zu entarbitrarisieren. Frege wollte die Erkennbarkeit der Welt nicht aufgeben. Die von ihm ergriffenen Maßnahmen lassen sich als Strategien zur Schwächung des Nominalismus bezeichnen:

i. Durch die Wiedereinführung der Differenzierung zwischen Bedeutung (*Sinn*) und Bezeichnung (*Bedeutung*), die nichts anderes ist als die Wiederentdeckung des semiotischen Dreiecks, führt Frege wieder Relationen ein.

ii. Relationen sind nicht sichtbar, aber sie sind nach Frege dennoch real in dem Sinn, dass sie unabhängig von unseren Vorstellungen existieren, ebenso wie die Welt der realen Gegenstände. Denken besteht in einem Erfassen der Relationen. Freges Lieblingsbeispiel ist der pythagoreische Lehrsatz: Ganz gleich, ob wir ihn entdecken und denken oder nicht, er existiert auch ohne uns – im Gegensatz z.B. von Schmerzen, die wir fühlen. Die Realität eines Schmerzes ist für Frege an einen Träger gebunden, der Gedanke nicht: Deshalb postuliert er die Welt 3 der Gedanken („drittes Reich"). Dieses „dritte Reich" der Gedanken ist nichts anderes als die Welt der Relationen, die seit der Neuzeit mit der Entwicklung des Nominalismus als nicht real und damit als abgeschafft gilt. Gedanken haben heißt dagegen im Sinne Freges nichts anderes als Relationen erkennen.

Carnap zerstört mit seinem logischen Empirismus dieses Projekt vollständig, ohne sich dessen bewusst zu sein. Er dürfte Frege, wie schon zu seiner Zeit als Student, als er Realismus und Rationalismus nicht auseinander halten konnte, niemals wirklich verstanden haben. Er übernimmt zwar die Idee einer logischen Syntax der Sprache, doch er demontiert auch sofort das semiotische Dreieck, womit er die von Frege eingeführte Bedeutung wieder auf die Bezeichnung von Gegenständen reduziert. Ein Ausdruck bezeichnet einen oder mehrere Gegenstände; darin besteht nach Carnap seine Bedeutung. Sie wird ausschließlich extensional definiert. Bezeichnen kann ich mit jedem beliebigen Ausdruck. Deshalb besteht Carnap auch auf der Arbitrarität dieses Bezeichnungssystems.

Quine versucht in der Nachfolge von Carnap, das Konzept der Bedeutung vollständig zu eliminieren. Obwohl ihm das an keiner Stelle, nicht einmal auf der Phonemebene gelingt (bei ihm finden sich nach jedem entscheidenden Diskussionsabschnitt Sätze von der Art „Nehmen wir an, wir hätten dennoch das Phonem ohne Rückgriff auf die Bedeutung definieren können"), hat er dennoch öffentlichen Erfolg. Quines und Carnaps Philosophien passten bestens zum damals in den USA dominierenden Behaviorismus, der nur eine einzige Relation, das Reiz-Reaktions-Schema bzw. Ursache-Wirkungs-Schema zuließ. Die Kausalitätsrelation wurde als die einzige empirisch überprüfbare Relation mit Realitätsstatus versehen. Nominalisten reagieren allergisch auf alle anderen Qualitäten von Relationen. Sie haben dabei ein ernst zu nehmendes Problem: Alle Zeichen sind schon aufgrund ihrer Definition relational. Dabei gibt es zwei Qualitäten von Zeichen:

i. indexikalische bzw. deiktische Zeichen: sie zeigen bzw. verweisen auf etwas und stellen dadurch eine Relation her („Kontiguitätsrelation", so Roman Jakobsons Terminologie).

ii. ikonische Zeichen: Sie bilden Sachverhalte ab, und zwar mehr oder weniger skizzenhaft bzw. diagrammatisch. In einer Skizze bleibt die relative Beziehung zwischen den dargestellten Gegenständen und Sachverhalten erhalten. Reduziert werden dagegen Gegenstände und Eigenschaften. Das heißt, die Relationen sind elementar bei der Abbildung von Realität durch Zeichen beteiligt.

Rorty erkennt ganz richtig, dass für einen konsequenten Nominalisten gerade die Relationalität der sprachlichen Zeichen selbst die wichtigste Herausforderung darstellt. Da jedes Zeichen, ganz gleich ob es ein natürliches Zeichen oder ein künstliches Zeichen darstellt, relational ist, kann auch eine Sprachtherapie gleich welcher Art nicht erfolgreich sein. Wegtherapieren müsste ein konsequenter Nominalist ja die Relationen, die seiner Auffassung nach in der Realität nicht vorkommen dürfen: Der nominalistische Chirurg müsste damit den ganzen Patienten wegschneiden, denn Zeichen bestehen aus nichts anderem als aus den mit großer Skepsis betrachteten Relationen. Für Rorty, den mehr als nur gelehrigen Schüler des Nominalismus, bleiben somit nur zwei Auswege. Entweder er akzeptiert, dass alle Zeichen relational sind und gibt den Nominalismus auf. Oder er bleibt seiner nominalistischen Denkheimat treu und schafft die Zeichen und damit die Sprache ab. Rorty wählt den zweiten Weg, so absurd er auch erscheinen mag. Er bleibt Nominalist. Die Abschaffung von Sprache kann er allerdings nur durch einen Trick erreichen: Er definiert Sprache um als nichtrelational. Eine Sprache, die nichtrelationaler Natur wäre, könnte weder auf etwas verweisen noch etwas abbilden. Genauso sei es, behauptet Rorty. Sprache sei kein Medium; sie bilde weder die Realität noch die Gedanken ab. Doch wenn Sprache weder ein Erkenntnismittel noch ein Kommunikationsmittel darstelle, wozu würden wir sie dann verwenden? Wir verwenden sie als Instrument, um sozial erfolgreich zu sein, so Rorty. Eine Sprache, die nichts repräsentiert, ist allerdings abgeschnitten von den Gedanken und der Welt:

WELT ||| VERNUNFT ||| SPRACHE

Die Sprache im Sinne Rortys lässt sich vergleichen mit einem Duftstoff, wie ihn die Ameisen versprühen, um die Angehörigen derselben Gruppe wieder zu erkennen. Wir spielen bestimmte Sprachspiele; diesen Terminus übernimmt er von Wittgenstein, der bei Rorty jedoch etwas völlig anderes bedeutet: z.B. das Sprachspiel des konservativen oder des liberalen politischen Diskurses. Eine Konversation lässt sich in ihrer Funktion mit dem Fühler von Ameisen vergleichen. Wir betasten uns gegenseitig und erkennen uns. Das illustriert folgendes Beispiel eines in einem Eisenbahnabteil mitgehörten Gesprächs zwischen Jugendlichen:

A   Du hörst wohl nur Techno.

B   Techno und Hip-Hop, aber Jazz, weißt Du ...

A   Mit Jazz kann ich gar nichts anfangen. Bon Jovi find ich toll.

B   Den finden doch alle gut *[Bezugsgruppe zu groß gewählt]*

A   Wie findstn du Piercing *[ist alarmiert wegen der Reaktion, versucht nun das andere Extrem, indem er die Zugehörigkeitsklasse verkleinert]*

B Ich stell mir nur vor, wie das ist, wenn die Wange gepierct ist, und dann bin ich in der Badewanne, und tauch unter. Läuft dann das Wasser durch? *[Vorsichtige Ablehnung wird signalisiert]*

A ...... [schweigender Konsens: lieber kein Piercing; es tut weh und bringt nichts].

Dass sprachliche Zeichen eine selbstdarstellende und damit auch eine soziale Funktion haben können bzw. dass diese Funktion in bestimmten Situationen überwiegen kann gegenüber beispielsweise der Darstellungs- bzw. Abbildungsfunktion, wurde in der Linguistik nie bestritten. Schon in Karl Bühlers *Sprachtheorie* (1934) wird dieser Aspekt des sprachlichen Zeichens beschrieben. Doch würden Sprachwissenschaftler bis heute nicht auf die Idee kommen, Sprache auf diese Funktion zu reduzieren. Rorty macht jedoch genau das. Der Höhepunkt der Abwertung von Sprache ist damit erreicht.

Der empiristische Versuch, die Arbitrarität zwischen Welt und Sprache zu überwinden, hat sich in einer Sackgasse verlaufen. Doch wo bleiben die der Gegenposition: die Rationalisten? Hier gibt es eine Neuauflage des Kantschen Programms unter einer pragmatischen Perspektive: Die *Theorie des kommunikativen Handelns* von Jürgen Habermas. Sprache wird hier unter einer pragmatischen, sich auf Peirce beziehenden Perspektive wieder aufgewertet. Das Axiom von der Arbitrarität der Beziehung zwischen Welt und Sprache wird jedoch weiterhin aufrechterhalten. In diesem Punkt wird Peirce nicht ernst genommen, der gerade das Gegenteil beweisen wollte. Die Aufwertung von Sprache ist die Folge von Habermas' Strategie, die Universalität der menschlichen Vernunft zu retten. Nach Habermas ist die menschliche Vernunft in den Grundstrukturen sprachlichen Handelns angelegt. Die Vernunft basiert danach auf der universalen Basis vernünftiger Rede. Damit sind die allen Menschen gemeinsamen Präsuppositionen (universelle Vorannahmen) gemeint, die vorhanden sind, noch bevor sie reden und in einen vernünftigen Diskurs miteinander treten. Das Verhältnis von Vernunft und Sprache wird dabei umgekehrt. Die Vernunft basiert auf sprachlichen bzw. sprachpragmatischen Universalien, die selbst nicht mehr letztbegründbar sind, so Habermas. Ein Bezug zur Welt wird ausgeschlossen. Erkenntnisse werden in einer vernünftigen Rede (Diskurs), die bestimmten Regeln zu folgen hat, ausgehandelt.

Habermas stellt somit das nichtnominalistische und rationalistische Gegenprogramm zu Rorty dar. Für Habermas gibt es nur eine Form von Erkenntnis: den Konsens vernünftig miteinander redender Personen. Rorty geht dagegen sozusagen von vielen möglichen Konsensformen aus, von vielen Redegemeinschaften, die in ihrem jeweiligen Kontext zu unterschiedlichen Erkenntnissen kommen.

Beiden Richtungen ist gemeinsam, dass sie sich selbst als Pragmatisten bezeichnen. Habermas bezieht sich dabei auf einen von ihm modifizierten

Peirce, Rorty und Davidson beziehen sich dagegen auf William James, den Freund von Peirce, dessen Pragmatismus James popularisieren wollte. Peirce konnte sich in William James' Interpretation nicht wiedererkennen und nannte seinen Pragmatismus um in Pragmatizismus, um Verwechslungen zu vermeiden. Diesen Unterschied sollte man im Folgenden im Auge behalten, sonst verwechselt man heute die Pragmatiker untereinander.

B Richard Rorty

Zur Neuauflage des Sammelbands *Linguistic Turn* verfasste Rorty ein Nachwort mit dem Titel *Twenty-five years after*. Dort bezeichnet er seine Anpreisung des *linguistic turn* im Jahr 1967 als maßlose Übertreibung, die ihn inzwischen geradezu verlegen mache. Der *linguistic turn* sei nichts anderes gewesen als ein Sturm im lokalen akademischen Wasserglas. Er sei inzwischen der Auffassung, dass die sogenannten Probleme der Philosophie nichts seien, mit dem sich Menschen beschäftigen sollten. Rortys wichtigste Aussage in seinem Nachwort ist die Behauptung, dass die Frage nach dem Zusammenhang von Welt und Sprache völlig uninteressant sei. Sie wird uninteressant, so Rorty, sobald man erkenne, dass es keine Repräsentationen gebe.

Hatte Rorty 1967 noch zwischen zwei Phasen in der Geschichte der Philosophie unterschieden– die sogenannte prälinguistische Philosophie und die „linguistic philosophy" –, so setzt er jetzt drei Phasen an:

i. Die prälinguistische Philosophie: Sie ist dadurch gekennzeichnet, dass das Medium der Repräsentation der Welt die Erfahrung sei.
ii. Den „linguistic turn": Die Sprache wird als Medium der Repräsentationen betrachtet.
iii. Die schon im Vorwort von 1967 angekündigte postphilosophische Epoche, die sich Quine, Davidson, und natürlich ihm– Rorty – verdanke: Der Begriff der Repräsentation wird abgeschafft. Sätze repräsentieren nichts.

Sätze sind für Rorty nichts anderes als Verkettungen von Geräuschen, die Menschen äußern, um in ihrem sozialen Umfeld ihre Ziele zu erreichen.[58] Die Abbildung der Realität würde dabei nicht zu den Zielen gehören. Sprache sei kein strukturiertes Medium der Repräsentation, das imstande sei in Beziehung mit einer von ihr unterschiedenen Entität Welt zu treten.

---

58 Sätze sind „strings of marks and noises used by human beings in the development and pursuit of social practices – practices which enabled people to achieve their ends, ends which do not include ‚representing reality as it is in itself'." (Rorty 1967/1992: 373).

Wichtig ist für Rorty und Davidson, dass Sprache keine Struktur aufweise. Es gibt für Nominalisten wie sie keine Relationen. Der Begriff der Struktur setzt den der Relationen voraus. Relationen gibt es jedoch bei einem echten Nominalisten nicht in der Welt und konsequenterweise auch nicht in der Sprache, die ja einen Teil der Welt darstellt. Wenn es in der Sprache Relationen und Strukturiertheit gäbe, wäre nicht mehr auszuschließen, dass ‚so etwas' auch in der Welt vorkommen könnte.

Rortys Definition von Sätzen als Geräuschen, die wir benutzen, um unsere Ziele zu erreichen, ohne dass ein Bezug zur Realität vorhanden sei, kommt im Grunde der Definition strategischer Sprachverwendung sehr nah. Wer strategisch spricht oder täuscht, unterschlägt, dass der Satz in der Realität keine Entsprechung hat, um so seine Ziele durchzusetzen, die sonst nicht durchsetzbar wären.

Die Abschaffung der Relationen hat zur Folge, dass Sprache auf ein Geräusch zum Zweck der gegenseitigen Manipulation reduziert wird. Sprache ist vielleicht sogar noch weniger als ein Mittel zur Manipulation. Sie ist einfach nur noch *bullshit*, wie Harry G. Frankfurt (2004/2005:40) die zeitgenössische Sprachpraxis kritisiert:

> Gerade in dieser fehlenden Verbindung zur Wahrheit – in dieser Gleichgültigkeit gegenüber der Frage, wie die Dinge wirklich sind – liegt meines Erachtens das Wesen des Bullshits.

Frankfurt (2004/2005:68) bezeichnet den „Bullshitter" als den schlimmeren Feind der Wahrheit als den Lügner. Die gegenwärtige Verbreitung von Bullshit führt er auf den Skeptizismus der Antirealisten zurück.

Da es sich hier sicher um eine ungewollte Konsequenz auch für Rorty handelt, muss er nach einem weiteren Ausweg suchen. Die Titel seiner Bücher zeichnen diesen Entwicklungsweg nach.

Sein erstes wichtiges Buch der sogenannten postphilosophischen Ära hat den Titel *Der Spiegel der Natur. Eine Kritik der Philosophie*.[59] Hier versucht er zu zeigen, dass der Begriff der Repräsentation einer Metapher gleichkommt. Bei dieser Metapher werde das Bewusstsein mit einem Spiegel verglichen, der die Realität reflektiert. Philosophen sehen auf Grund der Logik, die diese Metaphorik freisetzt, ihre Aufgabe darin, diesen Spiegel zu polieren. Das Ziel der Genauigkeit der Reflexion, der Widerspiegelung, wird ebenso durch diese Metaphorik vorgegeben. Das mag zunächst überzeugen. Rortys Buch enthält jedoch eine Schwäche: Er behauptet, er dekonstruiere die Spiegelmetapher, die vom 17. bis zum 20. Jahrhundert dominant gewesen sei. Mit dieser Dekon-

---

59 *Philosophy and the Mirror of Nature*. Princeton University Press 1979.

struktion kommt er allerdings mindestens drei Jahrhunderte zu spät. Seit dem 17. Jahrhundert wird nämlich die Überzeugung zum Allgemeingut, dass die These von der Abbildbarkeit der Welt eine Metapher sei. Hans Blumenberg (1981/1986) hat diese Entwicklung nachgezeichnet. Die Verspätung von Rortys Dekonstruktionsarbeit dürfte zwei Gründe haben:

i. Das Fehlen von Kenntnissen in der Geschichte der Philosophie an den amerikanischen Universitäten, vor allem an den Universitäten, an denen Rorty selbst studiert und gelehrt hat. Rorty beklagt diesen Sachverhalt selbst in einer seiner späteren Publikationen (Rorty 1979/1985).

ii. Rorty verkennt, dass die Analytische Philosophie diese schon längst erfolgte Dekonstruktion ursprünglich rückgängig machen wollte. Der dominante Einfluss von Carnap hat Freges ursprüngliche Absichten zunehmend opak gemacht. Bezeichnenderweise findet sich im *Linguistic Turn* kein Text von Frege abgedruckt.

Rortys erneute Dekonstruktion bedeutet auf jeden Fall verstärkten Rückenwind für den Nominalismus, den heute fast jeder einigermaßen bekannte Philosoph der Vereinigten Staaten vertritt. Davidson gibt interessanterweise zu, dass diese von den Eliteuniversitäten geförderte Population an Philosophen insgesamt eine Minderheit darstellt.

In seiner nächsten Publikation: *Kontingenz, Ironie und Solidarität* versucht Rorty die negativen Konsequenzen, die man aus seiner Sprachdefinition ziehen konnte, zu bestreiten, ja mehr noch, ins Positive zu wenden. Das gelingt ihm vor allem mit rhetorischen Mitteln, weniger mittels Argumentation. *Hoffnung statt Erkenntnis* ist der Titel einer neueren Publikation von ihm. Dort heißt es, wir sollten unseren Anspruch aufgeben, die Wirklichkeit erfassen zu können. Stattdessen sollte man auf eine bessere Zukunft setzen. Die Suche nach Universalien, d.h. nach überindividuellen Gemeinsamkeiten in bezug auf die Erkenntnis, die Ethik, unsere Sprache etc. sieht Rorty als etwas Negatives, denn er sieht dadurch seine individuelle Freiheit gefährdet. Tatsächlich korreliert die zunehmende Skepsis gegenüber dem Realitätsstatus von Relationen mit der Herausbildung des neuzeitlichen Konzepts des Individuums.

C Text: *Kontingenz, Ironie und Solidarität*[60] von Rorty

Von Braun (1996) wird Rortys Ansatz als „pluralistisch orientiert" eingeordnet. Im Zentrum steht der Begriff des Sprachspiels. Ausgangspunkt ist die Beobach-

---

60 *Contingency, irony and solidarity.* Cambridge: Cambridge University Press 1989 (dt. 1991). Die folgenden Zitate, die nicht weiter gekennzeichnet sind, sind alle diesem Text entnommen, und zwar Teil I, so dass sie nicht genauer zitiert werden müssen.

tung, dass es viele „Vokabularien" gibt. Gemeint sind damit die unterschiedlichen Klassifikationen und Taxonomien, die mit spezifischen Wörtern, Redeweisen, ja ganzen Diskursen verbunden sind. Für Rorty repräsentiert keine dieser Taxonomien die Welt besser als eine andere. Es sei schwierig, sich vorzustellen, dass die Welt eines von diesen Vokabularien anderen gegenüber bevorzugt, dass die Welt die Entscheidung zwischen ihnen trifft, so Rortys Sicht. Rorty bestreitet damit, dass eine der Taxonomien der Welt adäquater ist als die andere; adäquater würde bedeuten, dass eine bessere bzw. genauere Form der Abbildung vorliegen würde.

Bis zu diesem Punkt unterscheidet Rorty sich nicht von Wittgenstein, der in den *Philosophischen Untersuchungen* und weiteren späteren Arbeiten diese Auffassung vertritt. Die verschiedenen Sprachspiele sind für ihn verschiedene Perspektiven. Unsere Sprache ist notwendigerweise perspektivisch: Wenn jemand die Rückenansicht eines Gegenstands beschreibt, andere wiederum die Seitenansicht oder die Vorderansicht, so kann keiner von ihnen behaupten, seine Beschreibung des Gegenstands sei richtiger. Und wenn ein fiktiver außerirdischer Beobachter Grönland beschreiben würde, ein anderer die Wüste Gobi, so wäre keine der Reisebeschreibungen richtiger als die andere. Die Beschreibungen würden auch nicht davon profitieren, wenn man nach einer gemeinsamen Beschreibung suchen würde, beispielsweise: „Die Welt ist flach". Erst eine solche Suche nach einer gültigen allgemeinen Beschreibung verfälscht die Beschreibung. Doch Rorty geht noch weiter: Er behauptet, in der „Welt draußen" warte kein Vokabular darauf, von uns entdeckt zu werden. Gemeint ist damit. Es gibt kein Ordnungssystem „da draußen", das wir entdecken könnten: „Die Welt spricht überhaupt nicht. Nur wir sprechen." Damit hat Rorty die neuzeitliche und moderne Auffassung von der Welt in eine einprägsame Kurzformel gefasst: Die Welt hat keine Zeichenstruktur, d.h. die Welt ist nicht lesbar. Die Unlesbarkeit der Welt und damit die Bestreitung ihrer zeichenhaften Qualität wird seit Beginn der Neuzeit behauptet. Hans Blumenberg hat in seinem Buch, das paradoxerweise den Titel *Die Lesbarkeit der Welt* und richtiger die *Die Unlesbarkeit der Welt* heißen müsste, die Auflösung des Glaubens an das Buch der Natur nachgezeichnet. Für ihn handelt es sich um bloße Metaphorik. Auf Blumenberg bezieht sich Rorty diesmal auch ausdrücklich.

Die Welt schlägt uns keine Sprache und auch keine Sprachspiele vor. Der Welt sind unsere Beschreibungen gleichgültig, so Rorty. Weder die „Welt da draußen" noch das Selbst– „die Welt da drinnen" – verfügten über ein Wesen. Er lehnt also die Korrespondenzthese ab, wonach unseren Beschreibungen irgendetwas entspricht. Zwischen unserem Vokabular, unseren Theorien auf der einen Seite und der Welt auf der anderen Seite gebe es keine Entsprechung.

Sätze repräsentieren für Rorty nichts. Sie tragen noch nicht einmal Bedeutung. Rorty hat sich einmal als erkenntnistheoretischer Behaviorist bezeichnet[61] – das trifft die Sache sehr genau. Behavioristen wollten nie etwas mit Bedeutungen zu tun haben. Auch Quine bekämpft die Bedeutung und zieht die Bezeichnung vor.

Wie aber begründet Rorty seine Behauptung, dass Sätze keine Bedeutung haben? Zunächst stimmt er den Positivisten (und damit Carnap und den logischen Empiristen) zu, dass ein Satz nur dann eine Bedeutung habe, wenn ihm ein Wahrheitswert zugeordnet werden könne. Dieses positivistische Axiom verbindet er mit seiner These, dass Sätze nichts repräsentieren. Da sich Sätze nicht auf die Realität beziehen, könne ihnen auch kein Wahrheitswert zugeschrieben werden.

Warum verwenden wir dann Sätze und warum halten wir manchmal Sätze für wahr? Rorty hat auch darauf eine Antwort: Einen Satz könne man schlucken oder ausspucken. Eine bestimmte Redeweise in Form von Sätzen sei zunächst nichts anderes als eine Metapher. Metaphern wiederum definiert Rorty im Sinne von Davidson: Eine Metapher verwenden heiße, dass man anstelle von etwas Vertrautem etwas Ungewohntes und Unvertrautes sagt. In der Linguistik leitet man Metaphern dagegen über Regeln von Basissätzen ab, die eine Bedeutung haben und spricht von regelhaft aufgebauten sekundären Bedeutungen. Dieser Ableitungsprozess lässt sich formal genau beschreiben. Da Rorty und Davidson jedoch unbedingt ohne den Begriff der Bedeutung auskommen wollen und auch müssen, kommt für sie eine solche Definition nicht in Frage. Eine Metapher sei so etwas wie eine Grimasse: etwas Unerwartetes.

Sätze äußern ist also gleichbedeutend mit Grimassen ziehen. Akzeptiert man einen Satz, wird er zur Gewohnheit. Die Grimasse werde zu einem Gesicht. Der Satz verliere den Metapherncharakter, bzw. wir vergessen, dass er Metapherncharakter hat. Solche Sätze werden zur Gewohnheit, wir schlucken sie immer leichter und verbreiten sie so auf diese Weise (hier fragt man sich unwillkürlich, ob Rorty hier nicht der Gefangene seiner eigenen metaphorischen Redeweise wird, indem er den Vergleich mehr und mehr überdehnt). Menschliches Bewusstsein besteht für Rorty in nichts anderem als in der Neigung, „sich der Sprache der Vorfahren zu bedienen, die sterblichen Hüllen ihrer Metaphern zu verehren". In diesem Punkt unterscheidet er sich auf den ersten Blick nicht von den Vertretern der Philosophie der normalen Sprache. Doch es gibt einen entscheidenden Unterschied: Für sie waren die Begriffe, die verfestigten Vokabularien, das Ergebnis erfolgreicher Klassifizierung durch unsere Vorfahren. Sie waren sozusagen geronnener Scharfsinn. Erfolgreich und scharfsinnig waren sie, wenn sie auf die Welt passten. Damit räumt Rorty auf.

---

61 am Ende von *Der Spiegel der Natur* (1979/1985).

Die Begrifflichkeiten können gar nicht mehr oder weniger erfolgreich sein. Es gibt nämlich nichts, worauf sie passen könnten.

Man versteht die Schriften von Rorty und Davidson mit ihren nicht selten überflüssig erscheinenden Subtilitäten der Argumentation (Davidson) oder Pointiertheiten der Rhetorik (Rorty) nur dann, wenn man weiß, worauf sie hinaus wollen. Rorty äußert sich in diesem Punkt unmissverständlich deutlich genug:

> Davidsons Behauptung, dass Metaphern keine Bedeutungen haben, mag wie eine typisch philosophische Haarspalterei aussehen, aber sie ist es nicht. Sie ist Teil des Versuchs, uns dazu zu bringen, dass wir Sprache nicht mehr als Medium ansehen.

Warum aber wollen Rorty und Davidson[62] uns dazu bringen, Sprache nicht mehr als Medium zu betrachten? Warum geben sie sich nicht damit zufrieden, mit Blumenberg zu behaupten, dass die Welt keine Zeichenstruktur hat? Warum soll nun auch die Sprache selbst ohne jede Zeichennatur sein? Das widerspricht zumindest unserer Intuition sowie allem, was wir heute über Sprache wissen. Nun, das Problem für Rorty ist, dass Sprache überhaupt existiert. Für ihn hat weder die Sprache noch das Bewusstsein einen Ort außerhalb der Welt. Für ihn gibt es keine Außenansicht von der Welt. Wenn für ihn nun aber die Welt nichtrelational ist, dann kann und darf es auch die Sprache als Teil der Welt nicht sein.

Im ersten Punkt ist Rorty zuzustimmen: Sogenannte Außenstandpunkte in bezug auf die Welt sind tatsächlich Fiktionen, d.h. Perspektiven, die wir einnehmen können in Analogie zu Situationen, wo das möglich ist (z.B. Innen- und Außenperspektive eines Hauses). Es sind also tatsächlich metaphorische Prozesse im Gang, wenn wir uns außerhalb der Welt stellen, um sie zu betrachten.

Aus der Zustimmung zur Untrennbarkeit von Welt und Bewusstsein folgt jedoch noch nicht, dass die Sprache ebenso wie die Welt keine Relationen aufweisen könne. Ganz im Gegenteil: Rorty und Davidson müssen viele kontraintuitive Behauptungen aufstellen, um die Relationen aus der Sprache herauszuargumentieren. Relationen sind in Sprache ubiquitär vorhanden. Sie machen die Essenz von Sprache aus. Soviel sich Rorty und Davidson auch anstrengen – überall vernimmt man das „Ich bin schon da" der sprachlichen Relationen. Man könnte somit auch umgekehrt argumentieren: Nehmen wir an, Sprache ist primär relational. Nehmen wir weiter an, dass sich Sprache

---

62 Hier bleibt anzumerken, dass Rorty sich oft auf Davidson beruft, wo Davidson niemals zugestimmt hätte. Davidson wollte sicher niemanden davon abbringen, Sprache als Medium anzusehen.

und Denken, d.h. also Bewusstsein im weitesten Sinn, nicht als von der Welt verschieden denken lassen, so folgt, dass die Realität ebenfalls relational ist. Das hieße dann, die Welt weist eine Struktur auf. In letzter Konsequenz hieße das, die Welt ist zeichenhaft – und: Die Welt ist lesbar.

Dieser Weg wurde von Peirce vorgeschlagen. Peirce gilt als Begründer des Pragmatismus. Sowohl Rorty als auch sein Gegenspieler Habermas bezeichnen sich als Pragmatisten (Rorty) bzw. als Pragmatiker (Habermas). Jeder hat ein Stück von Peirce geschluckt und jeder hat einen Großteil von Peirce wieder als unverdaubar ausgeschieden.

D Gegenposition: Davidsons Neuformatierung des Nominalismus

Rorty bezeichnet sich gerne als Davidsonianer (*we Davidsonians*), auch als Schüler von Davidson und sieht sich als Vertreter von dessen Positionen. Donald Davidson (1917–2003) hat sich von dieser Vereinnahmung freundlich, aber entschieden distanziert. Es ist sicher nicht einfach, die Position von Donald Davidson freizulegen. Doch vor dem Hintergrund der hier entwickelten Axiomatik lässt sich seine Modellierung des Verhältnisses von Welt, Denken und Sprache rekonstruieren. Zunächst ist festzuhalten, dass Davidson weder Empirist noch Rationalist ist. Seine philosophische Arbeit bestand in erster Linie darin, sich von den Axiomatiken beider Richtungen zu befreien, um das Verhältnis von Sprache, Denken und Wirklichkeit unbelastet von den Vorent-scheidungen der beiden sich ausschließenden Axiomatiken neu zu reflektie-ren. Dabei hat er einen Lösungsweg gewählt, der sich von allem unterscheidet, was bisher hier an Modellierungen vorgestellt wurde. Rorty vergleicht ihn, was die Radikalität seines Neuanfangs betrifft, mit Wittgenstein: „Davidson was on Wittgenstein's side" (Rorty 2005). Das ist richtig und falsch zugleich. Es ist richtig, weil Davidson eine Art Homologie zwischen Sprache und Welt annimmt. Es ist falsch, weil Davidson im Gegensatz zu Wittgenstein einen radi-kalen Nominalismus vertritt, wonach die Welt aus Individuen bzw. aus singulä-ren Gegenständen besteht und nicht aus Relationen. Mit Wittgenstein und Peirce wurde eine Fortsetzung der Tradition der hochentwickelten Abbildtheo-rie der Spekulativen Grammatik des Mittelalters– ebenfalls unter vollständiger Distanzierung von Empirismus und Rationalismus– unternommen. Davidsons Sprachphilosophie kann also unter keinen Umständen eine Fortsetzung dieser Tradition darstellen. Als Nominalist kann er keine relationalen diagrammati-schen Abbildungen der Realität durch Sprache annehmen, da er alle Relatio-nen im wörtlichen Sinn als Hirngespinste (mentale Repräsentationen) ableh-nen muss. Nach Ockham ist Sprache primär relational, während die Realität aus Individuen bzw. Gegenständen besteht, und nicht aus Relationen. Diesen Widerspruch zwischen Welt und Sprache versucht Davidson– im Gegensatz zu Rorty – aufzulösen, diesmal aber aus nominalistischer Perspektive.

Davidsons Homologieprojekt konfrontiert uns mit der Frage, wieso er als Nominalist eine Homologie zwischen Sprache und Welt überhaupt annehmen will und kann. Handelt es sich um eine widersprüchliche oder sogar absurde Annahme, oder tickt mit Davidsons gesammelten Schriften „eine philosophische Zeitbombe auf unseren Bücherregalen", wie das Rorty (2005) in seiner Rezension des dritten, posthum erschienenen Bands von Davidsons gesammelten Schriften mit seiner für ihn typischen Überzeichnung zum Ausdruck bringt? Rorty versucht diesen Widerspruch aufzulösen, indem er sagt, dass Davidson weder Realist (Abbildungstheoretiker) noch Antirealist sei, sondern etwas dazwischen. Davidson habe Kant überwinden wollen: „Davidson wanted to break Kant's hold" (Rorty 2005). Davidson sei aber auch kein Empirist. Eine genauere Einordnung versucht Rorty nicht, dies mit dem Hinweis, dass eine Einordnung von Davidsons philosophischer Position ganz allgemein schwierig sei. Sie ist jedoch nicht so sehr schwierig als vielmehr ungewöhnlich. Nominalisten haben vor Davidson die Homologiethese prinzipiell verworfen. Sie haben der Sprache Relationalität zugesprochen und der Wirklichkeit Relationen abgesprochen. Damit ist eine Homologie zwischen Sprache und Welt grundsätzlich ausgeschlossen. Davidsons Position ist so ungewöhnlich, dass sie bei den Versuchen, das Verhältnis von Welt, Sprache und Denken zu modellieren, eine Innovation darstellen dürfte, die bis dahin als Denkmöglichkeit ausgeschlossen war.

Fassen wir die bisherigen Paradoxien zusammen, so sind wir mit dem Problem konfrontiert, dass Davidson ein Nominalist ist, der behauptet eine realistische Position einzunehmen. Wie kann Davidson sich selbst so charakterisieren, wo doch Nominalismus und Realismus unvereinbare Gegenpositionen darstellen? Es bleibt logischerweise nur ein Denkweg als Ausweg übrig: Davidson geht soweit zu behaupten, dass die Sprache ein nominalistisches Format hat. Das heißt konkret, dass in der menschlichen Sprache keinerlei Relationen vorhanden sind, sondern nur abgrenzbare Einheiten. Die Behauptung solcher Entitäten ist nun aber selbst bei Nomen nicht einfach, da es hier neben den zählbaren Nomina auch Massennomina wie *Sand* und Abstrakta wie *Röte* gibt. Besonders schwierig wird es, wenn man Verben oder Prädikate (Verben einschließlich ihrer Argumente) ebenfalls als Entitäten behandeln will. Genau das aber hat Davidson seit den 60er Jahren vorgeschlagen (vgl. die Aufsatzsammlung von Davidson 1980). Damit wird die Sprache als homolog zur Welt, die sie abbildet, modelliert. In diesem Sinn ist Davidson paradoxerweise ein Realist mit nominalistischer Axiomatik. Davidson hat sich auch wiederholt als Realist bezeichnet, wurde aber deshalb von Rorty kritisiert. Da sich Davidson in keine terminologischen Diskussionen verwickeln lassen, sondern viel grundsätzlichere Probleme lösen wollte, hat er diese Selbstcharakterisierung explizit wieder zurückgenommen, dies sehr deutlich in Davidson (1983/ 2001/2004).

Ist Davidson nun ein nominalistischer Realist oder ein realistischer Nominalist? Die Frage ist wichtig, denn Davidson nimmt auf keinen Fall eine Art Mittelposition oder Vermittlungsposition zwischen Realismus und Nominalismus ein. Er hält alle zentralen Axiome des Nominalismus weiterhin aufrecht. Insofern war es richtig, dass er seine Selbstbezeichnung als Realist wieder relativiert hat. Er vertritt zwar die Homologiethese, aber er versucht eine zentrale Annahme des klassischen Nominalismus trotzdem zu retten: Es handelt sich um das Prinzip der Kausalität. Charakteristisch für Davidson ist außerdem die These, dass Materie und Geist aus demselben Stoff gemacht sind, womit er sich, wie Peirce, dem sogenannten Monismus zuordnet.

Die Leistung von Donald Davidson besteht in erster Linie darin, dass er eine kontraintuitive Axiomatik konsequent durchzuspielen versucht hat und auf diese Weise die Ereignissemantik begründet hat, die versucht, diese Modellierung von Sprache konsequent durchzuführen, mit zum Teil dramatischen Schwierigkeiten (wie zum Beispiel bei Zustandsprädikaten und Kopulakonstruktionen), die aber die Besten ihres Fachs anzuziehen imstande ist. Für unseren Zusammenhang ist es zunächst vorrangig, die Gemeinsamkeiten und Unterschiede der Homologiethesen von Davidson und Peirce herauszuarbeiten, um die jeweiligen Folgen der unterschiedlichen axiomatischen Setzungen besser einschätzen zu können.

E Davidson und Peirce: zwei unterschiedliche Homologiethesen

Die entscheidende Gemeinsamkeit besteht in der Annahme, dass Sprache und Welt homolog aufgebaut sind. Damit ist der Anspruch der prinzipiellen Erkennbarkeit der Welt verbunden. Dabei gehen weder Peirce noch Davidson davon aus, dass wir die Realität vollständig erkennen können. Eine Abbildung ist immer auch in spezifischen Anteilen eine Konstruktion. Der wesentliche Punkt ist, ob diese Konstruktion völlig arbiträr erfolgt oder ob sie vielmehr motiviert ist. Aufgrund der Homologiethese halten sowohl Peirce als auch Davidson eine motivierte Abbildung der Welt für möglich. Dabei handelt es sich immer um einen Annäherungsprozess, der mehr oder weniger gut glücken kann. Mit dieser Auffassung unterscheiden sich Peirce und Davidson vollständig von Kant, der von der prinzipiellen Nichterkennbarkeit des ‚Ding an sich‘ und damit der

Realität ausgeht. Sowohl Peirce als auch Davidson sind damit Gegner des Rationalismus. Die heutige Fortsetzung von Kants Position, wonach die Welt nicht erkennbar ist, stellt die Richtung des Radikalen Konstruktivismus dar. Danach ist die Welt nur in unserer Vorstellung existent und hat keine unabhängige Existenz davon. Davidson kritisiert antirealistische Positionen grundsätzlich als „Saure-Trauben-Formen der Philosophie". Und er sagt ganz explizit: „Ihr Motto lautet: Wenn man die Trauben nicht [...] zu fassen bekommt, sind sie nicht bloß sauer, sondern haben überhaupt nie existiert" (Davidson 1997/2001/2004:127–128). Dieser Satz ist an Rorty adressiert, dessen Skeptizismus er prinzipiell ablehnt. Davidsons Gegenprogramm sind saubere Techniken der Analyse und ein „Festhalten an Maßstäben der Klarheit", so in seiner Antwort an Rorty, von dessen pessimistischer Sicht auf die Philosophie er sich unmissverständlich absetzt (Davidson 2001/2004:269 in einem Nachtrag zu seinem ursprünglich 1983 erschienenen Artikel, den Rorty kritisiert hatte).

Auch Peirce geht davon aus, dass unsere Abbildungen von Wirklichkeit Annäherungen an die Wirklichkeit sind, die mehr oder weniger erfolgreich sein können. Woraus speist sich der Optimismus von Davidson und Peirce? Er geht in beiden Fällen auf die Annahme eines semiotischen Dreiecks zurück. Doch dieses semiotische Dreieck hat bei Davidson sowohl eine andere Bezeichnung als auch ein anderes Format. Das semiotische Dreieck von Peirce wurde bereits vorgestellt. Peirce nimmt an, dass wir mittels Sprache Merkmale aus der realen Welt extrahieren, auf diese Weise Konzepte bilden und uns so miteinander verständigen. Es sind somit die Konzepte und damit unsere gemeinsamen Repräsentationen von der Welt, die Kommunikation überhaupt erst ermöglichen.

Der Ausgangspunkt von Davidsons Überlegungen ist dagegen ein Reiz-Reaktions-Schema, das jeder Kommunikation vorausgeht. Er spricht nicht von einem semiotischen Dreieck, sondern von „Triangulation" (z.B. in Davidson 1997/2001/2004), einem Begriff, der aus der Vermessungsterminologie entlehnt ist; vgl. auch Glüer 2006:1006). Damit ist gemeint, dass jede Kommunikation als soziale Interaktion zusätzlich die Interaktion mit der Welt einschließt. Das heißt für Davidson, dass der Weltbezug von Anfang an vorhanden ist, noch vor dem Entstehen artspezifischen menschlichen Denkens. Dieser Bezug zeige sich beispielsweise, wenn Primaten auf einen Warnschrei hin auf einen Baum flüchten. Das heißt, der Weltbezug ist von Anfang an vorhanden und hängt nicht von menschlicher Sprach- und Denkfähigkeit ab; der Weltbezug geht vielmehr der Entstehung des menschlichen Denkens voraus. Dieser Weltbezug geht dann als Grundbaustein in die Entwicklung des menschlichen Denkens und humanspezifischer Kommunikation (Sprache) mit ein. Das ist auch Davidsons Antwort auf Quines Denkexperiment, ob wir uns durch einen sprachlichen Ausruf („gavagai!") und ein Zeigen auf diesen Gegenstand (zum Beispiel einen Hasen) wirklich verständigen können. Nach Davidson können wir das (seine Maxime der „Barmherzigkeit" der Interpretation). Davidson bestreitet die These der Indeterminiertheit nicht, doch er geht von einem soliden Sockel einer Grundverständigung aus. Diesen Sockel erklärt er über den Begriff der Triangulation.

Bevor man den Unterschied zwischen dem semiotischen Dreieck und Davidsons Triangulation herausarbeitet, kann man festhalten, dass sowohl Davidson als auch Peirce vom prinzipiellen Gelingen der menschlichen Kommunikation ausgehen. Für Davidson ist sie in einem vorsprachlichen Stadium angelegt. Sie garantiert das Überleben und besteht in einem Reiz-Reaktions-Schema, das befolgt werden kann, ohne dass gemeinsame sprachliche Repräsentationen vorhanden sein müssen. Für Peirce gelingt Kommunikation, weil sie auf Konzeptbildung basiert, die eine Extraktion von Merkmalen aus der Welt und damit Weltbezug und damit das erfolgreiche Überleben in dieser Welt garantiert. Ein Reiz-Reaktions-Schema ist für Peirce uninteressant, da er von der Nichtdeterminiertheit menschlichen Handelns ausgeht. Für Davidson ist dagegen gerade dieses Anfangsszenario der Entstehung menschlichen Denkens attraktiv, da er von der kausalen Determiniertheit des menschlichen Denkens und Handelns ausgeht. Wenn die beiden Partner einer kommunikativen Situation kausal auf denselben Reiz reagieren (zum Beispiel Primaten auf denselben Reiz ,Raubtier'), dann ist Verständigung garantiert: „Kommunikation setzt dort ein, wo die Ursachen konvergieren" (Davidson 1983/2001/2004:258). Wichtig ist hier auch für den Nominalisten Davidson, dass beide auf einen abgrenzbaren und partikulären Reiz reagieren und dass damit keine Konzepte und damit mentale Repräsentationen ins Spiel kommen. Hier stellt sich natürlich die Frage, ob diese Annahme eines konzeptfreien Reiz-Reaktions-Schemas nicht naiv ist. Wie wird ein partikuläres Vorkommen eines Reizes überhaupt als Raubtier erkannt? Hier ist bereits Klassenbildung mit im Spiel. Einen Ausweg könnte man nur finden oder erfinden, wenn man die Reaktion auf diese Reize als vollständig durch den Instinkt gesteuert bestimmt, was durchaus nicht naheliegend ist. Wichtig ist in unserem Zusammenhang, dass das Gelingen von Kommunikation von Davidson in eine vorsprachliche Ebene verlegt und damit dem Skeptizismus eines Rorty erstmal entzogen wird, ohne dass Konzepte ins Spiel kommen, die weiter als das größte Gefahrenpotential für Kommunikation betrachtet werden, während sie für Peirce die Bedingung von menschlicher Kognition und Kommunikation darstellen. Doch bleiben wir zuerst bei den Gemeinsamkeiten zwischen Peirce und Davidson.

Neben der Homologie von Sprache und Welt und neben der Annahme vom prinzipiellen Gelingen menschlicher Kommunikation teilen Peirce und

Davidson eine weitere gemeinsame Annahme: Diese besagt, dass Sprache die notwendige Bedingung menschlichen Denkens darstellt. Nach Davidson ist Denken nur im propositionalen Format möglich; und dieses Format wird durch die Grundeinheit menschlicher Sprache– durch den Satz– bereitgestellt. Die Funktion von Sprache und damit auch von Denken besteht für Davidson in der Verstärkung einer spezifischen Achse innerhalb der Dreieckssituation Sprecher-Hörer-Welt (Glüer 2006:1008). Verstärkt wird die Achse zwischen den beiden Kommunizierenden. Die Verstärkung besteht darin, dass nicht nur sozial auf die Welt reagiert wird, sondern dass Urteile über die Welt gebildet werden können. Urteile können erst gebildet werden, wenn mindestens zwei Beteiligte an einer Situation sich über einen Reiz, den sie wahrnehmen, austauschen. Durch diesen Austausch wird aus einer spezifischen Ursache eine allgemeine oder typische Ursache; mit anderen Worten: es entsteht Bedeutung. Diese muss für Davidson aber vollständig kausal determiniert sein, denn Kausalität ist das axiomatische Element des Nominalismus, das selbst ein realistischer Nominalist wie Davidson nicht zu hinterfragen bereit wäre. Bedeutungen sind somit sozial verhandelte Konsensbildungen in Bezug auf die Interpretation gemeinsam erfahrener Reize, auf die völlig determiniert reagiert wird. Hier ist kein Moment der Freiheit vorhanden. Dieser Determinismus setzt sich dann bei der Bildung aller mentalen Repräsentationen fort. Überzeugungen, Pläne und Wünsche sind für Davidson das Ende einer langen Kausalkette, die keinerlei Handlungsspielraum offen lassen. Der Mensch ist Teil einer vollständig kausal determinierten Welt und unterliegt diesem Kausalgesetz. Das ist eines der wesentlichen Anliegen von Davidson[63], nämlich dass die Welt und die geistigen Repräsentationen von dieser Welt aus dem gleichen Stoff gemacht sind. In diesem Sinn vertritt Davidson explizit einen Monismus: „Mein Monismus ist ontologisch: Er behauptet, daß mentale Ereignisse und Gegenstände auch als physische beschreibbar sind" (Davidson in einem Interview in Glüer 1993:154).

Auch Peirce ist Monist; er hat seit Beginn der Gründung der Zeitschrift *The Monist* dort seine zentralen Thesen publiziert. Wie Davidson ist er ein Gegner des cartesianischen und damit rationalistischen Dualismus von Körper versus Geist bzw. von Welt versus Denken. Dennoch könnten die Modellierungen des Monismus durch Peirce und durch Davidson unterschiedlicher nicht sein. Pointiert gesagt heißt das: Für Davidson gibt es nur Materie, für Peirce gibt es nur Geist. Das gesamte Universum ist für Peirce zeichenhaft. Es ist damit ein semiotisches Universum. In diesem Universum gibt es keine kausalen Relationen, sondern nur finale und damit zielbezogene Relationen. Intentionen und

---

[63] Dieses Anliegen ist natürlich der Annahme eines primär intentionales Bewusstseins von Searle diametral entgegengesetzt.

Pläne sind für Peirce das, was die Welt organisiert und strukturiert. Davidson dagegen verwendet subtile Argumentionslinien darauf, seine Leser davon zu überzeugen, dass selbst persönliche Pläne und Überzeugungen keinerlei Einfluss auf unser Handeln in dem Sinn haben, dass wir zwischen Handlungsalternativen wählen könnten. Solche Wahlmöglichkeiten bilden wir uns nach Davidson nur ein, weil wir keine vollständige Übersicht über die Kausalketten haben, die unser Handeln vollständig determinieren. In einem Interview vergleicht Davidson unsere Handlungserklärungen mit Wetterberichten (abgedruckt als Anhang in Glüer 1993; auch sehr deutlich in Davidson (1963/1980/ 1985)). Bei beiden ist das Eintreffen unsicher. Es kann bei komplexen Zusammenhängen Kausalketten geben, die wir nicht kennen. Unsere künftigen Handlungen können wir nach Davidson genauso wenig bestimmen wie das künftige Wetter. Sowohl unsere künftigen Handlungen als auch das eintretende Wetter sei aber, wenngleich auf Grund von Wissensdefiziten in Bezug auf Kausalketten nicht voraussagbar, so doch vollständig determiniert. In Davidsons Modellierung gibt es damit keine Handlungsfreiheit. Peirce dagegen betont, dass wir zu jedem Augenblick in einer Handlungsumwelt leben, in der wir zwischen Alternativen zu wählen haben. Diese Alternativen gibt es nicht nur für Menschen, sondern auch in der Welt der Naturgesetze. In Auseinandersetzung mit Hume geht er davon aus, dass noch niemand in der Welt eine kausale Relation gesehen hat. Was wir wahrnehmen, sind lediglich mehr oder weniger große Wahrscheinlichkeiten oder Gewohnheiten. Auch Naturgesetze stellen nach diesem Ansatz lediglich starke Gewohnheiten über einen langen Zeitraum dar. Das Prinzip des Nondeterminismus gilt nicht nur für die Willensfreiheit des Menschen, sie gilt nach Peirce für das gesamte Universum, dessen Zukunft nicht determiniert ist, da es keine Kausalität gibt.

Sowohl Davidson als auch Peirce setzen sich mit Humes skeptischen Zweifeln am Kausalbegriff auseinander. Beide kommen dabei zu völlig anderen Ergebnissen. Hume hatte in seinem *Essay on human understanding* zwar skeptische Zweifel in Bezug auf den Kausalitätsbegriff angemeldet, aber er hat sie im selben Buch im fünften Abschnitt, der mit *Skeptische Lösung dieser Zweifel* überschrieben ist, auch wieder zurückgenommen. Das zentrale Argument seines Skeptizismus war zunächst, dass wir Kausalität in der Realität nicht vorfinden. Diese Relation sei weder sinnlich wahrnehmbar noch beweisbar. Wahrnehmbar seien lediglich mehr oder weniger häufige Wiederholungen. Mit anderen Worten: Dass die Aufeinanderfolge von zwei Ereignissen zwingend sei, kann nach Hume nicht bewiesen werden. Dieser skeptische Zweifel hat die rationalistische Philosophie seit dem 18. Jahrhundert erschüttert und zur Abfassung der *Kritik der reinen Vernunft* von Kant geführt, mit dem Ziel, den Begriff der Kausalität aus der rationalistischen Perspektive zu retten. Nach

Kant kommen Kausalgesetze in der Realität nicht vor. Ihm geht es in erster Linie darum, das rationalistische philosophische Programm zu retten. Für Davidson muss das zentrale Arbeitsziel anders lauten. Davidson versucht in seinen Schriften immer wieder, das Gesetz der Kausalität zu retten. Kausalität ist für ihn das, was die Welt zusammenhält. Sie ist das, was die partikulären Entitäten, aus denen die Welt für Nominalisten wie ihn allein bestehen kann, in einen Zusammenhang bringt. „Cause is the cement of the universe", so Davidson (1980:XI). Ohne diesen Zement bricht das Universum eines Nominalisten auseinander. Aus diesem Grund kann man den zentralen Stellenwert des Kausalitätsbegriffs in der Axiomatik eines Nominalisten gar nicht unterschätzen. Und es ist klar, dass die Gegenposition versucht, eben diesem Zement, der die Dinge angeblich zusammenhält, jeglichen Realitätsstatus abzusprechen.

In Bezug auf den Kausalitätsbegriff sind somit die Positionen von Peirce und Davidson unvereinbar. Peirce reduziert den Begriff der Kausalität auf den der mehr oder weniger festen Gewohnheit. Dabei gibt es eine Festigkeitsskala von Gewohnheiten, an deren einem Ende die individuellen Gewohnheiten stehen, an dem anderen Ende die Naturgesetze. Eine individuelle Gewohnheit, wie beispielsweise, zum Frühstück ein Ei zu essen, ist für Peirce keinesfalls kausal determiniert; und für den gesunden Menschenverstand ebenfalls nicht. Für Davidson wäre bereits hier das Kausalgesetz ausnahmslos wirksam. Wenn alle Faktoren bekannt wären, die zum Essen des Eis beitragen, dann würde man das Kausalgesetz deutlich wahrnehmen können. Für Peirce gibt es nur unterschiedliche Festigkeiten von Gewohnheiten, und danach sind die individuellen Gewohnheiten ganz besonders wenig fest; schon fester sind soziale Gewohnheiten, sogenannte Normen. Sie haben sich in der Regel bewährt und dadurch einen höheren Festigkeitsgrad erzielt. Der genetische Code ist nach Peirce nichts anders als eine Festigung von biologisch erfolgreichen Gewohnheiten. Schließlich dehnt Peirce den Begriff der Gewohnheit noch auf die unbelebte Welt aus, etwa auf die Struktur von Kristallen oder auf die Naturgesetze, wie zum Beispiel das Gesetz der Schwerkraft. Dieses Gesetz ist der Ausdruck einer besonders erfolgreichen Gewohnheit des Universums. Es enthält auf keinen Fall eine Kausalrelation. Auch Wittgenstein, der Peirce bereits vor der Abfassung des *Tractatus* rezipiert haben muss, distanziert sich von diesem Zeitpunkt an vom Gesetz der Kausalität.[64]

---

64 Vgl. die Notiz vom 6.5.1930 in Wittgensteins Tagebuch: „Als ich vor 16 Jahren den Gedanken hatte, dass das Gesetz der Kausalität an sich bedeutungslos sei & es eine Betrachtung der Welt gibt die es nicht im Auge hat da hatte ich das Gefühl vom Anbrechen einer neuen Epoche" (Wittgenstein 1997,1:21. Die Rechtschreibung von Wittgenstein wurde nicht korrigiert).

Es geht hier nicht darum, entweder Davidson oder Peirce zu bestätigen, sondern die innere Logik der Entfaltung ihrer erkenntnistheoretischen Arbeitsziele zu begreifen. Auch wenn beide eine Homologiethese vertreten, und auch wenn beide davon ausgehen, dass propositionales Denken und damit Urteilsfähigkeit erst durch Sprache möglich ist, so erfolgt das doch auf der Grundlage einer jeweils völlig unterschiedlichen Überzeugung, die in beiden Fällen unhinterfragt bleibt. Für Peirce besteht die Welt aus Teil-Ganzes-Relationen; und die Kausalitätsrelation ist die einzige Relation, die nicht Teile einem Ganzen unterordnet. Sie hat daher keinen Platz in seiner Ontologie. In diesem Sinn ist sie keine echte Relation und daher so attraktiv für Nominalisten wie Davidson.

Wenig bekannt scheint zu sein, dass Hume selbst eine Lösung seines skeptischen Zweifels am Kausalbegriff angeboten hat. Wenn wir Kausalität annehmen, ohne dass wir sie in der wahrnehmbaren Welt vorfinden, und ohne dass wir sie mit Hilfe vernünftigen Denkens beweisen können, so hat das nach Hume den Grund, dass vernünftiges Denken evolutionär gesehen zu rezent und zu fehleranfällig ist, um der Ort der Verankerung eines so wichtigen Prinzips zu sein. Er verortet den Kausalitätsbegriffs daher nicht in der Vernunft, sondern als Teil eines angeborenen Instinktprogramms des Menschen. Hume sieht im Menschen kovertes und automatisiertes Wissen („eine mechanische Tendenz") wirksam, das der bewussten Reflexion entzogen ist. Er deutet damit an, dass Menschen über automatisiertes unbewusstes Wissen von der Welt verfügen. Einer der ersten Leser von David Hume in Deutschland, Johann Georg Hamann, hat dieses automatisierte unbewusste Wissen mit dem ebenfalls unbewussten und automatisierten sprachlichen Wissen des Menschen gleichgesetzt. Das was Hume als Instinktprogramm bezeichnet, bezeichnet Hamann als unbewusstes sprachliches Programm. Das hat auf den ersten Blick viel Ähnlichkeit mit *language instinct* im Sinne von Steven Pinker, der die menschliche Sprache in Übereinstimmung mit dem nativistischen Programm der Generativen Grammatik als angeborenes Instinktprogramm bezeichnet. Doch es besteht dabei ein zentraler Unterschied. Für Pinker und Chomsky ist dieses sprachliche Instinktprogramm nur für den Ausdruck von Gedanken zuständig. Für Hamann ist es das Programm, das Gedanken im Sinne von propositionalem Denken erst möglich macht. So wie der Instinkt kovertes Wissen über die Welt vermittelt, ebenso enthält unsere Sprache kovertes Wissen von der Welt. Hume deutet die Möglichkeit an, dass die koverten Strukturen realitätshaltiger sind als unsere sinnliche Wahrnehmung und geht damit über das empiristische Programm deutlich hinaus.

Die Relevanz von Hamanns Verortung des von Hume angenommen instinkthaften Wissens in der Sprache kann gar nicht überschätzt werden. An Humes Abhandlung konnten weder Peirce noch Davidson vorbeigehen. Doch weder Davidson noch Peirce haben Hamanns Schriften rezipiert. Davidson hört daher nicht auf, Hume zu kritisieren, ohne zu sehen, dass von Hume ein direkter Weg zu seiner Homologiethese von Sprache und Welt führen kann. Auch Peirce ignoriert die Auflösung der skeptischen Zweifel am Kausalbegriff durch Hume als Lösungsmöglichkeit. Dieser entscheidende Abschnitt in Humes Abhandlung wird auch auffällig wenig zentral in der Sekundärliteratur zu Hume behandelt. Der Grund dürfte sein, dass er weder mit dem empiristischen noch dem rationalistischen Programm kompatibel ist.

Die Ereignissemantik ist heute fest in der Formalen Semantik verankert. Attraktiv ist sie, weil sie ein anspruchsvolles Arbeitsprogramm anbietet: Alles, was relational in der Sprache ist, muss als nichtrelational modelliert werden. Da in einem Satz fast ausschließlich subordinierende Relationen vorkommen und die koordinierenden Relationen die Seltenheit sind, hat sich die Ereignissemantik ein gigantisches Forschungsprogramm vorgenommen. Dazu ist eine Erläuterung notwendig. Koordinationen stellen keine echten Relationen dar. Sie kommen zwischen isolierbaren Entitäten vor und fügen diesen Entitäten nichts hinzu. In dieser Hinsicht sind Koordinationen von Einheiten kompositionell. Eine echte Relation dagegen verändert die Qualität sowohl von A als auch von B. Dazu ein Beispiel aus der Chemie: Natriumchlorid (Kochsalz) stellt etwas anderes dar als die bloße Addition von Natrium und Chlorid. Dieses Beispiel hat Lucien Tesnière gewählt, um in seiner *Strukturalen Syntax* zu erläutern, dass es sich bei Sätzen wie *Alfred singt* ebenso verhält. Ein Satz ist nicht die Addition seiner Teile, sondern verfügt über eine zusätzliche Qualität. So wie in der Chemie Valenzen angenommen werden (also Relationen zwischen den Basiselementen), so nimmt Tesnière für den Satz Valenzen an, welche die einzelnen Bausteine so konfigurieren, dass sie eine neue Qualität aufweisen.

Nicht allen Linguisten, die heute im Paradigma der Ereignissemantik arbeiten, sind die axiomatischen Grundlagen ihres Forschungsparadigmas transparent. Meistens werden Nachwuchswissenschaftler angezogen, die Neigung zu Formalisierungen haben. Es kommt sogar vor, dass sie sowohl Formale Syntax als auch Formale Semantik betreiben. Erstere ist von einem vollständig rationalistischen Paradigma abgeleitet und schließt selbstverständlich subordinierende Relationen nicht aus; ganz im Gegenteil, deren Analyse ist das Hauptarbeitsfeld. Dagegen ist die Formale Semantik vom Typ Ereignissemantik darauf ausgerichtet, alle Subordinationen als bloß vermeintliche Subordinationen aufzudecken. Sie sollen alle als Koordinationen enttarnt werden. Pietroski (2005) formuliert diese Programmatik unmissverständlich. Der Nominalismus lebt gegenwärtig somit sehr lebendig in einem Zweig der Linguistik weiter. Er wird sich als Programm irgendwann mal totlaufen wie die einstmals ebenfalls hochgehandelte Analytische Philosophie, sobald sich die hybride Axiomatik nicht als komplex, sondern als verfehlt herausstellt. Es wird, wie bei allen gescheiterten Verfahren, wie zum Beispiel früher schon beim behavioristisch orientierten Amerikanischen Strukturalismus, aber ein Kern an Techniken (im Fall der Ereignissemantik von gut bewährten Proben) erhalten bleiben, die dann zum unverzichtbaren Werkzeug der sprachlichen Analyse gehören.

Rortys Nominalismus sieht sich mit dem Problem konfrontiert, dass sein konsequenter Anti-Universalismus nicht nur die Philosophie, sondern auch eine universal gültige Ethik einschließlich der Menschenrechte abschafft. Rorty spielt das Gefahrenpotential dieser Konsequenz herunter, geht er doch davon aus, dass partikuläre Beispiele ethischen oder unethischen Verhaltens, etwa durch Darstellungen in der Literatur, uns besser machen würden als allgemein formulierte Prinzipien. Bernstein (1998:21) kritisiert zu Recht, dass Rorty den Beweis dafür schuldig bleibt.

F Kommentierte Literaturhinweise

Die Radikalisierung des Nominalismus durch Rorty zeichnet sich bereits in seinem Vorwort zu *The Linguistic Turn* ab. In seinem 25 Jahre später zur Neuauflage verfassten *Twenty-five years after* fasst Rorty nochmals zusammen, warum Sprache seiner Auffassung nach nichts repräsentiere. Ausführlicher stellt er seine Auffassung in folgenden drei Büchern dar:

Rorty, Richard (1979/1985): *Der Spiegel der Natur. Eine Kritik der Philosophie.* Übersetzt von Michael Gebauer. 3. Aufl. Frankfurt am Main: Suhrkamp 1985 [Engl.: *Philosophy and the Mirror of Nature*, 1979].

Rorty, Richard (1989/1991): *Kontingenz, Ironie und Solidarität.* Übersetzt von Christa Krüger. Frankfurt am Main: Suhrkamp 1991 (Suhrkamp Taschenbuch Wissenschaft; 981) [Engl.: *Contingency, irony, and solidarity*, 1989].

Rorty, Richard (1994): *Hoffnung statt Erkenntnis. Eine Einführung in die pragmatische Philosophie.* Übersetzt von Joachim Schulte. Wien: Passagen.

Es gibt zwei gute deutschsprachige Einführungen in das Werk von Rorty und von Davidson:

Reese-Schäfer, Walter (1991): *Richard Rorty.* Frankfurt am Main, New York: Campus (Campus Einführungen; 1046).

Glüer, Kathrin (1993): *Donald Davidson zur Einführung.* Hamburg: Junius (Zur Einführung; 89).

Die Antwort Rortys auf einen realistischen Herausforderer kann man finden in:

Farrell, Frank B. (1995): Rorty and Antirealism. + Rorty, Richard: Response to Frank Farrell. In: Saatkamp, Herman J. Jr. (Ed.): *Rorty and Pragmatism. The Philosopher Responds to His Critics.* Nashville, London: Vanderbilt University Press 1995, 154–195.

Rortys Thesen im „Spiegel der Natur" weisen große Übereinstimmung auf mit Blumenbergs „Lesbarkeit der Welt", wo genaugenommen – wie bei Rorty – die Unlesbarkeit der Welt vertreten wird:

Blumenberg, Hans (1981/1986): *Die Lesbarkeit der Welt.* Frankfurt am Main: Suhrkamp 1986 (Suhrkamp Taschenbuch Wissenschaft; 592) [Zuerst 1981].

Im Gegensatz zu Rorty wollte Peirce, der Begründer des Pragmatismus, zeigen, dass Gedanken und Sprache dieselbe Struktur aufweisen wie die Welt. Geeignete Einführungen in das Werk von Charles S. Peirce sind:

Oehler, Klaus (1993): *Charles Sanders Peirce*. München: Beck (Beck'sche Reihe; 523).

Es handelt sich hier m.E. um die beste deutschsprachige Einführung in das Leben und Werk von Peirce. Behandelt werden: Der Lebensweg und die intellektuelle Entwicklung von Peirce; seine Kategorienlehre, die in der Auseinandersetzung mit Kant entstanden ist; seine semiotische Erkenntnistheorie; die Rezeption und Weiterentwicklung seiner Theorien heute.

Nagl, Ludwig (1992): *Charles Sanders Peirce*. Frankfurt am Main, New York: Campus (Reihe Campus; 1053).

Werkausgaben von Peirce:

Collected Papers of Charles Sanders Peirce. Edited by Charles Hartshorne and Paul Weiss, Volumes 1–6, Harvard University Press 1931–1935; Volume 7–8, edited by Arthur W. Burks. Harvard University Press 1958.

Es handelt sich bislang um die vollständigste Ausgabe der Werke von Peirce. Allerdings sind die Arbeiten von Peirce hier nicht chronologisch, sondern nach thematischen Gesichtspunkten geordnet. Da Peirce im Laufe der Jahre seine Terminologie mehrfach modifiziert hat, sind die Texte in dieser Anordnung oft schwer zu verstehen. Gegenwärtig arbeitet man daher an einer Werkausgabe von Peirce, bei der die Texte chronologisch angeordnet sind. Bisher sind 5 Bände erschienen:

Writings of Charles S. Peirce. A Chronological Edition. Vol. 1–6. Bloomington: Indiana University Press 1982–2000.
Der Band 1 beginnt mit dem Jahr 1857 (Peirce ist 1839 geboren und 1914 gestorben). Der zuletzt erschienen Band 6 enthält die Schriften bis zum Jahr 1890.

Deutschsprachige Ausgaben (in Auswahl):

Peirce, Charles S.: *Semiotische Schriften*. Hrsg. und übersetzt von Christian Kloesel und Helmut Pape. Bd. 1–3. Frankfurt am Main: Suhrkamp 1986–1993.
Peirce, Charles S.: *Schriften zum Pragmatismus und Pragmatizismus*. Hrsg. von Karl Otto Apel. Übersetzt von Gert Wartenberg. Frankfurt am Main: Suhrkamp 1991 (Suhrkamp Taschenbuch Wissenschaft; 945).
Peirce, Charles S.: *Naturordnung und Zeichenprozeß. Schriften über Semiotik und Naturphilosophie*. Mit einem Vorwort von Ilya Prigogine. Hrsg. und eingeleitet von Helmut Pape. Frankfurt am Main: Suhrkamp 1991 (Suhrkamp Taschenbuch Wissenschaft; 912).
Peirce, Charles S.: *Phänomen und Logik der Zeichen*. Hrsg. und übersetzt von Helmut Pape. Frankfurt am Main: Suhrkamp 1983 (Suhrkamp Taschenbuch Wissenschaft; 425).

Die vermutlich beste Biographie zu Peirce:

Brent, Charles (1993): *Charles Sanders Peirce. A Life*. Bloomington, Indianapolis: Indiana University Press.

Als erste Einführung in die Axiomatik von Davidsons Philosophie eignet sich:

Davidson, Donald (2001/2004): *Subjektiv, intersubjektiv, objektiv*. Übersetzt von Joachim Schulte. Frankfurt am Main 2004 [Titel der Originalausgabe: *Subjective, Intersubjective, Objective*, 2001].

Darin sind besonders zentral die Artikel:

Davidson, Donald (1983/2001/2004): Eine Kohärenztheorie der Wahrheit und der Erkenntnis. In: Davidson 2001/2004, 233–269.
Davidson, Donald (1987/2002/2004): Indeterminismus und Antirealismus. In: Davidson 2001/2004, 127–151.
Davidson, Donald (1982/2001/2004): Vernünftige Tiere. In: Davidson 2001/2004, 233–269 [zuerst 1982].
Davidson, Donald: (1997/2001/2004): Die Entstehung des Denkens. In: Davidson 2001/2004, 211–229 [1997 zum ersten Mal deutsch unter dem Titel „Die Emergenz des Denkens" erschienen].

Glüer erklärt umfassend den Begriff der Triangulation, der in den Spätschriften von Davidson immer zentraler wird, in:

Glüer, Kathrin (2006): Triangulation. In: Lepore/Smith 2008:1006–1019.

II Die Radikalisierung des Rationalismus

A Einführung

Im 20. Jahrhundert wird das Zeitalter der Konversation endgültig abgelöst durch das Zeitalter des Sprachspiels. Sprache wird nicht länger verwendet zur Mitteilung von Gedanken oder von inneren Zuständen. Sprache kommt deshalb nicht mehr in Frage, weil jedes Individuum ein inneres Universum von Bedeutungen aufgebaut hat, das sich mit dem semantischen Universum des nächsten Individuums so wenig deckt, dass an eine Mitteilbarkeit von Gedanken nicht mehr ernsthaft geglaubt werden kann. Die Kunst der Konversation wird zwar weiter gepflegt, doch sie gilt als gesunkenes Kulturgut. In öffentlichen Talk-Shows wird zwar die Mitteilung von zum Teil sehr privaten Gedanken vorgeführt, sie wird jedoch nicht mehr ernst genommen. Nicht selten bleiben in solchen Karikaturen von Gesprächen elementare Gesprächsmaximen unbeachtet, z.B. dass der Gesprächspartner prinzipiell nicht verletzt werden soll. Das heißt, selbst dort, wo formal noch Konversation in Form von „Talk" stattfindet, findet faktisch nur eine Destruktion des Gesprächs statt. Je mehr sich die Gesprächspartner gegenseitig beleidigen, desto höher sind die Einschaltquoten. Der Erfolg der Talk-Shows steht in einem umgekehrt proportionalen Verhältnis zum jeweiligen Prestige. Sie gehören heute zum Bodensatz der Kultur, so wie die Heftromane, in denen übrigens, wie Luhmann (1983) gezeigt hat, ebenfalls nur die Inhalte der französischen Romane des 17. Jahrhunderts weiter (und schlechter) multipliziert werden. Das negative Prestige beruht darauf, dass die alten Muster bloß kopiert werden und das außerdem noch schlecht. Entscheidend für die negative Bewertung ist jedoch, dass das Muster nicht mehr auf die soziale Realität passt, da diese sich mittlerweile verändert hat.

Worin besteht dann die soziale Realität? Wozu verwenden wir dann Sprache, wenn sie kein Mittel zur Darstellung unserer inneren Welt und noch weniger ein Mittel zur Darstellung der äußeren Welt sein soll? Die Antworten auf diese Frage weisen in diesem Punkt eine erstaunliche Übereinstimmung auf, ganz gleich ob sie nun von Rorty oder von Habermas kommen. Sprache ist ein Mittel zur Koordination unserer Handlungen, heißt das in Habermas' Redeweise. Mit Sprache muss ich den anderen dazu bringen, etwas zu tun oder mir etwas zu geben, was ich will, heißt das in der Redeweise von Rorty.

Ein Mittel zur Koordination von menschlichen Handlungen stellen aber auch Macht und Geld dar. Sprache wird mit diesen zunächst in eine Reihe gestellt. Um Rorty und Habermas zu verstehen, muss man wissen, dass sich beide als Pragmatisten bezeichnen. Sie beziehen sich mit dieser Terminologie beide auf die Philosophie des Begründers der Pragmatik, auf Charles S. Peirce.

Was nach der geistigen Verdauung von Peirces Pragmatik herauskommt, hat jedoch nicht mehr viel mit dessen ursprünglichen Inhalten zu tun (vgl. die Distanzierung von Peirce durch Habermas (1991)).

Peirces Philosophie besteht in dem Versuch der vollständigen Widerlegung des Nominalismus. Peirce wollte zeigen, dass unsere Repräsentationen von der Welt nicht arbiträr sind. Gedanken und Sprache weisen dieselbe Struktur auf wie die Welt. Welt und Sprache sind nicht prinzipiell voneinander unterschieden. Sie weisen beide eine Zeichenstruktur auf. Die Welt ist zeichenhaft. Peirce spricht von einem semiotischen Universum. Unsere Gedanken sind nach Peirce ebenfalls Zeichen und Sprache ist ohnehin zeichenhaft. Um das zu zeigen, arbeitet Peirce den Handlungsaspekt von Sprache heraus. Er geht so weit zu behaupten, dass nicht nur die vernunftbegabten Lebewesen handeln, sondern alle Lebewesen, ja selbst die Kristalle und damit die gesamte unbelebte Natur. Selbst die Naturgesetze sind nichts anderes als gewohnheitsmäßige Handlungen des Universums selbst.

Für Peirce ist das gesamte Universum intentional, d.h. auf etwas gerichtet. Kausalität als Relation spielt für ihn keine Rolle. Damit ist auch Humes Problem gelöst, dass wir kausale Relationen nicht sehen können. Wir können sie deshalb empirisch nicht erfassen, weil es sie nämlich gar nicht gibt. Was wir dagegen beschreiben können, sind die Anziehungskräfte, die Handlungen und Gedanken orientieren und somit zu erfolgreichen Gewohnheiten werden lassen. Wenn Peirce sich als Aristoteles der Moderne bezeichnet hat, dann nicht (allein) aus einer manischen Selbstüberschätzung heraus: Er wollte in großem Maßstab den aristotelischen Realismus neu etablieren.

Es gibt heute kaum jemanden, der Peirce in seiner Behauptung der Intentionalität und des Handlungscharakters des gesamten Universums folgt. Man hat diesen Punkt im Grunde auch nie widerlegt oder zurückgewiesen. Man hat ihn ganz einfach nicht aufgenommen, weil er zu weit von dem entfernt ist, was sich seit dem 19. Jahrhundert noch denken lässt. Doch schon allein die These, dass Sprache Handeln ist, hat viel bewirkt. Sprechakttheoretiker wie Austin und Searle haben inzwischen die Doppelstruktur der menschlichen Rede soweit herausgearbeitet, dass sie inzwischen zum selbstverständlichen Grundwissen über Sprache gehört.

Die Doppelstruktur der Rede spielt als Ausgangspunkt für die Weiterentwicklung der Philosophie sowohl bei Habermas als auch bei Rorty eine große Rolle. Rorty aber demontiert gleich wieder diese Doppelstruktur. Indem er behauptet, dass Sätze nichts repräsentieren und dass ihnen somit kein Wahrheitswert und folglich keine Bedeutung zugeordnet werden kann, gibt er allerdings nicht die durch die Sprechakttheorie neu hinzugewonnene Illokution, sondern die bislang nie hinterfragte Proposition auf. Es bleibt nur noch die

Illokution, die Sprechhandlung, die mit der Äußerung durchgeführt werden soll, übrig. Aus diesem Grund allein bezeichnet sich Rorty als Pragmatist. Sprachliche Zeichen sollen zu etwas nützlich sein, abbilden müssen sie deshalb noch lange nicht. Er vergleicht Sprache mit den Hörnern oder den Krallen eines Tieres. Sie werden eingesetzt, um etwas zu erreichen. Niemand würde behaupten, dass sie mit diesen Instrumenten die Welt abbilden. Sprache ist für Rorty mit solchen Instrumenten gleichzusetzen. Die Welt selbst ist für ihn nach den Gesetzen der Kausalität organisiert. Da das Verhalten der Menschen primär intentional ist, auch das sprachliche Verhalten, die Welt aber nach kausalen Gesetzen organisiert sei, lässt sich nach Rorty nicht behaupten, dass die Sprache (oder mehr noch die Menschen) irgendwie auf die Welt passen.

Auch Habermas demontiert die Doppelstruktur der menschlichen Rede. Den Standpunkt von Peirce, dass die Sprache die Welt abbildet, bezeichnet er als ontologischen Fehlschluss. Mit diesem Vorwurf, den Habermas nicht weiter begründet, wird der zentrale Teil von Peirces Philosophie als sogenannter Rückfall hinter Kant verurteilt. Propositionen bilden auch bei Habermas, der dem Kantschen rationalistischen Programm weiterhin treu bleibt, die Welt nicht ab. Auch für Habermas ist, wie für Rorty, der Handlungsanteil von Sprache der entscheidende: Dieser Anteil verfügt über bestimmte universale Qualitäten, die aktualisiert werden, ganz gleich, welche Individuen in welcher Sprache und mit welchem kulturellen Hintergrund sprechen. Diesen universalen Anteil braucht Habermas; er will ihn retten, und damit auch gleichzeitig das Projekt der Moderne: die Aufklärung, die die Menschen nicht selbst verrät. Das ist gleichzeitig eine Zurückweisung von Max Horkheimers und Theodor Adornos Pessimismus gegenüber dem rationalistischen Programm in ihrer „Dialektik der Aufklärung".

Rorty und Davidson haben ein gemeinsames Problem und Anliegen: die Ethik. Warum sollte jemand, dem gesagt wird: „Wenn Du Deinen Nachbarn umbringst, bekommst Du sein Haus" (wie das im ehemaligen Jugoslawien bei Ausbruch der nationalistischen Pathologien passiert ist) nicht danach handeln, wenn er überzeugter Nominalist ist, für den es keine wahren und falschen Sachverhalte und damit auch keinen richtigen und falschen Umgang mit der Welt gibt? Es gilt ja kein anderes Kriterium als das eigene Interesse mehr. Diese Konsequenzen wollen sowohl Rorty als auch Habermas vermeiden.

B Jürgen Habermas: der Kant des 20. Jahrhunderts

Habermas gilt heute als Kant des 20. Jahrhunderts. Sein Hauptwerk ist die *Theorie des kommunikativen Handelns*. Wie Kant hat er 11 Jahre daran gearbeitet. 1981 erschien dann das Werk – genau 200 Jahre nach dem Erscheinen der *Kritik der reinen Vernunft*. Wie Kant wendet er sich gegen eine vermeintlich destruktive Philosophie: Beunruhigend ist für ihn nicht der Skeptizismus Humes, sondern der Pessimismus der in der Emigration in Kalifornien verfassten *Dialektik der Aufklärung* von Max Horkheimer und Theodor W. Adorno. Die Katastrophen und sozialen Pathologien der Moderne haben Horkheimer und Adorno dazu geführt, das Programm der Aufklärung zu verdächtigen, den Verrat des Menschen an sich selbst implizit zu enthalten. Diesem Pessimismus will Habermas mit seinem optimistischen Programm entschieden entgegentreten.

Als erstes Motiv für die *Theorie des kommunikativen Handelns* nennt er den Versuch, eine Theorie der Rationalität zu begründen. Vernunft muss auf etwas gegründet sein. Wenn sie sich nicht auf ein Wissen über die Welt gründen lässt, degeneriert Vernunft schnell zur instrumentellen Vernunft. Rationalität ist dann nur noch Zweckrationalität. Ihr werden die Menschen untergeordnet. Genau das ist der Verrat an den Menschen, den Horkheimer und Adorno beklagt haben. Die Manipulation der Welt durch die Menschen erfasst nämlich auch die Beziehungen der Menschen untereinander. Die menschlichen Beziehungen bekommen Warencharakter. Der Wert eines Menschen bemisst sich heute tatsächlich vielfach an seinem Waren- bzw. Marktwert. Dabei nimmt die Freiheit des Individuums zunehmend ab, so bereits die Diagnose von Horkheimer und Adorno. Sie sehen die Situation als ausweglos an. Es gibt keine Möglichkeit eines Widerstandes, da das gesamte Denken von dieser Tausch- und Warenrationalität durchdrungen sei. Adornos persönlicher Ausweg ist seine Hinwendung zur Ästhetik. In der ästhetischen Erfahrung sei noch die Annäherung an die Wahrheit möglich. Horkheimer wendet sich im Alter der Religion zu, was ihn in den Augen seiner politisch links orientierten Anhänger vollständig disqualifiziert. Doch als Herausforderung bleibt die pessimistische und ausweglose Diagnose des Versagens der Vernunft zunächst bestehen.

Habermas' Ausweg und Antwort besteht darin, dass er für die Vernunft ein Fundament konstruiert. Er kombiniert die Sprachtheorie Chomskys mit den Sprechakttheorien von Austin und Searle. Chomsky geht von einer universalen sprachlichen Kompetenz aus, über die alle Menschen von Geburt an verfügen. Dem Menschen ist eine Art Universalgrammatik angeboren, die jeden einzelnen Satz, der artikuliert wird, steuert. Jeder Satz verfügt danach über eine universale Tiefenstruktur. Habermas verbindet dieses Konzept mit der Einsicht, dass jede Rede eine Doppelstruktur aufweist. Neben der sprachlichen Kompetenz, die der Äußerung von Propositionen zugrundeliegt, nimmt er nun zusätzlich eine kommunikative Kompetenz an, mit der jeder Mensch ausgestattet ist.

Zwar ist Sprache nach Habermas zunächst nur ein Mittel zur Steuerung und Koordination von Handlungen, ebenso wie Geld oder Macht. Aber durch die postulierte Universalität der sprachlichen und kommunikativen Regelsysteme, über die jeder kompetente Sprecher verfügt, bekommt Sprache durch Habermas einen besonderen Status zugewiesen. Nur für sprachliches Handeln lassen sich universale Regeln angeben; für die vielfältigen anderen Handlungsformen, die instrumentell über Geld oder Macht erfolgen, dagegen nicht.

In den universalsprachlichen Regeln vermutet Habermas das Fundament der Vernunft. Jeder Mensch, der über sprachliche und kommunikative Kompetenz verfügt, verfügt damit gleichzeitig über die Grundstrukturen der Vernunft. Diese universalpragmatische Grundausstattung des Menschen ist in guter Kantscher Tradition selbst auf nichts gegründet. Die Grundstrukturen unserer Rede und unseres Handelns lassen sich auch bei Habermas nicht von der Welt ableiten. Damit sind sie unhintergehbar, d.h. nicht weiter hinterfragbar. Wir können sie nicht in Frage stellen, weil sie als Voraussetzung sprachlichen Handelns immer schon vorgegeben sind. Sie sind damit das Apriori der menschlichen Vernunft – ihre Grundausstattung sozusagen. Mit der *Theorie des kommunikativen Handelns* hat Habermas somit tatsächlich eine Adaption von Kants Philosophie an die argumentativen Herausforderungen des 19. und 20. Jahrhunderts vorgenommen.

C Text: *Die Theorie des kommunikativen Handelns* von Habermas

Habermas geht weiterhin, in guter rationalistischer Tradition, davon aus, dass die Menschen in erkenntnistheoretischer Hinsicht von der Welt abgeschnitten sind. Es ist ihm also nicht möglich, bei der Frage nach der Richtigkeit des Handelns in der Welt nach Kriterien Ausschau zu halten. Seine *Theorie des kommunikativen Handelns* ist eine Diskursethik, die rein prozedural ist. Das heißt, richtige Einsichten lassen sich gewinnen, wenn man einen Diskurs formal richtig durchführt. Die Inhalte selbst sind daher bei Habermas nicht Gegenstand der Diskussion. Die zentralen Passagen der fast 1.200 Seiten umfassenden *Theorie des kommunikativen Handelns* finden sich unerwarteterweise in zwei relativ kurzen Zwischenbetrachtungen. Der größte Teil der Arbeit besteht zunächst in einer Auseinandersetzung mit der Tradition, z.B. mit Max Webers Soziologie. All diese Kapitel haben vor allem den Sinn, eine uneinnehmbare Festung des Rationalismus hochzuziehen. Damit muss sich nun jeder beschäftigen, der diese Festung stürmen wollte. Der uneinnehmbare Teil verbirgt sich allerdings hinter einem zweiten Mauerwerk: in den Zwischenbetrachtungen, die die universalpragmatische Ausstattung der Vernunft zum Gegenstand haben.

Habermas unterscheidet zwischen zwei Typen sozialen Handelns, und zwar zwischen dem strategischen Handeln und dem kommunikativen Handeln. Das strategische sprachliche Handeln ist primär erfolgsorientiert. Kommunikative sprachliches Handeln ist primär verständigungsorientiert. Daneben gibt es noch den Typ des nicht-sozialen Handelns, der ebenfalls erfolgsorientiert ist, der aber nicht über das Medium Sprache, sondern beispielsweise über das Medium Geld oder Macht Handlungspläne durchsetzt. Diese Handlungstypen lassen sich folgendermaßen skizzieren.

Die erste Differenzierung von Handlungstypen besteht zwischen nicht-sozialen und sozialen Handlungssituationen. Nicht-soziale Handlungssituationen werden über Geld und Macht gesteuert und kontrolliert. Sie werden von Habermas als **instrumentelle Handlungen** bezeichnet. Im Gegensatz dazu werden soziale Handlungssituationen über sprachliche Handlungen koordiniert. Dabei gibt es zwei grundsätzlich voneinander unterschiedene Formen sozialen Handelns, einmal das **strategische Handeln**, zum anderen das **kommunikative Handeln**. Strategisches Handeln ist primär erfolgsorientiert. Ein typischer Sprechakt wäre die Handlungskoordination durch einen Befehl. Auch partikuläres Handeln, das allein die eigenen Interessen verfolgt, wird diesem Handlungstyp zugeordnet. In Opposition dazu steht das **kommunikative Handeln**, das primär verständigungsorientiert ist. Das kommunikative Handeln wird weiter unterteilt, und zwar auf der Grundlage der sogenannten Weltbezüge, die vorliegen. Dabei werden drei Weltbezüge unterschieden: objektiver Weltbezug, sozialer Weltbezug und subjektiver Weltbezug. Jeder dieser drei kommunikativen Handlungstypen macht einen anderen Geltungsanspruch geltend. Der Geltungsanspruch kommunikativen Handeln mit objektivem Weltbezug ist **Wahrheit**. Dieser Geltungsanspruch wird charakteristischer Weise von Seiten der Wissenschaft vertreten. Der Geltungsanspruch kommunikativen Handelns mit sozialem Weltbezug ist **Richtigkeit**. Das ist der Bereich normenregulierten Handelns, der vor allem durch das Recht institutionalisiert ist. Der Geltungsanspruch kommunikativen Handelns mit subjektivem Weltbezug ist der der **Wahrhaftigkeit**. Er wird vor allem von der Kunst erhoben. Die Diskursethik von Habermas basiert ausschließlich auf dem Handlungstyp des kommunikativen Handelns. Charakteristisches Kennzeichen des kommunikativen Handelns ist, dass die Handlungspläne der Beteiligten über Akte der Verständigung koordiniert werden.

Das strategische Handeln unterscheidet sich vom kommunikativen Handeln dadurch, dass die Beteiligten ihre Absichten, die sie verfolgen, nicht offen darlegen. Das heißt, der artikulierte Sprechakt (Illokution) und die beabsichtigte Wirkung (Perlokution) stimmen nicht miteinander überein. Bei kommunikativen Handlungen stimmen die Absichten, die man äußert und die Wirkungen, die man erzielen will, überein, weshalb hier Illokution und Perlokution zusammenfallen. Der offen geäußerte Sprechakt und die geplante Wirkung sind identisch. Bei strategischen sprachlichen Interaktionen ist das absichtlich nicht so. Die Wirkung, die man erzielen will, wird nicht geäußert, um das eigene Handlungsziel besser erreichen zu können. Bei strategischem sprachlichem Handeln liegt also ein asymmetrisches Verhältnis zwischen den Beteiligten vor.

Habermas baut seine Diskursethik auf dem symmetrischen, verständigungsorientierten Handlungstyp auf. Dieser symmetrische Handlungstyp stellt für ihn den Grundmodus sprachlicher Interaktionen überhaupt dar. Mit jedem kommunikativen Handeln sind *a priori* vier Geltungsansprüche verbunden: Verständlichkeit, Wahrheit, Wahrhaftigkeit und Richtigkeit. In der Regel verfügen die miteinander Kommunizierenden über gemeinsames kulturelles und soziales Hintergrundwissen. Erst wenn dieser Konsens brüchig wird, müssen wir in einen Diskurs treten. Dieser Diskurs sollte nun nach denselben Regeln durchgeführt werden, auf denen das sonst bewährte, verständnisorientierte kommunikative Handeln basiert. Die Diskurssituation sollte daher symmetrisch sein, d.h. die Teilnehmer sollten keine anderen Absichten äußern als die, die sie tatsächlich haben; der Diskurs sollte richtig sein, also normenkonform; und die Teilnehmer am Diskurs sollen sich auf die objektive Welt beziehen, d.h. einen Wahrheitsanspruch geltend machen.

Sind alle diese formalen Bedingungen erfüllt, die nach Habermas ohnehin durch die Grundstrukturen nichtpathologischen und normalen sprachlichen Handelns vorgegeben sind, steht der Erzielung eines neuen Konsenses nichts im Wege. Einschränkend muss jedoch noch hinzugefügt werden, dass Habermas zusätzlich zwischen System und Lebenswelt unterscheidet. Kommunikatives Handeln finde vor allem in der Lebenswelt statt; das System (vor allem die Wirtschaft) reguliere seinen Handlungsbedarf anders, was Habermas dadurch legitimiert, dass das System zu komplex sei, um über kommunikatives Handeln reguliert zu werden. Damit ist Habermas zum Apologeten des Systems geworden, was seinen linksorientierten Anhängern entweder entgeht oder auch recht ist, weil sie sich ja selbst längst mit vielen Kompromissen in diesem System eingerichtet haben, ohne dass sie auf ihr politisches Markenzeichen verzichten wollen.

Doch das alles ist im Grunde sekundär. Habermas wollte nur beweisen, dass in der Welt der Moderne – auch ohne Realitätsbezug – eine Form der Ethik möglich ist, die in mehr besteht als nur in der Manipulation von Menschen. Habermas nennt sie Diskursethik, die er weiter ausbaut (z.B. Habermas 1983). Die Sprache wird in ihrem Potential scheinbar aufgewertet. Allerdings betrifft das nicht die Proposition, die sich auf die Welt bezieht, sondern lediglich die Illokution, d.h. den Sprechakt selbst. Habermas will optimistisch bleiben in einem Leben der Moderne, das in einem rationalistischen Format und

damit ohne Weltbezug auskommen muss. Der Verlust der Welt wird von Habermas nicht aufgehoben. Im Gegenteil, er fordert explizit eine Art ontologische
Abstinenz, die auch für Rorty charakteristisch ist.

D Ein Gegenentwurf: Rortys späte Schriften

Die Gegner von Habermas bestreiten, dass es eine Rationalität in der Einzahl
gibt. Sie wenden sich somit gegen das Konzept eines Konsenses, dem alle
vernünftigen Menschen zustimmen können. Als „Kontextualisten" sind sie der
Auffassung, dass verschiedene Kulturen, Traditionen und Lebensformen
jeweils eigene Rationalitäten hervorbringen. Für Rorty haben selbst die Menschenrechte keinen Universalitätsanspruch mehr, sondern sind das Ergebnis
einer spezifischen Rationalitätstradition, das nun auch fremden Kulturen aufgedrängt werden soll. Rorty plädiert dafür, die Illusion aufzugeben, man
könnte das Leben und die Welt aus nur einer Perspektive und mit nur einem
Vokabularium beschreiben. Es gebe kein „Metavokabular", das alle anderen,
voneinander verschiedenen Vokabularien gleichsam von einer Außenperspektive betrachten und so auf einen gemeinsamen Nenner bringen könnte.

Menschliche Solidarität wird nach Rorty ohnehin nicht durch Reflexion
geschaffen. Menschliche Solidarität wird erst geschaffen, wenn die Sensibilität
gegenüber dem Leiden und den Demütigungen anderer Menschen, die uns
zunächst fremd sind, zunimmt. Dazu ließe sich vielleicht als negatives Beispiel
nennen, dass sich chinesische Intellektuelle in ihren Autobiographien in Bezug
auf die Kulturrevolution häufig nicht über die schwere Arbeit an sich geklagt
haben, sondern darüber, dass sie dieselbe Arbeit wie Bauern verrichten müssen, die doch– im Gegensatz zu ihnen – ein Leben lang gewohnt gewesen
seien, Schwerstarbeit zu verrichten, z.B. Wasser in großen Kübeln auf den Berg
schleppen; ähnlich auch ein Beispiel aus dem mittelalterliche *Gudrun*-Text, wo
Gudrun nicht darüber klagt, dass sie Wäsche im Winter im eiskalten Wasser
waschen muss und das weh tun würde, sondern vielmehr beklagt, dass sie
eine Arbeit verrichten muss, die einer Königstochter nicht würdig ist und nur
von Mägden verrichtet werden sollte.

Rorty skizziert vor dem Hintergrund zahlloser potentieller Beispiele von
Grausamkeit die Utopie einer ständig zunehmenden Sensibilität für den anderen. In Solidarität üben wir uns nicht durch Theorien ein, so Rorty, sondern
durch genaue Beschreibungen der uns seltsam oder fremd erscheinenden
Anderen. Solche Beschreibungen würden uns heute vor allem die Ethnogra-
phie, der Journalismus, Comics, TV-Filme, und vor allem der Roman liefern,
so Rorty. Solche Textsorten und mediale Formate ersetzen für Rorty die Predigt

des religiösen Zeitalters und die theoretische Abhandlung über Ethik des philosophischen Zeitalters. Das postphilosophische bzw. postmetaphysische Zeitalter setze auf die Erzählung und nicht auf die Theorie. Dabei benötigen wir nicht nur Erzählungen über die anderen, sondern auch ständig neue Erzählungen über uns selbst. Rorty hat eine besondere Vorliebe für den Roman. Von Charles Dickens könne man beispielsweise lernen, wie Menschen leiden, denen wir sonst nicht einmal unsere Aufmerksamkeit schenken würden. Von Nabokov wiederum könne man lernen, wie grausam Menschen zueinander sein können – wodurch wir uns selbst in einem neuen Licht betrachten könnten.

Der einzige Leitsatz, den Rorty unhinterfragt akzeptiert, ist: „Sei nicht grausam!" Das utopische Ideal, das Rorty anstrebt, ist die zunehmende Realisierung von Freiheit, d.h. auch die zunehmende Vermeidung von Kollisionen zwischen dem privaten Autonomieanspruch und der Forderung nach sozialer Gerechtigkeit. Dagegen lehnt er das Ideal einer zunehmenden Annäherung an eine als bereits existent postulierte, aber noch nicht erkannte Wahrheit ab.

E Vergleich von Rorty und Habermas

Im Jahr 2001 wurde Rorty der zum ersten Mal vergebene, sehr hochdotierte Meister-Eckart-Preis verliehen, zu der Habermas die Preisrede halten sollte. Rorty hat daraufhin, nach eigener Aussage, zum ersten Mal einige Seiten von Meister Eckart gelesen, dabei aber keinen Zusammenhang zu seiner Philosophie gesehen. Doch nicht nur der Bezug zur Mystik und Theologie Meister Eckarts ist schwer herzustellen. Was haben Rorty und Habermas gemeinsam, dass Habermas überhaupt eine Preisrede auf Rorty halten kann? Auch einen Nachruf auf Rorty, der am 8. Juni 2007 verstorben ist, hat Habermas verfasst.

Der Vergleich zwischen Richard Rorty und Jürgen Habermas lässt sich folgendermaßen zusammenfassen: Sowohl Rorty als auch Habermas bieten uns eine Utopie an. Rorty will seine These vom postphilosophischen Zeitalter retten und preist uns die Utopie zunehmender persönlicher Freiheit an, die nicht auf Kosten der Solidarität gehen soll. Habermas will das Projekt der Aufklärung retten und bietet uns die Utopie einer Diskursethik an. Habermas Diskursethik hat allerdings einen sehr eingeschränkten Wirkungsbereich. Sie wird auf den idealen und idealisierten Raum der Lebenswelt beschränkt. Das gesellschaftliche System wird nicht durch konsensorientierte Diskurse, sondern durch Handlungsregulatoren wie Geld und Macht gesteuert, was Habermas auf Grund der Komplexität des Systems durchaus als gerechtfertigt sieht. Auch Rortys Projekt hat seine Selbstbegrenzungen: Rorty, der vehement für die Steigerung der Empathie für andere Kulturen plädiert, hat 2001 seine Anhänger durch relativ wenig Empathie für nicht-westliche Gesellschaftsformen enttäuscht, wie folgender Bericht in der Zeitung *taz* vom 5.12.2001 deutlich macht:

> Aufsehen erregte sein Auftritt beim Afghanistan-Streitgespräch in der Berliner Schaubühne, wo er die These verfocht, der Westen habe von anderen Kulturen nichts zu lernen, vielmehr sei es für alle Menschen am besten, wenn westliche Demokratie, Menschenrechte und Marktwirtschaft auf dem ganzen Planeten verbreitet würden.

Sowohl Habermas als auch Rorty haben sich der Pragmatik zugeordnet, und doch haben sie nur Utopien entworfen, die wirkungsloser nicht sein könnten.[65] Rortys Aussage könnte ethnozentrischer nicht sein. Und die Utopie von Habermas ist in gut rationalistischer Tradition nicht in der realen Welt verankert, da diese ja nicht erkennbar ist und daher keinen Maßstab für den Erfolg einer Diskursethik abgeben kann.

Otto Apel (1988) hat die utopische Seite von Habermas *Theorie des kommunikativen Handelns* kritisiert. Er nennt es das *„geschichtsbezogene Problem"* (Apel 1988:10) und fragt explizit, inwieweit eine solche Kommunikationsethik zumutbar sei, solange ihre Anwendungsbedingungen keine reale Basis haben. Vermutlich wollte Habermas in *Faktizität und Geltung* (1992) durch eine Anbindung seiner Diskursethik an eine Diskurstheorie des Rechts genau dieses Problem bearbeiten.

F Kommentierte Literaturhinweise

Habermas' universalpragmatischer Begründungsprogramm der menschlichen Vernunft bzw. seine Diskursethik findet sich in seinem Hauptwerk:

Habermas, Jürgen (1981): *Theorie des kommunikativen Handelns. Bd. 1: Handlungsrationalität und gesellschaftliche Rationalisierung. Bd. 2: Zur Kritik der funktionalistischen Vernunft.* Frankfurt am Main: Suhrkamp [Inzwischen auch als Suhrkamp Taschenbuch Wissenschaft; 1175].

Wer sich den Einstieg in solch ein umfangreiches Werk erleichtern u. verkürzen will, beginnt am besten mit der „Ersten Zwischenbetrachtung: Soziales Handeln, Zwecktätigkeit und Kommunikation" (Bd. 1, S. 367–452) und kombiniert diese Lektüre mit der Einführung von:

Gripp, Helga (1984): *Jürgen Habermas. Und es gibt sie doch– Zur kommunikationstheoretischen Begründung von Vernunft bei Jürgen Habermas.* Paderborn: Schöningh (UTB; 1307).

---

65 „Wirkungslosigkeit" bezieht sich natürlich nicht auf die Rezeption seines Werks, sondern auf die Umsetzung seiner Utopie in die Wirklichkeit.

Eine Fortsetzung und weitere Ausführung des diskursethischen Programms findet sich in:

Habermas, Jürgen (1983): *Moralbewußtsein und kommunikatives Handeln*. Frankfurt am
Main: Suhrkamp (Suhrkamp Taschenbuch Wissenschaft; 422).

Die Diskursethik stellt eine Antwort auf die pessimistische Sicht von Horkheimer und Adorno
auf die Schadensbilanz der Aufklärung dar. Diesen klassischen Text sollte man wenigstens
einmal lesen:

Horkheimer, Max / Adorno, Theodor (1949/1986): *Dialektik der Aufklärung*. Frankfurt am
Main: Fischer 1986 [zuerst 1947].

Einen vollständigen Überblick über die Entstehung und Entwicklung der Frankfurter Schule,
der Habermas zugerechnet wird, gibt:

Wiggershaus, Rolf (1986): *Die Frankfurter Schule. Geschichte, theoretische Entwicklung,
politische Bedeutung*. München, Wien: Hanser.

6 The Linguistic Return: Linguistik als Antwort

I Die Wiederentdeckung der Relationen

A Erste Wege aus der nominalistischen Sackgasse

Sowohl Sprachphilosophie als auch Sprachtheorie beschäftigen sich mit den axiomatischen Grundlagen von Sprache. Dennoch gibt es gegenwärtig nur wenige Gemeinsamkeiten zwischen beiden Disziplinen. Innerhalb der Sprachphilosophie ist der Nominalismus weiterhin dominierend. Sprachtheoretiker können dagegen in der Regel mit nominalistischer Axiomatik nicht viel anfangen. Damit lassen sich noch nicht einmal die grundlegendsten Einheiten von Sprache erfassen, die Phoneme und die phonematischen Merkmale. Phoneme stellen Repräsentationen dar, also Klassen, denen wir partikuläre Laute zuordnen, sobald wir sie hören. Mit anderen Worten: Eine Sprache verstehen bedeutet gleichermaßen die Aufhebung von partikulären Lauten, wie sie in der Welt real vorkommen, und ihre Transformation in formale Klassen und damit in Einheiten, wie sie nur im menschlichen Geist vorkommen. Das geschieht bei der Verwendung von Sprache auf allen Ebenen. Ein nominalistischer Ansatz hat hier keinen Platz. Eine Ausnahme und damit eine Art nominalistische Insel innerhalb der Sprachtheorie bildet hier allerdings die Ereignissemantik, die auf der nominalistischen Axiomatik von Davidson basiert.

Nominalisten wie Davidson sind davon überzeugt, dass die Welt aus Gegenständen besteht und dass es kein reales Korrelat für Relationen gibt. Davidson will für die Sprache dasselbe Format annehmen. Er modelliert sie vollständig nichtrelational, was so schwierig und kontraintuitiv ist, dass es als besondere geistige Herausforderung empfunden wird. Linguisten sind, mit Ausnahme der Vertreter der Ereignissemantik, in der Regel Antinominalisten. Man kann die Entstehung der modernen Linguistik sogar vollständig mit der Entstehung einer antinominalistischen Sprachbetrachtung gleichsetzen. Die antinominalistische Orientierung wird ab 1915 durch den Moskauer linguistischen Zirkel ausgelöst und ab 1926 in der Emigration durch den Prager linguistischen Zirkel fortgesetzt. Der Ideengeber war dabei primär Roman Jakobson. Er ist maßgeblich an der Entstehung des Strukturalismus in seiner funktionalen Ausprägung beteiligt. Viele Entdeckungen, die man anderen Linguisten zuschreibt, gehen auf Jakobson zurück. Ausgearbeitet wurden sie dann durch andere. So stellt die Entdeckung des Phonembegriffs, denn wir mit Nikolaj Trubetzkoy in Verbindung bringen, Jakobsons Leistung dar. Ausgearbeitet wurde er allerdings durch Trubetzkoy.

Der zentrale Begriff, der alles anstößt, was Jakobson sprachtheoretisch in Angriff nehmen sollte, war der Begriff der Relation. Die Suche nach Invarianz in der Sprache leitet sich daraus ab. Zunächst ist Relationalität mit Relativität verbunden, also mit Varianz. Die Reduktion dieser Varianz (Substanz) auf universale Gesetzmäßigkeiten (Form bzw. mentale Repräsentation) war Jakobsons zentrales Erkenntnisinteresse. Schon als Student in Moskau, wollte er die Literaturwissenschaft zu einer Wissenschaft machen. Die bis dahin übliche Untersuchung literarischer Varianz mit Hilfe von allen möglichen Hilfswissenschaften, sollte durch die Analyse der formalen Eigenschaft der poetischen Sprache ersetzt werden, um so die Invarianz hinter der Varianz zu entdecken[66]:

> Somit ist der Gegenstand der Literaturwissenschaft nicht die Literatur, sondern die Literarizität, d.h. desjenige, was das vorliegende Werk zum literarischen Werk macht. (Jakobson 2007a:16)

Jakobson vergleicht die Literaturwissenschaftler seiner Zeit mit Polizisten, die anstelle der gesuchten Person am Tatort alles Mögliche beschlagnahmen und mitnehmen, aber den Hauptgegenstand ihrer Suche laufen lassen.

Da Strukturalisten die Relationen als Ausgangspunkt ihrer Analyse nehmen, sind sie im Gegensatz zu Nominalisten davon überzeugt, dass es keine Entitäten zu untersuchen gibt; zumindest gibt es keine Einheiten, die sich losgelöst von ihren Relationen zu anderen Einheiten beschreiben lassen. Eine Entität ist in diesem Sinn eher mit einer Masche in einem Gewebe vergleichen. Man kann zwar versuchen, sie zu isolieren und beispielsweise mit einer Schere ausschneiden und dann losgelöst aus dem Zusammenhang betrachten. Doch sobald sich die Zusammenhänge zu den anderen Einheiten auflösen, löst sich die vermeintliche Entität bald selbst auf. Für Strukturalisten sind Entitäten bloße Wahrnehmungsartefakte. Im Wesentlichen lassen sich Entitäten durch eine Summe von Relationen definieren. Wenn Strukturalisten sich entscheiden müssten, entweder nur Gegenständen oder nur Relationen einen Realitätsstatus zuzuweisen, so müssten sie sich für letzteres entscheiden. Das hat einen ganz einfachen Grund. Würde man Sprache als nichtrelationalen Gegenstandsbereich beschreiben wollen, würde man nicht einmal erklären können, worin der Unterschied zwischen einem Geräusch und einem sprachlichen Laut besteht. Richard Rortys ‚Erkenntnis‘, dass die menschliche Sprache nur eine Ansammlung von Geräuschen sei und nicht mehr, ist im Grunde bereits in der Axiomatik des Nominalismus als Ergebnis vorgegeben. Der Nominalismus kann methodisch nicht mehr leisten als Sprache als Geräusch zu beschreiben. Nominalisten müssten einen nicht zu bewältigenden Beschreibungsaufwand in Kauf nehmen, um Sprache auf der Basis ihrer grundlegenden Annahmen zu beschreiben. Allerdings geht die Ereignissemantik, wie bereits erwähnt, diesen

---

66 Der programmatische Text dazu (*Die neueste russische Poesie. Erster Entwurf. Annäherungen an Chlebnikov*) findet sich leicht zugänglich in: Jakobson (2007, 1:1–123).

Weg. Während also Rorty Sprache nur noch als Geräusch betrachtet, versucht Davidson eine Art Homologie zwischen Sprache und Welt herzustellen, indem er alles Relationale in der Sprache gleichsam als Gegenstände (im Sinne von Individuen) enttarnen möchte. Auf diese Weise kann er den Nominalismus retten und gleichzeitig eine Art Homologie zwischen Sprache und Welt annehmen.

Im Zentrum des Nominalismus steht außerdem das Konzept der Kausalität. Sollten zwischen den einzelnen, von ihnen postulierten Gegenständen tatsächlich Relationen angenommen werden müssen, dann reduzieren sie diese auf die Kausalrelation. Zwischen den Gegenständen herrscht dann ihrer Auffassung nach entweder ein absolutes Determinationsverhältnis, oder es herrscht Arbitrarität, d.h. eine Art Willkürlichkeit und Zufälligkeit der Beziehungen. Bis heute ist es allerdings – selbst im Fall der Naturgesetze – nicht gelungen, die Existenz von Kausalitätsrelationen zwingend zu begründen. Auch die Arbitrarität aller anderen möglichen Relationen wurde nicht bewiesen, sondern lediglich behauptet. Dahinter verbirgt sich die Überzeugung, dass Nonarbitrarität bewiesen werden müsse, Arbitrarität dagegen nicht. Diese Überzeugung ist somit axiomatischer Natur; sie stellt daher eher einen Denkreflex als eine bewusste Überlegung dar.

Strukturalisten und Semiotiker gehen davon aus, dass Relationen nicht starr sind. Anders formuliert, es herrscht kein absolutes Determinationsverhältnis vor. Bedeutungsvolle Muster bzw. Ordnungen, die ja nach diesem Verständnis nicht durch ein Determinations- bzw. Kausalitätsverhältnis hergestellt werden, müssen somit anderweitig motiviert sein. Dass sinnvolle Muster durch Zufall entstehen, ist äußerst unwahrscheinlich. Selbst wenn der Zufall immer beteiligt wäre, ließe sich Ordnung allein dadurch nicht erklären. Semiotische Strukturalisten oder strukturalistische Semiotiker lösen dieses Problem, indem sie das „Warum" der Textur von Welt und Sprache nicht kausal, sondern final interpretieren: Das umgangssprachlich verwendete „Warum" hat prinzipiell zwei Lesarten: eine kausale und eine finale. Die Nominalisten und mit ihnen die meisten Naturwissenschaftler setzen die kausale Lesart als die allein mögliche fest. Wenn man eine Warum-Fragen stellt, bleibt die Lesart prinzipiell ambig:*„Warum lügst Du?"*. Die kausale Lesart wäre: ‚Was veranlasst Dich zu lügen?'; die finale Lesart lässt sich paraphrasieren mit „Zu welchem Zweck lügst Du". Die Privilegierung von Wozu-Fragestellungen ist das Charakteristikum der sogenannten Funktionalisten unter den strukturalistischen Semiotikern. Mit der Untersuchung der Funktionen von sprachlichen Einheiten beginnt die moderne Sprachwissenschaft. Wollte man dafür ein Datum setzen, dann am besten das Jahr 1939, das Erscheinungsjahr von Nikolaj Trubetzkoys *Grundzüge der Phonologie*. Trubetzkoy gehört wie Jakobson zunächst zum Moskauer linguistischen Zirkel und dann in der Emigration zum Prager linguistischen Zirkel. Letzterer war aus einer Gruppe von Sprachwissenschaftlern entstanden, die sich aus russischen Emigranten und aus tschechischen Sprachwissenschaftlern zusammensetzte. Ihnen gelang es zum ersten Mal, die Phoneme zu definieren, und zwar so, dass die Definition auf alle sprachlichen Laute zutrifft, ganz gleich, welchem einzelsprachlichen System sie angehören: Das Phonem wird funktional als die kleinste bedeutungsdifferenzierende Einheit definiert. Bei der Definition des Phonems steht somit seine Funktion und damit das „Wozu" dieser Einheit im Vordergrund. Erst durch den funktionalen Ansatz ist es gelungen zu erklären, warum und auf welche Weise es den Menschen möglich ist, die Millionen und Milliarden von unterschiedlichen konkreten Lautäußerungen einer begrenzten Klasse von sprachlichen Lauten zuzuordnen. Phoneme können interessanterweise dabei nur relational bestimmt werden. Das Verfahren ist bekannt: Zuerst muss herausgefunden werden, wie viele sprachliche Laute es in einer Sprache gibt. Dabei macht es wenig Sinn, jeden konkret geäußerten Laut einzeln zu zählen. Wir alle gehen intuitiv davon aus, dass wir eine begrenzte Anzahl von Lauten verwenden und miteinander kombinieren, auch wenn vermutlich kein einziger konkret geäußerter Laut dem anderen gleicht. Und die meisten wissen auch, dass nicht jede Sprache über dieselbe Anzahl von Lauten verfügt. Wenn wir davon ausgehen, dass das Französische über Nasalvokale verfügt, dies im Gegensatz zum Deutschen, dann nehmen wir nicht an, dass die französischen Linguisten Differenzierungen machen, auf welche die Linguisten bei der Beschreibung des Deutschen nur nicht achten. Wir gehen vielmehr davon aus, dass es sich um Differenzierungen der jeweiligen Sprache handelt und nicht um bloß voneinander abweichende Klassifikationsverfahren.

Die naturwissenschaftlich orientierten Phonetiker am Ende des 19. und zu Beginn des 20. Jahrhunderts waren nicht imstande zu erklären, warum wir bestimmte Laute zu einer Lautklasse zusammenfassen und andere nicht. Die materielle Ähnlichkeit von Lauten konnte als Begründung nicht herangezogen werden. Ein palatales (am harten, vorderen Gaumen artikuliertes) /k/, wie es etwa in *Kiefer* geäußert wird, unterscheidet sich von einem velar (am weichen, hinteren Gaumen) erzeugten /k/, wie z.B. in *Kuchen*, in artikulatorischer Hinsicht weit mehr als von einem /t/ wie in *tiefer*. Dennoch sind wir für das Deutsche davon überzeugt, dass es sich um unterschiedliche Laute handelt. Der naturwissenschaftlich orientierte Phonetiker Forchhammer wollte beispielsweise bei seiner Ermittlung von Lautklassen an der konkreten Materialität der Laute festhalten und schlug vor, Mittelwerte zu bilden. Wenn jemand einen Laut bildet, würde er einen solchen Mittelwert als Idealartikulation anstreben, wobei dieses Ziel mehr oder weniger verfehlt werden kann. Das Problem dabei ist nur, dass gerade der Mittelwert von /k/ – die Artikulation am mittleren Gaumen– praktisch nicht vorkommt.

Die zunächst noch kausalistisch und deterministisch orientierte Sprachwissenschaft hat also zu Beginn des 20. Jahrhunderts ernsthafte Probleme: Es gelingt ihr nicht, ihre Grundeinheiten zu definieren: die materiell konkret wahrnehmbaren sprachlichen Laute. Heute gibt es zwei Disziplinen: die Phonetik und die Phonologie. Die Phonetik untersucht die materiell vorgegebene Seite der sprachlichen Laute mit naturwissenschaftlicher Methodik. Die Phonologie untersucht die Funktion von Lauten. Dabei stellt die Phonetik die ältere Disziplin dar. Ein zeitgenössischer Phonetiker, Jørgen Forchhammer, hält zunächst die neu entstehende Phonologie für überflüssig, so dass Trubetzkoy ihm 1932 einen längeren Brief schreibt und ihm deutlich zu machen versucht, dass der Laut als physikalische Erscheinung, die durch das Gehör wahrgenommen werden kann und den der Phonetiker untersucht, nicht dasselbe sein kann wie ein Sprachlaut, der eine „Idee" (mentale Repräsentation) darstellt. Trubetzkoy gibt in seinem Brief zunächst zu bedenken, dass wir nur einen Bruchteil des Tages sprechen; sonst hören wir zu, schweigen und denken (abgedruckt in Trubetzkoy 1975:458):

> [Der Mensch] denkt in Sätzen und Worten. Woraus bestehen aber diese nicht ausgesprochenen, bloss gedachten Wörter? Gewiss nicht aus Sprachlauten, die ja *ex definitione* gesprochen sein müssen! Die gedachten Wörter können nur aus Lautbegriffen oder *Lautideen* bestehen, für die wir eben den Ausdruck *Phonem* gebrauchen. Die Phoneme spielen aber nicht nur beim Denken, sondern auch beim Sprechen eine entscheidende Rolle. Beim Sprechen werden ja die gedachten Worte in gesprochene umgewandelt, d.h. es geschieht eine Realisierung der Lautideen durch Sprachlaute. Jeder gesprochene Laut ist die Verwirklichung einer *Lautabsicht*, die Lautabsicht aber bezieht sich auf die Lautidee, auf das Phonem. Ebenso beim Hören, beim Vernehmen eines Wortes. Hier wird der vernommene Sprachlaut „erkannt", d.h. mit einer bestimmten Lautidee, mit einem Phonem identifiziert, oder, genauer ausgedrückt, als materielles Sinnbild dieses Phonems aufgefasst.

Trubetzkoy macht deutlich, dass Laute als Individuen, d.h. als konkret realisierte Laute, keine mentalen Repräsentationen darstellen können. Ein Phonem abstrahiert von vielen konkreten Merkmalen wie z.B. dem Alter, dem Geschlecht, dem Atemvolumen etc. der Sprecher. Trubetzkoy betont außerdem, dass Phoneme intentionaler Natur sind:

> The phonological system of a language is the embodiment of the sound intentions. (Trubetzkoy 1991a:3)

Der Begriff der Intention wurde dann durch den der Funktion ersetzt. Phonetiker und Phonologen gehören heute nicht mehr zwei rivalisierenden Richtungen von Linguisten an. Sie sehen sich somit nicht in Opposition zueinander wie etwa die Nominalisten und Realisten unter den Philosophen. Sie privilegieren nur jeweils unterschiedliche Perspektiven auf den Gegenstand Sprache. Verständlich wird diese Haltung, wenn man folgende Überlegung von Eugenio Coseriu berücksichtigt. Coseriu ist immer davon ausgegangen, dass sich Naturgegenstände kausal erklären lassen, Kulturgegenstände dagegen funktional bzw. intentional. Die Sprache zählt er dabei zu den Kulturgegenständen, weshalb er der funktionalistischen Methodik verpflichtet bleibt. Noam Chomsky dagegen siedelt die Sprache im Bereich der Naturwissenschaften an. Die Linguistik sieht er als Teil der Psychologie, diese wiederum als Teil der Naturwissenschaften. Auch aus diesem Grund ist er funktionalistischen Ansätzen gegenüber ablehnend eingestellt. Man muss sich allerdings klarmachen, dass jeder von beiden nur eine bestimmte Perspektive privilegiert. Sprache ist beides zugleich: Natur- und Kulturgegenstand. Genau genommen befindet sich Sprache an der Schnittstelle zwischen Natur und Kultur. Sie lässt sich durchaus mit naturwissenschaftlicher Methodik beschreiben. Die Ergebnisse sind nicht falsch. Sie sind nur nicht vollständig. Paradoxerweise lässt sich durch eine größere Präzision auch keine Verbesserung der Ergebnisse erzielen. Man kann Laute mittels Spektrographen (Sonagraphen) aufzeichnen und dennoch keine konstanten Musterbildungen feststellen, die in etwa denen der Phoneme entsprechen würden. Dennoch ordnen wir, sobald wir Sprache verstehen, die einzelnen Laute Phonemklassen zu. Mithilfe der Sonagraphen sollten in den 50er Jahren im sogenannten *visible speech project* der Bell Laboratories die Einheiten, die wir tatsächlich hören, als bildhafte Muster für Gehörlose sichtbar gemacht werden. Es ist allerdings nicht gelungen, die vielen Varianten der Realisierung eines sprachlichen Lauts auf Invarianten zu reduzieren (vgl. Warren 1988 zum Varianz-Invarianz-Problem). Es gibt in der Lautsubstanz keine entdeckbaren konstanten Musterbildungen, die einem spezifischen Phonem zuverlässig zuzuordnen wären. Es kommt noch schlimmer. Geäußerte Laute können in Bezug auf ihre Substanz identisch sein, ohne derselben Phonemklasse anzugehören. So können beispielsweise die Frequenzbänder, die von einem [a], das von einem Mann geäußert wird, aufgezeichnet wurden, unter Umständen mit denen eines [o], das von einer Frau geäußert wird, identisch sein. Trotzdem gelingt uns die richtige Zuordnung beim Hören, auch wenn sie sich durch Geräte (gegenwärtig) nicht visualisieren lässt.

Eine einfache Überlegung zeigt, warum die scheinbar objektive und präzise Aufzeichnung durch Geräte scheitern muss: Die verschiedenen Sprachen weisen eine unterschiedlich große Anzahl von Phonemen auf: die Anzahl der Phonemklassen, die gegenwärtig bekannt sind (vgl. Maddieson 1984), schwankt zwischen 11 Phonemen (in der indopazifischen Sprache Rotokas) und 141 Phonemen (in der afrikanischen Sprache !Xũ).[67] Die aufzeichnenden Instrumente ‚sprechen‘ nun aber keine Einzelsprachen. Sie verfügen nicht über Kenntnisse einzelsprachlicher Bedeutungen. Sie können also nicht erkennen, welche Eigenschaften von lautlichen Einheiten bedeutungsdifferenzierend sind und welche nicht. Sie können damit nicht zwischen relevanten und nichtrelevanten Eigenschaften von sprachlichen Lauten differenzieren. Sie können Eigenschaften der materiell wahrnehmbaren Laute weder vorder- noch hintergrundieren, was jeder, der Sprache hört, automatisiert leistet. Vor allem können sie das nicht variabel aufzeichnen, was unser Ohr durchaus variabel verarbeitet, je nachdem ob wir Englisch, Deutsch oder Französisch hören. Hören wir dagegen eine Sprache, die wir nicht kennen, d.h. deren Bedeutungen uns unbekannt sind, geht es uns kaum besser als einer Maschine: Wir könnten die Phoneme beispielsweise des Rotokas oder !Xũ nicht ermitteln, solange wir diese Sprachen nicht beherrschen. Die lautliche Substanz kann durch die Phonetik aufgezeichnet und erfasst werden, die Form der sprachlichen Laute dagegen nicht. Formen sind mentale Repräsentationen mit einer spezifischen Intention oder Funktion. Die Funktion der Phoneme besteht in der Bedeutungsdifferenzierung.

Es gibt tatsächlich einige verbleibende Phonetiker, die im Bereich der Mustererkennung arbeiten, die weiterhin daran arbeiten, allein mittels naturwissenschaftlicher Methodik die sprachlichen Laute beschreiben wollen – die sozusagen nur auf eine Perspektive setzen wollen. Man könnte nun im Sinne von Peirce genauso gut umgekehrt verfahren und alles aus der funktionalen Perspektive betrachten. Auch das ist prinzipiell möglich. Die Frage ist nur, ob es überhaupt sinnvoll ist, solchermaßen monoperspektivisch zu verfahren. Die Monoperspektivierung dürfte das Charakteristikum der Neuzeit und der Moderne sein. Seit dem 14. Jahrhundert setzt sich ja nicht nur zunehmend die naturwissenschaftliche, nominalistische und kausalistische Perspektive durch. Zeitgleich wird Monoperspektivierung zum Grundmodus der Darstellung auch in der Kunst. Es setzt sich die Zentralperspektive in der Malerei durch. Alles wird aus der Perspektive nur eines möglichen Betrachters dargestellt, d.h. eine einzige Perspektive wird privilegiert. Dieser Perspektivenmonopolismus findet sich nicht nur in der Kunst, sondern eben auch in den Wissenschaften. Es darf nur eine Methodik privilegiert werden, nur eine Sehweise. Wissenschaften müssen seither ‚methodisch sauber‘ sein, sonst können sie keinen Anspruch auf die Richtigkeit ihrer Darstellungen erheben.[68] Ähnlich verhält es sich mit

---

67 Maddieson (1984) bezieht sich auf UPSID (*Phonological Segment Inventory Database*), eine von Maddieson begründeten Datenbank von 317 Sprachen und deren Phoneminventaren. Die Datenbank wird kontinuierlich ausgebaut. Maddieson (2007) konnte bereits auf ein UPSID mit 625 dokumentierten Sprachen zurückgreifen.
68 Paul Feyerabend (1975/1976) hat gegen diesen Methodenzwang argumentiert.

den literarischen Gattungen. Man denke nur an Habermas' Abscheu gegenüber der Vermischung von philosophischen und literarischen Diskursen.[69] Rorty, der demgegenüber die Mischung geradezu will und viele unterschiedliche Sprachspiele und Perspektiven einfordert, ließe sich mit einem Maler wie Picasso vergleichen. Picasso bricht die Monoperspektivik auf und gilt deshalb als nicht-realistischer Maler.

Die endlosen Richtungsstreitigkeiten z.B. im Rahmen der Philosophie, die viele zu der resignativen Haltung geführt haben, dass es eben Erkenntni(se) nicht geben könne, weil prinzipiell die konträrsten Positionen vorstellbar sind und auch vertreten werden, sind im Grunde nur der Ausdruck der Verweigerung, die vielen möglichen Perspektiven zu einem Bild zusammenzufügen. Propagiert wurde die perspektivische Monokultur im Bereich der Wissenschaften, der Kunst und eben auch in der Philosophie.

Bei der Untersuchung von Sprache führt solch methodischer Rigorismus zu keinem befriedigenden Ergebnis. Der Gegenstand Sprache hat keine größere Neigung zu der einen oder anderen Betrachtungsweise. Vor allem Roman Jakobson hat das hervorgehoben und jenen strengen Strukturalismus wieder in die Schranken gewiesen, wonach es nur Relationen und keine Entitäten gebe. In der funktionalen Sprachwissenschaft im Sinne von Trubetzkoy und Jakobson koexistieren die Entitäten der Nominalisten mit den Relationen der Realisten. Es gibt eine spezifische Anzahl von Phonemen in einer Sprache, und gleichzeitig ist die Anzahl der Phoneme einzelsprachlich determiniert und jedes einzelne Phonem selbst definiert durch die Summe der Relationen, welche die Phoneme untereinander eingehen. Die große Variabilität der Phonemsysteme und weiterer sprachlicher Teilsysteme, die auf diese Weise in den verschiedenen Sprachen entsteht, hat allerdings auch zu der Frage geführt, ob alles, was relational ist, damit auch „relativ" ist. Jetzt lassen sich nämlich sprachliche Entitäten einander übereinzelsprachlich nicht mehr eins-zu-eins zuordnen. Die These des sprachlichen Relativismus ist die Folge dieser Einsicht, dass Sprache weder Entitäten in der Welt etikettiert noch vernünftige, bei allen Menschen gleiche Gedanken abbildet. Die These von der sprachlichen Relativität hat innerhalb der Sprachwissenschaft allerdings interessanterweise nicht zu einer Abwertung, sondern zunächst zu einer Aufwertung von Sprache und Sprachen geführt. Aber dies war nur die erste Etappe einer umfassenden Aufwertungsbewegung.

---

69 So vor allem in Habermas (1985:219–248): *Exkurs zur Einebnung des Gattungsunterschieds zwischen Philosophie und Literatur.*

B Die sprachliche Relativitätstheorie

Die bekannteste und damit prototypische Variante der sprachlichen Relativitätstheorie stellt die Sapir-Whorf-Hypothese dar. Edward Sapir und sein Anhänger und Schüler Benjamin Lee Whorf gehen davon aus, dass die Struktur der Sprache auch unsere Sicht der Welt, d.h. unsere ‚Weltbilder' beeinflusst und mitstrukturiert. Whorf meint damit allerdings nicht die universale Struktur der menschlichen Sprache. Die beiden meinen auch nicht, dass Denken durch diese universale Struktur erst möglich wird, weil bloße Assoziationen in ein sprachliches Format gebracht und so zu Gedanken werden. Ihre These ist weit weniger kühn. Nach Whorf sind es die Einzelsprachen, die unser Denken prägen.

Was die These der sprachlichen Relativität besagt, ist lediglich, dass die verschiedenen Sprachen der Welt unterschiedliche Strukturen aufweisen, wobei jede mit einer je spezifischen Weltsicht verbunden ist. Es gibt verschiedene Vorläufer dieser These, etwa Wilhelm von Humboldt oder Fritz Mauthner. Wilhelm von Humboldt war der Überzeugung, dass wir mit jeder neuen Sprache, die wir erwerben, eine zusätzliche Sicht auf die Welt erwerben. Der Erwerb zusätzlicher Sprachen führt demnach zu einer Entfossilierung unserer Wahrnehmungsstrukturen. Fritz Mauthner bewertet die Tatsache, dass die Strukturen der Sprache unsere Wahrnehmung der Welt in bestimmte Bahnen leitet, grundsätzlich als negativ. Für ihn stellen die sprachlichen Strukturen noch eine Erkenntnisbarriere dar. Für Wilhelm von Humboldt stellen die einzelsprachlichen Strukturausbildungen keine Alternative zur Annahme übereinzelsprachlicher Universalien dar. Er gesteht den einzelsprachlich ausgeprägten Strukturen lediglich ein zusätzliches Wirkungspotential zu, was den Einfluss auf das Denken betrifft.

Sapir und Whorf haben ihre Thesen in einem spezifischen gesellschaftlichen Umfeld als Gegengift gegen die Abwertung spezifischer Einzelsprachen entwickelt. Der Zeitgeist, der in der ersten Hälfte des 20. Jahrhunderts herrschte, war nationalistisch und rassistisch geprägt, und dies nicht nur in Europa. Selbst in den USA wurden noch nach dem zweiten Weltkrieg an den Eliteuniversitäten in der Regel keine jüdischen Studenten zugelassen. Das MIT war eine Ausnahme, war zu dem Zeitpunkt allerdings noch keine der ersten Universitäten des Landes. Sie wurde es erst durch jüdische Wissenschaftler wie Noam Chomsky und John Forbes Nash.[70] Bestimmte Menschengruppen wurden als minderwertige ‚Rassen' eingestuft; auch ihre Sprache galt als min-

---

70 Diesen verbreiteten Antisemitismus an den Eliteuniversitäten in den USA schildert Sylvia Nasar (1998:134) in ihrer Biographie des Mathematikers John Forbes Nash sehr anschaulich.

derwertig oder zumindest als weniger vollkommen als die vermeintlich höher entwickelten „Kultursprachen". Aber selbst diesen traut man ja seit Beginn des 14. Jahrhunderts immer weniger zu. Den Sprachen von sogenannten primitiven Völkern versuchte man, eine defizitäre Struktur und damit geringere Komplexität zuzuschreiben. Fehlte in einer solchen Sprache beispielsweise ein Tempus, das in der eigenen Sprache vorhanden war, oder etwa das Passiv, so war das bereits Anlass genug, diese Sprache als weniger hochentwickelt einzuordnen. Dabei wurde regelmäßig übersehen, dass in diesen Sprachen grammatische Musterbildungen vorhanden waren, die in den besser bekannten Sprachen fehlen. Die Perspektive war insgesamt stark eurozentrisch. Von dieser Mentalität sind im Grunde die meisten sprachwissenschaftlichen Laien noch heute stark geprägt. Viele Sprecher von Standardsprachen sind beispielsweise der Überzeugung, dass die Dialekte defektive Varianten der „Hochsprache" darstellen. Es dürfte also nicht schwerfallen, sich das vorurteilsbelastete Umfeld vorzustellen, in dem Edward Sapir, ein Ethnologe, der die Sprache und Kultur der nordamerikanischen Indianer untersuchte, zu arbeiten hatte. Ziel von Sapir und Whorf war es zu zeigen, dass die Sprachen der Indianer ebenso komplex strukturiert sind wie die vermeintlich komplexeren europäischen Standardsprachen. Sie versuchten zu zeigen, dass diesen Sprachen nichts fehlt, sondern dass sie vielmehr andere Strukturen aufweisen als die bekannten Sprachen. Diese Selbstverständlichkeit, die heute den Status eines Axioms in der Linguistik hat,[71] war im 19. Jahrhundert und in der ersten Hälfte des 20. Jahrhunderts keinesfalls akzeptiert. Benjamin Lee Whorf untersuchte vor allem die unterschiedliche Kodierung von Zeitkonzepten im Hopi. Es ging ihm darum zu zeigen, dass im Hopi zwar spezifische Tempora fehlen, im Gegenzug aber andere Mittel zur Darstellung von Temporalität vorhanden sind.[72] Whorf betonte also die Unterschiede, um von der eurozentrischen und rassistischen Perspektive wegzukommen. Sein Ziel war die Aufwertung abgewerteter Einzelsprachen.

Whorf war der Überzeugung, dass man auf der Basis der Hopisprache und -kultur eine völlig andere Physik aufbauen würde. Inzwischen weiß man, dass es sich bei der spezifischen Kodierung von Temporalität im Hopi um eine grammatische Kategorie handelt, die beispielsweise auch im Russischen und in vielen anderen Sprachen der Welt vorkommt: um die grammatische Kategorie des Aspekts, die Temporalität mit zum Ausdruck bringen kann oder die

---

71 Allerdings gibt es gegenwärtig wieder eine „Komplexitätsdebatte", die wieder rassistische Vorurteile ungeprüft wiederholt.
72 Gipper hatte bereits 1972 gezeigt, dass Whorf die Unterschiede in der grammatischen Struktur überschätzt und die funktionalen Äquivalenzen von unterschiedlich realisierten grammatischen Kategorien (wie Tempus und Aspekt) nicht erkannt hat.

im Zusammenspiel mit anderen grammatischen Morphemen Zeitbezüge zum Ausdruck bringen kann. Die Kodierung von Zeitbezügen kann in den verschiedenen Sprachen auf unterschiedliche und dennoch nicht auf beliebige Art und Weise erfolgen. Bestimmte grammatische Funktionen werden in allen Sprachen kodiert, nur mit jeweils unterschiedlichen Ausdrucksmitteln. Dafür ließen sich viele Beispiele nennen, z.B. das Fehlen des Artikels im Russischen und dessen funktionales Korrelat (vgl. Leiss 2000) oder die funktionalen Korrelate für Genus und Numerus in Sprachen, die über diese Kategorien nicht verfügen. Dass funktionale Korrelate in vielen Bereichen übersehen werden, überrascht aus zwei Gründen nicht: Zum einen werden die grammatischen Strukturen früh im Spracherwerb erworben, sind entsprechend hochautomatisiert und werden nicht bewusst verarbeitet; zum anderen gehört die sprachliche Musterbildung zur komplexesten Form der Zeichenbildung, die für unser Universum bekannt ist. Die metasprachliche Beschreibung stellt sich deshalb als entsprechend anspruchsvoll heraus.

Wichtig an der sprachlichen Relativitätstheorie war die Aufwertung von Sprachen, die zuvor durch rassistische und nationalistische Ideologien abgewertet worden waren. Nicht abwegig war die These, dass auch einzelsprachliche Strukturen das Denken in bestimmte Bahnen lenken können. Diese These liegt sogar sehr nahe, wenn man davon ausgeht, dass Gedanken ein sprachliches Format haben. Dass sich hinter der einzelsprachlichen Varianz durchaus Invarianz verbergen kann, haben Sapir, Whorf und ihre Anhänger allerdings nicht gesehen. Auf jeden Fall wurde der Sprache in ihren einzelsprachlichen Ausprägungen eine Relevanz zugewiesen, die weit über die Ausdruckfunktion hinausging, dies allerdings auf Kosten der Annahme von sprachlichen Universalien. Damit waren die Gegenpositionen klar formuliert: Sprachliche Relativitätsthese versus Universalgrammatik. Beide werten die Funktion von Sprachen bzw. Sprache allerdings auf.

Ein relevanter Unterschied zwischen der Universalgrammatik Chomskys und dem Ansatz von Sapir und Whorf ist außerdem, dass sie jeweils einen anderen Bereich von Sprache untersuchen. Für Chomsky ist nur die formale Ausdrucksseite von Sprache universal. Diese reduziert sich für ihn auf die universale Syntax (Regeln der Wortstellung wie in der Grammatik von Port-Royal, Phonologie etc.). Die grammatischen Kategorien, für die sich Sapir und Whorf primär interessieren, gehören für Rationalisten wie Chomsky zum Bereich der angeborenen Denkkategorien, nicht zur Sprache. Sprachlicher Natur ist für Chomsky lediglich deren phonologischer, flexionsmorphologischer und syntaktischer Ausdruck. Durch Sapir und Whorf wird dagegen sprachliche Kategorisierung nicht bloß der Ausdrucksseite zugeordnet, sondern als sprachlich determiniert eingeordnet. Dabei überbetonen sie allerdings die einzelsprachlichen Unterschiede.

Dass sich hinter der Varianz einzelsprachlicher Systeme mehr Invarianz verbirgt, als man auf den ersten Blick annehmen möchte, wird zunehmend transparent. Gern zitierte Beispiele für nichtreduzierbare Varianz sind vor allem die Phonemsysteme und die lexikalisch-semantischen Systeme von Sprachen. Sie weisen auf den ersten Blick weit mehr Varianz auf als die grammatischen Systeme, weshalb letztere auch den privilegierten Gegenstand universalgrammatischer Untersuchungen darstellen. Doch auch in Bezug auf Phonemsysteme und ihr immens variables Inventar wurden universale Regeln der Systembildung entdeckt (maßgeblich von Maddieson 1984). So weisen alle Sprachen ein gemeinsames Minimalinventar an Vokalen und Konsonanten auf; größere Phoneminventare weisen eine unumkehrbare Entwicklungslogik auf. Bereits Roman Jakobson (1962/1969) hatte solche übereinzelsprachlich gültigen Entwicklungslinien in seinem berühmten Buch *Kindersprache, Aphasie und allgemeine Lautgesetze* skizziert. So impliziert das Vorhandensein von Nasalvokalen immer auch das Vorhandensein nichtnasalierter (oraler) Vokale, während das Umgekehrte nicht gilt. Formuliert wurden also unilaterale Implikationsregeln. Die Vielfalt der Phonemsysteme in den Sprachen der Welt zeigt, dass trotz einer universalen Entfaltungslogik der Aufbau von Phonemsystemen nicht kausal determiniert ist (so auch wieder Maddieson 2007). Dieser Aufbau erfolgt dennoch nicht zufällig, sondern gemäß einer Entwicklungslogik, die funktional ist und daher über Freiheitsspielräume verfügt.[73] Dasselbe lässt sich für die hochdifferenzierten lexikalischen Systeme von Sprachen zeigen. Beliebtestes Beispiel sind die unterschiedlichen Farbbezeichnungen in den verschiedenen Einzelsprachen, das aus diesem Grund im Folgenden zur Illustration herangezogen werden soll. Auch hier ist ein hohes Maß an übereinzelsprachlicher Übereinstimmung vorhanden, die auf den ersten Blick übersehen wurde. Klassisch ist dabei inzwischen die Untersuchung von Brent Berlin und Paul Kay, die im Folgenden als Text vorgestellt werden soll.

C Text: *Basic color terms* von Brent Berlin und Paul Kay (1969)

Berlin und Kay konnten nachweisen, dass es falsch ist zu behaupten, dass die natürlichen Sprachen das Farbenkontinuum willkürlich segmentieren. Sie konnten auf der Basis von über 100 Sprachen Gesetzmäßigkeiten beim Aufbau

---

73 Zielgerichtete Prozesse sind nicht determiniert, weil unterschiedliche Wege zum selben Ziel führen können (wenn ich einen Zug erreichen will, kann ich den Bahnhof auf unterschiedliche Weise ansteuern), und sie sind nicht zufällig, weil nicht jeder Weg in Frage kommt.

von sogenannten „basic color terms" (Grundfarbtermini) nachweisen. Grundfarbtermini sind solche Farbtermini, die

a) nicht von Konkreta abgeleitet (z.B. nicht *orange, flieder*) und
b) nicht zusammengesetzt oder abgeleitet sind (wie *blutfarbenerdig*).

Zwar lassen sich auch die Grundfarbtermini etymologisch auf Bezeichnungen für Konkreta zurückführen. Um einen Grundfarbterminus handelt es sich jedoch erst dann, wenn die ursprüngliche konkrete Bedeutung in den Hintergrund tritt. Die von Berlin und Kay ermittelten Regularitäten sind:

1. Alle Sprache enthalten Termini für ‚schwarz' und ‚weiß'.
2. Wenn eine Sprache drei Farbtermini enthält, dann enthält sie einen Terminus für ‚rot'.
3. Enthält eine Sprache vier Termini, dann enthält sie einen Terminus für entweder ‚grün' oder ‚gelb', aber nicht für beide.
4. Enthält eine Sprache fünf Farbtermini, dann enthält sie Termini für sowohl ‚grün' als auch für ‚gelb'.
5. Enthält eine Sprache sechs Termini, so enthält sie einen Terminus für ‚blau'.
6. Enthält eine Sprache sieben Farbtermini, dann enthält sie einen Terminus für ‚braun'.
7. Bei acht oder mehr Farbtermini enthält die Sprache außerdem einen Terminus für ‚purpur', ‚rosa', ‚orange', ‚grau' oder sie enthält eine Kombination von diesen Farbtermini.

Diese Regelmäßigkeiten treffen auch für die Entwicklung aller Sprachen zu: Jede Sprache gewinnt oder verliert Farbtermini nach dieser Entwicklungslogik. Sie lässt sich so veranschaulichen:

{WEIß/SCHWARZ} ⊂ {ROT} ⊂ {GRÜN/GELB} ⊂ {BLAU} ⊂ {BRAUN} ⊂ {PURPUR/ORANGE/GRAU/ROSA}

Abb. 8: Implikationsskala der Grundfarbtermini nach Berlin/Kay

Seit den 80er Jahren führen Paul Kay und Brent Berlin ihre Untersuchungen in einem umfangreichen Forschungsprojekt (World Color Survey) fort, das noch nicht abgeschlossen ist und das die These von der Universalität von Farbbenennungssystemen gegen scheinbare Gegenargumente weiter untermauert.

Festhalten kann man bis jetzt, dass der Aufbau des Systems von Farbtermini in einer Sprache durchaus variabel erfolgen kann. Dabei werden jedoch nicht alle denkbaren Kombinationsmöglichkeiten ausgeschöpft. Anstelle von

2048 möglichen Kombinationen wurden 1969 nur 22 festgestellt. Die Regularitäten, die Berlin und Kay festgestellt haben, lassen sich als Implikationsrelationen denken: Das Vorhandensein eines Grundfarbterminus für ‚gelb' oder ‚grün' impliziert immer auch das Vorhandensein eines Terminus für ‚rot', ‚weiß' und ‚schwarz'. Dabei darf man sich nicht vorstellen, dass in Sprachen mit weniger Grundfarbtermini sogenannte Bezeichnungslücken vorhanden wären. Niemand von uns geht von Bezeichnungslücken aus, nur weil wir nicht für alle von uns unterscheidbaren, annähernd 7,5 Millionen Farbdifferenzierungen einen eigenen Farbterminus zur Verfügung haben. Die Extension eines Farbterminus umfasst eben mehrere Farbdifferenzierungen gleichzeitig. Je größer die Anzahl der Grundfarbtermini in einer Sprache ist, desto geringer ist der Umfang (die Extension) des einzelnen Farbterminus.

Enthält eine Sprache beispielsweise nur zwei Farbtermini, nämlich ‚schwarz' und ‚weiß', dann entsprechen diese nicht einfach unseren Termini für ‚schwarz' und ‚weiß'. Der Terminus ‚weiß' hat eine weit größere Extension: Er umfasst den gesamten Bereich der hellen, leuchtenden und warmen Farben (‚weiß', ‚gelb' und ‚rot'); dagegen umfasst der Terminus für ‚schwarz' den dunklen und kalten Bereich (mit ‚schwarz', ‚blau' und ‚grün'). Man spricht daher auch von „Makro-Schwarz" und „Makro-Weiß".

Berlin und Kay haben in der Tendenz bis heute Recht behalten. Es hat sich lediglich gezeigt, dass bei zunehmender Ausdifferenzierung der Grundfarbtermini mehr Differenzierungen möglich sind als ursprünglich angenommen. Was jedenfalls bleibt, ist, dass die sprachliche Relativitätstheorie nur vor dem Hintergrund des Begriffs der Struktur denkbar ist. Sapir und Whorf wurden oft als Opponenten der Universalgrammatik verstanden. Betrachtet man aber ihre These näher, dass alle Sprachen gleich komplex, nur völlig anders strukturiert sind, dann ergibt sich die Frage, woher diese Identität im Komplexitätsgrad sich speist. Es kann nur eine gemeinsame angeborene Grundausstattung sein. Diese Grundausstattung ist entweder allgemein kognitiver oder universalsprachlicher Natur. Wichtig ist vor allem der Begriff des Relationalen, der den der Relativität mit einschließt. Sobald man den Strukturbegriff voraussetzt, gibt es im übereinzelsprachlichen Vergleich keine Eins-zu-eins-Entsprechungen von Entitäten mehr, da jede Entität als Summe ihrer Relationen zu anderen Entitäten definiert wird. Damit hängt die Semantik einer lexikalischen Einheit stark von der quantitativen Besetzung eines semantischen Felds ab. In einem Wortfeld mit nur drei Farbtermini hat der Terminus für ‚rot' einen anderen Bedeutungsumfang als in einem Wortfeld mit 9 Farbtermini. Berlin und Kay haben gezeigt, dass man auch bei semantischen Feldern im übereinzelsprachlichen Vergleich wichtige gemeinsame Prinzipien der Architektonik von lexikalischer Semantik aufdecken kann.

Zentral ist das Konzept der Implikationsrelationen. Vergleichbare Implika-
tionsbeziehungen lassen sich im Bereich der Syntax und der Morphologie
(Grammatik) feststellen: Auch hier werden die grammatischen Kategorien nach
einer ganz spezifischen Entwicklungslogik ausdifferenziert:

Aspekt ⊂ Tempus ⊂ Modus

Zu lesen sind diese Implikationsrelationen folgendermaßen: Das Vorhandensein der Kategorie Modus impliziert immer auch das Vorhandensein der Kategorie Tempus, diese wiederum das Vorhandensein der Kategorie Aspekt. Zu
den zentralen Beschäftigungen der Vergleichenden Sprachwissenschaft und
der empirischen Universalienforschung gehört das Aufspüren solcher einseiti-
ger Implikationsrelationen. Die Tatsache, dass nicht alle denkbaren Kombinationen von den Sprachen der Welt realisiert werden, ist informationshaltig.
Wenn beispielsweise in den Sprachen der Welt die beiden Kategorien Numerus
und Genus entweder beide vorkommen können oder keine von beiden, sobald
aber nur eine von beiden vorkommt, nur Numerus vorkommen kann, nicht
aber Genus alleine (Greenbergs Universale Nr. 37 in Greenberg 1966), dann
kann man daraus den Schluss ziehen, dass Numerus einen Baustein für den
Aufbau von Genus darstellt. Solche einseitigen Implikationsrelationen geben
uns also indirekt Aufschluss darüber, welche Kategorien komplexer sind als
andere. Sie zeigen uns, ohne dass wir etwas über die Funktion beider Kategorien wissen müssen, dass sie in Teil-Ganzes-Relationen zueinander stehen.

Empirisch arbeitende Sprachtypologen wie Joseph Greenberg haben die
Bedeutung solcher Implikationsrelationen für die Linguistik erkannt; sie versuchen sie aufzuspüren und zu entdecken. Sie gehen also von wirklichen Relationen aus und nicht von arbiträren Relationen, die als gedankliches Nebenprodukt bloß beliebiger Klassifikationsleistungen entstanden sein könnten. Eine
Relation liegt immer dann vor, wenn eine Einheit x eine andere Einheit y
voraussetzt, wenn also die Realisierung von x vom Vorhandensein von y
abhängig ist. Das ist bei echten Teil-Ganzes-Relationen der Fall.

Der Terminus der sprachlichen Relativität evoziert den Terminus der Relati-
vitätstheorie von Albert Einstein. Allgemein geht man davon aus, dass sich
die Linguistik von Einstein hat inspirieren lassen und dass kein wesentlicher
Zusammenhang zwischen beiden Begriffen bestehe. Das ist jedoch nicht der
Fall. Es handelt sich von Anfang an um gegenseitige Rezeptionsleistungen von
Physik und Linguistik. Doch der Zusammenhang ist weit interessanterer Natur.
Roman Jakobson hat nachgezeichnet, dass Einstein den Begriff der Relativität
ursprünglich aus der Sprachwissenschaft entlehnt hat, ohne dass dies allerdings den zeitgenössischen Sprachwissenschaftlern bewusst war. So haben
sich der Moskauer und der Prager linguistische Zirkel sehr von der Relativitäts-

theorie Albert Einsteins inspirieren lassen (Jakobson 1982/1985:261). Was sie nicht wussten, war, dass Albert Einstein den Begriff der Relativität mit großem Enthusiasmus von einem damals und heute relativ unbekannten Sprachwissenschaftler seiner Zeit übernommen hat.

In seinem Artikel *Einstein and the science of language* rekonstruierte Roman Jakobson (1982/1985) am Ende seines Lebens, dass Einstein den Begriff der Relativität und die damit verbundenen Denkkonsequenzen dem Schweizer Sprachwissenschaftler Jost Winteler verdankte. Dieser Name wird in den Einstein-Biographien zwar viel erwähnt, aber ohne den Hinweis auf dessen möglichen maßgeblichen Anstoß für die Entwicklung von Einsteins Relativitätstheorie. Jost Winteler hatte in seiner Dissertation *Die Kerenzer Mundart des Kantons Glarus, in ihren Grundzügen dargestellt* (1876) die Laute der Mundart zum ersten Mal nicht als isolierte Entitäten, sondern relativ zueinander beschrieben. Er spricht in der Einleitung seiner Dissertation in Bezug auf die sprachlichen Laute von der „Relativität der Verhältnisse" (Winteler 1876:27). Einstein war gern gesehener Gast bei Jost Winteler, der sein „Hausvater" in Aarau war, wo Einstein die Kantonsschule (an der Winteler Lehrer für Griechisch und Geschichte war) besuchte, nachdem er bei der Aufnahmeprüfung der Technischen Hochschule Zürich durchgefallen war. Die Beziehungen waren herzlich und eng. Einsteins Schwester Maja heiratete später einen Sohn von Jost Winteler. Von ihr wissen wir, dass Einstein die Zeit in Aarau als eine der besten Zeiten in seinem ganzen Leben empfunden hat (zitiert in Jakobson 1982/1985:258). Einer der Söhne von Winteler, Jost Fridolin Winteler, berichtet über die Diskussionen in seinem Elternhaus:

> Von ihm [Jost Winteler] habe ich auch erstmalig Ausführungen über Relativität gehört, die dann Einstein, der die Kantonschule in Aarau Besuchte [sic], da die Matura bestand und bei uns wohnte, mathematisch entwickelt hat (1895–96).[74]

Auch Einstein bezieht sich in seinen *Autobiographical Notes* auf Gedankenexperimente, die er in Aarau machte und die zur Quelle seiner Inspiration wurden.

Wichtig ist in diesem Zusammenhang vor allem der Stellenwert, den zu Beginn des 20. Jahrhunderts die Relation wieder zugewiesen bekommt. Durch die antinominalistische Aufwertung von Relationen kommt es zur Entstehung eines neuen, uncartesianischen Typs von Universalgrammatik, die unmittelbar

---

74 Brief von Jost Fridolin Winter vom 10. April 1942 an den Direktor der Schweizer Landesbibliothek. Der Brief ist unveröffentlicht und wurde von Elmar Holenstein als Quelle in seiner Publikation *Albert Einsteins Hausvater in Aarau: Der Linguist Jost Winteler* zitiert (publiziert in den *Schweizer Monatshefte[n]* 59 (1979), 221–233).

an die modistische Grammatik anschließt. Die Entdeckung der Relativität und Relationalität lässt sich dabei keiner Einzelperson zuschreiben. Es handelt sich um eine Tradition, die nie ganz abgerissen war.

D Etappen der Wiederaufwertung von Sprache

Die verschiedenen Höhepunkte der neuen Sprachwissenschaft lassen sich ohne Ausnahme als Aufwertung der Sprache unter verschiedenen Aspekten beschreiben.

Die sprachliche Relativitätsthese von Wilhelm von Humboldt bis Sapir und Whorf stellen die Sprachen einander gleich. Es gibt nicht bessere und schlechtere Sprachen. Solche Bewertungen haben sich als bloß interessensorientiert und nichtobjektivierbar herausgestellt. Wilhelm von Humboldt (1767–1835) war ein großer Sprachenkenner: Er konnte Griechisch, Latein, Französisch, Spanisch, Italienisch und Englisch. Er beschäftigte sich mit Litauisch, Tschechisch, mit den indonesischen und polynesischen Sprachen, mit dem Chinesischen und Japanischen, aber auch mit dem Altägyptischen und dem Sanskrit. Und diese Beschäftigung war alles andere als oberflächlich: Erst vor 15 Jahren ist aus seinem Handschriftennachlass eine Mexicanische Grammatik (1994) veröffentlicht worden; es handelt sich um eine Grammatik des Aztekischen. Auch ein *Wörterbuch der Mexicanischen Sprache* hat er zusammengestellt.

Die vielfältigen Sprachkenntnisse haben Humboldt dazu prädisponiert zu sehen, dass die Suche nach bloßen eins-zu-eins-Entsprechungen zwischen zwei Sprachen ein aussichtsloses Unternehmen darstellt. Die Suche von Quine nach echten Synonymen bei der Bezeichnung von Gegenständen stellt ein solches absurdes Vorgehen dar. Humboldt stellt dagegen bereits den Begriff der Struktur bzw. des Systems, der ein Jahrhundert später die zentrale Rolle spielen wird, in den Mittelpunkt. In seiner *Einleitung zum Kawi-Werk* spricht er davon, dass jede Sprache über „ein instinktartiges Vorgefühl des ganzen Systems" (Humboldt 1983:65) verfügt. Er fügt ganz unmissverständlich hinzu:

> Man kann die Sprache mit einem ungeheuren Gewebe vergleichen, in dem jeder Teil mit dem andren und alle mit dem Ganzen in mehr oder weniger deutlich erkennbaren Zusammenhange stehen.

Als „Frühstrukturalist" gehört W. v. Humboldt bezeichnenderweise auch zu den frühen Gegnern des Sprachnationalismus. Für ihn gibt es nicht bessere oder schlechtere Sprachen, sondern ausschließlich strukturell verschiedene Sprachen, die als solche durchaus ineinander übersetzbar sind. Die Unübersetzbarkeitsthese, wie beispielsweise von Quine formuliert, ist immer die unausbleibliche Schlussfolgerung nichtstrukturalistischen Denkens.

Im Anschluss an Humboldt ist als nächste wichtige Etappe bei der Herausbildung der Linguistik die Leipziger Schule der Junggrammatiker zu nennen. Ihnen wird zwar heute aus der Rückschau vorgeworfen, dass sie nichtstrukturalistisch und damit atomistisch vorgegangen sind und dass sie nur einzelne Wörter in ihrer historischen Entwicklung betrachtet haben, ohne den systematischen Zusammenhang der einzelnen Wörter untereinander zu berücksichtigen. Ein solcher Vorwurf ist aus einer strukturalistischen Rückschau schnell gemacht. Heute machen wir es natürlich besser. Doch der entscheidende Punkt bei den Junggrammatikern ist die Wiederaufwertung von Sprache auf der historischen, d.h. der diachronen Achse: Bis zum Auftreten der Junggrammatiker Ende des 19. Jahrhunderts herrschte die Ansicht vor, dass sich die älteren und die jüngeren Sprachstufen voneinander qualitativ unterscheiden. Vorherrschend war die Auffassung, dass die älteren Sprachstufen vollkommenere Sprachstadien repräsentieren, während die jüngeren Sprachen Verfallsprodukte darstellen. Das Nichtvorhandensein von Flexionsendungen wurde beispielsweise als Verlust gewertet. Das Deutsche war nach dieser Auffassung ärmer daran als das Lateinische oder das Sanskrit. Das Englische stellte danach den Höhepunkt des Verfalls dar. Natürlich ließen die Sprachtheoretiker der Kolonialmacht England nicht lange mit einer Antwort auf sich warten: Das Fehlen von Flexionsendungen wurde als Zeichen der Höherentwicklung einer Sprache gedeutet. Es gab also Verfallstheorien und darwinistische Sprachentwicklungsthesen. So gegensätzlich ihre Ergebnisse auch waren, eines hatten sie gemeinsam: Ein Großteil der Sprachen sollte jeweils zugunsten einer ideologisch präferierten Sprache abgewertet werden. Die Junggrammatiker bauten unabhängig von solchen Ideologien zum ersten Mal systematisch eine ernstzunehmende historische Sprachwissenschaft auf.

Die Junggrammatiker waren eine Gruppe jüngerer Leipziger Wissenschaftler; ihr Name geht auf eine wohlwollende, aber spöttische Bezeichnung des damaligen Dekans der Universität Leipzig zurück. Zur Gruppe gehören Karl Brugmann, Hermann Paul, Hermann Osthoff und August Leskien. Durch sie wurde Leipzig zum „Weltzentrum der Linguistik": „einige Semester Studium an dieser Universität gehörten gewissermaßen zum Pflichtprogramm, und Zeugnisse Leipziger Linguisten waren eine hervorragende Empfehlung bei der Besetzung universitärer Stellen" (Bartschat 1996:29). Alle später bedeutenden Linguisten hatten entweder selbst in Leipzig studiert, oder deren Lehrer waren dort Studenten. Ferdinand de Saussure und Nikolaj S. Trubetzkoy waren dort. Lucien Tesnière, der Begründer der Dependenzgrammatik, und Leonard Bloomfield, der Begründer der amerikanischen strukturalistischen Syntax, waren dort. Und schließlich hatte Baudouin de Courtenay dort studiert, dessen Einfluss sich auf die russischen und Prager Strukturalisten massiv auswirken sollte. All diese gesammelte Kompetenz wird später von einer Person gleichsam wie ein Schwamm aufgesogen und weiterentwickelt: von Roman Jakobson.

Die Junggrammatiker wenden sich gegen die Abwertung von Sprachen in synchroner wie in diachroner Hinsicht. In ihrer Zeit galt Chinesisch beispielsweise als primitive Sprache; dagegen wenden sie sich vehement. Auch ältere Sprachstufen werden von ihnen nicht als primitiv eingeordnet. Anders als ihre Vorgänger versuchen sie nicht mehr Sprache als Organismus zu beschreiben, der wächst, aufblüht und verfällt. Sie vergeuden ihre Energie nicht damit herauszufinden, welche Sprache sich gerade in einer Blüte oder im Zustand des Verfalls befindet. Ihr Ausgangspunkt ist ein ganz anderer: Sprache wird als psychophysische Tätigkeit betrachtet. Die psychophysischen Grundlagen sind nach ihrer Auffassung zu allen Zeiten, aus denen uns Sprachen überliefert sind, dieselben gewesen. Man kann, so die Junggrammatiker, die Sprachprozesse der ältesten Zeit durch dieselben Gesetze erklären wie die der Gegenwart. Das grundlegende methodische Prinzip ist dabei das Voranschreiten vom Bekannten zum Unbekannten. Sie lehnen jegliche Spekulation über ältere Sprachzustände ab. Sie fordern vielmehr, dass man als historischer Linguist von der heutigen Sprache ausgehen muss, um anhand der so gewonnenen Erkenntnisse die älteren Sprachzustände zu rekonstruieren. Die Junggrammatiker sind mit dieser Methode bekanntlich extrem erfolgreich gewesen. De Saussure hat beispielsweise bereits als 20jähriger Leipziger Student damit das Vokalsystem des Indoeuropäischen rekonstruiert. Durch die spätere Entdeckung des Hethitischen, der heute ältesten überlieferten Sprache, wurde diese Rekonstruktion bestätigt.

Alle bekannten überlieferten älteren Sprachen sind tatsächlich gleichermaßen komplex strukturiert wie die heutigen Sprachen. Sie sind weder primitiver (wie die Sprachdarwinisten annehmen wollten) noch besser (wie die nostalgischen Träumer es sich von der Ursprache erhofften). Dem Sprachpatriotismus und Sprachnationalismus sind von dieser Seite vollständig die Grundlage für ihre Ideologie entzogen: Die eigene Sprache kann weder als näher noch als ferner stehend zur Ursprache klassifiziert werden. Sprachen, die ganz neu entstehen, wie z.B. die Kreolsprachen, sind im Laufe einer Sprechergeneration bereits so komplex und vollständig wie das Altgriechische oder wie Sanskrit (Bickerton 1981). Die Sprachen sind auf verblüffende Weise vollkommen. ‚Jugendlichkeit‘ oder ‚Alter‘ haben keinen Einfluss darauf.[75]

---

75 Mittlerweile wird dieser Punkt in Zweifel gezogen, allerdings mit keinesfalls überzeugenden Argumenten (z.B. McWhorter 2001 und 2007); auch die Kreolsprachforschung, die

Die Sprachnationalisten fürchten nichts so sehr wie die „Vermischung von Sprachen". Auch hierzu vertreten die Junggrammatiker eine völlig konträre Position: Sie entwickeln eine Theorie der Mischsprachen (nach Bartschat 1996:43). Alle existierenden Sprachen entstanden demnach auf dem Weg der Mischung. Durch Sprachkontakt und Sprachmischung wurden Prozesse ausgelöst, die zu einer höheren Transparenz, d.h. zur Durchsichtigkeit von Formen führen (vgl. starke und schwache Verbflexion im Deutschen). Sprachsysteme werden dabei von redundanten, älteren Formen, die nicht informationshaltig sind und aufgrund ihrer Funktionslosigkeit ohnehin aufgegeben würden, befreit. Da keine grammatische oder lexikalische Information dabei verloren geht, halten sich Verlust- und Gewinnbilanz die Waage. Einer Sprache, die über Jahrhunderte ohne Sprachkontakt bleibt wie das Isländische oder Eskimo, geht es genauso gut wie dem Rumänischen, das slawischem, romanischem, griechischem und albanischem Einfluss ausgesetzt ist.

In einer dritten Etappe kam es zu einer Aufwertung der sprachlichen Relationen durch Ferdinand de Saussure. Ein zentraler Begriff ist dabei interessanterweise der des „valeur", d.h. des Werts. Der Wert eines sprachlichen Elements ergibt sich durch die Summe der Relationen, die es zu anderen Elementen eingeht. Jedes Element ist durch seinen Platz im Gesamtnetzwerk der Relationen bedingt. Sprache wird von de Saussure als ein System beschrieben „où tout se tient" (in dem sich alles gegenseitig bedingt).

De Saussure begründet damit in Abgrenzung und Ergänzung zu den Junggrammatikern die systematische synchrone Betrachtung der Sprache. Seit de Saussure betreibt man die Beschreibung einer Sprache ohne die Wertung oder Bewertung eines isolierten, aus dem Zusammenhang gerissenen Elements, so wie das nie davor von den Sprachnormierern, Sprachpuristen und Orthographiereformern betrieben worden war. Sie waren ja nicht nur Sprachnationalisten, welche die Sprachen willkürlich bewerteten; sie waren auch Sprachrichter über die Einzelsprachen, die sie nach guten und schlechten Elementen sortierten. Das Gesetzbuch waren die Normativen Grammatiken und Wörterbücher. Sie sind es in Form des Orthographie-Dudens immer noch, auch wenn sich hier endlich Auflösungstendenzen der präskriptiven Tradition zeigen. Der ,Wert' eines sprachlichen Elements lässt sich nicht ,von außerhalb' des Sprachsystems beurteilen. Seit Humboldt und den Junggrammatikern sind alle Sprachen gleichwertig. Seit de Saussures Konzeption von Sprachen als Systemen, *où tout se tient*, macht es keinen Sinn mehr, von wertlosen oder schlechteren Elementen zu sprechen. Jedes Element hat in diesem System seine je spezifische Aufgabe bzw. Funktion.

---

seit Bickerton enormen Aufschwung genommen hat, „dekonstruiert" sich gegenwärtig (symptomatisch für diese Entwicklung Ansaldo/Matthews/Lim (2007)).

Dargestellt sind die zentralen Gedanken von de Saussure in seinem *Cours de linguistique générale* (*Grundlagen der allgemeinen Sprachwissenschaft*). Es handelt sich um Vorlesungsschriften, die zwei seiner Studenten nach seinem Tod 1916 publiziert haben. Am Anfang verkaufen sich nur wenige Exemplare. Der *Cours* verbreitete sich auch die ersten Jahre nach seinem Tod nur schleppend. 1931 erschien die erste deutsche Übersetzung, die ebenfalls wenig zur Kenntnis genommen wurde. Das überrascht, gilt doch der *Cours* heute als „eines der einflußreichsten Bücher in der Linguistik des 20. Jahrhunderts".[76] Doch 1931 hatten in Deutschland die Sprachnormierung und der Sprachpurismus das Sagen. Der Allgemeine Deutsche Sprachverein war das Sprachrohr dieser Bewegung. Die Vereinszeitschrift „Muttersprache" verkaufte sich regelmäßig in ganz anderer Auflage als der „Cours", nämlich in 50.000 Exemplaren. In ganz Deutschland gibt es eine Vielzahl von Zweigvereinen. „Sprachpflege" wird dort als „Rassenpflicht" und als „artgegründete Sprachzucht" betrieben.[77] 1934 heißt es: „Der Sprachverein ist die SA unserer Muttersprache" (vgl. von Polenz 1967). Die Bewertung und Abwertung von Sprache und Sprachen ist immer einhergegangen mit der Bewertung und Abwertung von Menschen. Sprachliche Säuberungen und „ethnische Säuberungen" sind das Ergebnis ein- und desselben Denkprogramms. Ein Gegengift in Form einer sprachwissenschaftlichen Programmatik wäre zeitgleich vorhanden, doch zunächst werden die Entwickler dieses Serums selbst um den halben Globus gejagt, wie das Leben von Roman Jakobson und anderer zeigt.

Die genaue Betrachtung von Sprache in Synchronie und Diachronie hat zwar zu einer Wiederaufwertung von vielen Bereichen der Sprache geführt, doch das tiefere Motiv für die Sprachabwertung bleibt unangetastet: Die vielfältigen Formen, die die Verächtlichmachung von Sprache und Sprachen angenommen hat, sind alle Ausdruck ein- und derselben Programmatik. Diese besteht in der Behauptung, dass die Beziehung zwischen Sprache und Wirklichkeit arbiträr sei. Seit dem 14. Jahrhundert gewinnt diese These an Einfluss, seit dem 17. Jahrhundert wird sie dominant. Seit dem 17. Jahrhundert wird sie auch von niemandem mehr ernsthaft bezweifelt. In bezug auf die Sprache dominiert die These von der Konventionalität der Zuordnung von Form und Inhalt. Kratylos' Behauptung, dass es eine natürliche Richtigkeit der Nomina bzw. von sprachlichen Zeichen gebe, hat in der Moderne keine Chance mehr, ernstgenommen zu werden. Auch Ferdinand de Saussure propagiert vehement die These von der Arbitrarität des sprachlichen Zeichens und zwar so vehement, dass er wiederholt als der eigentliche Begründer dieser These bezeichnet wurde.

---

76 Bartschat 1996:56.
77 Flugblatt des Sprachvereins von 1937 (zitiert in von Polenz 1967).

Roman Jakobson ist der erste Sprachwissenschaftler, der in großem Maßstab die These von der Arbitrarität des sprachlichen Zeichens zu widerlegen beginnt. Betrachtet man seine Biographie und sein Lebenswerk, das in seinen *Selected Writings* gut dokumentiert ist, so sieht man, dass die Widerlegung der Arbitraritätsthese nicht das ursprüngliche Motiv für sein Arbeiten war, sondern das Ergebnis seiner lebenslangen Beschäftigung mit Sprache.

Roman Jakobson wurde 1896 in Moskau geboren. Er starb 1982. Er gilt heute als der Strukturalist, als der Begründer der Funktionalen Sprachwissenschaft und als der Wiederbeleber der mittelalterlichen Tradition der Semiotik. Roman Jakobson hat Charles S. Peirce als seine wichtigste Quelle der Inspiration in den USA genannt. Seit seiner Konfrontation mit Peirces Schriften beginnt Jakobsons systematischer Angriff auf die Arbitraritätsthese.

Jakobson hat schon seit seiner Studentenzeit in Moskau mächtige Quellen der Inspirationen. Einer seiner wichtigsten Lehrer ist der früh verstorbene und heute vergessene Mikołai Kruszewski. Ferdinand de Saussure hat oft auf die Bedeutung von Kruszewski verwiesen. Sein Hauptwerk (*Očerk nauki o jazyke*, 1883) gilt heute als Quelle des *Cours* von de Saussure. Kruszewski selbst war Schüler von Baudouin de Courtenay, der in Leipzig bei den Junggrammatikern studiert hatte (vgl. dazu Williams 1983). Roman Jakobson kommt durch einen interessanten Vorfall mit der genannten Tradition in Berührung. Als junger Student hatte er, wie alle Studenten damals in Russland, ein sprachwissenschaftliches Propädeutikum zu absolvieren. Er legte seinem Lehrer seine Literaturleseliste vor und bat ihn, diese durchzusehen. Sein Dozent fand alle Titel geeignet bis auf einen: Es handelte sich um ein Buch über russische Vokale von einem Wissenschaftler, der zum Umkreis von Baudouin de Courtenay gehörte. „Natürlich habe ich dieses verbotene Buch als erstes gelesen", erinnert sich Roman Jakobson später. „Und ich war sofort gefangen von den einführenden Bemerkungen zum Phonemkonzept" (Jakobson 1984/1985:631). Früh stößt er auch auf Artikel von Kruszewski, der zu dieser Zeit schon verstorben war (er wurde nur 36 Jahre alt). Auf Kruszewski geht die Theorie der zwei sprachlichen Achsen zurück, der syntagmatischen und der paradigmatischen Achse, die in der Regel de Saussure zugeschrieben wird, und die bei Jakobson eine zentrale Rolle spielen sollte. Durch seine verbotene Lektüre kommt Jakobson also mit einer anderen linguistischen Tradition in Berührung als der, die gerade in Moskau vorherrscht. Schnell macht sich Jakobson geistig selbstständig. Bereits mit 19 Jahren gründet er einen „Moskauer linguistischen Zirkel". Das Ziel dieses Kreises ist das Studium der Linguistik, Poetik, Metrik und Folklore (der traditionellen Volkskunst). Die Gruppe wirkt wie ein Magnet auf andere Studenten, die man vielleicht besser gleich als jüngere Sprachforscher bezeichnet. Auch Schriftsteller, die später sehr bekannt wurden, sind vom Zirkel fasziniert: Wladimir Majakovski, Ossip Mandelstam und Boris Pasternak gehören in diesen Kreis. Später wird man diese Zeit der Beschäftigung mit Sprache und Literatur mit dem Etikett „Russischer Formalismus" bezeichnen. „Man wendet sich gegen die biographische und kulturgeschichtliche Interpretation der Literatur im 19. Jahrhundert und gegen die Auffassung, dass der Dichter ein begnadeter Vermittler von Weisheiten ist" (Holenstein 1975:18). Der Dichter wird als Handwerker betrachtet, dessen Verfahren man in den Griff bekommen kann. Bei der Entdeckung der später so wichtigen phonologischen Opposition handelt es sich sozusagen um ein Nebenprodukt von Jakobsons Interesse an Dichtung. Die von ihm abgelehnten genialisch inspirierten Symbolisten interessierten sich vor allem für den Vokalismus (Rimbaud hatte z.B. eine Ode an die Vokale geschrieben). Majakovski dagegen „empfahl, Verse aus den ‚härtesten' Konsonanten des russischen Lautspektrums zu bilden. Die kühnsten Manifeste der Avantgarde proklamieren das Laut-Repertoire der Konsonanten zur wichtigsten Quelle der Poesie" (Jakobson/Pomorska 1980/1982:29). Jakobson soll selbst in seiner Jugend Verse geschrieben haben, die aus den ungewöhnlichsten Konsonantenverbindungen aufgebaut waren: die Vorliebe für holprige Konsonantenkaskaden, wie Jakobson das selbst nannte. Ein tschechischer Dichter erbittet sich von ihm 1926 mehr Informationen über die Konsonanten[78], weil er meint, sie bildeten eine Art Stufenleiter. Jakobson kann ihm zunächst keine Antwort geben. Doch 12 Jahre später gelingt es ihm, die Konsonanten über fundamentale Oppositionen zu beschreiben (1938). Es wurde immer deutlicher, dass sich mit diesem Verfahren „die Phoneme aller Sprachen der Welt trotz ihrer Unterschiedlichkeit gemäß einer strengen Logik in differentielle Elemente zerlegen" lassen (Jakobson/Pomorska 1980/1982:33). Man kann heute sagen, dass Jakobsons Entdeckungen auf dem Bereich des Lautsystems der Sprache zum Auslöser und Urmodell für alle seine weiteren Entdeckungen in der Linguistik wurden. Er selbst beschreibt das Jahr 1938, in dem er das Prinzip der Oppositionen begriff, als das Jahr mit der größten Fülle an Gedanken, die er jemals haben sollte. 1939 stirbt sein wichtigster Diskussionspartner Nikolaj Trubetzkoj (Wien) auf dem Gebiet der Phonologie. Im gleichen Jahr besetzen die Deutschen die Tschechoslowakei. Jakobson emigriert über Dänemark nach Norwegen. 1940, nach der Besetzung Norwegens durch die deutsche Armee, emigriert Jakobson nach Schweden. Dort schreibt er sein bahnbrechendes Werk *Kindersprache, Aphasie und Allgemeine Lautgesetze*„; ein Jahr später emigriert er in die USA, wo er zunächst in New York (an der Columbia University), schließlich in Harvard und am benachbarten MIT lehrt. Dort trifft er auf Quine und ist der Mentor von Noam Chomsky. Den wichtigsten Einfluss stellen zu dieser Zeit die

---

78 Ab 1926 lebt Jakobson in Prag.

Schriften des damals relativ vernachlässigten und schon längst verstorbenen Peirce dar. In den Vordergrund rückt nun seine interdisziplinäre Arbeit, z.B. zusammen mit dem Physiker Niels Bohr, dem Biologen François Jacob, mit dem Begründer der Kybernetik Norbert Wiener und mit dem Aphasieforscher Luria. Er trifft auch Claude Lévi-Strauss, der viele seiner Ideen Roman Jakobson verdankt. Das gleiche gilt für Umberto Eco, der feststellt:

> Wenn man die Fußnoten vieler Bücher und Aufsätze prüft, findet man, dass viele herausfordernde Gedanken von ‚persönlichen Mitteilungen' Roman Jakobsons stammen. Diese Großzügigkeit in der Weitergabe frischer Anregungen an ältere Kollegen oder jüngere Schüler ist ein Hauptzug der Persönlichkeit Roman Jakobson. (Eco 1981:199, Anm.1).

Woher kommen diese vielen Ideen? Jakobson sieht sozusagen mit seiner Phonemerkenntnis-Brille alle Bereiche, mit denen er konfrontiert wird, neu. Er findet die Organisationsprinzipien, die er bei den kleinsten Einheiten von Sprache entdeckt hat, überall wieder. Zunächst fällt ihm auf, dass auch die Grammatik und auch die Semantik sich über dieselben Prinzipien besser erklären lassen. Er arbeitet als erster auch distinktive Merkmale im Bereich der Grammatik und der Semantik heraus und schreibt so weiter bahnbrechende Artikel, die im Grunde nichts anderes sind als Transferleistungen von seinem Urmodell, das er für das Verständnis des Phonems entwickelt hat, auf immer weitere Bereiche. Allmählich wird ihm klar, dass er dieselbe Struktur nicht nur rekurrent in der Sprache findet, sondern auch in der Musik, der Malerei, der Dichtung, in allen Bereichen der Kultur, in der Psychologie, der Informatik und selbst in der Biologie und Physik. Sprache, Kultur und Natur weisen dieselbe Textur auf.

Interessanterweise gelangt Jakobson gerade durch die Untersuchung der sprachlichen Laute zu diesem Ergebnis. Alle, die vor ihm versucht haben, die Motiviertheit von sprachlichen Lauten plausibel zu machen, hatten sich ebenfalls auf die Laute kapriziert, jedoch in völlig anderer Weise. Ihre Argumentation, ob ernstgemeint oder spöttisch (wie bei Sokrates im Kratylos-Dialog), war von den lautmalenden sprachlichen Zeichen ausgegangen (Onomatopoetika), die nach allgemeiner Auffassung als motiviert und damit nicht als arbiträr gesehen wurden (*summ-summ, wau-wau*) etc. Onomatopoetika spielen jedoch in der Sprache quantitativ eine untergeordnete Rolle. Jedes Plädoyer für die Motiviertheit von Zeichen, das sich auf die lautmalerischen Wörter berief, endete zwangsläufig in einer Sackgasse. Die Absurdität solcher Argumentation hatte im Grunde Sokrates im Kratylos-Dialog längst endgültig durchgespielt. Jakobson begann ebenfalls bei den Lauten. Es erweist sich, dass bereits diese grundlegende Ebene der sprachlichen Organisation ein immenses Erkenntnispotential enthält. So wie sich im kleinsten Bruchstück einer Spiegelscherbe genauso viel spiegelt wie in einem größeren Bruchstück, ebenso verhält es sich dem kleinsten Teilsystem von Sprache. In gleicher Weise ist fast jeder Text von Jakobson ein kleines Spiegelstück, das im Kern sein gesamtes Werk abbildet. Deshalb ist es schwierig, eine seiner Arbeiten vor den anderen besonders hervorzuheben. Aus diesem Grund werden hier zunächst die zentralen Leitmotive, die in allen seinen wichtigen Werken wiederkehren, erwähnt[79]:

i. **Die Suche nach Invarianten**: Schon bei der Untersuchung der Vokale und Konsonanten während seiner Studentenzeit interessiert ihn nicht allein das russische Phonemsystem. Bald erkennt er, dass man die Invarianten bzw. die Universalien nur erkennen kann, wenn man nach der Funktion dieser Elemente fragt.

ii. **Das Erkennen der Funktion**: Es macht die Unübersichtlichkeit der Phänomene übersichtlich. Es erlaubt, das Wesentliche vom Unwesentlichen zu unterscheiden. Unsere Wahrnehmung von Phonemen ist bereits selektiv. Gesteuert wird die Selektion der lautlichen Merkmale, die leichter und deutlicher wahrgenommen werden, durch die Funktion (der Bedeutungsdifferenzierung, im Fall des Phonems).

iii. **Das Prinzip der Relevanz**: Wer ein Phonem erkennt, filtert aus den Schallwellen die relevanten Merkmale heraus. Das sind die Merkmale, die für die Funktion der Bedeutungsdifferenzierung entscheidend sind. Alle anderen physikalisch realisierten Merkmale, die nicht zur Bedeutungsunterscheidung beitragen, sind irrelevant. Natürlich könnten wir uns eine allgemeine Verfeinerung der Wahrnehmung prinzipiell wünschen, doch sie würde zu nichts führen. Welche Merkmale relevant sind, leitet sich von ihrer Funktion ab.

iv. **Die Differenzierung Substanz vs. Form.** Diese wird durch die ersten drei Prinzipien garantiert. Dieses Schema ist auf alle anderen sprachlichen Bereiche übertragbar (auch auf alle Kulturwissenschaften, wenn nicht auf alle Wissenschaften überhaupt).

v. **Hierarchischer Aufbau der einzelnen Elemente (Implikative Relationen)**: Neben der Gegensatzrelation ist für Jakobson die Implikationsrelation elementar. Die einzelnen Merkmale bedingen einander bzw. setzen einander einseitig voraus. Jakobson übernimmt dieses Prinzip der „einseitigen Fundierung" von Edmund Husserl.

vi. **Das Prinzip der Markiertheit**: Dieses Prinzip geht auf die Einsicht Trubetzkoys zurück, dass bei einer binären Opposition in der Sprache sich in der Regel nicht zwei konträre Merkmale gegenüberstehen. Vielmehr

---

79 Jakobson hat die Leitmotive seines Denkens selbst zusammengefasst in seinem Artikel *My favorite topics* (1984/1985).

besteht die Opposition in der Anwesenheit eines Merkmals vs. dem Fehlen eines Merkmals. Die Oppositionen bestehen aus *a* vs. *non-a*. Viele Systeme, auch kulturelle Systeme, unterscheiden sich häufig nur darin, dass das Vorzeichen dieser Opposition vertauscht ist. Wer die Markiertheitsprinzipien nicht kennt, nimmt leicht dort Willkür wahr, wo Ordnung herrscht.

vii. **Die Prinzipien der Selektion und Kombination**: Die Kombination von Phonemen ist nicht beliebig. Es gibt Prinzipien der Kombination von Lauten, die sogenannten phonotaktischen Regeln. Deshalb gelingt uns bei der Bildung von Nonsense-Wörtern nicht, gegen diese Regeln in unserer Sprache zu verstoßen. Auch hier ist also die mögliche Willkür bei der Bildung von Zeichen erheblich eingeschränkt. Die Prinzipien der Selektion und Kombination sind nach Jakobson so pervasiver Natur, dass sie die gesamte Architektonik von Sprache auf allen Ebenen und auf dieser Grundlage die artspezifische Kognition des Menschen steuern. Bei der Generierung komplexer Zeichen wählen wir aus Elementen aus (paradigmatische Ebene). Die Selektion wird durch Ähnlichkeitsrelationen gesteuert (eine metaphorische Prozedur nach Jakobson). Die Kombination von Einheiten erfolgt auf der syntagmatischen Achse und fügt Teile zu Ganzen zusammen (eine metonymische Prozedur). Diese beiden Techniken spielen nicht starr zusammen, sondern zeigen unterschiedliche Mischungsverhältnisse, die sich in unterschiedlichen Sprachstilen und Kunstformen äußern.[80]

Mit diesen „favorite topics" hat Jakobson die wesentlichen Punkte einer Sprachwissenschaft zusammengefasst, die auf Relationen aufbaut. Mindestens die Hälfte des Wissens einer Einführung in die Sprachwissenschaft geht auf ihn zurück, was den wenigsten bewusst ist. Auch in der Forschung wird sein Einfluss nicht mehr wahrgenommen. Untersuchungen, die wesentlich auf Differenzierungen von Jakobson aufbauen (wie z.B. die Grammatikalisierungsforschung), erwähnen ihn häufig nicht einmal im Literaturverzeichnis (was vermutlich der größte wissenschaftliche Erfolg ist, den man erreichen kann). Auch die sprachphilosophische Axiomatik, die diesen Zuwachs an Wissen generiert hat, ist den wenigsten bewusst. Es handelt sich um eine auf dem erkenntnis-

---

80 David Lodge hat in seinem Campus-Roman *Nice Work* seine Literaturwissenschaftlerin die gesamte Welt in Metaphern und Metonymien einteilen lassen und dieses Verfahren auf sympathische Weise parodiert. Auf jeden Fall gelingt es ihr, dem Vertreter der Wirtschaft, der einen Einblick in geisteswissenschaftliches Arbeiten gewinnen soll, zu imponieren. Der Name Jakobson fällt allerdings auch dort nicht.

theoretischen Realismus aufbauende Sprachtheorie, die zunächst die Relationen in den Mittelpunkt gestellt hat, dies in einer gewaltigen Euphorie des Neuanfangs. Entstanden ist daraus der Strukturalismus. Im Gegensatz zum klassischen Strukturalismus hat Jakobson allerdings die Relationen nicht absolut gesetzt und eine neue, nicht allein auf Relationen basierende Sprachtheorie entwickelt. Neben dem Begriff der Struktur, der zunächst alles relativiert, führt er den Begriff der „Gesamtbedeutung" ein. Damit bezieht er sich auf die Kernbedeutungen von sprachlichen Entitäten, die unabhängig von der Struktur auch im übereinzelsprachlichen Vergleich robust erhalten bleiben. Damit schließt er an die Erkenntnisse der Sprachtheorie der Modisten im Mittelalter an, wonach sowohl Relationen als auch Entitäten das Ergebnis unterschiedlicher Perspektiven auf dieselbe Welt darstellen. Die Welt ist weder relational noch von singulären Gegenständen bevölkert, sie ist weder aus Wellen noch aus Teilchen aufgebaut. Sie stellt weder ein Kontinuum noch eine Ansammlung an diskreten Atomen dar. Oder anschaulicher ausgedrückt: Sie hat weder eine Vorderansicht noch eine Rückenansicht, sondern beides. Genau das war mit dem Terminus des *modus significandi* gemeint. Sprache stellt uns ein perspektivisches Wahrnehmungsinstrument bereit, das die instinktgeleitete Kategorisierung der Welt erheblich erweitert und optimiert.

Wer sich bis jetzt gefragt haben sollte, warum Roman Jakobson und nicht der meist zitierte Wissenschaftler der Welt, Noam Chomsky, exemplarisch für die Wiederaufwertung von Sprache und Sprachwissenschaft herangezogen wurde, dürfte die Antwort jetzt selbst ableiten können. Noam Chomsky ist, was seine erkenntnistheoretische Basis betrifft, weniger innovativ. Seine Arbeiten stellen allerdings den Höhepunkt rationalistischer Sprachbetrachtung dar, so wie Arbeiten von Jürgen Habermas einen bis dahin nicht erreichten Höhepunkt einer rationalistischen Philosophie darstellen. Chomskys bedeutende Innovationen im Bereich der Syntax sind innerhalb dieses erkenntnistheoretischen Paradigmas verortet und können nur theorieintern diskutiert werden. Seine Wiederbelebung der universalgrammatischen Tradition hat allerdings Sprache in einer bis dahin unbekannten Öffentlichkeitswirkung aufgewertet und die Linguistik als relevante Disziplin weltweit institutionalisiert.

Jakobson hat sich mit fast allen Disziplinen befasst: von der Literaturwissenschaft über die Biologie bis hin zur Physik. In dieser Hinsicht ist er der Aristoteles der modernen Sprachwissenschaft. Es zeigt auch, dass sich mit einem erkenntnistheoretischen Ansatz, der im Realismus verankert ist, sofort weite Untersuchungsfelder öffnen. Dennoch gibt es eine auffällige Lücke in Jakobsons Arbeiten, die man erst noch erklären muss: Arbeiten zur Syntax fehlen fast vollständig. Dagegen beziehen sich die Arbeiten von Chomsky, sieht man von seinem politischen Engagement ab, fast ausschließlich auf syntaktische Fragestellungen. Diese seltsame komplementäre Distribution ist auf jeden Fall erklärungsbedürftig und müsste sich auch aus der jeweils präferierten Axiomatik ableiten lassen.[81]

E Entarbitrarisierung der Verbindung von Sprache und Welt

Dass ein großer Teil der unverzichtbaren Termini der Sprachwissenschaft des 20. Jahrhunderts sich einer Sprachphilosophie verdanken, die von einer motivierten Beziehung zwischen Sprache, Denken und Wirklichkeit ausgeht, ist vielen nicht bewusst. Es wird noch immer in großem Umfang die These de Saussures von der Arbitrarität des sprachlichen Zeichens vertreten. In dieser Hinsicht konnte sich Roman Jakobson nicht durchsetzen. So wie Habermas nur einen Teil von Peirces Philosophie als Baustein für sein rationalistisches Gebäude verwendet hat, genauso verhält es sich mit der fehlenden Rezeption von Jakobsons Non-Arbitrartitätsthese durch die Linguistik (mit Ausnahme der Natürlichen Morphologie im Umfeld von Wolfgang U. Dressler und Dagmar Bittner; außerdem sind so herausragende Linguisten wie Emile Benveniste und Otto Jespersen zu nennen). Solche Abstoßungsreaktionen können auf lange Sicht die Errungenschaften einer realistischen Sprachtheorie gefährden, und man sieht zunehmend Versuche der Demontage der zentralen Termini einer realistischen Sprachtheorie, z.B. die gegenwärtigen Angriffe auf die von Jakobson entwickelte Markiertheitstheorie etwa durch Haspelmath (2006). Im Grunde ist diese Gegenbewegung konsequent, solange man mit der Axiomatik einer realistischen Sprachtheorie nicht einverstanden ist. Es dürfte aber durch die nachgezeichneten Etappen der Sprachphilosophie deutlich geworden sein, welche Rückschritte mit dieser Gegenbewegung zu erwarten sind.

Die Sprachphilosophie seit Kratylos bis Rorty lässt sich als zunehmende Tendenz der Abwertung von Sprache nachzeichnen. Die Abwertung von Sprache ist motiviert durch einen grundlegenden Wandel in der Axiomatik, was die Definition des sprachlichen Zeichens betrifft. Seit die Beziehung zwischen dem Ausdruck eines Zeichens und seinem Inhalt als bloß arbiträr und auf menschlichen Konventionen beruhend definiert wurde, wird der Sprache sukzessive ihre Leistungsfähigkeit abgesprochen. Zunächst kann sie die Welt nicht mehr abbilden, dann die Gedanken nicht mehr, bis sie schließlich zu einem Geräusch wird, mithilfe dessen die Menschen ihre Handlungen koordinieren. An diesem Punkt weiß man dann nicht mehr zu sagen, worin sich dieses Geräusch mit seiner letzten reduzierten Funktion der Handlungskoordination

---

81 Eine definitive Antwort bietet sich mir nicht an, trotz der Relevanz der Beobachtung.

vom Knistern des Papiergelds unterscheiden könnte. Und man könnte sogar Rorty mit seiner Radikalität überbieten und einen nochmaligen, letzten Funktionsverlust von Sprache prognostizieren: Geld kann andere besser überreden, das zu tun, was man will, als Sprache. Sprache wäre dann die Währung der Armen, die in die Währung Geld noch nicht einmal konvertierbar ist. Hatte man bisher den Menschen als das vernünftige Lebewesen, das über Sprache verfügt, definiert, müsste man jetzt dazu übergehen, den Menschen als das strategische Lebewesen, das über Geld verfügt, zu definieren. Aber er hat es wohl nicht besser ‚verdient'.

Die These von der Arbitrarität von Sprache wurde zwar immer wieder zurückgewiesen, doch konnten ihre Vertreter seit dem 17. Jahrhundert keine ernst zunehmende Anhängerschaft mehr gewinnen (vgl. De Grazia 1980). Erst seit dem Ende des 20. Jahrhunderts kommt es zu einer ernsthaften Herausforderung für die Vertreter der Arbitrarität von Sprache. Es handelt sich um die Philosophie des „Aristoteles des 20. Jahrhunderts", um die Zeichentheorie von Charles Sanders Peirce, der die alternativen und bis dahin verdrängten philosophischen Traditionen wieder aufnimmt und weiterdenkt. Er arbeitet die nonarbiträren Qualitäten des Zeichens heraus, indem er zwischen ikonischen und indexikalischen Zeichen unterscheidet. Hierbei handelt es sich um natürliche Zeichenqualitäten, die in einer Verbindung zur Welt stehen, die sich die Menschen nicht bloß konstruiert haben können. Jedes symbolische Zeichen – das prototypische symbolische Zeichen ist dabei der Satz – kombiniert diese beiden Zeichenqualitäten. Diese Verbindung ist nicht konventionell, wie viele meinen (und viele haben quasi reflexartig auch wieder Peirces Symbolbegriff auf diese Weise umgedeutet), diese Verbindung ist lediglich fest, und zwar einmal mehr und einmal weniger fest.

Die Begriffe der Metapher und Metonymie sind heute in der Linguistik längst nicht mehr Bezeichnungen von rhetorischen Redefiguren. Es sind heute die Bezeichnungen für zwei grundlegende Prinzipien der sprachlichen und kognitiven Organisation. Einen zentralen Stellenwert haben diese Prinzipien vor allem in der kognitivistischen Sprachtheorie vor allem bei Georg Lakoff, wobei häufig vergessen wird, dass diese Unterscheidung auf Jakobson zurückgeht. Genaugenommen gibt es diese Differenzierungen nicht erst seit Jakobson und de Saussure. Sie gehen auch nicht allein auf den polnischen Linguisten Kruszewski zurück. Die Differenzierung findet sich ebenfalls bei Peirce, der zwischen ikonischen Zeichen unterscheidet, die auf Ähnlichkeitsrelationen beruhen, und indexikalischen Zeichen, die eine raum-zeitliche Relation herzustellen imstande sind. Ein vollständiges sprachliches Zeichen (das ist bei Peirce der Satz) enthält Anteile von beiden Zeichenqualitäten. Das Ineinandergreifen beider Zeichentypen bzw. beider sprachlicher Organisationsprinzipien wird auch von Peirce als notwendig und konstitutiv für die menschliche Sprache gesehen. Bislang ist den wenigsten bewusst, dass auch die mittelalterlichen Scholastiker bzw. Modisten zwischen zwei Formen von Zeichenbildung unterschieden haben, die sich den erwähnten Zeichendichotomien zuordnen lassen (vgl. Tabelle 1).

Semiose I	Semiose II	
Impositio 1	**Impositio 2**	
Assoziation eines Ausdrucks mit einem Gegenstand. Die Merkmale dieses Lexems stellen eine Auswahl der Merkmale der realen Gegenstände dar.	Einsetzung eines ‚modus significandi', z.B. durch Hinzufügung der Wortartqualität und grammatischer Kategorien	**MODISTEN**
Ikon	**Index**	
Selektion von semantischen Merkmalen. Skala von maximal ikonisch zu maximal diagrammatisch.	Selektion einer Perspektive. Rekonstruktion des Standorts, von dem aus auf das Ikon bzw. auf das Diagramm verwiesen (gezeigt) wird.	**PEIRCE**
Paradigmatische Ebene	**Syntagmatische Ebene**	
Ebene der Auswahl eines Elements aus dem Sprachsystem.	Ebene der Kombination der ausgewählten Einheiten.	**DE SAUSSURE**
Selektion	**Kombination**	
Relationen werden über Similarität (Ähnlichkeit) hergestellt.	Relationen werden über Kontiguität (Verbindung in Zeit und Raum) und Teil-Ganzes-Verhältnisse hergestellt.	**JAKOBSON**
Symbolische Zeichen	**Zeigzeichen**	
Nennen	Zeigen (Deixis)	**BÜHLER**

Tabelle 1: Der doppelte Prozess der Zeichenbildung (SEMIOSE)

Schon de Saussure hat darauf aufmerksam gemacht, dass die Einteilung in sogenannte sprachliche Ebenen nicht die grundlegende Organisationsstruktur von Sprache widerspiegelt, sondern die Differenzierung in die beiden grundlegenden Strukturprinzipien, die sich in allen Teilkomponenten widerspiegelt. Nimmt man die grundlegenden sprachlichen und kognitiven Organisationsprinzipien ernst, so braucht es nur noch einen kleinen Schritt, um den Nominalismus-Realismus-Streit zu verstehen.

Der Nominalismus hat sich die Wortart des zählbaren Substantivs zum Modell genommen und privilegiert monoperspektivisch nur dessen Darstellungsmodus. Strukturalisten nehmen die relationalen Wortarten wie Adjektiv und Verb als Modell ihrer Philosophie. Realisten und Funktionalisten im Sinn von Jakobson verlegen dagegen die Darstellungsmodi nicht in die Welt, sondern in die Sprache. Realisten sind sie nicht deshalb, weil sie die Eigenschaften von Sprache in die Welt verlegen würden, sondern weil sie die Welt als abbildbar durch Sprache betrachten. Sprache konstruiert zwar eine Wirklichkeit, aber auf eine flexible und damit überlegene Art und Weise, verglichen mit mehr instinktgeleiteten und starreren Formen der Wahrnehmung der Welt. Sprache erzeugt auf diese Weise variable und hinterfragbare Modelle der Wirklichkeit, so wie es auch in der Wissenschaft geschieht. Man muss sich klarmachen, dass es wissenschaftliche Modellbildungen ohne Sprache nicht geben würde.

F Kommentierte Literaturhinweise

Zu den großen Erfolgen des Strukturalismus gehört die funktionale Definition des Phonems. Das Standardwerk dazu bleibt bis heute:

Trubetzkoy, Nikolaj S. (1939/1989): *Grundzüge der Phonologie*. 7. Auflage. Göttingen: Vandenhoeck & Ruprecht 1989 [Erstauflage 1939].

Über den erwähnten fehlgeschlagenen Versuch in den Bell Laboratories, Phoneme sichtbar zu machen, berichtet:

Warren, Richard (1988): Perceptual bases for the evolution of speech. In: Landsberg, Marge E. (Ed.): *The genesis of language. A different judgement of evidence*. Berlin, New York, Amsterdam: Mouton de Gruyter (Studies in Anthropological Linguistics; 3), 101–110.

Zu den universalen, d.h. übereinzelsprachlichen Gesetzmäßigkeiten von Sprachen (z.B. über das größte und das kleinste bekannte Phoneminventar) erfährt man mehr in:

Maddieson, Ian (1984): *Patterns of Sounds*. Cambridge: Cambridge University Press.

Wer sich in die sprachliche Relativitätstheorie einlesen will, findet alle wichtigen Angaben in:

Franzen, Winfried (1995): Die Sprache und das Denken. Zum Stand der Diskussion über den ‚linguistischen Relativismus‘. In: Trabant 1995, 249–268.

Wer den viel gelesenen Text von Whorf studieren will, kann auf eine deutsche Übersetzung zurückgreifen:

Whorf, Benjamin Lee (1956/1963): *Sprache – Denken – Wirklichkeit. Beiträge zur Metalinguistik und Sprachphilosophie*. Reinbek 1963 [viele spätere Ausgaben. Engl. zuerst 1956].

Die Werke von Jakobson finden sich ausgezeichnet zusammengestellt in:

Jakobson, Roman (1971–1988): *Selected Writings*, vols. 1–8. The Hague, Paris: Mouton / Berlin, New York: de Gruyter.

Vor allem der zweite Band der *Selected Writings* enthält viele der klassischen und berühmt gewordenen Artikel zur Grammatik und Grammatiktheorie von Roman Jakobson. Sehr einflussreich war:

Jakobson, Roman (1956/1971): Two aspects of language and two types of aphasic disturbances. In: *Selected Writings*. Bd. 2, 239–259.

Der Hinweis, dass sich Albert Einstein bei der Entwicklung der Relativitätstheorie von dem Sprachwissenschaftler Jost Winteler und dessen Überlegungen zur Relativität in der Sprache hat inspirieren lassen, findet sich in:

Jakobson, Roman (1982/1985): Einstein and the Science of Language. In: *Selected Writings*. Bd. 7, 254–264.

Weitere Artikel aus den *Selected Writings*, die zitiert wurden, sind:

Jakobson, Roman (1975/1985): Structuralism et téléologie. In: *Selected Writings*. Bd. 7, 125–127.

Jakobson, Roman (1979/1985): The twentieth century in European and American linguistics: Movements and continuity. In: *Selected Writings*. Bd. 7, 265–277.

Jakobson, Roman (1984/1985): My favorite topics. In: *Selected Writings*. Bd. 7, 371–378.

Jakobson, Roman (1962/1971): Retrospect. In: *Selected Writings*. Bd. 7, 254–264.

Einen Überblick über die vielfältigen, auch literaturwissenschaftlichen und kultursemiotischen Arbeiten von Jakobson vermittelt:

Jakobson, Roman (1992): *Semiotik. Ausgewählte Texte 1919–1982*. Hrsg. von E. Holenstein. Frankfurt am Main: Suhrkamp (Suhrkamp Taschenbuch Wissenschaft; 1007).

Wer einen Einblick in Jakobsons intellektuelle Entwicklung gewinnen will, wird Vergnügen an folgenden Dialogen finden, die zum großen Teil auch die Geschichte der Linguistik von den 20er bis zu den 80er Jahren (und damit auch die Entwicklung eines völlig neuen Verständnisses von Sprache) widerspiegeln:

Jakobson, Roman/Pomorska, Krystyna (1980/1982): *Poesie und Grammatik. Dialoge*. Frankfurt am Main: Suhrkamp 1982 (Suhrkamp Taschenbuch Wissenschaft; 386) [Übersetzung der französischen Ausgabe von 1980. Eine russische Fassung der Dialoge findet sich im achten Band der ‚Selected Writings'].

Einen ersten Zugang zu Wilhelm von Humboldts Sprachtheorie kann man durch einen leicht zugänglichen Reclam-Band gewinnen:

Humboldt, Wilhelm von (1973): *Schriften zur Sprache*. Hrsg. von Michael Bühler. Stuttgart: Reclam (Universal-Bibliothek; 6922).

Zurzeit werden Wilhelm von Humboldts Schriften zur Sprachwissenschaft umfassend ediert. Die erwähnte Grammatik zum Aztekischen ist bereits erschienen:

Humboldt, Wilhelm von (1994): *Mexicanische Grammatik*. Mit einer Einleitung und Kommentar hrsg. von Manfred Ringmacher. Paderborn, u.a.: Schöningh (Schriften zur Sprachwissenschaft. Abt. 3: Amerikanische Sprachen; Bd. 2).

Einen sehr guten Überblick über die neuere Geschichte der Sprachwissenschaft und vor allem über die Junggrammatiker gibt:

Bartschat, Brigitte (1996): *Methoden der Sprachwissenschaft von Hermann Paul bis Noam Chomsky*. Berlin: Erich Schmitt Verlag.

Ferdinand de Saussures „Cours" lohnt es sich, im Original zu lesen. Es handelt sich um die Edition von Vorlesungsschriften zu drei Einführungen in die Allgemeine Sprachwissenschaft, die Ferdinand de Saussure 1907, 1908, 1909 und 1910/1911 gehalten hat.

Saussure, Ferdinand de (1916/1967): *Grundfragen der allgemeinen Sprachwissenschaft.*
2. Auflage mit neuem Register. Berlin: de Gruyter 1967 [Franz. 1916: Cours de Linguistique générale].

Ferdinand de Saussure hält noch vehement an dem Prinzip der Arbitrarität der Beziehungen zwischen Ausdruck und Inhalt fest. Roman Jakobsons Werk in seiner Gesamtheit betrachtet lässt sich dagegen als eine Sammlung von Argumenten gegen das Arbitraritätsaxiom bezeichnen.

Über den heute vergessenen Sprachwissenschaftler, von dem Jakobson und de Saussure die Idee von den zwei grundlegenden sprachlichen ‚Achsen' bezogen haben, gibt es inzwischen eine Monographie:

Williams, Joanna Radwańska (1993): *A Paradigm Lost. The Linguistic Theory of Mikołaj Kruszewski*. Amsterdam, Philadelphia: Benjamins (Amsterdam Studies in the Theory and History of Linguistic Science; 72).

II Die Wiederaufwertung von Sprache

A Einführung

Sowohl Chomskys rationalistische Universalgrammatik als auch Jakobsons Linguistik haben zu einer Aufwertung von Sprache und zur Etablierung einer neuen Disziplin, der übereinzelsprachlich und nicht einzelsprachphilologisch orientierten Linguistik beigetragen. Auch Davidsons „nominalistischer Realismus", welcher der Sprache welterschließende Funktionen zuschreibt, hat mit seiner Ereignissemantik eine sprachaufwertende Wirkung erzielt. Trotzdem ist die Linguistik in zwei Lager aufgespalten: in die sogenannten Formalisten und die Funktionalisten. Beide Lager erweisen sich in Bezug auf ihre axiomatischen Positionen jedoch keinesfalls als homogen.

Zu den Formalisten rechnen sich die Formale Syntax und die Formale Semantik. Beide könnten jedoch unterschiedlicher nicht sein. In der Formalen Semantik wird davon ausgegangen wird, dass Sprache homolog zur Welt aufgebaut ist und dass Sprache humanspezifische Kognition erst möglich macht. Sprache ist nach diesem Ansatz das Interface zwischen einer sonst wenig Aufsehen erregenden Hirnsubstanz und der Welt. Sprache optimiert somit ein Primatengehirn (um die pointierte Formulierung von Derek Bickerton 1990 zu übernehmen) und erzeugt humanspezifische Kognition. Die Formale Semantik ist damit direkt bei den Bedeutungen, die es zu analysieren gilt, und diese Bedeutungen sind sprachlicher Natur. Untersucht wird die grammatische Semantik, da diese das Format des Denkens determiniert. Ganz anders verhält es sich bei den Ansätzen der Formalen Syntax, einschließlich des Chomskyschen Minimalistischen Modells und des aktuellen „biolinguistischen Ansatzes" innerhalb dieses Modells.[82] Sprache bleibt weiterhin auf die Ausdrucksseite beschränkt. Allerdings wird sie nun weit mehr von allgemeinen kognitiven Prinzipien generiert als von einem angeborenen universalsprachlichen Regelapparat. Damit nähert Chomsky sich den Kognitivisten in der Nachfolge von Jean Piaget erheblich an. Damit kann er wie Piaget auch weiterhin Rationalist bleiben. Was erfolgt, ist lediglich eine Verkleinerung des Umfangs des angeborenen Sprachmoduls. Chomsky nimmt in seinem biolinguistischen Ansatz wieder seinen schon Jahrzehnte früher verwendeten metaphorischen Terminus auf, wonach die menschliche Sprachfähigkeit ein Organ darstellt. Mit dem zunehmenden Prestige der Neurobiologie rückt die Modulmetapher in den Hintergrund und die Organmetapher in den Vordergrund.

---

82 Chomsky (2005) schließt bewusst wieder an Eric Lennebergs *Biologische Grundlagen der Sprache* an, um auf die Kontinuität dieses Ansatzes innerhalb der Generativen Grammatik zu verweisen.

Sprache wird von Chomsky (2005) als Teil der Welt eingeordnet: „crucial aspects of language can be studied as part of the natural world" (Chomsky 2005:3). Er macht Sprache für humanspezifische Intelligenz verantwortlich, und hält es für möglich, dass sich die Basisbausteine von Sprache von einer vom sprachlichen Geist unabhängigen Welt herleiten lassen. Bei all diesen Punkten bezieht Chomsky sich allerdings auf andere Autoren und nicht auf eigene Schriften, wobei anzunehmen ist, dass er mit diesen Positionen sympathisiert.

Die Organmetapher wird weiter durchgespielt: Damit Sprache in einem individuellen Sprecher ‚wachsen' kann werden drei Faktoren angenommen (*three factors in language design*): die genetisch angelegte Sprachfähigkeit, Erfahrung und allgemeine Prinzipien kognitiver Natur, die sich so auch in anderen Organismen finden oder auch nur im menschlichen Organismus. Chomsky hält es also durchaus für möglich, dass es artspezifische höhere Formen der menschlichen Kognition gibt, die nicht durch Sprache erzeugt werden, was beispielsweise Bickerton (1991) ausschließt. Das genetisch angelegte sprachliche Organ dürfte für die Produktion von Rekursivität zuständig sein. Chomsky (2005) verweist auf seine früheren Arbeiten zum Chunking, die er mit George A. Miller verfasst hat, die aber damals zu keinem Ergebnis geführt hatten, die er aber trotzdem (und mit Recht) weiterhin als einen bedeutenden zielführenden Schritt in die richtige Richtung betrachtet. Deutlich ist, dass es ein rein formales Prinzip ist, das Sprache zu einem Instrument macht, das die menschliche Kognition optimiert. Dieses Prinzip interagiert mit sprachunabhängigen kognitiven Ausstattungsmerkmalen:

> we no longer assume that the means of generating structured expressions are highly articulated and specific to language. We can seriously entertain the possibility that they might be reducible to language independent principles, whether or not there are homologous elements in other domains or organisms. (Chomsky 2005:9)

Chomsky nähert sich auf diese Weise den Kognitivisten an, die die menschliche Sprache als Epiphänomen allgemeiner kognitiver Prinzipien einordnen und die sicher bald die sprachliche Universalie der Rekursivität als allgemeines kognitives Prinzip für sich reklamieren werden. Auf jeden Fall beinhaltet die menschliche Sprachfähigkeit auch im Minimalistischen Programm keine sprachlichen Inhalte oder Bedeutungen, auch nicht die Funktionen grammatischer Kategorien wie Tempus oder Modus. Diese sind Teil eines nichtsprachlichen konzeptionellen Systems. Chomskys formalistische Position passt gut zu Freges Ansatz, wobei Sprache nur ein Format bereitstellt, das Gedanken möglich macht, selber aber keine (sprachliche) Semantik beinhaltet. Die Semantik würde entweder einer Welt 3 im Sinne Freges zuzuordnen sein, oder sie wäre präexistent in einem nichtsprachlichen konzeptuellen System. Chomsky dürfte das letztere meinen. Er setzt dieses System mit Jerry Fodors *language of thought* gleich.[83] Damit referiert Chomsky allerdings auf ein konzeptionelles System, wie es Kant angenommen hat, was nicht Fodors Ausgangspunkt sein dürfte. Ein wichtiger Fortschritt ist, dass Chomsky im Gegensatz zur Grammatik von Port-Royal von der Amodalität der sprachlichen Ausdrucksfunktion ausgeht. Sprache muss danach nicht mehr durch Phoneme realisiert werden. Die sogenannte PF (phonologische Form) kann auch durch Gebärden oder andere Symbolisierungen ‚ausbuchstabiert' werden.

Es hat sich eingebürgert, alle „Nichtformalisten" als Funktionalisten einzuordnen. Hier liegt jedoch ein Missverständnis vor. Funktionalisten im strengen Sinn (Jakobson) gehen von angeborenen sprachlichen Funktionen aus, also von einer angeborenen Universalgrammatik. Diese Universalgrammatik ist nicht nur formaler Natur, sondern beinhaltet den gesamten sprachlichen Kategorisierungsapparat. Das beginnt mit den Wortarten, setzt sich mit den grammatischen Kategorien fort und umfasst Prinzipien der Architektonik aller sprachlichen Ebenen vom Phonem bis zum mentalen Lexikon. Es geht also auch um Semantik, vor allem um grammatische Semantik. Dabei ist mit grammatischen Kategorien nicht eine Kategorie wie Numerus gemeint, sondern eine weit einzelsprachunabhängigere Funktion, nämlich die der Quantifizierung, die einzelsprachlich unterschiedlich realisiert werden kann. Funktionalisten sind nicht mit Kognitivisten gleichzusetzen, also nicht mit nichtnativistischen und antiuniveralistischen Positionen, wonach Sprache nicht einmal als Ausdrucksmittel angeboren ist, sondern lediglich auf Nachahmung beruht. Semantik ist bei nichtfunktionalistischen Kognitivisten etwas Kognitives, was immer das auch in den einzelnen Ausformulierungen dieser Position bedeuten mag.

B Das perfekte Design von Sprache

Nach Chomsky (2005:9) optimiert Sprache die menschliche Kognition. Er fragt daher nach den Bedingungen der Möglichkeit dieser Optimierung unter den gegebenen Umständen. Wieso kann Sprache diese Optimierung leisten, wo doch die meisten beteiligten kognitiven Komponenten allgemein kognitiver und damit nichtsprachlicher Natur sind? Oder anders formuliert: Warum kann

---

83 Sein Verweis auf Jerry A. Fodor und dessen Konzept einer Sprache des Geistes (language of thought bzw. LOT) hilft hier nicht wirklich weiter, weil Fodor selbst ambige Formulierungen verwendet, die es unmöglich machen, ihn genau zu verorten. Das gilt m.E. auch für Fodors Revision von LOT (Fodor 2008).

die letzte verbliebene sprachliche Universale, Rekursivität, diese optimale Lösung erzielen? Man muss keine Antwort auf diese Frage haben, um zu verstehen, dass Sprache unhinterfragt als leistungsfähiges Modul innerhalb der menschlichen Kognition betrachtet wird. Anders als bei Carnap und in der Analytischen Philosophie wird Sprache aufgewertet. Vielleicht darf man so weit gehen und Chomsky dahingehend interpretieren, dass das sprachliche Modul das ‚beste Modul‘ innerhalb der Humankognition darstellt. Die Position des Rationalismus ist hier fast schon verlassen, da Sprache schon mehr als nur der Ausdruck von fertigen Gedanken ist. Aber nur fast. Die Position einer realistischen Sprachtheorie ist erst dann erreicht, wenn Sprache die Humankognition nicht nur optimiert, sondern wenn sie diese in einer Weise optimiert, dass menschliche Erkenntnis nicht unabhängig vom zu erkennenden Objekt stattfindet. Humankognition wäre dann mehr als ein schönes und komplexes Organ mit beeindruckender Rechenleistung.

Chomsky stößt nicht mit dem Kopf durch den Wand des Rationalismus, obwohl sein biolinguistischer Ansatz das immerhin als Option offen ließe. Wolfram Hinzen (2006) dagegen macht einen Vorstoß auf die andere Seite der Wand und probiert eine realistische Sprachtheorie durch, indem er Fragen stellt, die für einen Rationalisten eigentlich tabu sind: Wozu ist diese gewaltige kognitive Maschinerie mit ihrer Effizienz und Ästhetik eigentlich da? Seine tentative Antwort ist:

> Perhaps the only way to ‚justify‘ mind design in terms of the world out there is by vindicating a form of a ‚perfect design‘, for design is then a reflection of more general design principles of nature, analogous to those, we are accustomed to in physics.
> If I am right, a novel philosophical landscape opens, a combination of internalism, rationalism, and philosophical naturalism, largely as a consequence of the study of grammar in the biolinguistic tradition [...]. (Hinzen 2006:276)

Hinzen zieht zur Beantwortung seiner Frage die Homologie von „Mind design" und der Struktur der Welt in Betracht. Sprache optimiert die menschliche Kognition so, dass sie eine Struktur zugewiesen bekommt. Und diese Struktur bildet die Struktur der Natur ab, so Hinzen. Eben deshalb erscheint uns Sprache als mit perfektem Design versehen. Die Ästhetik entsteht somit durch die Homologie zwischen der Struktur ‚außerhalb‘ von uns mit der Struktur ‚innerhalb‘ von uns. Überwindet man noch die Dichotomie zwischen Außen und Innen, und berücksichtigt man dabei, dass der menschliche Geist Teil der Welt ist, dann ist die Annahme einer solchen Strukturhomologie naheliegend. Sprache wäre dann das Organ, das die Kognition so formatiert, dass diese kompatibel mit der Welt ist. Sprache wäre damit ein Homologie-Instrument.

Die Frage stellt sich, was die *design principles of nature* sind, welche mithilfe von Sprache in der Kognition reflektiert werden (im doppelten Sinn des

Worts). Es sind Teil-Ganzes-Relationen. Eben diese Relationen sind pervasiv in der Syntax vorhanden. Eine Konstituentenstrukturanalyse und eine Phrasenstrukturanalyse stellen nichts anderes dar als eine Rekonstruktion aller Teil-Ganzes-Relationen in einem Satz. Und wenn die abzubildenden Relationen tatsächlich Teil-Ganzes-Relationen sein sollten, dann wäre Rekursivität die optimale Technik zur Erfassung der Welt. Wenn man dann noch mit Peirce erst den Satz als vollständiges Zeichen ansieht, dann muss man diese zeichenkonstituierenden Prozeduren im Satz untersuchen, um eben diese optimale Leistung von Sprache zu verstehen.

Es ist Hinzen zuzustimmen, dass sich ein ganz neuer Horizont auftut, sobald man von der Homologiethese ausgeht. Sprache ist dann nicht mehr ein Ausdrucksinstrument, das Gedanken materialisiert. Sie ist die Schnittstelle, die zwischen der Welt und unseren unfertigen Gedanken (die ja bloß ungeordnete Assoziationen und Eindrücke sind) vermittelt. Sprache importiert gleichsam Struktur in unseren Geist. Sie gibt dem Geist eine propositionale Struktur (Hinzen 2007:5). Die Thesen von Hinzen sind schon im Rahmen der Linguistik aufsehenerregend; dass sie aber von einem Philosophen stammen, bricht doch mit (fast) allen zeitgenössischen Traditionen (außer Peirce und Wittgenstein, auf die er sich aber nicht oder zumindest nicht – jedenfalls nicht zentral – bezieht).

Der Unterschied zwischen der Kognition von Tieren und Menschen besteht darin, dass Menschen mittels Sprache mentalen Repräsentationen einen Wahrheitswert zuweisen können. Das ist es auch, was man Vernunft nennt. Vernunft wäre dann definiert als sprachliches Denken (und das dürfte *Logos* gemeint haben). Es handelt sich somit um mentale Repräsentationen höherer Ordnung. Gedanken sind daher nicht vor der Sprache da, sondern sind das Ergebnis von Rekursivitätsoperationen und vielleicht noch weiteren universalen sprachlichen Operationen. Bedeutungen, die von einem überzeugten Rationalisten noch den Gedanken zugeordnet wurden, sind weder in den Gedanken noch in der Sprache a priori vorhanden. In der Sprache können sie nicht sein, da sie ein formales Instrument zur Formatierung der Gedanken darstellt. In der vorsprachlichen Kognition gibt es keine Bedeutungen. Bedeutungen entstehen erst durch die Strukturierung durch Sprache. Sie entstehen durch die Extraktion von Merkmalen aus der Welt, also durch Selektion. Dieser Punkt soll genauer in Kapitel 7 behandelt werden.

C Text: *Signs, mind, and reality* von Shaumyan

Es gibt einen universalgrammatischen Ansatz in der Sprachtheorie, der die Tradition von Jakobsons realistischer Universalgrammatik fortsetzt. Dort wird das Verhältnis von Sprache, Kognition und Realität aus einer semiotischen Perspektive betrachtet. Es handelt sich um Sebastian Shaumyans Modellierung des Verhältnisses von Sprache, Denken und Wirklichkeit, die er in seinem Buch *Signs, mind, and reality* (2006), ein Jahr vor seinem Tod, mit knapp 90 Jahren nochmals zusammengefasst hat. Bei ihm ist Sprache wie bei Wolfram Hinzen an der Schnittstelle zwischen Denken und Wirklichkeit angeordnet. Dazwischen vermittelt eine Universalgrammatik, die jedoch keine universalen sprachlichen Strukturen erzeugt, sondern Varianten. Varianten stellen somit keine Abweichung vom universalgrammatischen Programm dar, sondern dessen Ziel:

> The fundamental consequence of the semiotic principles and laws is the diversity of languages. Grammars are language-specific; but while grammatical constructions may differ from language to language, their functioning must always respect a fixed set of universal principles. I redefine the goal of universal grammar. Since the fundamental fact about natural languages is their diversity, I contend against all existing versions of universal grammar, which seek to identify putative universal constructions across languages, that there is no basis for pursuing this goal. The proper goal of universal grammar must be **the explanation of the diversity of natural languages**. (Shaumyan 2006:xvii).

Shaumyans zeichenbasierte Universalgrammatik ist den universellen semiotischen Prinzipien auf der Spur, welche diese Varianz steuern. Varianz entsteht nicht, weil die universalgrammatischen Prinzipien durch unterschiedliche Erfahrungen kontaminiert werden würden. Varianz gehört vielmehr zum universalgrammatischen Programm. Der Hauptunterschied zwischen einer rationalistischen Universalgrammatik und einer semiotisch konzipierten Universalgrammatik ist, dass letztere keine kausalen Erklärungen zulässt, sondern nur solche funktionaler und zielgerichteter Art. Funktionen lassen sich grundsätzlich nicht kausal erklären, da immer mehrere Wege zur Erreichung eines Ziels möglich sind. Funktionale Erklärungen setzen somit kein Determiniertheitsverhältnis voraus, dies im Gegensatz zu kausalen Erklärungen, die die genauen Umweltbedingungen angeben müssten, welche zu genau dieser oder jener Ausprägung von Varianz geführt haben und nicht zu einer anderen. Von unterschiedlichen Parametersetzungen kann man in einem funktionalen Modell ebensowenig ausgehen. Parametersetzungen wären, streng genommen, vordefinierte und damit ebenfalls determinierte Wege der Realisierung einer Universalgrammatik. Zeichensysteme sind nach der semiotischen Konzeption weder determiniert noch arbiträr. Sie enthalten ein Freiheitspotential (Nichtdeterminiertheit) und eine Zielvorgabe (Funktion). Ersteres ist der entscheidende Unterschied zwischen Sprache und Instinkt, welcher über kein Variantenpotential verfügt. Letzteres stellt die grundlegende Übereinstimmung mit einem

Instinktprogramm dar (die Funktion). Funktionen stellen somit die Invariablen in dieser Konzeption einer UG dar.

Shaumyan bezeichnet seinen Ansatz als Semiotische Linguistik. Ausgangspunkt ist die Amodalität des sprachlichen Zeichens, auf die auch Chomsky (2005) Bezug nimmt. Seit man durch die Untersuchungen von Ursula Bellugi weiß, dass Gebärdensprache in denselben Sprachzentren verarbeitet wird wie Lautsprache, lässt sich menschliche Sprache nicht mehr bloß als Lautsprachsystem definieren. Es handelt sich vielmehr um ein Zeichensystem, dass sich auch anders als durch Laute symbolisieren lässt. Die Frage, die sich stellt, ist natürlich, welche Symbolsysteme dann der Sprache zuzurechnen wären und welche nicht. Es geht also beispielsweise darum, ob die Symbolsysteme im Bereich der Mathematik oder der Musik sprachlicher oder nichtsprachlicher Natur sind. Nichtnativistische Sprachmodelle wie beispielsweise das von George Lakoff gehen davon aus, dass die menschliche Kognition autonome Zeichensysteme generiert, die sich nicht voneinander ableiten lassen. Dies hat Lakoff (2002) am Beispiel der Mathematik nachzuweisen versucht. Die Gegenposition wird von Heike Wiese (2003) vertreten. Rationalistische nativistische Ansätze dürften Schwierigkeiten haben zu definieren, wo die Grenze zwischen einem amodalen sprachlichen System und einem nichtsprachlichen Zeichensystem zu ziehen wäre. Der eigentliche Gegenpol zu antinativistischen kognitivistischen Ansätzen stellen daher nicht nativistische Modelle dar, sondern radikalnativistische Modelle wie das von Sebastian Shaumyan. Danach ist der Mensch ein semiotisches Lebewesen. Die Semiose wird durch Sprache geleistet. Sie generiert auch alle weiteren Zeichensysteme, die von der Sprache abgeleitete Systeme oder weniger reiche Subsysteme darstellen. Dazu legt er ein Argument vor, das plausibel und sehr überzeugend ist. Auf jeden Fall lässt sich diese These empirisch überprüfen und damit verifizieren oder falsifizieren.

> I demonstrate that natural languages are the only complete sign systems, with a structure that ensures an efficient signifying function. In comparison with natural languages all other sign systems are severely limited in one way or another [...] (Shaumyan 2006:8).

Shaumyan hat seine Universalgrammatik etwa zeitgleich zu Chomskys Generativer Grammatik entwickelt. Im Gegensatz zu Chomsky verwendet er jedoch nicht die Begriffe der Tiefen- und der Oberflächenstruktur, sondern die des Genotyps versus Phänotyps (vgl. Shaumyan 1973 und 2006:15–20). Dabei handelt es sich nicht um Synonyme, sondern um ein grundsätzlich anderes Programm. Es ist jedoch ein Programm, das das nativistische Programm stärkt, keinesfalls aber schwächt.

Die Gegner einer Universalgrammatik kommen von einer ganz anderen Seite: Es handelt sich um die Vertreter der „Konstruktionsgrammatik" und ihrer unterschiedlichen Ausprägungen, die jedoch eines gemeinsam haben: Sie sind gegen die Annahme sprachlicher Universalien, gegen regelbasierte Strukturen, gegen Strukturen überhaupt, gegen angeborene sprachliche Prinzipien. Sie sehen nur noch Varianz, aber keine gemeinsame universale Basis. Dabei kommt es zu einer immensen Abwertung von Sprache und Sprachen, ja sogar zu sozialen Pathologien, wie wir sie bereits als Folge der Fetischierung von einzelsprachlicher Varianz durch die nicht universalistisch arbeitenden Philologien erlebt haben.

D Konstruktionsgrammatik versus Universalgrammatik

Die Konstruktionsgrammatik ist für die Linguistik das, was Rorty für die Philosophie ist: ein Programm zur Destruktion von Relationen. Nimmt man die Parallele ernst und erwartet gleiche Wirkungen von diesem Programm, dann lässt sich für die Zukunft eine immense Abwertung von Sprache als menschlicher Sprachfertigkeit, von Sprachen als Einzelsprachen und von Sprachwissenschaft erwarten.

In der Sprache sind Relationen, sobald man Syntax betreibt, ganz offensichtlich ubiquitär vorhanden. Relationen sind der Stoff, aus dem Sprache gemacht ist. Die Vertreter der Konstruktionsgrammatik ziehen jedoch die psychologische Realität von Relationen, von Regeln und eines angeborenen genetischen Programms für Sprache vollständig in Zweifel. Ausgangspunkt ist die These, dass die Zuordnung von Form und Bedeutung ausnahmslos konventionalisiert sei. Dabei handelt es sich um eine Radikalisierung der Arbitraritätshypothese, denn mit Konventionalisierung ist hier gemeint, dass diese Zuordnung weder durch ein angeborenes sprachliches Regelsystem noch durch ein Regelsystem anderer Provenienz gesteuert wird. Relationen werden ersetzt durch Fusionen.

Die konstruktionsgrammatische Argumentation wird im Folgenden zusammengefasst, dies auf der Grundlage von Goldberg (2006). Sprachliche Einheiten fusionieren nach Goldberg (2006:3) durch häufigen Gebrauch und werden so konventionalisiert. Diese Konventionalisierungen würden sozusagen Gräben in unser neurologisches System graben (sogenannte *entrenchments*), die durch nachahmenden Gebrauch von Sprache entstanden seien, aber so aussähen, als wären es Regelsysteme und Strukturen. Solche Fusionen sind nach Auffassung von Konstruktionsgrammatikern also nicht durch angeborene Regeln gesteuert, sondern erfolgen auf der Grundlage zufälliger Gebrauchshäufigkeiten. Dieses zufällige Fusionskonglomerat von Sprache werde durch Nachahmung erlernt und nicht mit Unterstützung von angeborenen genetischen Programmen erworben. Nachahmung wird somit wieder zu einem zentralen Begriff, nachdem er seit den 50er Jahren durch Chomskys Kritik an behavioristischen Spracherwerbsmodellen aufgegeben worden war. Auch Selektionsrestriktionen werden als nicht regelbasiert, sondern als bloß erlernte Muster eingeordnet. Man fragt sich an dieser Stelle unwillkürlich, wo nach diesem Ansatz dann die Trennlinie zwischen Grammatik und Lexikon anzusetzen wäre. Eine solche Trennung gibt es nach diesem antirelationalen Ansatz tatsächlich nicht. Die Argumentation speist sich dabei aus einer Kritik an Chomskys Differenzierung zwischen Kerngrammatik bzw. Kernsyntax und peripherer Grammatik bzw. peripherer Syntax. Es handelt sich dabei zweifellos um eine Schwachstelle der Generativen Grammatik, die Goldberg systematisch für konstruktionsgrammatische Zwecke ausbeutet. Im nativistischen Programm ist die Kerngrammatik angeboren und regelgesteuert. Unregelmäßige Formen werden als idiosynkratisch und als an der syntaktischen Peripherie situiert eingeordnet. Als solche werden sie erlernt und nicht erworben. Goldberg argumentiert nun so: Wenn sich schon die vielen Ausnahmen der peripheren Grammatik durch Nachahmung erlernen lassen, warum dann nicht auch gleich die Kerngrammatik. Das Verschieben von unerklärten syntaktischen Erscheinungen in das Lexikon und das gleichzeitige Charakterisieren des Lexikons als Ort von Idiosynkrasien, die durch Nachahmung gelernt und nicht durch ein angeborenes Programm strukturiert sind (durch die Generative Grammatik), ermöglicht diesen argumentativen Schachzug durch Goldberg. Die Generative Grammatik nivelliert nämlich mit der Zuweisung von irregulärer Grammatik ans Lexikon bereits selbst die qualitative Differenz zwischen Lexikon und Grammatik. Da Chomsky prinzipiell nicht funktional argumentiert, war das Einfallstor für Kritik von konstruktionsgrammatischer Seite somit von Anfang weit geöffnet.

Es gibt einen weiteren Punkt, der die Konstruktionsgrammatik stärkt. Es ist die Aufwertung von Nachahmung für den Spracherwerb. Durch die Entdeckung der Spiegelneuronen durch Giacomo Rizzolatti[84] bei Rhesusaffen und bei Menschen ebenso wie durch die daran anschließenden aktuellen Thesen, dass Spiegelneuronen etwa dieselbe Lokalisation haben wie automatisierte grammatische Einheiten, nämlich das Sprachzentrum (Broca-Zentrum), lässt sich Nachahmung als relevanter für Sprache und die Humankognition einordnen als bisher. Das erinnert auch an den Ausspruch von Johann Georg Hamann, dass der Mensch unter allen Tieren der größte Pantomime sei.[85] Diese Aufwertung von Nachahmung sollte man ernstnehmen und nicht der Konstruktionsgrammatik als Alleinstellungsmerkmal überlassen. Aboitiz et al.

---

84 Vgl. Stamenov/Gallese (2002) und Rizzolatti/Sinigaglia (2006/2008).
85 Hamann-Werke, ed. von Nadler, III: 38 (Hervorhebung von Hamann).

(2006:4) nehmen an, dass Spiegelneuronen die phylogenetischen Vorläufer der Broca-Region darstellen. Nachahmung als alleinerklärendes Prinzip für Sprache kann somit nicht ausreichen. Nachahmung darf allerdings auch nicht unterschätzt werden.

Die Konsequenzen der konstruktionsgrammatischen Argumentation sind weitreichend: Alle grammatischen Phänomene werden als Fusionen auf Grund von Gebrauch und Gebrauchshäufigkeit betrachtet. Selbst grammatische Kategorien wie Numerus werden als bloße Gewohnheiten des Gebrauchs umkategorisiert. Übereinzelsprachliche Gemeinsamkeiten werden nicht als Universalien, sondern als besonders nützliche, weil hochfrequente kommunikative Funktionen eingeordnet. Damit wird die Grammatik der Idiomatik zugeordnet. Grammatische Muster werden als Phraseologismen umdefiniert. Grammatik wird als eine Art der Idiomatisierung häufiger Distributionen verstanden.

Da es ohne Regeln keine Strukturen gibt, gibt es auch nicht Rekursivität als sprachliches Universale. In generativer Terminologie ausgedrückt: Es gibt keine Operation MERGE, durch die rekursiv immer umfangreichere Einheiten erzeugt werden, denn die Fusion wird nicht durch eine zugrundeliegende universale Regel gesteuert, sondern allein durch den Gebrauch. Es gibt auch keine Operation MOVE (Verschiebung, Versetzung) mehr. Die nichtkanonischen, markierten Wortstellungen werden als periphere Grammatik ebenso „gemerkt", erinnert, wie die kanonischen Strukturen. Damit wird auch der Markiertheitsbegriff völlig überflüssig. Nach Haspelmath (2006) handelt es sich bei der Differenzierung zwischen unmarkierten und markierten sprachlichen Serialisierungen oder Einheiten lediglich um Asymmetrien des Gebrauchs. Ebenso wenig gibt es nach diesem Ansatz noch abgeleitete Konstruktionen. Und schließlich gibt es auch keine Teil-Ganzes-Relationen zwischen der markierten und unmarkierten Einheit, was ein zentraler Punkt bei Trubetzkoy und Jakobson war, hier aber nicht im Detail erklärt werden soll.

Als Fazit lässt sich festhalten, dass für Konstruktionsgrammatiker Syntax nur mehr als eine Teilmenge idiomatisierter Konstruktionen verstanden wird und sich von diesen Musterkonglomeraten qualitativ in nichts unterscheidet. Sprache wird als Inventar solch erlernter Muster betrachtet, die aus dem sprachlichen Input extrahiert und über das Gedächtnis verarbeitet werden. An der Verarbeitung sind keine sprachlichen Prozesse beteiligt, sondern rein kognitive Prozesse (was immer das sein mag). Insgesamt handelt es sich somit um eine Mischung von Behaviorismus und Kognitivismus. Innovative Argumentationslinien sind kaum vorhanden, was die Axiomatik betrifft. Die gesamte Sprache wird als Ansammlung von Idiomatik gesehen. Sprache wird auf Phraseologismen reduziert. Die Suche nach Invarianten ist nicht mehr interessant. Sprachen werden als nicht miteinander vergleichbar betrachtet. Universalgrammatik, Syntax und Sprachtypologie sind keine interessanten Betätigungsfelder mehr.

E Einordnung

Konstruktionsgrammatische Publikationen sind derzeit Mode. Neben dem attraktiven Begriff der Konstruktion, der von ihnen besetzt und umdefiniert wurde[86], profitiert diese Richtung von Frustrationserlebnissen in Bezug auf die Formale Syntax. Diese hat eine Komplexität erreicht, dass sie Abstoßungsreaktionen hervorruft. Symptomatisch dafür ist William Croft (2001), der in seinem Vorwort zu seiner *Radikale[n] Konstruktionsgrammatik* seine Gesamtfrustration in Bezug auf die Formale Syntax artikuliert (Hervorhebungen durch E.L.):

> **I have been frustrated** with a seemingly endless series of syntactic „theories", whose chief goal appeared to be the construction of a representation language for syntactic description. The result has been a continuing kaleidoscope of notations which have made even five-year-old journal articles– and many reference grammars hard to decipher. (Croft 2001:XIII)

> **I have also been frustrated** at the often distant relationship between these syntactic models [...] and empirical reality. (Croft 2001:XIII)

> **Furthermore I have been frustrated** by the lack of explicit discussion of methodology and argumentation for establishing syntactic theories. (Croft 2001:XIV)

> **The response of some linguists to these frustrations has been disheartening.** We are told that every new notation is progress towards Universal Grammar. (Croft 2001:XIV)

> The reader has no doubt gathered by this point that this book is intended to present a view of syntax that escapes **the quandary created by the frustrations** enumerated above. (Croft 2001:XV)

Bei allen Klagen gegenüber der Formalen Syntax bleibt jedoch unklar, warum das zu einer Destruktion all dessen führen muss, was seit dem 20. Jahrhundert an Erkenntnisfortschritten erzielt worden ist. Es ist nicht erkennbar, warum Frustration und Unverständnis einer komplexen Theorie gegenüber zu einer Negierung von Relationen, Regeln und Strukturen führen muss.[87] Es sind auch

---

86 Der Begriff der *constructio* spielt eine große Rolle in den modistischen Universalgrammatiken, wird allerdings dort ganz anders verwendet. Hier wäre eine begriffsgeschichtliche Untersuchung aufschlussreich. Die wichtigste Arbeit dazu stammt von Kneepkens (1987).
87 Zu hohe Komplexität war auch ein häufiger Vorwurf gegen die Spekulative Grammatik des späten Mittelalters. Wozu im Anschluss daran intellektuelle Bescheidenheit in Bezug auf die Erforschung von Sprache geführt hat, dürfte in diesem Buch deutlich geworden sein.

alternative Modellierungen auf einer relationalen Basis möglich, wie zum Beispiel die von Shaumyan, der die Generative Grammatik ebenfalls stark kritisiert („*but all this work is of no interest*", Shaumyan 2006:3). Selbst die Einsicht von Hermann Paul, bereits im 19. Jahrhundert formuliert, dass die uns bekannten Sprachen in der historischen Tiefe, die dokumentiert ist, keine Evolution durchlaufen haben und daher dieselben Strukturen und dieselbe strukturelle Komplexität aufweisen wie heutige Sprachen, wird zunehmend von Seiten der Anhänger der Konstruktionsgrammatiker unterlaufen. Die Junggrammatiker haben die historische Untersuchung von Sprache mit dieser These zu einer Wissenschaft gemacht, die aufgehört hat, haltlos darüber zu spekulieren, welche Sprache mehr oder weniger entwickelt und damit besser oder schlechter sei. Dass alle Sprachen gleichermaßen komplex sind, hatte seither axiomatischen Status. Mittlerweile kommen aber gerade aus dem Umkreis des Max-Planck-Instituts für „Evolutionäre Anthropologie" in Leipzig Thesen, wonach es komplexere und weniger komplexe Sprachen gebe[88] (vgl. Gil 2008, Miestamo/Sinnemäki/Karlson 2008). Betrachtet man die Kriterien für Komplexität, erkennt man, dass es eine Auflistung von ad-hoc-Kriterien ist, die für die vermeintlich größere und geringere Komplexität von Sprachen verantwortlich sein soll. Dahl (2004), in früheren Arbeiten ein bedeutender Sprachtypologe, kommt zum Schluss, dass die flektierenden Sprachen den größten Grad an Komplexität aufweisen. Dieselben Überzeugungen, ja fast wörtlich dieselben „Argumente" finden sich in August Schleichers darwinistisch inspirierten philologischen Arbeiten (Schleicher 1863, 1865). Die These einer vergleichbaren Komplexität von Sprachen wird heute zynisch als „political correctness" abgetan, der man sich nicht unterwerfen wolle. Dahl (2004) behauptet, dass es in Sprachen Komplexitätszuwachs gebe und dass es sich dabei um eine Art Evolution handle; dabei entstünden dann reifere Systeme, die auf ihrer Entwicklung stehenbleiben, um den Komplexitätszuwachs zu stabilisieren und zu erhalten. Dieses reife System repräsentieren für ihn, in völliger Übereinstimmung mit August Schleicher, die flektierenden Sprachen. Die nächste Stufe im sprachlichen Zyklus, die uns bekannt ist, ist nach Dahl dann schon eine Erosion dieses stabilen Zustands, keine Höherentwicklung. Gemeint sind polysynthetischen Sprachen wie das Inuit, die nach seinem Argumentationsansatz eigentlich noch komplexer sein müssten als die flektierenden Sprachen. Genauso hatte

---

88 Vgl. Gil (2008) in Miestamo/Sinnemäki/Karlson (2008), wo sich auch weitere Artikel finden. Diejenigen, die Sprachen Komplexität absprechen, stammen aus dem Mitarbeiterkreis oder Gastwissenschaftlerumfeld des MPI Leipzig für Evolutionäre Anthropologie. Die wenigen positiven Ausnahmen sind dagegen dort nicht verortet (etwa Riddle 2008 und Fenk-Oczlon/Fenk 2008).

August Schleicher die flektierenden Sprachen, darunter seine Muttersprache privilegieren wollen. Die polysynthetischen Sprachen seien zu kompliziert, um noch eine Höherentwicklung darstellen zu können. Ein Rezensent von Dahls Buch *The growth and maintenance of linguistic complexity* (2004) stellt fest: „Despite the prominence of this issue in the title of the book, Dahl in fact has nothing to say about it" (Andersen 2007). Isolierende Sprachen wie die Thai-Sprachen und das Chinesische wurden inzwischen von Gil (2008) als weniger komplex eingeordnet. McWhorter, der schon den Kreolsprachen die Komplexität, die ihnen Bickerton 1981 sowie die gesamte Kreolsprachforschung zuerkannt hatte, absprechen wollte, stellt mit seiner Argumentation die Brücke her zwischen konstruktionsgrammatischen und rassistischen Ansätzen: Er wendet sich gegen den Begriff der sprachlichen Funktion. Grammatik sei nichts als „ornament or luxury" (McWhorter 2001a, 2001b und 2008). Sie sei eine Art Gewohnheit, so seine weitere Charakterisierung.

> [...] a great deal of grammar (including creoles, although to a lesser degree) is **simply a matter of habit**, doing no harm and thus **carried along like human bodily hair** (McWhorter 2001b).

Je mehr solcher Ornamente eine Sprache aufweise, desto älter und desto komplexer sei sie. Das Alter der Sprache wird dabei in einem Fehlschluss mit dem Alter der Dokumentation dieser Sprachen gleichgesetzt. Komplexität wird definiert als eine Art mehr oder weniger großer Container für eine Ansammlung von funktionslosen Verzierungen oder Relikten. Die Parallele zu Rorty, wonach Sprache nicht mehr als ein Geräusch sei, ist offensichtlich. Tomasello (2005: 640) stellt zu den linguistisch haltlosen und rassistisch anmutenden Aussagen Everetts, der meint eine unterkomplexe Sprache im Amazonas entdeckt zu haben, fest:

> I am no expert on the facts of the matter here. Perhaps Everett's specific analyses need revising in some particular ways. But the question is: [...] what is the alternative? And the answer is, as Everett notes, universal grammar.

Diese Haltung besagt, auf den Punkt gebracht: Selbst schlechte Linguistik (mit Tendenz zum Rassismus) sei einer universalgrammatischen Modellierung vorzuziehen. Es dürfte klar geworden sein, was ein Verzicht auf die Konzepte der Relation, der Struktur, der Invarianz an Konsequenzen nach sich zieht. Die Position von McWhorter, wonach Grammatik nur Verzierung sei, macht außerdem deutlich, dass der Begriff der Funktion unverzichtbar ist, anders als die gegenwärtigen rationalistischen Universalgrammatiken es wahrhaben wollen. McWhorters Ornamentthesen sind gar nicht so weit entfernt vom Eleganzanspruch der Formalen Syntax.

F Kommentierte Literaturhinweise

Die rationalistische Konzeption einer Universalgrammatik lässt sich am besten in den sprach-philosophisch orientierten Publikationen von Noam Chomsky nachlesen. Dazu kommt seine Publikation von 2005, in der ein Rückblick über die Entwicklung der Generativen Grammatik bis hin zum Minimalismus gegeben wird und ein Ausblick auf eine biolinguistisch fundierte universale Syntax. Chomsky (2010) fasst seine aktuellen Positionen nochmals zusammen. Er bleibt Rationalist, auch wenn aktuelle Formulierungen wie „language is a thought system" (Seminar an der Universität Köln, 8.6.2011) Hoffnung auf eine Überwindung dieser Position erwarten ließen. Bei einer Rückfrage zur Auslegung dieser doppeldeutigen Formulierung, antwortete Chomsky in einer persönlichen E-Mail ausweichend. Das sei gegenwärtig empirisch nicht entscheidbar.

Chomsky, Noam (1966): *Cartesian linguistics. A chapter in the history of rationalist thought*. New York, London: Harper & Row.

Chomsky, Noam (1968/1973): *Sprache und Geist*. Übersetzt von Siegfried Kanngießer, Gerd Lingrün und Ulrike Schwarz. Frankfurt am Main: Suhrkamp 1973 (Suhrkamp Taschenbuch Wissenschaft; 19). [Engl. zuerst 1969].

Chomsky, Noam (1975/1977): *Reflexionen über Sprache*. Übersetzt von Georg Meggle und Maria Ulkan. Frankfurt am Main: Suhrkamp 1977 (Suhrkamp Taschenbuch Wissenschaft; 185). [Engl. zuerst 1975].

Chomsky, Noam (2000): *New horizons in the study of language and mind*. Cambridge: Cambridge University Press.

Chomsky, Noam (2005): Three factors in language design. In: *Linguistic Inquiry* 36, 1–22.

Chomsky, Noam (2010): Some simple evo devo theses: how true might they be for language. In: Larson, Richard K. / Déprez, Viviane / Yamakido, Hiroko (eds.): *The evolution of human language. Biolinguistic perspectives*. Cambridge: Cambridge University Press, 45–62.

Die neuen Perspektiven auf eine Universalgrammatik von Wolfram Hinzen kann man in zwei seiner aktuellen Buchpublikationen nachlesen:

Hinzen, Wolfram (2006): *Mind design and minimal syntax*. Oxford: Oxford University Press.

Hinzen, Wolfram (2007): *An essay on names and truth*. Oxford: Oxford University Press.

Beispiel für den Entwurf einer funktionalistischen Universalgrammatik ist:

Shaumyan, Sebastian (2006): *Signs, mind, and reality. A theory of language as the folk model of the world*. Amsterdam, Philadelphia: Benjamins [Advances in Consciousness Research; 65].

Aus der Flut der konstruktionsgrammatischen Publikationen ragen heraus:

Goldberg, Adele E. (2006): *Constructions at work. The nature of generalization in language*. Oxford: Oxford University Press.

Croft, William (2001): *Radical Construction Grammar. Syntactic Theory in Typological Perspective*. Oxford: Oxford University Press.

Die Beiträge der Komplexitätskonferenz am Max-Planck-Institut in Leipzig finden sich publiziert in einem Sammelband:

Miestamo, Matti / Sinnemäki, Kaius / Karlson, Fred (eds.) (2008): *Language complexity. Typology, contact, change*. Amsterdam: Benjamins (Studies in Language Companion Series; 71).

Die Rassenideologien innerhalb der Sprachwissenschaft in den vergangenen beiden Jahrhunderten finden sich dokumentiert in:

Römer, Ruth (1985): *Sprachwissenschaft und Rassenideologie in Deutschland*. München: Fink.

7 Zusammenfassung und Ausblick

I Zusammenfassung

Das Ziel dieses Buchs war es, eine exemplarische Übersicht der Axiomatiken der unterschiedlichen philosophischen Modellierungen zum Zusammenhang von Sprache, Denken und Welt zu erstellen. Es sollte gezeigt werden, welche axiomatischen Konstellationen prinzipiell möglich sind. Dabei konnte keine vollständige Übersicht erreicht werden. Es wurde auch vermieden, hybride Axiomatiken vorzustellen, die sich fehlender Übersicht über den Gegenstand durch die Autoren verdanken. Es sollte deutlich geworden sein, dass Axiomatiken ganze Denkarchitektoniken generieren, die nicht mehr bewusst gesteuert sind. Traditionslinien wurden immer dann nachgezeichnet, wenn aufgezeigt werden sollte, dass jeder Erkenntnisfortschritt ein Datum hat. Erkenntnisse können in Vergessenheit oder Misskredit gelangen oder verloren gehen, so wie das fünfte Buch der Metaphysik von Aristoteles verlorengegangen war. Bei einer Wiederentdeckung werden alte Wissensbestände erneut wirkungsmächtig, so wie es bei der Entstehung der Sprachtheorie der Modisten im späten Mittelalter der Fall war. Es sollte deutlich geworden sein, dass auch in den Geisteswissenschaften komplexe Erkenntnisse nicht in genialischer Manier neu erfunden werden. Wir können in jedem Fall nur auf den Leistungen Früherer aufbauen. Dass wir dies können, ist wiederum der menschlichen Sprache zu verdanken, da nur sie Kenntnisse zu tradieren und damit komplexe Wissensbestände zu schaffen vermag, in welchem materiellen Format auch immer.

Leitmotiv war die Darstellung von zwei konkurrierenden Tendenzen in der Reflexion über Sprache: die der Aufwertung und die der Abwertung von Sprache. Bei der Aufdeckung der axiomatischen Basis solcher Theorien wurde deutlich, dass die Annahme versus Nichtannahme von Relationen in Sprache, Denken und Welt das auslösende Moment für alle weiteren davon ableitenden Annahmen zur Konfiguration des Verhältnisses von Sprache, Denken und Wirklichkeit sind. Es wurde gezeigt, dass in der Sprachphilosophie die abwertenden Tendenzen bis zum 20. Jahrhundert kontinuierlich zugenommen haben und zum philosophischen Mainstream wurden, während die parallel neu entstehende, die Einzelsprachphilologien ablösende Sprachwissenschaft durch die Aufwertung von Sprache charakterisiert ist. Am Schluss wurde auf die mögliche Gefährdungen der Linguistik und ihrer Ergebnisse durch die antirelational argumentierende Konstruktionsgrammatik aufmerksam gemacht. War vorher deutlich geworden, dass sich Philosophie und Sprachphilosophie durch die Abwertung der Funktion von Sprache selbst abgewertet und in die Defensive gedrängt haben, so lässt sich ermessen, welche wissenschaftliche Regressionen sich von den aktuell entstehenden antirelationalen Tendenzen in der Linguistik schon jetzt prognostizieren lassen. Es sollte deutlich geworden sein, dass dieser Schaden nicht allein das Fach betrifft, sondern dass sich auf lange Sicht soziale Pathologien daraus ableiten lassen, die erheblich in unseren Alltag eingreifen.

Aus all dem ist der Schluss zu ziehen, dass wir auf eine relationale Sprachtheorie nicht verzichten können. Eine solche Sprachtheorie hatte bisher immer schon die Theorie einer Universalgrammatik beinhaltet. Das gegenwärtig vorherrschende rationalistische Format einer UG hat allerdings die Grenzen dessen, was dessen Axiomatik an Erkenntnissen zu erzielen erlaubt, erreicht. Plädiert wird daher für eine UG in einem nichtcartesianischen Format.

II Das neue Format einer Universalgrammatik (UG)

Das neue Format einer Universalgrammatik sollte ein nichtrationalistisches Format haben. Das würde bedeuten, dass neben dem Begriff der Relation auch der Begriff der Funktion zentralen Stellenwert bei der Modellierung einer solchen Sprachtheorie zugewiesen bekommt. Mit dem Begriff der Funktion werden kausalistische und deterministische Erklärungsansätze ausgeschlossen. Kausale Erklärungen setzen isolierbare Entitäten in der Welt voraus und damit nominalistische Axiomatiken. Solche Axiomatiken schließen Teil-Ganzes-Relationen aus. Da Sprache aber fast ausschließlich aus Teil-Ganzes-Relationen besteht, muss eine Logik der Teil-Ganzes-Relationen (Mereologie) nichtnominalistischer Ausrichtung als Beschreibungsinstrument herangezogen werden. Bei einer funktional konzipierten UG hat auch Varianz einen völlig anderen Stellenwert als in einer deterministisch konzipierten UG. Varianten stellen Phänotypen dar, die alle derselben Funktion zugeordnet sind. Ohne den Begriff der Funktion lässt sich sprachliche Varianz nicht angemessen beschreiben und erklären. Das neue Format einer UG sollte auch die Einsichten der modistischen Grammatik des späten Mittelalters berücksichtigen, wonach grammatische Kategorien alternative Perspektiven auf die Welt ermöglichen. Keine dieser Perspektivierungen soll mit dem betrachteten Gegenstand verwechselt und innerhalb einer sprachtheoretischen Modellierung privilegiert werden. Das neue Format einer UG ist ein nichtnaives Modell der Homologie zwischen Welt und menschlicher Kognition. Homologie wird dabei durch das formale Instrument der Sprache hergestellt. Struktur findet sich dabei nicht nur im Bereich der Grammatik, sondern auch im Bereich des Lexikons. Irregularitäten der Grammatik können daher ihren Ort nicht im Lexikon finden, weil sie qualitativ einer völlig anderen funktionalen Domäne angehören.

Im Folgenden soll ein kurzer Entwurf der Komponenten einer solchen Grammatik skizziert werden. Im Mittelpunkt steht dabei die Unterscheidung zwischen Lexikon und Grammatik bei den Modisten und bei Peirce. Ausgangspunkt ist eine Zeichentheorie, wie sie von der Pragmatik entwickelt wurde und im Rahmen der Relevanztheorie von Sperber/Wilson (1986) weiterentwickelt wurde.

Zeichen sind gerichtet. Darin besteht ihre primäre Funktion. Durch ihre Gerichtetheit lenken sie unsere Aufmerksamkeit auf einen Ausschnitt der Umwelt. Das ist für das Zeigen mit dem Finger (Index) unmittelbar einsichtig. Für sprachliche Zeichen gilt dasselbe. Sie sind nur funktionsmächtiger, weil sie auch auf vergangene und zukünftige, auf reale und imaginierte Kontexte etc. referieren können.

Ein weiterer Punkt ist wichtig. Es handelt sich um das Kommunikationsmodell, von dem wir bei der Beschreibung von Sprache ausgehen. Wenn wir miteinander sprechen, so überspielen wir nicht Informationen von einem Gehirn ins andere, wie es die verbreiteten Kommunikationsmodelle postulieren, die sich auf Shannon und Weaver beziehen. Die Widerlegung dieses Modells ist Sperber/Wilson (1986) zu verdanken. Sie haben ihre Kritik an diesem Modell pointiert zusammengefasst: „Gedanken reisen nicht". Sätze sind nicht so informationshaltig, dass sie die Vorstellungsbilder vollständig transportieren könnten, die sie im Hörer hervorrufen. Wir können lediglich die Aufmerksamkeit der Zuhörer auf gemeinsame und aktualisierte Kontexte lenken. Die Kontexte, auf die wir mit Sprache referieren, werden somit als relevant gesetzt. Text ist somit definierbar als relevant gesetzter Kontext. Mit diesen ersten relevanz- und zeichentheoretischen Überlegungen lässt sich Text als relevant gesetzter Kontext definieren. Damit ist die Frage beantwortet, ob sprachliche Repräsentationen die Welt abbilden: Sie bilden (für uns) relevante Ausschnitte der Welt ab.

In einem nächsten Schritt soll die Funktion lexikalischer Semantik und damit des Lexikons skizziert werden. Dazu muss zwischen Perzepten und Konzepten unterschieden werden. Diese Unterscheidung fehlt in vielen semantischen Modellen. Perzepte bestehen aus individuellen Vorstellungsbildern mit potentiell unendlich vielen wahrnehmbaren Merkmalen. Perzepte lassen sich somit schwer speichern. Nehmen wir an, wir schauen ein Gebäude zum ersten Mal an und betreten es dann. Wer würde sich, einmal bereits im Gebäude drinnen, an alle Merkmale der Fassade, die er gesehen hat, erinnern und diese benennen können? Perzepte lassen sich aber nicht nur schwer speichern und deshalb schwer erinnern; sie lassen sich auch nur schwer mitteilen. Die Aufgabe der lexikalischen Semantik ist es in erster Linie, die Mitteilbarkeit unserer Wahrnehmungen zu ermöglichen. Dazu müssen Perzepte in Konzepte verwandelt werden. Konzepte enthalten im Gegensatz zu Perzepten endlich viele Merkmale. Auf Grund ihrer Endlichkeit lassen sie sich im semantischen Gedächtnis speichern. Die Einträge im mentalen Lexikon stellen keine individuellen Gedächtnisinhalte dar. Dazu ein Beispiel: Das Lexem *Großmutter* enthält die Merkmale [+WEIBLICH][+VERWANDT][MUTTER VÄTERLICHER- ODER MÜTTERLICHERSEITS][+RELATIV ALT]. Ganz gleich, welcher semantischer Theorie man anhängt (Merkmalssemantik, Prototypensemantik, unterspezifizierte Semantik), eines lässt sich sagen: Die Einträge bestehen aus endlich vielen Merkmalen (die Anzahl lässt sich je nach Modell diskutieren), und sie bestehen aus intersubjektiv relativ stabilen Merkmalen. Wenn Kinder Bedeutungen erwerben, dann haben sie die intersubjektiven Merkmale zu ermitteln, die mit einem Ausdruck verbunden sind. Zwar ruft jeder bei der Verwendung eines Lexems ein individuelles Vorstellungsbild auf, das mit individuellen persönlichen Erinnerungen und Assoziationen angereichert ist, doch wir trennen sehr genau zwischen intersubjektiven semantischen Merkmalen und individuellen Merkmalen. Die semantischen Merkmale sind im semantischen Gedächtnis gespeichert und dadurch gekennzeichnet, dass sie keine Lokalisationen in Raum und Zeit aufweisen. Die individuellen Merkmale sind in Raum und Zeit lokalisierbar und sind Teil unseres episodischen Gedächtnisses. Semantisches Gedächtnis und episodisches Gedächtnis sind dissoziierbar, auch wenn sie bei konkret aufgerufenen Vorstellungsbildern untrennbar zu sein scheinen.

Konzepte sind Klassenbegriffe (Appellativa). Sie referieren nicht auf Individuen, wie das etwa Eigennamen tun. Die zentrale Funktion von Appellativa ist die Verendlichung der Welt durch Klassenbildung. Auf diese Weise ist sie kognitiv überhaupt erst zu bewältigen. Hier wird deutlich, dass Sprache mehr ist als nur Kommunikationsmittel. Es ist vielmehr ein Instrument zur kognitiven Bewältigung von Welt. Durch die Selektion von Merkmalen entstehen lexikalische Einheiten, die von der Wirklichkeit abstrahieren und dadurch zu einem skizzenhaften Abbild der Realität werden. Da es sowohl Hyperonyme (*Tier*) als auch Hyponyme (*Giraffe*) und Lexeme mittleren Abstraktionsgrades gibt (*Säugetier*), die sich voneinander durch die Anzahl der semantischen Merkmale unterscheiden, lässt sich das mentale Lexikon nicht als starres Inventar von Einheiten charakterisieren. Vielmehr stellt es durch seine Architektonik unterschiedliche Objektive bereit, durch welche die Wirklichkeit abgebildet wird. Durch solche Makro- und Mikroselektionen von Merkmalen erfolgt ein variabler Zugriff auf die Wirklichkeit. Dabei stehen die Klassen in einem Teil-Ganzes-Verhältnis. Die Menge der Giraffen ist eine Teilmenge der Säugetiere, dies ist wiederum eine Teilmenge der Tiere. Umgekehrt enthält das Konzept ‚Giraffe' alle Merkmale des Konzepts von ‚Säugetiere' als Teilmenge; und ‚Säugetiere' enthält seinerseits wieder die gesamten Merkmale von ‚Tiere'. Es liegt somit ein umgekehrt proportionales Verhältnis zwischen der extensionalen und der intensionalen Bedeutung einer lexikalischen Einheit vor. Doch ganz gleich, ob man Bedeutungen nur extensional (wie Carnap) beschreiben will, oder intensional, man entkommt nicht einer Teil-Ganzes-Architektonik. In jedem Fall liegen Inklusionsverhältnisse vor. Das Lexikon weist somit ebenfalls Struktur auf und kann daher nicht als Ort für die Speicherung von grammatischen Irregularitäten fungieren. Dazu kommt, dass die lexikalische Struktur andere Funktionen unterstützt als grammatische Strukturen.

Die lexikalische Semantik ist für die Verendlichung und damit die Kategorisierung der wahrgenommenen Welt zuständig. Nun besteht jede Wahrnehmung aus Kategorisierungsleistungen. Es stellt sich also die Frage, worin die zusätzliche Leistung der lexikalischen Semantik besteht. Jedes Lebewesen kategorisiert, selbst die einfachsten unter ihnen. Ein beliebtes Beispiel zur Illustration der Kategorisierungsleistungen von Lebewesen ist die Amöbe, die ihre Umwelt in Hindernisse und Nichthindernisse einteilt. Der Unterschied zu den angeborenen Kategorisierungsleistungen von Tieren liegt in den alternativen Perspektivierungsleistungen, die uns die Architektonik des mentalen Lexikons zur Verfügung stellt. Wir können Fein- und Grobeinstellungen bei der Kategorisierung der Welt wählen, je nachdem ob wir einen Unter- oder Überbegriff verwenden. Diese Wahlfreiheit in der Fein- und Grobkörnigkeit der Kategorisierung steht sprachlosen Lebewesen nicht zur Verfügung.

Unterschiedliche Perspektivierungsleistungen, wenn auch qualitativ anderer Art, werden auch durch die grammatische Semantik geleistet. Die Leistung von Grammatik lässt sich durch ein Gedankenexperiment illustrieren. Man versuche, grammatische Elemente, die nach McWhorter ohnehin nur Sprachverzierungen darstellen, einen Tag lang wegzulassen. Nehmen wir an, Sie gehen an einen Obststand und wollen unter diesen experimentellen Bedingungen einen Apfel kaufen. Was würden Sie tun? Ohne erklärt bekommen zu haben, was alles unter Grammatik fällt, würden Sie auf einen Apfel deuten. Offenbar stellt Grammatik also Referenz her, die ein Klassenbegriff wie ‚Apfel‘ nicht herzustellen vermag. Grammatische Zeichen sind somit indexikalische Zeichen. Worin besteht nun aber der Mehrwert von grammatischer Semantik im Gegensatz zum konkreten Zeigen auf die Welt. Zeigen ist in der Gegenwart verankert. Wir können nicht auf entfernte Kontexte verweisen, seien sie nun räumlich oder zeitlich entfernt. Wir können nicht auf irreale Welten verweisen. Wir können nicht einmal zwischen DIESEM Apfel und einem SOLCHEN Apfel unterscheiden. Die grammatische Semantik stellt uns dafür eigene Kategorien und damit unterschiedliche Perspektivierungsleistungen zur Verfügung.

Fassen wir die Leistungen von lexikalischer und grammatischer Semantik zusammen, so wird klar, dass die Funktion von lexikalischer Semantik die

Verendlichung der Welt durch Klassenbildung ist, während die Funktion der grammatischen Semantik in der Wiederherstellung der Referenz besteht, die durch die Verendlichung der Welt durch Klassenbildung zunächst aufgehoben worden ist. In einer Proposition sind lexikalische und grammatische Semantik miteinander vielfach verzahnt. Dadurch kommt es zur sekundären Erzeugung von Referenz. Im Grunde ist die Proposition eine Art Software zur sekundären Erzeugung von Eigennamen. Der vollständige Satz ist ein Eigenname.[89] Während man auf Appellative als Klassenbegriffe nicht referieren und man ihnen daher keinen Wahrheitswert zuordnen kann (‚Apfel' kann nicht wahr oder falsch sein), können Propositionen Wahrheitswerte zugeordnet werden. Sätze haben somit ein Format, das Denken erst möglich macht. Wir können Urteile bilden und sie mit den Urteilen anderer vergleichen und so unsere irrtumsanfälligen persönlichen Erfahrungen miteinander vergleichen und objektivieren. Im Grunde ermöglicht die Proposition damit den Prozess der Triangulation im Sinne von Davidson, wodurch die Erzeugung von Objektivität erst ermöglicht wird. Dabei ist Objektivität immer ein Annäherungsprozess an die Realität, der aber auf Grund der Komponenten von Sprache immer schon auf die Wirklichkeit Bezug nimmt (über Ähnlichkeitsrelationen im Fall der lexikalischen Semantik und über raumzeitliche Indexikalisierungsfunktionen im Fall der grammatischen Semantik), so dass wir uns mit Modellen an die Realität annähern können. Im Grunde handelt es sich im Sinne Karl Poppers um einen infiniten Annäherungsprozess, der nie zu einem Ende kommt.

Sowohl in der lexikalischen Semantik als auch in der grammatischen Semantik sind Teil-Ganzes-Relationen bestimmend. Im mentalen Lexikon organisieren sie die Merkmalshaltigkeit der Bedeutungen in unterschiedlichen Feineinstellungen. In der Grammatik sind sie für die Gliederung des Lautstroms (bzw. des materiellen Ausdrucks allgemein) zuständig. Die Serialisierung bzw. das Nacheinander in Raum und Zeit wird in Einheiten zerlegt, die in Inklusionsrelationen zueinander stehen: Phoneme sind Teile von Morphemen; diese wiederum von Wörtern; Wörter sind Teile von Konstituenten (Phrasen), welche ihrerseits die Bausteine von Sätzen bilden.

Sowohl grammatische Semantik als auch lexikalische Semantik sind somit durchgehend durch mereologische Strukturierung von jeweils unterschiedlicher Qualität gekennzeichnet. Lexikoneinträge haben dabei noch keine Wortartzugehörigkeit. Wortarten stellen die erste Schicht an grammatischer Perspektivierung dar. Das mentale Lexikon sollte man sich somit ohne Wortartzuordnung und auch ohne Einträge zu weiteren grammatischen Katego-

---

89 So die Definition von Jean Marie Zemb in einer Vorlesung im Wintersemester am *Collège de France* in Paris.

rien vorstellen. Die genaue Trennung zwischen dem Funktionsbereich des Lexikons und dem der Grammatik, wie sie bereits von der modistischen Grammatikschreibung durchgeführt wurde, ist die Voraussetzung für die Beschreibung der Organisationsprinzipien von Propositionen und damit der Formatierung unserer Gedanken durch Sprache. Die Prinzipien dieser Formatisierungstechnik sind angeboren und somit universal. Sie garantieren die Mitteilbarkeit von welthaltigen und sprachlich formatierten Gedanken. Diese Mitteilbarkeit betrifft nicht nur unsere Gesprächspartner, sondern auch uns selbst. Ohne die Kategorisierungs- und Reduktionsleistungen von Sprache könnten wir unsere Erfahrungen nicht in einem Format speichern, das hinreichend intersubjektiv ist, um in anderen Kontexten verstanden und damit tradiert werden zu können. Sprache ist somit die Voraussetzung für die Tradierung von erfolgreichen Erfahrungen, von Wissensbeständen und damit von Technik und Kultur.

Literaturverzeichnis

Im Folgenden wird nicht zwischen Primär- und Sekundärliteratur unterschieden, da bei einer Vielzahl der aufgeführten Arbeiten diese Differenzierung nicht greift.

Aboitiz, Francisco et al. (2006): The origins of Broca's Area and its connections from an ancestral working memory network. In: Grodzinsky, Yosef / Amunts, Katrin (eds.): *Broca's region*. Oxford: Oxford University Press, 3–16.

Alexander, Samuel (1920): *Space, Time, and Deity. The Gifford lectures at Glasgow 1916–1918*. 2 Bde. London: Macmillan.

Alexander, Samuel (1970): *Philosophical and literary pieces*. Edited, with a memoir, by his literary executor. Westport, Connecticut: Greenwood Press.

Al-Ghazali, Abu-Hamid Muhammad: *Der Erretter aus dem Irrtum*. Aus dem Arabischen übersetzt und hrsg. von Abd-Elsamad Abd-Elsamid Elschazli. Hamburg: Meiner 1994 (Philosophische Bibliothek; 389).

Andersen, Henning (2007). Review of Östen Dahl, The growth and maintenance of linguistic complexity. Amsterdam: Benjamins 2004. [Studies in Language Companion Series 71]. Am 15.03.2009 unter: *http://www.humnet.ucla.edu/humnet/slavic/faculty/andersen/dahl.pdf*

Ansaldo, Umberto / Matthews, Stephen / Lim, Lisa (eds.) (2007): *Deconstructing Creole*. Amsterdam, Philadelphia: Benjamins (Typological Studies in Language; 73).

Apel, Karl-Otto (1988): *Diskurs und Verantwortung. Das Problem des Übergangs zur postkonventionellen Moral*. Frankfurt am Main: Suhrkamp.

Aristoteles: *Metaphysik. Schriften zur Ersten Philosophie*. Übersetzt und hrsg. von Franz F. Schwarz. Stuttgart: Reclam 1984 (Reclam Universalbibliothek; 7913).

Aristoteles: *Philosophische Schriften in sechs Bänden*. Hamburg: Meiner 1995 (Lizenzausgabe für die Wissenschaftliche Buchgesellschaft, Darmstadt).

Arnauld, Antoine / Lancelot, Claude: (1660/1676/1966): *Grammaire generale et raisonnée ou La Grammaire de Port-Royal*. Édition critique présentée par Herbert E. Brekle. Nouvelle impression en facsimilé de la troisième édition de 1676. Stuttgart-Bad Cannstatt: Frommann-Holzboog 1966 (Grammatica universalis; 1).

Atherton, Margaret (2008): The objects of immediate perception. In: Daniel 2008, 107–119.

Auroux, Sylvain / Kouloughli, Djamel (1995): Für eine ‚richtige' Philosophie der Linguistik. In: Trabant 1995, 29–51.

Auroux, Sylvain / Deschamps, Jacques / Kouloughli, Djamel (1996): *La philosophie du langage*. Paris: Presses universitaires de France.

Austin, John L. (1962/1975/1981): *Zur Theorie der Sprechakte (How to do things with Words)*. Deutsche Bearbeitung von Eike von Savigny. Stuttgart: Reclam ²1981 (Universal-Bibliothek; 9396). [Engl. 1962 und 1975].

Bartschat, Brigitte (1996): *Methoden der Sprachwissenschaft von Hermann Paul bis Noam Chomsky*. Berlin: Erich Schmitt.

Baxter, Timothy M.S. (1992): *The Cratylus. Plato's critique of naming*. Leiden, New York, Köln: E. J. Brill (Philosophia Antiqua; 58).

Beckmann, Jan P. (1995): *Wilhelm von Ockham*. München: Beck (Beck'sche Reihe; 533).

Bergmann, Gustav (1964): Realistic postscript. In: Bergmann, Gustav: *Logic and Reality*. Madison: University of Wisconsin Press, 304–340.

Berkeley, George (1710/1998): *A treatise comcerning the principles of human understanding*. Ed. by Jonathan Dancy. Oxford: Oxford University Press 1998.

Berkeley, George (1710/2004): *Eine Abhandlung über die Prinzipien menschlicher Erkenntnis*. Übersetzt, mit einer Einleitung hrsg. Von Arend Kulenkampff. Hamburg: Meiner 2004 (Philosophische Bibliothek; 532).

Berkeley, George (1733/1987): *Versuch über eine neue Theorie des Sehens* und *Die Theorie des Sehens oder der visuellen Sprache ... verteidigt und erklärt*. Übersetzt und hrsg. von Wolfgang Breidert. Hamburg: Meiner 1987 (Philosophische Bibliothek; 399).

Berlin, Brent / Kay, Paul (1969): *Basic color terms. Their universality and evolution*. Los Angeles: University of California Press.

Bernhardi, August Ferdinand (1805/1990): *Anfangsgründe der Sprachwissenschaft*. Faksimile-Neudruck der Ausgabe Berlin 1805. Mit einer Einleitung von Roswitha Wild-Schedlbauer. Stuttgart-Bad Cannstatt: Frommann-Holzboog 1990 (Grammatica universalis; 18).

Bernstein, Richard (1998): Faire la part de ce qui sépare Rorty et Habermas et se situer dans l'entre deux. In: Gaillard, Françoise / Poutain, Jacques / Schusterman, Richards (eds.): *La modernité en questions. De Richard Rorty à Jürgen Habermas*. Paris: Les Editions du Cerf, 14–23.

Bickerton, Derek (1981): *Roots of language*. Ann Arbor, Mich.: Karoma.

Bickerton, Derek (1990): *Language and species*. Chicago: Chicago University Press.

Bittner, Dagmar (1995): Affixhomonymie in der Natürlichkeitstheorie. Betrachtung der Form-Inhalt-Relationen bei den -er-Bildungen im Deutschen. In: Boretzky, Norbert et al. (eds.): *Natürlichkeitstheorie und Sprachwandel. Beiträge zum internationalen Symposium über „Natürlichkeitstheorie und Sprachwandel" an der Universität Maribor*. Bochum: Brockmann, 123–144.

Blumenberg, Hans (1981/1986): *Die Lesbarkeit der Welt*. Frankfurt am Main: Suhrkamp 1986 (Suhrkamp Taschenbuch Wissenschaft; 592) [Zuerst 1981].

Blumenthal, P. J. (2003/2005): *Kaspar Hausers Geschwister. Auf der Suche nach dem wilden Menschen*. München, Zürich: Piper 2005 [Erstauflage 2003].

Borsche, Tilman (Ed.) (1996): *Klassiker der Sprachphilosophie. Von Platon bis Noam Chomsky*. München: Beck.

Braun, Edmund (Ed.) (1996): *Der Paradigmenwechsel in der Sprachphilosophie. Studien und Texte*. Darmstadt: Wissenschaftliche Buchgesellschaft.

Brent, Charles (1993): *Charles Sanders Peirce. A Life*. Bloomington, Indianapolis: Indiana University Press.

Brose, Thomas (2006): *Johann Georg Hamann und David Hume. Metaphysikkritik und Glaube im Spannungsfeld der Vernunft*. 2 Bände. Frankfurt am Main u.a.: Lang (Europäische Studien zur Ideen- und Wissenschaftsgeschichte; 13).

Bursill-Hall, Geoffrey L. (1971): Speculative grammars of the Middle Ages. The doctrine of *partes orationis* of the Modistae. The Hague, Paris: Mouton (Approaches to Semiotics; 11).

Bühler, Karl (1934/1982): *Sprachtheorie*. Stuttgart, New York: Gustav Fischer 1982 (Ullstein Taschenbuch; 1159).

Carnap, Rudolf (1963): Intellectual Autobiography. In: Schilpp, Paul Arthur (ed.): *The Philosophy of Rudolf Carnap*. La Salle, Illinois: Open Court 1963, 1–84.

Carnap, Rudolf (1928/1966): *Scheinprobleme in der Philosophie. Das Fremdpsychische und der Realismusstreit*. Nachwort von Günther Patzig. Frankfurt am Main: Suhrkamp 1966 [Gedruckt nach der 2. Auflage von: Carnap, Rudolf: Der logische Aufbau der Welt. Erstauflage 1928].

Carnap, Rudolf (1928/1998): *Der logische Aufbau der Welt*. Hamburg: Meiner 1998 (Philosophische Bibliothek; 514). [Erstauflage 1928].

Carnap, Rudolf (1931): Überwindung der Metaphysik durch die logische Analyse der Sprache. In: *Erkenntnis* 2, 219–241.

Carnap, Rudolf (1934): *Logische Syntax der Sprache*. Wien: Julius Springer.

Carnap, Rudolf / Quine, Willard van Orman (1990): *Dear Carnap, dear Van. The Quine-Carnap correspondence and related work*. Ed., with an introduction by Richard Creath. Berkeley: University of California Press.

Charles, Sébastien (2008): Berkeley and the *Lumières*: Misconception and Reconstruction. In: Daniel 2008, 283–309.

Chomsky, Noam (1965/1973): *Aspekte der Syntax-Theorie*. Übersetzt und hrsg. von einem Kollektiv unter der Leitung von Ewald Lang. Frankfurt am Main: Suhrkamp 1973 [Engl. Zuerst 1965].

Chomsky, Noam (1966): *Cartesian linguistics. A chapter in the history of rationalist thought*. New York, London: Harper & Row.

Chomsky, Noam (1968/1973): *Sprache und Geist*. Übersetzt von Siegfried Kanngießer, Gerd Lingrün und Ulrike Schwarz. Frankfurt am Main: Suhrkamp 1973 (Suhrkamp Taschenbuch Wissenschaft; 19). [Engl. Zuerst 1969].

Chomsky, Noam (1975/1977): *Reflexionen über Sprache*. Übersetzt von Georg Meggle und Maria Ulkan. Frankfurt am Main: Suhrkamp 1977 (Suhrkamp Taschenbuch Wissenschaft; 185). [Engl. Zuerst 1975].

Chomsky, Noam (1980/1981): *Regeln und Repräsentationen*. Übersetzt von Helen Leuninger. Frankfurt am Main: Suhrkamp 1981 (Suhrkamp Taschenbuch Wissenschaft; 351). [Engl. Zuerst 1980].

Chomsky, Noam (1955/1985): *The logical structure of linguistic theory*. Chicago: Chicago University Press 1985.

Chomsky, Noam (2000): *New horizons in the study of language and mind*. Cambridge: Cambridge University Press.

Chomsky, Noam (2005): Three factors in language design. In: *Linguistic Inquiry* 36, 1–22.

Cloeren, Hermann J. (1988): *Language and Thought: German Approaches to Analytic Philosophy in the 18th and 19th Centuries*. Berlin, New York: de Gruyter.

Comenius, Johann Amos (1668/1987): *Der Weg des Lichts (Via lucis)*. Eingeleitet, übersetzt und mit Anmerkungen versehen von Uwe Voigt. Stuttgart: Meiner 1987 (Philosophische Bibliothek; 484). [Lateinische Erstauflage: Amsterdam 1668].

Coseriu, Eugenio (1969–1972): *Die Geschichte der Sprachphilosophie von der Antike bis zur Gegenwart. Eine Übersicht*. Vorlesung gehalten im Wintersemester 1968/69 an der Universität Tübingen. Teil I: Von der Antike bis Leibniz. Teil II: Von Leibniz bis Rousseau. 1. Auflage, Tübingen: Narr 1969 und1972.

Coseriu, Eugenio (1976): *Synchronie, Diachronie und Geschichte. Das Problem des Sprachwandels*. Aus dem Spanischen von Helga Sohre. München: Fink (Bibliothek der allgemeinen Linguistik; 3). [Spanisch 1973].

Coseriu, Eugenio (2003): *Die Geschichte der Sprachphilosophie von den Anfängen bis Rousseau*. Neu bearbeitete und erweiterte Auflage von Jörn Albrecht. Tübingen: Francke (UTB; 2266).

Coseriu, Eugenio (2004): *Der Physei-Thesei-Streit. Sechs Beiträge zur Geschichte der Sprachphilosophie*. Hrsg. von Reinhard Meisterfeld. Tübingen: Narr.

Covington, Michael A. (1984): *Syntactic theory in the High Middle Ages*. Cambridge: Cambridge University Press (Cambridge Studies in Linguistics; 39).

Croft, William (2001): *Radical Construction Grammar. Syntactic Theory in Typological Perspective*. Oxford: Oxford University Press.

Dahl, Östen (2004): *The growth and maintenance of linguistic complexity*. Amsterdam: Benjamins (Studies in Language Companion Series; 71).

Daniel, Stephen H. (Ed.) (2008): *New interpretations of Berkeley's thought*. New York: Humanity Press.

Daniel, Stephen H. (2008a): Introduction to *New interpretations of Berkeley's thought*. In: Daniels 2008:15–22.

Dascal, Marcelo / Gerhardus, Dietfried / Lorenz, Kuno / Meggle, Georg (Eds.): *Sprachphilosophie*. 2 Bde. Berlin, New York: de Gruyter 1992 u. 1996 (Handbücher zur Sprach- und Kommunikationswissenschaft; 7.1, 7.2).

Davidson, Donald (1969/1980). The logical form of action sentences. In: Davidson 1980:105–148 [zuerst 1969].

Davidson, Donald (1980): *Essays on actions and events*. Oxford: Clarendon Press.

Davidson, Donald (1980/1985): *Handlung und Ereignis*. Übersetzt von Joachim Schulte. Frankfurt am Main: Suhrkamp 1985 [Englisch zuerst 1980 als *Essays on actions and events*].

Davidson, Donald (1982/2001/2004): Vernünftige Tiere. In: Davidson 2001/2004:233–269 [zuerst 1982].

Davidson, Donald (2001/2004): *Subjektiv, intersubjektiv, objektiv*. Übersetzt von Joachim Schulte. Frankfurt am Main 2004 [Titel der Originalausgabe: *Subjective, Intersubjective, Objective*, 2001].

Davidson, Donald (1983/2001/2004): Eine Kohärenztheorie der Wahrheit und der Erkenntnis. In: Davidson 2001/2004:233–269 [zuerst 1983, dort noch ohne den späteren Nachtrag, der eine Antwort auf Rortys Kritik des Artikels darstellt].

Davidson, Donald: (1997/2001/2004): Indeterminismus und Antirealismus. In: Davidson 2001/2004:127–151.

Davidson, Donald: (1997/2001/2004): Die Entstehung des Denkens. In: Davidson 2001/2004:211–229 [1997 zum ersten Mal deutsch unter dem Titel „Die Emergenz des Denkens" erschienen].

Davidson, Donald/Rorty, Richard (2005): *Wozu Wahrheit? Eine Debatte*. Mit einem Nachwort von Mike Sandbothe. Frankfurt am Main: Suhrkamp (Suhrkamp Taschenbuch Wissenschaft; 1691).

De Grazia, Margreta (1980): The Secularization of Language in the Seventeenth Century. In: *Journal of the History of Ideas* 41, 319–329.

Delaney, C.F. (1984): The journal of speculative philosophy papers. Introduction to volume 2 of Peirce 1982ff., xxxvi–xlii.

Dressler, Wolfgang U. et al. (1987): *Leitmotifs in Natural Morphology*. Amsterdam, Philadelphia: Benjamins.

Eco, Umberto (1981): Der Einfluß Roman Jakobsons auf die Entwicklung der Semiotik. In: Krampen, Ulrich / Oehler, Klaus / Posner, Roland / Uexküll, Thure von (eds.): *Die Welt als Zeichen. Klassiker der modernen Semiotik*. Berlin: Severin und Siedler, 171–204.

Eco, Umberto; Marmo, Constantino (Eds.): *Glosses on the Medieval Theory of Signs*. Amsterdam, Philadelphia: Benjamins 1989 (Foundations of semiotics; 21).

Eco, Umberto (1993/1994): *Die Suche nach der vollkommenen Sprache*. München: Beck 1994 [Ital.: La ricerca della lingua perfetta nella cultura europea, 1993].

Engel, Sabine (1998): *Das universale System der Personalpronomina. Das Fundament für Habermas' normative Begründung der menschlichen Vernunft?* Frankfurt am Main u.a.: Lang (Europäische Hochschulschriften: Reihe 22, Soziologie; 323).

Everett, Daniel L. (2005): Cultural constraints on grammar and cognition in Pirahã. In: *Current Anthropology* 46, 621–646.

Farrell, Frank B. (1995): Rorty and Antirealism. + Rorty, Richard: Response to Frank Farrell. In: Saatkamp, Herman J. Jr. (Ed.): *Rorty and Pragmatism. The Philosopher Responds to His Critics*. Nashville, London: Vanderbilt University Press 1995, 154–195.

Fenk-Oczlon, Gertraud / Fenk, August (2008): Complexity trade-offs between the subsystems of language. In: Miestamo/Sinnemäki/Karlson 2008, 43–65.

Feyerabend, Paul (1975/1976): *Wider den Methodenzwang. Skizze einer anarchistischen Erkenntnistheorie*. Übersetzt von Hermann Vetter. Frankfurt am Main: Suhrkamp 1976 [Engl. zuerst 1975].

Figal, Günter (1995): *Sokrates*. München: Beck (Beck'sche Reihe, 530).

Fisch, Max H. (1984): The decisive year and its early consequences. Introduction to volume 2 of Peirce 1982ff., xxi–xxxvi.

Fodor, Jerry A. (2008): *The language of thought revisited*. Oxford: Oxford University Press.

Frankfurt, Harry G. (2005/2006): *Bullshit*. Aus dem Amerikanischen von Michael Bischoff. Frankfurt am Main: Suhrkamp.

Franzen, Winfried (1995): Die Sprache und das Denken. Zum Stand der Diskussion über den ,linguistischen Relativismus'. In: Trabant 1995, 249–268.

Frege, Gottlob (1884/1987): *Die Grundlagen der Arithmetik. Eine logisch mathematische Untersuchung über den Begriff der Zahl*. Mit einem Nachwort hrsg. von Joachim Schulte. Stuttgart: Reclam 1987 (Universal-Bibliothek; 8425).

Gaier, Ulrich (1996): Johann Gottfried Herder. In: Borsche 1996: 215–231, 486–487.

Gil, David (2008): How complex are isolating languages? In: Miestamo/Sinnemäki/Karlson 2008, 109–131.

Gipper, Helmut (1972): *Gibt es ein sprachliches Relativitätsprinzip? Untersuchungen zur Sapir-Whorf-Hypothese*. Frankfurt am Main: S. Fischer.

Glüer, Kathrin (1993): *Donald Davidson zur Einführung*. Hamburg: Junius (Zur Einführung; 89).

Glüer, Kathrin (2006): Triangulation. In: Lepore/Smith 2006:1006–1019.

Goldberg, Adele E. (2006): *Constructions at work. The nature of generalization in language*. Oxford: Oxford University Press.

Grabmann, Martin (1943): *Thomas von Erfurt und die Sprachlogik des mittelalterlichen Aristotelismus*. München: Verlag der Bayerischen Akademie der Wissenschaften (Sitzungsberichte der Bayerischen Akademie der Wissenschaften. Philosophisch-historische Abteilung, Heft 2).

Graeser, Andreas (1996): Aristoteles. In: Borsche 1996: 33–47, 452–454.

Grammatica Speculativa. Sprachtheorie und Logik des Mittelalters. Hrsg. von Klaus Jacobi und Corneille Henri Kneepkens. 5 Bände. Stuttgart-Bad Cannstatt: Frommann-Holzboog 1977–1999.

Grammatica Universalis. Meisterwerke der Sprachwissenschaft und der Sprachphilosophie. Eingeleitet und hrsg. von Brekle, Herbert E.. 16 Bände. Stuttgart-Bad Cannstatt: Frommann-Holzboog 1966–1979.

Greenberg, Joseph H. (Ed.) (1963): *Universals of language. Report of a conference held at Dobbs Ferry. New York, April 13–15*. Cambridge, Mass.: MIT Press.

Greenberg, Joseph H. (1966): *Language universals. With special reference to feature hierarchies*. The Hague, Paris: Mouton.

Greenberg, Joseph H. (Ed.) (1978): *Universals of human language*. 4 vols., Stanford: Stanford University Press.

Gripp, Helga (1984): *Jürgen Habermas. Und es gibt sie doch– Zur kommunikationstheoretischen Begründung von Vernunft bei Jürgen Habermas*. Paderborn u.a.: Schöningh (UTB; 1307).

Gulyga, Arsenij (1977/1985): *Immanuel Kant*. Aus dem Russischen übertragen und mit einem Nachwort versehen von Sigrun Bielfeldt. Frankfurt am Main: Suhrkamp 1985 (Suhrkamp Taschenbuch; 1093) [Russ. Erstausgabe 1977].

Habermas, Jürgen (1981): *Theorie des Kommunikativen Handelns*. 2 Bde., Frankfurt am Main: Suhrkamp.

Habermas, Jürgen (1983): *Moralbewußtsein und kommunikatives Handeln*. Frankfurt am Main: Suhrkamp (Suhrkamp Taschenbuch Wissenschaft; 422).

Habermas, Jürgen (1984): *Vorstudien und Ergänzungen zur Theorie des kommunikativen Handelns*. Frankfurt am Main: Suhrkamp.

Habermas, Jürgen (1985): *Der philosophische Diskurs der Moderne. Zwölf Vorlesungen*. Frankfurt am Main: Suhrkamp.

Habermas, Jürgen (1991): Charles S. Peirce über Kommunikation. In: Habermas, Jürgen: *Texte und Kontexte*. Frankfurt am Main: Suhrkamp (Suhrkamp Taschenbuch Wissenschaft; 944), 9–33.

Habermas, Jürgen (1992): *Faktizität und Geltung. Beiträge zur Diskurstheorie des Rechts und des demokratischen Rechtsstaats*. Frankfurt am Main: Suhrkamp.

Hamann, Johann Georg (1949–1957): *Sämtliche Werke*. Historisch-kritische Ausgabe von Josef Nadler. 6 Bde. Wien: Herder [abgekürzt zitiert als Nadler I–VI].

Hamann, Johann Georg (1955–1979): *Briefwechsel*. 7 Bände. Hrsg. von Walther Ziesemer und Arthur Henkel. Wiesbaden: Insel 1955–1957, Frankfurt am Main: Insel 1965–1979 [abgekürzt zitiert als ZH 1–7].

Harris, James (1751/1786): *Hermes or a philosophical inquiry concerning universal grammar*. Fourth edition, revised and corrected. London: Nourse 1786 [zuerst 1751].

Haspelmath, Martin (2006): Against markedness (and what to replace it with). In: *Journal of Linguistics* 42, 25–70.

Heidegger, Martin (1916): *Die Kategorien- und Bedeutungslehre des Duns Scotus*. Tübingen: Mohr.

Heinrichs, Johannes (1986): *Die Logik der Vernunftkritik. Kants Kategorienlehre in ihrer aktuellen Bedeutung*. Tübingen: Francke (UTB; 1412).

Hennigfeld, Jochem (1994): *Geschichte der Sprachphilosophie. Antike und Mittelalter*. Berlin, New York: de Gruyter.

Henry, Desmond Paul (1991): *Medieval Mereology*. Amsterdam, Philadelphia: B.R. Grüner (Bochumer Studien zur Philosophie; 16).

Heraklit: *Fragmente*. Griechisch und deutsch, hrsg. von Bruno Snell, 7. Auflage, München 1979.

Herder, Carolina Maria von (1830): *Erinnerungen aus dem Leben Joh. Gottfrieds von Herder*. Hrsg. von Johann Georg Müller. 3 Teile. Stuttgart und Tübingen: Cotta.

Herder, Johann Gottfried: *Sprachphilosophische Schriften*. Aus dem Gesamtwerk ausgewählt, mit einer Einleitung, Anmerkungen und Registern versehen von Erich Heintel. Hamburg: Meiner 1975 (Philosophische Bibliothek; 248), 181–227.

Herder, Johann Gottfried: *Sämmtliche Werke*. 33 Bde. Hrsg. von Bernhard Suphan. Berlin: Weidmannsche Buchhandlung 1877–1913.

Herder, Johann Gottfried: *Werke in 10 Bänden*. Hrsg. von Martin Bollacher, Jürgen Brommack, Ulrich Gaier, Gunter E. Grimm, Hans Dietrich Irmscher, Rudolf Smend und Rainer Wisbert. Frankfurt am Main: Deutscher Klassiker Verlag 1985–2000.

Hinzen, Wolfram (2006): *Mind design and minimal syntax*. Oxford: Oxford University Press.

Hinzen, Wolfram (2007): *An essay on names and truth*. Oxford: Oxford University Press.

Hoche, Hans-Ulrich (1990): *Einführung in das sprachanalytische Philosophieren*. Darmstadt: Wissenschaftliche Buchgesellschaft.

Höffe, Otfried (1996): *Aristoteles*. München: Beck (Beck'sche Reihe; 535)

Holenstein, Elmar (1975): *Roman Jakobsons phänomenologischer Strukturalismus*. Frankfurt am Main: Suhrkamp (Suhrkamp Taschenbuch Wissenschaft; 116).

Horkheimer, Max / Adorno, Theodor (1949/1986): *Dialektik der Aufklärung*. Frankfurt am Main: Fischer 1986 [zuerst 1947].

Humboldt, Wilhelm von (1983): *Schriften zur Sprache*. Hrsg. Von Michael Bühler. Stuttgart: Reclam (Universal-Bibliothek; 6922).

Humboldt, Wilhelm von (1994): *Mexicanische Grammatik*. Mit einer Einleitung und Kommentar hrsg. von Manfred Ringmacher. Paderborn: Schöningh (Schriften zur Sprachwissenschaft. Abt. 3: Amerikanische Sprachen; 2).

Hume, David (1748/1913): *An enquiry concerning human understanding. And selections from a Treatise on human nature. With Hume's autobiography and a letter from Adam Smith*. Ed. by Joseph Mc Cormack and Mary Whiton Calkins. Leipzig 1913.

Hume, David (1748/1984): *Eine Untersuchung über den menschlichen Verstand*. Übersetzt von Raoul Richter. Mit einer Einleitung hrsg. von Jens Kulenkampf. Und den Beilagen: *David Hume: Mein Leben / Brief von Adam Smith an William Strahan*. Übersetzt von Jens Kulenkampff. Hamburg: Meiner 1984 (Philosophische Bibliothek; 35).

Husserl, Edmund (1901/1980): *Logische Untersuchungen. Bd. II,1. : Untersuchungen zur Phänomenologie und Theorie der Erkenntnis*. Unveränderter Nachdruck der 2., umgearbeiteten Auflage. 6. Auflage, Tübingen: Niemeyer 1980.

Jakobson, Roman (1971–1988): *Selected Writings*, vols. 1–8. The Hague, Paris: Mouton / Berlin, New York: de Gruyter.

Jakobson, Roman (1941/1985): Einstein and the science of language. In: *Selected Writings*. Bd. 7, 254–264.

Jakobson, Roman (1956/1971): Two aspects of language and two types of aphasic disturbances. In: *Selected Writings*. Bd. 2, 239–259.

Jakobson, Roman (1962/1969): *Kindersprache, Aphasie und allgemeine Lautgesetze*. Frankfurt am Main: Suhrkamp (edition suhrkamp; 330). [zuerst 1962].

Jakobson, Roman (1962/1971): Retrospect. In: *Selected Writings*. Bd. 7, 254–264.

Jakobson, Roman (1967/1985): Glosses on the medieval insight into the science of language. In: Jakobson, Roman: *Selected Writings*. Bd. 7, 185–198.

Jakobson, Roman (1975/1985): Structuralism et téléologie. In: *Selected Writings*. Bd. 7, 125–127.

Jakobson, Roman (1977/1985): A few remarks on Peirce, pathfinder in the science of language. In: Jakobson, Roman: *Selected Writings*. Bd. 7, 254–264.

Jakobson, Roman (1979/1985): The twentieth century in European and American linguistics: Movements and continuity. In: *Selected Writings*. Bd. 7, 265–277.

Jakobson, Roman (1982/1985): Einstein and the Science of Language. In: *Selected Writings*. Bd. 7, 254–264.

Jakobson, Roman (1984/1985): My favorite topics. In: *Selected Writings*. Bd. 7, 371–378.

Jakobson, Roman (2007): *Poesie der Grammatik und Grammatik der Poesie. Sämtliche Gedichtanalysen*. Kommentierte deutsche Ausgabe. Bd. 1: *Poetologische Schriften und Analysen zur Lyrik vom Mittelalter bis zur Aufklärung*. Bd. 2: *Analysen zur Lyrik von der*

Romantik bis zur Moderne. Gemeinsam mit Sebastian Donat hrsg. von Hendrik Birus. Berlin, New York: de Gruyter.

Jakobson, Roman (2007a): Die neueste russische Poesie. Erster Entwurf. Annäherungen an Chlebnikov. Übersetzung aus dem Russischen von Rolf Fieguth und Inge Paulmann. In: Jakobson 2007, 1–123.

Jakobson, Roman / Pomorska, Krystyna (1980/1982): *Poesie und Grammatik. Dialoge*. Frankfurt am Main: Suhrkamp 1982 (Suhrkamp Taschenbuch Wissenschaft; 386) [Übersetzung der französischen Ausgabe von 1980. Eine russische Fassung findet sich im achten Band der *Selected Writings* von Jakobson].

Jespersen, Otto (1924/1975): *The philosophy of grammar*. 11th edition. London: George Allen & Unwin.

Jones, William Jervis: *Sprachhelden und Sprachverderber. Dokumente zur Erforschung des Fremdwortpurismus im Deutschen (1478–1750)*. Berlin, New York: de Gruyter 1995 (Studia linguistica Germanica; 38).

Joseph, John E. (2000): *Limiting the arbitrary. Linguistic Naturalism and its opposites in Plato's Cratylus and modern theories of language*. Amsterdam, Philadelphia: Benjamins (Amsterdam studies in the theory and history of linguistic science; 96).

Kant, Immanuel (1783/1911): Prolegomena zu einer jeden künftigen Metaphysik, die als Wissenschaft wird auftreten können. Riga 1783. In: *Kants Gesammelte Schriften*. Hrsg. von der Königlich Preußischen Akademie der Wissenschaften. Bd. 4. Berlin 1911, 253–283. [Leichter zugänglich in der Ausgabe von Wilhelm Weischedel als Band 5 der Werkausgabe bei Suhrkamp: Suhrkamp Taschenbuch Wissenschaft; 188].

Kant, Immanuel (1968): *Werkausgabe in 12 Bänden*. Hrsg. von Wilhelm Weischedel. Frankfurt am Main: Suhrkamp. Bd. 3: *Kritik der reinen Vernunft I*. Bd. 4: *Kritik der reinen Vernunft II*. Bd. 5: *Schriften zur Metaphysik und Logik I*.

Kelly, Louis G. (2002): *The mirror of grammar. Theology, Philosophy and the Modistae*. Amsterdam, Philadelphia: Benjamins (Amsterdam studies in the theory and history of linguistic science; 101).

Kempelen, Wolfgang von (1791/1970): *Mechanismus der menschlichen Sprache nebst Beschreibung einer sprechenden Maschine*. Faksimile-Neudruck der Ausgabe Wien 1791, mit einer Einleitung von Herbert E. Brekle und Wolfgang Wildgen. Stuttgart-Bad Cannstatt: Frommann-Holzboog 1970 (Grammatica universalis; 4).

Kinzel, Till (2009): Rezension von Leiss, Elisabeth: Sprachphilosophie. In: *Informationsmittel (IFB): digitales Rezensionsorgan für Bibliothek und Wissenschaft*. http://ifb.bsz-bw.de/ bsz308859650rez-1.pdf [zuletzt abgerufen: 07.10.2011].

Kobusch, Theo (1996): Grammatica speculativa. In: Borsche 1996: 7–93, 459–464.

Kneepkens, Corneille H. (1987): *Het iudicium constructionis. Het leerstuk van de constructio in de 2de helft van de 12de eeuw*. 4 Bände. Nijmegen: Ingenium Publishers.

Kraus, Manfred: Platon. In: Borsche 1996: 15–32, 449–452.

Kulenkampff, Arend (1987): *George Berkeley*. München: Beck (Beck'sche Reihe; 511).

Kutschera, Franz von (1975): *Sprachphilosophie*. 2., völlig neu bearbeitete und erweiterte Auflage. München: Fink (UTB; 80).

Kutschera, Franz von (1989): *Gottlob Frege. Eine Einführung in sein Werk*. Berlin, New York: de Gruyter.

Lakoff, George (1986): *Women, fire, and dangerous things: what categories reveal about the mind*. Chicago: Chicago University Press.

Lakoff, George (2002): *Where mathematics comes from: how the embodied mind brings mathematics into being*. New York: Basic Books.

Leffler, Oliver (1995): *Wilhelm von Ockham. Die sprachphilosophischen Grundlagen seines Denkens*. Werl: Dietrich-Coelde (Franziskanische Forschungen; 40).

Leibniz, Gottfried Wilhelm (1903): *Opuscules et fragments inédits de Leibniz*. Ed. par Louis Couturat. Paris: Alcan.

Leinfellner, Elisabeth / Windholz, Sascha (2005): *Ludwig Wittgenstein. Ein Volksschullehrer in Niederösterreich*. Erfurt: Sutton.

Leiss, Elisabeth (1991): „Die Vernunft ist ein Wetterhahn". Johann Georg Hamanns Sprachtheorie und die Dialektik der Aufklärung. In: *Zeitschrift für germanistische Linguistik* 19, 259–273.

Leiss, Elisabeth (1998): Aristotelische Linguistik. Der Neubeginn einer Philosophischen Grammatik durch Jean-Marie Zemb. In: *Sprachwissenschaft* 23, 141–165.

Leiss, Elisabeth (2000): *Artikel und Aspekt. Die grammatischen Muster von Definitheit*. Berlin, New York: de Gruyter (Studia Linguistica Germanica; 55).

Lenz, Martin (2003): *Mentale Sätze. Wilhelm von Ockhams Thesen zur Sprachlichkeit des Denkens*. Wiesbaden, Stuttgart: Steiner.

Lepore, Ernest / Smith, Barry C. (eds.) (2006): *The Oxford handbook of philosophy of language*. Oxford: Clarendon Press.

Leppin, Volker (2003): *Wilhelm von Ockham. Gelehrter, Streiter, Bettelmönch*. Darmstadt: Wissenschaftliche Buchgesellschaft.

Lodge, David (1988/1989): *Nice Work*. London: Penguin 1989 [Erstausgabe 1988].

Luhmann, Niklas (1983): *Liebe als Passion*. Frankfurt am Main: Suhrkamp.

Maddieson, Ian (1984): *Patterns of Sounds*. Cambridge: Cambridge University Press.

Maddieson, Ian (2007): Issues of phonological complexity: Statistical analysis of the relationships between syllable structures, segment inventories, and tone contrasts. In: Solé, Maria-Josep / Beddor, Patrice Speeter / Ohala, Manjari (eds.): *Experimental approaches to phonology*. Oxford: Oxford University Press, 93–103.

Majetschak, Stefan (Ed.) (1988): *Vom Magus im Norden und der Verwegenheit des Geistes. Ein Hamann-Brevier*. Mit einem Nachwort von Stefan Majetschak. München: Deutscher Taschenbuch Verlag (dtv; 2196).

Malson, Lucien / Itard, Jean / Mannoni, Octave (1964/1972/2001): *Die wilden Kinder*. Frankfurt am Main: Suhrkamp, 16. Auflage 2001 (suhrkamp taschenbuch; 55) [Deutsche Erstauflage 1972. Französische Erstauflage 1964: *Les enfants sauvages. Mythe et réalité*].

Mauthner, Fritz (1901–1902/1982): *Beiträge zu einer Kritik der Sprache. Bd. 1: Zur Sprache und zur Psychologie. Bd. 2: Zur Sprachwissenschaft. Bd. 3: Zur Grammatik und Logik*. Frankfurt am Main, Berlin, Wien: Ullstein 1982 (Ullstein Materialien; 35147). [Erstausgabe 1901–1902].

McCracken, Charles J. (2008): Berkeley's realism. In: Daniel 2008: 23–44).

McGuinness, Brian (1988): *Wittgensteins frühe Jahre*. Frankfurt am Main: Suhrkamp [Engl. zuerst 1988].

McWhorter, John H. (2001): The world's simplest grammars are creole grammars. In: *Linguistic Typology* 5, 388–412.

McWhorter, John H. (2007): *Language interrupted. Signs of nonnative language acquisition in Standard Language Grammars*. Oxford: Oxford University Press.

de Marbasio, Michael: *Summa de modis significandi*. Critical edition, with an introduction by L. G. Kelly. Stuttgart-Bad Cannstatt: Frommann-Holzboog 1995 [Grammatica speculativa; 5].

Miestamo, Matti, Sinnemäki, Kaius & Karlson, Fred (eds.) (2008): *Language complexity. Typology, contact, change*. Amsterdam: Benjamins (Studies in Language Companion Series; 71).

Monk, Ray (1990/1992): *Wittgenstein. Das Handwerk des Genies.* Aus dem Englischen übertragen von Hans Günter Holl und Eberhard Rathgeb. Stuttgart: Klett-Cotta 1992 [Engl. 1990].

Nagl, Ludwig (1992): *Charles Sanders Peirce.* Frankfurt am Main, New York: Campus (Reihe Campus; 1053).

Nasar, Sylvia (1998): *A beautiful mind. A biography of John Forbes Nash, Jr., Winner of the Nobel Prize in Economics, 1994.* New York: Simon & Schuster.

Nate, Richard (1993): *Natursprachenmodelle des 17. Jahrhunderts.* Münster: Nodus (Studium Sprachwissenschaft: Beiheft; 21).

Naumann, Bernd (1996): Die Tradition der Philosophischen Grammatik in Deutschland. In: Schmitter, Peter (Hrsg.): *Sprachtheorien der Neuzeit II. Von der Grammaire de Port-Royal (1660) zur Konstitution moderner linguistischer Disziplinen.* Tübingen: Narr 1996, 24–43.

Nef, Fréderic (1993): *Le langage: une approche philosophique.* Paris: Bordas.

Newen, Albert / Savigny, Eike von (1996): *Analytische Philosophie. Eine Einführung.* München: Fink (UTB; 1878).

Niemitz, Carsten (1995): Evolution und Sprache. In: Trabant 1995, 298–327.

Ockham, Wilhelm von (1984a): *Texte zur Theorie der Erkenntnis und der Wissenschaft.* Lateinisch-Deutsch. Hrsg., übersetzt und kommentiert von Ruedi Imbach. Stuttgart: Reclam 1984 (Universal-Bibliothek; 8239).

Ockham, Wilhelm von (1984b): *Summe der Logik. Aus Teil I: Über die Termini.* Lateinisch-Deutsch. Ausgewählt, übersetzt und mit Einführung und Anmerkungen hrsg. von Peter Kunze. Hamburg: Meiner 1984 (Philosophische Bibliothek; 363).

Oehler, Klaus (1993): *Charles Sanders Peirce.* München: Beck (Beck'sche Reihe; 523).

Oelmüller, Willi / Dölle-Oelmüller, Ruth / Steenblock, Volker (1991): *Diskurs Sprache. Philosophische Arbeitsbücher.* 8. Auflage, Paderborn u.a.: Schöningh (UTB; 1615).

Ogden, Charles Key / Richards, Ivor Armstrong (1923): *The meaning of meaning. A study of the influence of language upon thought and the science of symbolism.* London: Kegan Paul, Trench, Trubner & Co.

Panaccio, Claude (1995): La philosophie du langage de Guillaume d'Occam. In: Ebbesen, Sten (Hrsg.): *Sprachtheorien in Spätantike und Mittelalter.* Tübingen: Narr (Geschichte der Sprachtheorie; 3), 184–206.

Panaccio, Claude (2004): *Ockham on concepts.* Hampshire, Burlington: Ashgate.

Paqué, Ruprecht: *Das Pariser Nominalistenstatut. Zur Entstehung des Realitätsbegriffs der neuzeitlichen Naturwissenschaft (Occam, Buridan und Petrus Hispanus, Nikolaus von Antrecourt und Gregor von Rimini).* Berlin: de Gruyter 1970 (Quellen und Studien zur Geschichte der Philosophie; 14).

Pasnau, Robert (1997): *Theories of cognition in the later Middle Ages.* Cambrigde: Cambridge University Press.

Peirce, Charles S. (1931–1958): *Collected Papers of Charles Sanders Peirce.* Edited by Charles Hartshorne and Paul Weiss, Volumes 1–6, Harvard University Press 1931–1935; Volume 7–8, edited by Arthur W. Burks. Harvard University Press 1958.

Peirce, Charles S. (1982ff.): *Writings of Charles S. Peirce. A Chronological Edition.* Vol. 1–6. Bloomington: Indiana University Press. Vol. 1 (1982): Writings 1857–1866. Vol. 2 (1984): Writings 1867–1871. Vol. 3 (1986): Writings 1872–1878. Vol. 4 (1986a): Writings 1879–1884. Vol. 5 (1993): Writings 1884–1886. Vol. 6 (2000): Writings 1886–1890.

Peirce, Charles S. (1871/1984): The Berkeley review: Fraser's *The Work of George Berkeley*. In: Peirce 1982ff.: Vol. 2 (1984), 461–487.

Peirce, Charles S. (1986–1993): *Semiotische Schriften*. Hrsg. und übersetzt von Christian Kloesel und Helmut Pape. Bd. 1–3. Frankfurt am Main: Suhrkamp 1986, 1990, 1993.

Peirce, Charles S. (1991): *Schriften zum Pragmatismus und Pragmatizismus*. Hrsg. von Karl Otto Apel. Übersetzt von Gert Wartenberg. Frankfurt am Main: Suhrkamp (Suhrkamp Taschenbuch Wissenschaft; 945).

Peirce, Charles S. (1991): *Naturordnung und Zeichenprozeß. Schriften über Semiotik und Naturphilosophie*. Mit einem Vorwort von Ilya Prigogine. Hrsg. und eingeleitet von Helmut Pape. Frankfurt am Main: Suhrkamp (Suhrkamp Taschenbuch Wissenschaft; 912).

Peirce, Charles S. (1983): *Phänomen und Logik der Zeichen*. Hrsg. und übersetzt von Helmut Pape. Frankfurt am Main: Suhrkamp (Suhrkamp Taschenbuch Wissenschaft; 425).

Peirce, Charles S. / Welby, Victoria Lady (1977): *Semiotics and significs. The correspondence between Charles S. Peirce and Victoria Lady Welby*. Ed. by Charles S. Hardwick with the assistance of James Cook. Bloomington, London: Indiana University Press.

Penn, Julia M. (1972): *Linguistic relativity versus innate ideas. The origin of the Sapir-Whorf hypothesis in German thought*. The Hague, Paris: Mouton.

Piaget, Jean (1965/1985): *Weisheit und Illusionen der Philosophie*. Übersetzt von Friedhelm Herborth. Frankfurt am Main: Suhrkamp 1985 (Suhrkamp Taschenbuch Wissenschaft; 539) [Franz. Zuerst 1965].

Piaget, Jean (1970/1973): *Einführung in die genetische Erkenntnistheorie*. Frankfurt am Main: Suhrkamp 1973 (Suhrkamp Taschenbuch Wissenschaft; 6) [Franz. zuerst 1970].

Pietroski, Paul M. (2005): *Events and their architecture*. Oxford: Oxford University Press.

Pinborg, Jan (1967): *Die Entwicklung der Sprachtheorie im Mittelalter*. Münster: Aschendorffsche Verlagsbuchhandlung (Beiträge zur Geschichte der Philosophie und Theologie des Mittelalters. Texte und Untersuchungen; XLII,2).

Pinborg, Jan (1982): Speculative grammar. In: Kretzmann, Norman et al. (Eds.): *The Cambridge History of Later Medieval Philosophy*. Cambridge: Cambridge University Press, 254–269.

Pinborg, Jan (1984): Modus significandi. In: *Historisches Wörterbuch der Philosophie*. Hrsg. von Joachim Ritter und Karlfried Gründer. Darmstadt: Wissenschaftliche Buchgesellschaft. Bd. 6, 67–71.

Pinker, Steven (1994): *The language instinct*. New York: Morrow.

Platon, Kratylos. In: Platon, *Sämtliche Werke III*. Griechisch und Deutsch. Nach der Übersetzung von Friedrich Schleiermacher, ergänzt durch Übersetzungen von Franz Susemihl u.a., hrsg. von Karlheinz Hülsen. Frankfurt am Main: Insel 1991 (Insel Taschenbuch; 1403)], 103–267.

Platon, Siebenter Brief. In: Platon, *Werke in acht Bänden*. Griechisch und Deutsch. Griechischer Text von Léon Robin, Auguste Diès und Joseph Souilhé. Deutsche Übersetzung von Friedrich Schleiermacher und Dietrich Kurz. Band 5, 366–443.

Polenz, Peter von (1967): Sprachpurismus und Nationalsozialismus. Die ‚Fremdwort'-Frage gestern und heute. In: Wiese, Benno von / Heuß, Rudolf (Hrsg.): *Nationalismus in Germanistik und Dichtung*. Berlin: Erich Schmidt 1967, 79–112.

Polenz, Peter von (1994): *Deutsche Sprachgeschichte vom Spätmittelalter bis zur Gegenwart. Bd. II: 17. und 18. Jahrhundert*. Berlin, New York: de Gruyter.

Popper, Karl R. (1974/1994): *Ausgangspunkte. Meine intellektuelle Entwicklung*. Hamburg: Hoffmann und Campe 1994 [Engl. Zuerst 1974].

Popper, Karl (1995): *Eine Welt der Propensitäten.* Tübingen: Mohr.

Poser, Hans (1981): Gottfried Wilhelm Leibniz. In: Höffe, Ottfried (Hrsg.): *Klassiker der Philosophie.* Bd. 1. München: Beck, 378–404.

Quine, Willard van Orman (1961): *From a logical point of view. Logico-philosophical essays.* Second edition, revised. New York, ...: Harper & Row.

Quine, Willard van Orman (1961a): The problem of meaning in linguistics. In: Quine 1961, 47–64.

Quine, Willard van Orman (1969/1975): *Ontologische Relativität und andere Schriften.* Aus dem Englischen übersetzt von Wolfgang Spohn. Stuttgart: Reclam 1975 (Universal-Bibliothek; 9804). [Engl. 1969].

Quine, Willard van Orman (1969/1975a): Ontologische Relativität. In: Quine 1969/1975, 41–96.

Rätze, Johann Gottlieb (1800): *Herder gegen Kant oder die Metacritik im Streite mit der Critik der reinen Vernunft.* Leipzig: Feind.

Reese-Schäfer, Walter (1991): *Richard Rorty.* Frankfurt, New York: Campus (Campus Einführungen; 1046).

Ricken, Ulrich (1978): *Grammaire et philosophie au siècle des lumières. Controverses sur l'ordre naturel et la clarté du francais.* Lille: Publications de l'université de Lille III.

Riddle, Elizabeth M. (2008): Complexity in isolating languages: Lexical elaboration versus grammatical economy. In: Miestamo/Sinnemäki/Karlson 2008 , 134–151.

Riedel, Manfred (1989): *Urteilskraft und Vernunft. Kants ursprüngliche Fragestellung.* Frankfurt am Main: Suhrkamp (Suhrkamp Taschenbuch Wissenschaft; 774).

Riley, Michael W.: *Plato's Cratylus. Argument, form and structure.* Amsterdam, New York: Rodopi 2005.

Rink, Friedrich Theodor (1800): *Mancherley zur Geschichte der metacritischen Invasion. Nebst einem Fragment einer älteren Metacritik von Johann George Hamann, genannt der Magus in Norden, und einigen Aufsätzen, die Kantische Philosophie betreffend.* Königsberg: Friedrich Nicolovius.

Rizzolatti, Giacomo / Sinigaglia, Corrado (2006/2008): *Empathie und Spiegelneurone. Die biologische Basis des Mitgefühls.* Frankfurt am Main: Suhrkamp (edition unseld; 11).

Römer, Ruth (1985): *Sprachwissenschaft und Rassenideologie in Deutschland.* München: Fink.

Rorty, Richard (Ed.) (1967/1992): *The Linguistic Turn. Essays in Philosophical Method. With two Retrospective Essays.* Chicago, London: The University of Chicago Press 1992 [Erstauflage 1967].

Rorty, Richard (1979): *Philosophy and the Mirror of Nature.* Princeton University Press.

Rorty, Richard (1979/1985): *Der Spiegel der Natur. Eine Kritik der Philosophie.* Übersetzt von Michael Gebauer. 3. Aufl. Frankfurt am Main: Suhrkamp 1985 [Engl.: *Philosophy and the Mirror of Nature,* 1979].

Rorty, Richard (1989/1991): *Kontingenz, Ironie und Solidarität.* Übersetzt von Christa Krüger. Frankfurt am Main: Suhrkamp 1991 (Suhrkamp Taschenbuch Wissenschaft; 981) [Engl.: *Contingency, irony, and solidarity,* 1989].

Rorty, Richard (1994): *Hoffnung statt Erkenntnis. Eine Einführung in die pragmatische Philosophie.* Übersetzt aus dem Amerikanischen von Joachim Schulte. Wien: Passagen.

Rorty, Richard (2005): Review of Donald Davidson: *Problems of Rationality.* Oxford: Oxford University Press 2004. In: *Notre Dame Philosophical Review* 2005.02.01. http://ndpr.nd.edu/review.cfm?id=1681 (20.04.2008).

Rosier, Irène (1983): *La grammaire spéculative des modistes*. Lille: Presses universitaires de Lille.

Rosier-Catach, Irène (2000): La grammaire speculative du Bas Moyen-Age. In: Auroux, Sylvain et al. (eds.): *History of the Language Sciences*. Vol. 1. Berlin, New York: de Gruyter (Handbücher zur Sprach- und Kommunikationswissenschaft; 18,1).

Rosier, Irène / Stefanini, Jean (1990): Théories médiévales du pronom et du nom général. In: Bursill-Hall, Geoffrey L. / Ebbesen, Sten / Koerner, Konrad (eds.): *De ortu grammaticae. Studies in Medieval grammar and linguistic theory in memory of Jan Pinborg*. Amsterdam, Philadelphia: Benjamins (Amsterdam Studies in the Theory and History of Linguistic Science; 43), 285–303.

Roth, Georg Michael (1795): *Antihermes oder philosophische Untersuchung über den reinen Begriff der menschlichen Sprache und die allgemeine Sprachlehre*. Frankfurt am Main, Leipzig: Neue Buchhandlung.

Roth, Gerhard (2003): *Aus der Sicht des Gehirns*. Frankfurt am Main: Suhrkamp.

Russell, Bertrand (1915): *Our knowledge of the external world, as a field for scientific method in philosophy*. Chicago, London: The Open Court Publishing Company.

Saussure, Ferdinand de (1916/1967): *Grundfragen der allgemeinen Sprachwissenschaft*. 2. Auflage mit neuem Register. Berlin: de Gruyter 1967 [Franz. 1916: *Cours de linguistique générale*].

Schleicher, August (1863): *Die Darwinsche Theorie und die Sprachwissenschaft. Offenes Sendschreiben an Herrn Dr. Ernst Häckel*. Weimar: Böhlau.

Schleicher, August (1865): *Über die Bedeutung der Sprache für die Naturgesetze des Menschen*. Weimar: Böhlau.

Schmölders, Claudia (Ed.): *Die Kunst des Gesprächs. Texte zur Geschichte der europäischen Konversationstheorie*. München: Deutscher Taschenbuchverlag [2]1986.

Searle, John R. (1969/1986): *Sprechakte. Ein sprachphilosophischer Essay*. Übersetzt von R. und R. Wiggershaus. Frankfurt am Main: Suhrkamp [2]1986 (Suhrkamp Taschenbuch Wissenschaft; 458). [Engl. 1969].

Searle, John R. (1983/1991): *Intentionalität. Eine Abhandlung zur Philosophie des Geistes*. Übersetzt von Harvey P. Gavagai. Frankfurt am Main: Suhrkamp 1991 (Suhrkamp Taschenbuch Wissenschaft; 956). [Engl. Erstauflage 1981].
(*Gavagai* ist in philosophischer Hinsicht ein zu auffälliger Name, erinnert er doch an einen erfundenen Ausdruck in Quines Gedankenexperiment. Das Pseudonym steht für Andreas Kemmerling, der sich in Publikationen mit Quines Gedankenexperiment auseinandergesetzt hat.)

Sedley, David: *Plato's Cratylus*. Cambridge: Cambridge University Press 2003.

Shannon, Claude Elwood / Weaver, Warren (1949): *The mathematical theory of communication*. Urbana: University of Illinois Press.

Shaumyan, Sebastian (1973): *Philosophie und theoretische Linguistik*. München: Fink (UTB; 166).

Shaumyan, Sebastian (2006): *Signs, mind, and reality. A theory of language as the folk model of the world*. Amsterdam, Philadelphia: Benjamins [Advances in Consciousness Research; 65].

Simon, Josef (1996): Immanuel Kant (1724–1804). In: Borsche 1996:233–256.

Specht, Rainer (1989): *John Locke*. München: Beck (Beck'sche Reihe; 508).

Sperber, Dan / Wilson, Deirdre (1986): *Relevance. Communication and cognition*. Oxford: Blackwell.

Spinks, Cary W. (1991): *Peirce and triadomania: A walk in the semiotic wilderness* (Approaches to Semiotics; 103).

Stamenov, Maxim I. / Gallese, Vittorio (Eds.) (2002): *Mirror neurons and the evolution of brain and language.* Amsterdam, Philadelphia: Benjamins (Advances in Conscious Research; 42).

Stegmüller, Wolfgang (1967): Ludwig Wittgenstein als Ontologe, Isomorphietheoretiker, Transzendentalphilosoph und Konstruktivist. In: *Philosophische Rundschau* H. 13/14, 116–152.

Stemmer, Peter (1996): Sprachanalytische Philosophie. In: Borsche 1996: 401–419, 510–512.

Strawson, Peter F. (1966/1981): *Die Grenzen des Sinns. Ein Kommentar zu Kants Kritik der reinen Vernunft.* Aus dem Englischen von Ernst Michael Lange. Frankfurt am Main: Anton Hain 1981 [Engl. Zuerst 1966].

Streminger, Gerhard (1986): *David Hume.* Reinbek: Rowohlt (rowohlts monographien; 357).

Streminger, Gerhard (1994): *David Hume. Sein Leben und Werk.* Paderborn u.a.: Schöningh.

Swiggers, Pierre (1988): Grammatical categories and human conceptualization. Aristotle and the Modistae. In: Rudzka-Ostyn, Brygida (ed.): *Topics in Cognitive Linguistics.* Amsterdam, Philadelphia: Benjamins (Amsterdam studies in the theory and history of linguistic science; 55), 621–646.

Taylor, Charles (1985/1988): *Negative Freiheit? Zur Kritik des neuzeitlichen Individualismus.* Übersetzt von Hermann Kocyba. Mit einem Nachwort von Axel Honneth. Frankfurt am Main: Suhrkamp 1988 [Englische Ausgabe 1985 unter dem Titel *Philosophical Papers*].

Tesnière, Lucien (1959/1966/1980): *Grundzüge der strukturalen Syntax.* Hrsg. und übersetzt von Ulrich Engel. Stuttgart: Klett-Cotta 1980 [Teilübersetzung der 2. Auflage von *Eléments des syntaxe structurale*, 1966. Franz. Erstauflage 1959].

Thomas of Erfurt: *On the Modes of Signifying. A Speculative Grammar. The first translation into English of „De modis significandi, sive grammatica speculativa".* Translated by Charles Glenn Wallis. Ann Arbor, Michigan: Edwards Brothers 1938.

Thomas of Erfurt: *De modis significandi sive grammatica speculativa.* An edition with translation and commentary by G. L. Bursill-Hall. London: Longman 1972.

Thomas von Erfurt: *Abhandlung über die bedeutsamen Verhaltensweisen der Sprache (Tractatus de modis significandi).* Aus dem Lateinischen übersetzt und eingeleitet von Stephan Grotz. Amsterdam, Philadelphia: B. R. Grüner 1998 (Bochumer Studien zur Philosophie; 27).

Thurot, Charles (1868/1964): *Notes et extraits de divers manuscrits latin pour servir à l'histoire des doctrines grammaticales au moyen-âge.* (Notices et extraits de manuscripts de la Bibliothèque Impériale, vol. 22). Paris 1868 [Unveränderter Nachdruck, Frankfurt am Main: Minerva 1964].

Tomasello, Michael (2005): Comment to Everett 2005. In: *Current Anthropology* 46, 640–641.

Trabant, Jürgen (Ed.) (1995): *Sprache denken. Positionen aktueller Sprachphilosophie.* Frankfurt am Main: Fischer (Fischer TB; 12777).

Trabant, Jürgen (2003/2006): *Europäisches Sprachdenken. Von Platon bis Wittgenstein.* München: Beck 2006 [zuerst erschienen 2003 unter dem Titel *Mithridates im Paradies. Kleine Geschichte des Sprachdenkens*].

Trubetzkoy, Nikolaj S. (1939/1989): *Grundzüge der Phonologie.* 7. Auflage. Göttingen: Vandenhoeck & Ruprecht 1989 [Erstauflage 1939].

Trubetzkoy, Nikolaj S.: (1975): *Letters and notes*. Prepared for publication by Roman Jakobson, with the assistance of H. Baran, O. Ronen, and Martha Taylor. The Hague, Paris: Mouton (Janua Linguarum, Series Maior; 47).

Trubetzkoy, Nikolaj S. (2001): *Studies in General Linguistics and language structure*. Edited, and with an introduction by Anatoly Liberman. Translated by Marvin Taylor and Anatoly Liberman. Durham, London: Durham University Press.

Trubetzkoy, Nikolaj S. (2001a): Phonological systems considered in themselves and in relation to general language structure. In: Trubetzkoy 2001:3–5.

Trubetzkoy, Nikolaj S. (2001b): Phonology versus phonetics. In: Trubetzkoy 2001:6–10.

Vamvacas, Constantin J. (2006): *Die Geburt der Philosophie. Der vorsokratische Geist als Begründer von Philosophie und Naturwissenschaften*. Aus dem Griechischen von Mark Michalski. Mit einem Geleitwort von Alfred Stückelberger. München: Artemis & Winkler [Griechisch zuerst 2001].

Vegetti, Mario (1996): Zwischen Wissen und Praxis: die hellenistische Medizin. In: Grmek, Mirko D. (Ed.): *Die Geschichte des medizinischen Denkens: Antike und Mittelalter*. München: Beck, 81–113.

Vossenkuhl, Wilhelm (1995/2003): *Ludwig Wittgenstein*. 2., durchgesehene Auflage. München: Beck 2003 (Beck'sche Reihe; 532). [1. Auflage 1995].

Warren, Richard (1988): Perceptual bases for the evolution of speech. In: Landsberg, Marge E. (Ed.): *The genesis of language. A different judgement of evidence*. Berlin, New York, Amsterdam: Mouton de Gruyter (Studies in Anthropological Linguistics; 3), 101–110.

Weiß, Helmut (1990): *Johann Georg Hamanns Ansichten zur Sprache. Versuch einer Rekonstruktion aus dem Frühwerk*. Münster: Nodus.

Wellmer, Alfred (2004): *Sprachphilosophie. Eine Vorlesung*. Hrsg. von Thomas Hoffmann, Juliane Rebentisch und Ruth Sonderegger. Frankfurt am Main: Suhrkamp (Suhrkamp Taschenbuch Wissenschaft; 1692).

Whorf, Benjamin Lee (1956/1963): *Sprache– Denken– Wirklichkeit. Beiträge zur Metalinguistik und Sprachphilosophie*. Reinbek 1963 [viele spätere Ausgaben. Engl. zuerst 1956].

Wierzbicka, Anna (1988): *The semantics of grammar*. Amsterdam, Philadelphia: Benjamins.

Wiese, Heike (2003): *Numbers, language, and the human mind*. Cambridge: Cambridge University Press.

Wiggershaus, Rolf (1986): *Die Frankfurter Schule. Geschichte, theoretische Entwicklung, politische Bedeutung*. München, Wien: Hanser.

Williams, Joanna Radwańska (1993): *A paradigm lost. The linguistic theory of Nicolaj Kruszewski*. Amsterdam, Philadelphia: Benjamins (Amsterdam Studies in the Theory and History of Linguistic Sciences; 72).

Wittgenstein, Ludwig (1914–1916/1991): *Geheime Tagebücher 1914–1916*. Hrsg. und dokumentiert von Wilhelm Baum. Vorwort von Hans Albert. 2. Auflage. Wien, Berlin: Turia & Kant 1991.

Wittgenstein, Ludwig (1921/1982): *Tractatus logico-philosophicus. Logisch-philosophische Abhandlung*. Frankfurt am Main: Suhrkamp 1982 (edition suhrkamp; 12) [Erstauflage 1921].

Wittgenstein, Ludwig (1930–1932/1997): *Denkbewegungen. Tagebücher 1930–1932, 1936–1937 (MS 183)*. Hrsg. Von Ilse Somavilla. Teil 1: Normalisierte Fassung, Teil 2: Diplomatische Fassung. Innsbruck: Haymon 1997.

Wittgenstein, Ludwig (1958/1971): *Philosophische Untersuchungen*. Frankfurt am Main: Suhrkamp 1971 (Suhrkamp Taschenbuch; 14). [Erstauflage 1958].

Winteler, Jost (1876): *Die Kerenzer Mundart des Kantons Glarus, in ihren Grundzügen dargestellt.* Leipzig, Heidelberg: Winter.

Zemb, Jean Marie (1978 & 1984): *Vergleichende Grammatik Französisch-Deutsch. Teil 1: Comparaison de deux systèmes. Teil 2: L'économie de la langue et le jeu de la parole.* Mannheim, Wien, Zürich: Duden (Duden-Sonderreihe Vergleichende Grammatiken; 1).

Namenregister

Sachregister